本书为国家社科基金一般项目"城中村治理中的地方政府管理与村民自治有机衔接与良性互动研究"（优秀结项）成果。

陈晓莉 ╲ 著

城中村
治理中的

政府管理与村民自治研究

中国社会科学出版社

图书在版编目（CIP）数据

城中村治理中的政府管理与村民自治研究/陈晓莉著.—北京：中国社会科学出版社，2018.3

ISBN 978-7-5203-2251-5

Ⅰ.①城… Ⅱ.①陈… Ⅲ.①农村—城市化—研究—中国 ②农村—群众自治—研究—中国 Ⅳ.①F299.21②D638

中国版本图书馆 CIP 数据核字（2018）第 059461 号

出 版 人	赵剑英
责任编辑	喻 苗
责任校对	刘 娟
责任印制	王 超

出 版	中国社会科学出版社
社 址	北京鼓楼西大街甲 158 号
邮 编	100720
网 址	http://www.csspw.cn
发 行 部	010-84083685
门 市 部	010-84029450
经 销	新华书店及其他书店
印 刷	北京君升印刷有限公司
装 订	廊坊市广阳区广增装订厂
版 次	2018 年 3 月第 1 版
印 次	2018 年 3 月第 1 次印刷
开 本	710×1000 1/16
印 张	27
插 页	2
字 数	421 千字
定 价	99.00 元

凡购买中国社会科学出版社图书，如有质量问题请与本社营销中心联系调换
电话：010-84083683
版权所有　侵权必究

目 录

前 言 ……………………………………………………………（1）

第一章　城中村及其发展与走向 ………………………………（1）
　　第一节　农村及农村类型化考察 …………………………（2）
　　　一　农村的界定 …………………………………………（2）
　　　二　农村的分类 …………………………………………（4）
　　第二节　城中村的产生、变迁与终结 ……………………（11）
　　　一　城中村的产生与变迁 ………………………………（11）
　　　　（一）城中村的形成 ……………………………………（11）
　　　　（二）城中村的发展变迁 ………………………………（14）
　　　　（三）城中村的类型 ……………………………………（17）
　　　二　城中村的性质与特征 ………………………………（18）
　　　　（一）城中村的性质 ……………………………………（18）
　　　　（二）城中村的特征 ……………………………………（20）
　　　三　城中村的改造与终结 ………………………………（25）
　　　　（一）城中村改造的"计划"与时机 …………………（25）
　　　　（二）城中村改造的意义 ………………………………（26）
　　　　（三）改造的基本做法 …………………………………（27）
　　　　（四）城中村改造面临的问题 …………………………（32）
　　　　（五）城中村的终结 ……………………………………（35）
　　第三节　城中村管理与自治 ………………………………（39）
　　　一　城中村的管理与自治现状 …………………………（39）

二　城中村管理与自治研究述评……………………………………(39)

第二章　城中村村民自治的"生态"环境……………………………(45)
第一节　独特的区域位置及影响……………………………………(45)
　　一　居住空间明显分离………………………………………………(46)
　　二　过密空间与过疏关系……………………………………………(47)
　　三　外来人口的权利缺失……………………………………………(49)
第二节　产业结构及其影响…………………………………………(50)
　　一　产业结构非农化…………………………………………………(51)
　　二　集体经济发展不平衡……………………………………………(51)
　　三　"非正规就业"问题突出…………………………………………(52)
第三节　体制"夹缝"及其影响………………………………………(53)
　　一　管理体制双重化…………………………………………………(53)
　　二　改造规划碎片化…………………………………………………(55)
　　三　社区设立迟延化…………………………………………………(55)
　　四　村(居)民自治制度不对接………………………………………(56)
第四节　城乡文化及其影响…………………………………………(58)
　　一　农民市民化发展缓慢……………………………………………(59)
　　二　文化与心理隔离难消除…………………………………………(60)
　　三　多元文化影响村民自治…………………………………………(61)

第三章　地方政府治理的理论借鉴与实践举要………………………(62)
第一节　地方政府治理相关概念的界定……………………………(62)
　　一　地方政府治理中的"地方"指称…………………………………(62)
　　二　"地方治理"与"地方政府治理"…………………………………(64)
　　三　"地方政府改革"与"地方政府创新"……………………………(65)
　　四　"地方政府治理"的内涵与价值…………………………………(66)
第二节　地方政府治理的理论基础…………………………………(67)
　　一　国家与社会关系说………………………………………………(67)
　　　(一)西方理论界国家与社会关系认识……………………………(68)

（二）中国国家与社会关系的理论认识 …………………………… (71)
　　（三）中国国家与社会关系发展主导框架 ………………………… (74)
　　（四）国家与社会关系格局中的地方政府治理 …………………… (75)
　二　多中心治理理论 ………………………………………………… (76)
　　（一）含义和基本假设 ……………………………………………… (76)
　　（二）打破单中心的传统权威模式 ………………………………… (77)
　　（三）构建"多中心"的地方政府治理结构 ………………………… (79)
　三　"第三条道路"理论 ……………………………………………… (81)
　　（一）发展新型的、民主治理模式 …………………………………… (81)
　　（二）国家、市场和公民协同治理 …………………………………… (82)
　　（三）政府与社区自治的合作治理 ………………………………… (82)
　四　社群主义思想 …………………………………………………… (83)
　　（一）社群主义思想的基本主张 …………………………………… (83)
　　（二）社群主义思想的治理价值 …………………………………… (85)
　五　社会资本理论 …………………………………………………… (86)
　　（一）社会资本理论的相关逻辑 …………………………………… (86)
　　（二）社会资本理论的治理价值 …………………………………… (89)

第三节　我国地方政府治理模式举要 ………………………………… (90)
　一　省直管县的"扁平化治理"模式 ………………………………… (90)
　二　民众的"参与式治理"模式 ……………………………………… (92)
　三　社会组织的"协同治理模式" …………………………………… (94)
　四　企业的"合作治理"模式 ………………………………………… (95)
　五　"组为基础，三级联动"的基层社会管理机制 ………………… (96)
　六　"政社互动"的管理模式 ………………………………………… (98)

第四章　地方政府城中村管理的一般考察 ……………………… (102)
第一节　地方政府城中村管理机构设置 …………………………… (102)
　一　市—区两级政府架构 …………………………………………… (103)
　二　街—村（居）两级管理体制 …………………………………… (105)
　　（一）街道办事处 …………………………………………………… (106)

(二)村(居)委会 …………………………………………… (127)
　　三　开发区的特殊管理体制 ………………………………… (129)
　　　(一)开发区管理体制基本类型 ………………………… (130)
　　　(二)开发区的主要职能 ………………………………… (131)
　　　(三)开发区社会事务管理特点 ………………………… (134)
　　四　城改部门的专门管理 …………………………………… (138)
　第二节　地方政府城中村管理主要内容 ………………………… (140)
　　一　城中村人口管理 ………………………………………… (141)
　　二　城中村组织管理 ………………………………………… (143)
　　三　城中村公共事务管理 …………………………………… (145)
　　四　城中村财务管理 ………………………………………… (146)
　　五　城中村土地管理 ………………………………………… (147)
　第三节　地方政府城中村管理方式与绩效 ……………………… (150)
　　一　城中村管理方式 ………………………………………… (150)
　　二　地方政府对城中村管理绩效评价 ……………………… (153)

第五章　地方政府管理与村民自治的断裂 ……………………… (156)
　第一节　基层政府城中村管理基本形态 ………………………… (156)
　　一　基层政府管理中的单向输出 …………………………… (156)
　　　(一)被动接受的城市化 ………………………………… (157)
　　　(二)缺乏沟通的政府决策 ……………………………… (162)
　　　(三)没有回应的村(居)民参与 ………………………… (163)
　　二　基层政府管理中的"一头沉现象" ……………………… (165)
　　　(一)重管制轻治理 ……………………………………… (165)
　　　(二)重改造轻建设 ……………………………………… (168)
　　　(三)重拆迁轻安置 ……………………………………… (169)
　　　(四)重补偿轻保障 ……………………………………… (171)
　　三　基层政府管理中的"选择性治理" ……………………… (172)
　　　(一)经济发展:重中之重 ………………………………… (173)
　　　(二)信访维稳:一票否决 ………………………………… (175)

         （三）市容整治：面子工程 …………………………………… (179)
      四 基层政府管理中的"权利义务失衡" …………………………… (182)
         （一）公共服务匮乏下的权利悬空 …………………………… (183)
         （二）政府管理权挤压基层自治权 …………………………… (183)
         （三）政府管理重任务下达轻经费投入 ……………………… (184)
   第二节 城中村村民自治的价值取向与行为方式 ………………… (186)
      一 高度行政化的村民自治 ………………………………………… (187)
         （一）征地拆迁政府强势介入 ………………………………… (187)
         （二）村级组织工作行政化 …………………………………… (189)
         （三）通过村级党组织的村庄控制 …………………………… (192)
         （四）村干部工作的行政化考核 ……………………………… (194)
         （五）通过村财街管强化领导关系 …………………………… (200)
      二 过度自治化的村民自治 ………………………………………… (201)
         （一）党员发展的自利行为 …………………………………… (202)
         （二）村委会村民自治权的膨胀 ……………………………… (204)
         （三）城中村自治的越界与失控 ……………………………… (206)
      三 能人主导的村民自治 …………………………………………… (213)

第六章 基层政府管理与村民自治的衔接互动 …………………………… (218)
   第一节 基层政府管理与村民自治的内在关联 …………………… (219)
      一 基层政府管理与村民自治的内在契合 ………………………… (219)
      二 村民自治与政府管理的内在契合 ……………………………… (220)
         （一）村民自治是在国家政策法律框架内实施 ……………… (221)
         （二）村民自治组织是国家治理体系的组成部分 …………… (221)
         （三）村社公共事务执行与政府公共服务目标一致 ………… (221)
         （四）村民自治的健康运行有赖于政府的指导和支持 ……… (222)
      三 基层政府与城中村关系的动态观察 …………………………… (225)
         （一）尚未改造的城中村村民的需求 ………………………… (225)
         （二）改造过程中城中村村民的需求 ………………………… (228)
         （三）改造过渡期中城中村村民的需求 ……………………… (232)

（四）回迁安置后城中村社区居民的新需求 …………… (236)
　第二节　基层政府管理与自治衔接互动的外部条件 ………… (251)
　　一　基层政府职能逐步转变 ………………………………… (251)
　　二　网格化治理显现互动成效 ……………………………… (254)
　　三　村民自治机制不断创新 ………………………………… (257)
　　四　城中村村民自治环境宽松 ……………………………… (258)
　　五　公众政治参与意识越来越强 …………………………… (262)
　　六　新型乡村关系正在形成 ………………………………… (263)
　第三节　基层政府管理与村民自治衔接互动的制约因素 …… (264)
　　一　双方责权利边界存在制度性模糊 ……………………… (265)
　　二　治理主体利益博弈及其影响 …………………………… (266)
　　三　行政区、开发区、街道办事处、村社关系未理顺 …… (269)
　　四　基层政府职能转变滞后 ………………………………… (273)
　　五　村民自治制度功能发挥不够 …………………………… (274)
　　六　基层干部的素质和管理能力难以推动良性互动 ……… (277)
　　七　城中村自治缺乏集体经济支撑 ………………………… (280)
　　八　官民信任瓦解隔阂严重 ………………………………… (283)
　　九　农民权利意识与自治能力不平衡 ……………………… (286)
　　十　城中村干部腐化致使乡村职能异化 …………………… (291)

第七章　基层政府管理与村民自治衔接互动的实践考察 ………… (293)
　第一节　调研样本概况 …………………………………………… (293)
　　（一）西安市城中村概况 …………………………………… (293)
　　（二）Y区城中村概况 ……………………………………… (298)
　第二节　城中村社会管理体制创新：制度与机制 …………… (303)
　　一　资源整合：基层治理的核心力量 ……………………… (304)
　　　（一）创新农村党员发展机制 …………………………… (304)
　　　（二）建立乡（街）村衔接机制 ………………………… (306)
　　　（三）提升村级组织发展能力 …………………………… (308)
　　　（四）拓展基层党组织建设外延 ………………………… (308)

二　建章立制:基层治理的制度供给 ………………………………（309）
　　　（一）城中村人、财、物管理制度 …………………………（309）
　　　（二）两委会联席会议制度 …………………………………（310）
　　　（三）"一会两课"制度 ………………………………………（310）
　　　（四）"村财街管"和"双签"制度 ……………………………（310）
　　　（五）村民监督委员会制度 …………………………………（312）
　　　（六）村务公开制度 …………………………………………（313）
　　　（七）农村干部廉政谈话和离任审计制度 …………………（314）
　　　（八）农村干部年度考评制度 ………………………………（316）
　　　（九）农村干部教育培训制度 ………………………………（316）
　　三　协商民主:基层治理的机制创新 ……………………………（317）
　　四　法治思维:基层治理走向法制化 ……………………………（321）
　　　（一）创新信访维稳机制 ……………………………………（321）
　　　（二）整合资源化解矛盾纠纷 ………………………………（323）
　　　（三）引导群众依法维权 ……………………………………（324）
　第三节　社会管理方式创新:服务与协商 …………………………（324）
　　一　村社管理网格化 ………………………………………………（325）
　　二　村庄管理社区化 ………………………………………………（326）
　　三　社区服务人性化 ………………………………………………（328）
　　四　工作流程科学化 ………………………………………………（329）
　　五　农村管理信息化 ………………………………………………（329）

第八章　政府管理与村社自治有机结合的有效途径 ………………（333）
　第一节　基层政府城中村管理的价值取向 …………………………（334）
　　　（一）基层政府农村社会管理的价值核心 …………………（334）
　　　（二）从传统的社会管理到公共治理的转变 ………………（337）
　　　（三）从命令服从向互动合作转变 …………………………（338）
　　　（四）从选择性治理向制度自觉型治理转变 ………………（340）
　　　（五）从"指令为导向"向"以需求为导向"转变 ……………（341）
　　　（六）从社会排斥向实现社会融合转变 ……………………（342）

　　　　(七)从政府官治向社会自治转变 …………………………… (344)
　第二节　城中村治理中基层政府的角色调适与职能转化 ………… (345)
　　一　尚未改造改制的城中村治理 …………………………………… (346)
　　　　(一)选择改造和整治相结合的治理模式 …………………… (346)
　　　　(二)监督和制约村民自治权力乱作为和不作为 …………… (347)
　　　　(三)支持和保障村民开展自治 ……………………………… (348)
　　二　城中村改造过程中的政府责任 ………………………………… (352)
　　　　(一)政府主导与政策供给 …………………………………… (352)
　　　　(二)区域性改造与"合村并社" ……………………………… (353)
　　　　(三)村民"三权"与实现机制 ………………………………… (353)
　　　　(四)规范引导集体经济改制 ………………………………… (354)
　　三　城中村改造过渡期的政府治理 ………………………………… (354)
　　四　回迁安置后村转居的政府治理 ………………………………… (355)
　　　　(一)准确定位村转居社区的性质 …………………………… (357)
　　　　(二)加大村转居社区建设投入 ……………………………… (357)
　　　　(三)切实满足居民保障型需求 ……………………………… (359)
　　　　(四)帮助改制公司规范管理与独立运营 …………………… (360)
　　　　(五)多渠道为村社居民自治输送管理人才 ………………… (361)
　　　　(六)关注与改善青少年成长环境与未来发展 ……………… (362)
　　　　(七)构建社区文化促进村社居民和谐共融 ………………… (362)
　第三节　新型城镇化背景下城中村治理创新改革 ………………… (364)
　　一　城中村社会治理体系创新建构前提 …………………………… (364)
　　　　(一)树立"逐步推进、平稳过渡"的改造理念 ……………… (365)
　　　　(二)实行"政府主导,农民自愿"的管理方式 ……………… (366)
　　　　(三)优化村改居社区规划空间布局 ………………………… (367)
　　　　(四)从大拆大建向拆建管的城市化转变 …………………… (367)
　　　　(五)从权利义务失衡型向责权利分明型转变 ……………… (368)
　　　　(六)从"生存型"社区向"发展型"社区转变 ……………… (368)
　　二　建构多元主体协同治理的共治格局 …………………………… (370)
　　　　(一)坚持基层党组织的领导核心地位 ……………………… (371)

（二）调适政府和自治组织的相互关系 …………………… (371)
　　（三）平衡开发区经济发展与社会责任 …………………… (375)
　　（四）基层群众自治与人大制度的有机衔接 ……………… (376)
　　（五）基层群众自治与人民政协制度的衔接 ……………… (378)
　　（六）激活村社社会组织参与治理 ………………………… (380)
　　（七）强化驻村制的政社衔接功能 ………………………… (382)
三　创新管理与自治有机结合实现方式 ………………………… (383)
　　（一）制度衔接 ……………………………………………… (383)
　　（二）法治化衔接 …………………………………………… (387)
　　（三）民主化衔接 …………………………………………… (390)
　　（四）情感化衔接 …………………………………………… (393)
四　推动村社组织治理能力现代化建设 ………………………… (395)
　　（一）依法自治能力 ………………………………………… (396)
　　（二）公共事务执行能力 …………………………………… (400)
　　（三）民主协商能力 ………………………………………… (401)
　　（四）资源整合能力 ………………………………………… (402)

主要参考文献 ………………………………………………………… (405)

后　记 ………………………………………………………………… (411)

前　言

　　城中村作为城市化进程中的一种"副产品"，在空间位置、产业结构、政治生态、管理体制、文化心理、生活方式等方面呈现出一系列特殊的表征。其既非传统农村，也非城市社区，而是具有明显过渡性特征的农民生活共同体，就其本质而言，仍属农村的范畴。因此，城中村治理从类型化研究的角度来看，当归于社会治理中的乡村治理。城中村治理和其他乡村治理一样，包括基层政府管理和村民自治两个基本方面。党的十七大提出要"深化乡镇机构改革，加强基层政权建设，完善政务公开、村务公开等制度，实现政府行政管理与基层群众自治有效衔接和良性互动"。十八大报告强调，要发挥基层各类组织协同作用，实现政府管理和基层民主有机结合。然而在现实中，由于体制、制度和机制等方面的问题，导致城中村治理出现"高度行政化"和"过度自治化"倾向，使得政府管理和村民自治"两张皮"，甚至产生严重的断裂乃至冲突，难以实现有效衔接和良性互动。城中村在产生、存续、改造、回迁安置和"村改居"等不同发展阶段问题层出不穷，几乎成为"问题村"的代名词，严重影响了城中村治理绩效，也在一定程度上阻滞了这一特定区域城市化进程的顺利推进。

　　我国在城市化进程中产生了大量的城中村，特别是大中城市。城中村既是城市化进程中的产物，又须在城市化进程中消解。因此，无论是学界还是政府都必须直面这一十分复杂而棘手的问题。鉴此，本课题的研究目的在于梳理城中村不同发展阶段中政府管理和村民自治存在的主要问题，破解政府管理和村民自治发生断裂、冲突的深层原因，揭示政府管理与村民自治衔接互动的内在需求和契合，总结政府管理与村民自治衔接互动的实践经验，探索政府管理与村民自治衔接互动的有效途径。

本研究内容包括八部分：1. 城中村及其发展与走向；2. 城中村村民自治"生态"环境；3. 地方政府治理理论借鉴与实践举要；4. 基层政府城中村管理的一般考察；5. 政府管理与村民自治的断裂与冲突；6. 政府管理与村民自治的衔接互动；7. 政府管理与村民自治衔接互动实践考察；8. 政府管理与村民自治有机结合的有效途径。其逻辑关系是：通过对社会矛盾最突出、最集中、最复杂的城中村治理现状的考察，充分展示当前城中村治理中政府管理与村民自治"断裂"乃至冲突导致乡村治理失灵的基本现状，引出本课题所要研究和解决的问题。根据问题反思和检讨城中村改造、重建和发展三个阶段（尚未改造、拆迁过渡、回迁安置）的治理现状。基层政府管理与村民自治外部环境发生的新变化对未来乡村关系走向产生了重要影响。充分认识和把握这些变化，以揭示基层政府管理与村民自治衔接与互动的内在契机和机理以及影响衔接互动的制约因素。在充分关切基层实践经验的基础上，通过基层政府职能转变和村民自治机制创新，为二者衔接互动奠定客观基础。在此基础上提出实现政府管理与村社自治衔接互动有机结合的有效途径。

通过以上内容的考察研究，形成以下主要观点：

1. 城中村作为城市化进程中的一种产物，其既非传统农村，也非城市社区，而是具有明显过渡性特征的农民生活共同体，就其本质而言，仍属农村的范畴。因此，城中村治理是乡村治理的特殊组成部分。城中村治理和其他乡村治理一样，包括基层政府管理和村民自治两个基本方面。只是由于城中村的特殊性，使得政府管理与村民自治及其二者的关系呈现出独特的样态。这种独特性决定了城中村治理必须"因地制宜"，既不能按传统农村治理，也不能按城市社区对待，而是需要具有针对性的治理方式和机制。

2. 城中村是一个动态的、连续不断的发展变化过程，包括产生、存续、改造、直至在城市化进程中走向"终结"。同时，城中村随着城市化的推进，在不断产生、改造、终结。因此，城中村的治理应有战略眼光，从动态、持续、发展的角度进行考量，一切以"消灭"城中村为目的的"片断"式治理都是短视的、不可取的。

3. 城中村的发展变化具有持续关联的特质，表现为不同的发展阶段，包括改造前的城中村，改造过渡中的城中村及回迁安置后的城中村（村转居前后一定时期），城中村政府管理和村民自治，有着不同的价值取向、目标任务和方式方法。因此，城中村治理包括政府管理和村民自治应根据不同阶段的条件、问题和需求而行。那种不加区分的"统一"治理必然失灵。

4. 城中村的政府管理和村民自治之间因缺乏衔接互动、有机结合的体制和机制，导致产生严重的断裂乃至冲突。从基层政府管理角度审视，首先是社会管理理念以"稳控"为主，公共服务为辅。在具体管理方式上表现为单向的政策输出和服务于稳控的选择性治理。由于缺乏利益上的勾连，导致城中村丧失对政府管理回应、对接的动力。第二，基层政府社会管理创新不足、能力有限。基层政府在传统农村和城市社区的管理方面具有比较成熟的制度和机制，对于介于城乡之间具有过渡性特征的城中村管理却缺乏具有针对性的、行之有效的管理体系和机制。在实践中，表现为对城中村管理的不作为或乱作为。如对尚未改造的城中村消极不作为，对改造过渡中的城中村存在管理"空档"，对改造回迁安置村社的管理无所适从，对城中村管理施以简单的行政命令，以及在城中村改造过程中的逐利行为。这些问题的存在，客观上制约甚至阻滞了政府管理与村民自治的衔接互动。第三，政府职能转变不到位。基层政府始终以管理者自居，并未真正认识和落实公共服务职能，缺乏创新公共服务的自觉性和内在动力，未能建立起双方衔接互动的制度平台和有效机制。

5. 对于城中村政府管理与村民自治产生严重断裂乃至冲突的原因，从村民自治角度审视，我们发现是由于城中村村民自治的"停摆"、依附和异化现象所致。具体表现为：城中村一旦列入"改造"计划，村民自治就会进入一个"在维持中等待，在等待中维持"的"停摆"期，甚至为了维持稳定，确保顺利改造，连换届选举也不举行了，"四大民主"不见了踪影，村民自治犹如凝固的空气。与政府管理单向输出对应的是村民自治的高度行政化，村民自治完全依附于基层政府，失去了其自身的独立性和自主性。另一种极端现象是村民自治的"过度自治化"，实际沦为少数村干部的"自治"，是村民自治走向"异化"的表现。这几种现象的存在，使村民自治与政府管理衔接互动丧失了基本的前提和条件。

6. 城中村政府管理与村民自治衔接互动有其内在需求和契合。尽管城中村政府管理与村民自治之间存在断裂乃至冲突，未能建立起有效衔接和良性互动的关系，影响了城中村治理绩效，但当我们深入考察和研究会发现，实现二者有效衔接和良性互动并非不可能，因为在二者之间存在一种衔接互动的内在需求和契合，客观上为其衔接互动提供了重要的前提条件。其表现为，第一，具有共同的法律价值取向。无论是政府管理还是村民自治皆以法律为前提。政府管理须依法行政，村民自治须依法自治。法律具有终极权威的属性，故法律的价值取向为基层政府管理与村民自治所共同遵循，是城中村政府管理与村民自治衔接互动的共同价值基础和行为准则。第二，城中村政府管理与村民自治同为国家治理体系的重要组成部分。虽然基层政府管理行使的是国家行政权，而村民自治行使的是社会权力，但二者共同担负着实现国家治理的责任，其行为目标是一致的。第三，基层政府公共服务职能与村民自治执行公共事务功能的作用范围和对象是相融的。基层政府的主要职能是对辖区进行社会管理和提供公共服务，而村民自治的一个重要功能是在村社共同体中执行公共事务，二者服务的内容并不排斥和矛盾。第四，基层政府对辖区城中村拥有管理的权力，城中村自治组织负有协助政府管理的法定义务。基层政府社会管理和公共服务的最终实现需要村民自治组织的配合、对接；村民自治的充分实现需要政府的指导、支持和帮助。如果将二者割裂或对立，必将损害政府职能和村民自治功能的实现。

7. 城中村政府管理与村民自治衔接互动必须通过一定的制度和机制来实现。城中村政府管理与村民自治衔接互动在理论和实践层面都充分显示出具有十分重要的意义，然而它的实现必须通过更新治理理念，构建制度平台，创新工作机制等途径才能得以完成。具体而言就是：社会治理不是单纯的政府管理，而是包括村民自治体在内的多元化治理主体的共同治理活动；制度化、民主化、法治化是实现政府管理与村社自治衔接互动的根本途径；基层政府必须加快职能转变，及时调适角色，摒弃选择性治理思维，厘清管理与自治的行为边界，合理配置双方权利、义务；村社组织应努力提高依法自治能力、公共事务执行能力、民主协商能力和资源整合能力。只有通过基层政府和城中村自治体的双向驱动，才能实现政府管理与村民自治的有效衔接和良性互动。

本研究成果的学术价值和应用价值在于：

1. 拓宽乡村治理研究的领域。对乡村治理研究应有一个完整的理解和把握,不仅要研究传统的农业村庄,还要研究城市化进程中所产生的大量城中村,以及村改居后的"都市村庄"的治理。对这些不同区域和类型农村的政府管理与村民自治的结构和运行机制进行研究,使乡村治理研究形成一个完整的"版图"和链条,以促进乡村治理理论的丰富和发展。

2. 丰富了乡村治理研究的视角和进路。在考察和研究基层政府管理与村民自治有机衔接与良性互动问题时,没有从惯常使用的国家与农民的上下视角来分析,而是从内外结合的视角深入揭示二者衔接互动的内在需求和外部条件,把基层政府管理与村民自治有效衔接与良性互动置于一个平面或一个完整的行为过程予以考察和研究。同时,从动态关联的角度,系统研究了不同发展阶段城中村政府管理与村民自治衔接互动的问题、机理、实践与路径,为城中村治理研究探索出一条新的研究进路。

3. 有助于对重大社会问题解决方案的探索。城中村集聚了各类社会矛盾和问题,城中村问题已演变成为重大社会问题。城中村治理的衰败,充分表明基层政府管理与村民自治断裂乃至冲突的严重后果。因此,研究不同发展阶段城中村政府管理与村民自治衔接互动的问题、机理、实践与路径,为有效解决城中村问题、推进新型城镇化顺利进行提供了具有针对性和实用性的思路与建议。

第一章

城中村及其发展与走向

在国家现代化转型的大背景之下，工业化、城市化对我国城乡社会结构性的冲击引起了整个社会从生产关系到权力关系的深刻变革，农村和城市的基本样态因此而一直处于变动之中。中国农村的发展演变轨迹大致沿着农业为主的传统农村区域—城郊村—城中村—村改居社区—新型城市社区轨迹进行。重新认识城市和农村已成为一个重要问题，尤其是城市化进程中产生的城中村的属性、特质、治理等问题更引人注目。我们认为，从完整把握和理解我国农村区域角度出发，城中村是农村区域构成的重要组成部分。农村既包括以传统农业区为主的农民聚居区，也包括"农味"已淡的城郊村和"亦城亦乡"的城中村，以及处于过渡形态的撤村改居后尚未成为城市社区的"都市村庄"。据此，就地缘而言，我国乡村治理不单包括典型的以农业为主的农村，也应包括城市化过程中形成的大量城中村，甚至还应包括撤村改居后一定时期内仍然是"都市村庄"的村改居社区的治理。如此，才能使乡村治理构成一个完整的链条和"版图"，形成乡村治理的一个完整过程。我们关注与研究以农为主的广大农村区域，我们更应当关注和研究既是城市化进程中的产物，同时又需要在城市化进程中消解的城中村和村改居社区（我们称之为村社）。分析城中村产生与变迁、性质与特征、改造与终结，对于有针对性地实施治理，解决好政府管理与村社自治的有机结合至为重要。

第一节 农村及农村类型化考察

一 农村的界定

农村是相对于城市和城镇的称谓,指以从事农业生产为主的农业人口聚落的区域,具有特定的自然景观和社会经济条件,常常也冠以乡村、村落、村庄、村子等称呼。农村是生产力发展到一定阶段的产物,属于一个历史范畴。在人类社会发展的历史变迁中,对农村的界定是动态的。因此,不同的国家、地区之间,甚至同一国家在不同历史时期,对农村的界定口径都是不同的。例如欧洲诸国通常以2000人以下为界定农村的人口标准。而美国则以1950年为分界点对农村的界定采取了不同的统计指标。1950年之前,美国将人口界定在2500人以下,且没有形成自治单位的居住地界定为农村。1950年以后,则不再考虑是否形成自治单位,只要人口在2500人以下或每平方英里1500人以下的地区或城市郊区即界定为农村。在我国,由于传统社会基本上属于一个农业社会,农村是人们生产和生活的基本场域,因此新中国成立后,没有对农村的界定规定专门的统计指标。人民公社时期,在"政社合一"的全能主义模式下,国家为了巩固对乡村社会资源的强力整合与控制,中国的农村社会被纳入无所不包的政治网络之中,农村被赋予更多的政治色彩。特别是近年来,随着改革开放和城镇化的不断发展,农村正迎来前所未有的结构性变化。

从始至终,人类发展的轨迹基本上都是镶嵌在城市与农村的基本结构格局之中。在社会工业化前期,人类绝大部分人口居住在农村。18世纪中叶英国的产业革命开启了人类社会的工业化历程,现代意义上的城市化进程也随之迅速加快,人类社会史无前例地演绎着一场社会巨变——一个个大都市夜以继日的崛起与数以百计的村落一夜之间的消逝的磅礴景象,也即传统意义上的农村正在被拖入城市化的历史进程中。工业化和城市化的铁律打破了原有的平衡,震撼和改变了整个社会结构。[1]诚如美国著名经济学史学家道格拉斯·诺斯(North)所言:"世界

---

[1] 李培林:"巨变:村落的终结",《中国社会科学》2002年第1期。

的城市化是在过去一百多年来发展起来的。"变革中的社会也在改变和丰富着农村的内涵和结构。据联合国报告权威数字显示，20世纪世界人口急速城市化，比例由1900年的13%（2.2亿）增加至1950年的29%（7.32亿）及至2005年的49%（32亿），同时预测2030年比例会增加至60%（49亿）。2007年，历史上首次出现了世界大部分人口居于城镇的情况的"城市千禧"（Urban Millennium）景象，标志着世界真正步入比较成熟的城市化时代。对于我国而言，改革开放后，由于对人口流动控制的松动和工业化进程的加快，城市化进入一个快速发展时期，城市人口的比重由1978年的17.92%，到1990年提高至26.41%，再到2010年提高至47.5%。我国城镇化已步入快速发展期，党的十八大和十八大三中全会强调，要坚持走中国特色的以人为本的新型城镇化道路。2016年2月国务院又出台了《关于深入推进新型城镇化建设的若干意见》，全面部署深入推进新型城镇化建设。城镇化率从1978年的17.9%提升到56.1%，城镇常住人口达到7.7亿，每年城镇人口增加2000万。据业已公布的研究数据统计，在1990年到2010年的20年时间里，我国的行政村数量，由于城镇化和村庄兼并等原因，从100多万个，锐减到64万多个，每年减少1.8万个村落，每天减少约50个。[①] 仅2001年，村落就比2000年急速减少了25458个，每天平均减少约70个，而且减少的速度还在加快。[②] 国务院发展研究中心主任李伟于2014年1月11日第五届中国经济前瞻论坛上讲到，中国古村落数量从2000年360万个，减少到2010年的270万个，十年间就消失了90万个，相当于每天消失300个自然村落。

这对行政村数量的减少将起到一定推波助澜的效果，将引起诸如生活方式、消费甚至各种价值观的深刻变化。我国农村正在发生着沉重的巨变，越来越多的村落在城镇化发展中经历了裂变和新生，截至2011年，我国城市人口已达到51.27%，城市人口已经超过农村人口，正式进入了以城市为社会结构主要部分的崭新阶段。但应当认识到的是，这样的巨变同样也伴随着种种艰难，真正实现我国的城镇化发展还需要更大的

[①] 李培林："从农民的终结到村落的终结"，《传承》2012年第15期。
[②] 李培林：《村落的终结：羊城村的故事》，商务印书馆2004年版，第1页。

努力。

二 农村的分类

20世纪初期兴起的城市地理学首次把聚落划分为农村和城市，而农村的基本组成单位又是一个个的村落。村落是原始社会中部落进化的产物，是由一个个家庭在利益维系过程中形成的地缘性社会。由于村落有自己的起源、历史发展、地理条件、形态结构、规模以及经济活动和职能等特征，很难制定一个包括全部因素和属性的综合的分类系统。直到目前，农村分类尚无一套公认的原则和系统。

1. 按照村落的社会结构分类，可分为行政村和自然村

行政村通常是一个国家在农村社会依法设立的基层管理单位，例如在我国，行政村就是我国行政区划体系中，最基层的一级。村民委员会是行政村村民行使自治权的主要组织形式，其下设置多个村民小组。而村民小组的划分通常以自然村为单位。

所谓自然村，顾名思义就是自然形态的村民聚落，它的形成、规模、形态、结构等都深受气候、地形、水源等自然条件的影响。此外经济、政治、文化等社会因素也是影响自然村的主要因素。自然村具有数量大、分布广、规模不定的特点。例如我国由于受地理条件、生活方式等因素的影响，北方的自然村较之南方的自然村规模更大些。由于绝大多数的自然村缺乏村民自治管理和经济开发，因此其经济结构较为单一，主要集中在农、林、牧、渔等自然农业经济。

自然村不同于行政村，最主要的方面在于自然村不是一个农村基层管理单位，它只是村民生活交往的单位，因此自然村没有村民委员会和党支部委员会等组织形式。但同时自然村与行政村又是相互重叠的，大部分地区的行政村由多个自然村组成。当然也有一个自然村就是一个行政村，或个别超大自然村被划为几个行政村的情况。

2. 按照村落的家族结构分类，可分为单一家族型村落和复合杂姓型农村

家族是村落形成的基础，通常村落由一个或多个家族组成。由单一家族繁衍传承形成的村落被称为单一型村落，而由多个家族组成的村落被称为复合杂姓型村落，在这样的村落中又会因家族间存在的各种关系

在人员构成、人际关系等方面呈现出多元化。在中国县级版图上看到的诸如王家沟、吴家湾、刘善人庄等农村村落基本都是典型的单一型村落。在单一型村落中，村庄就是一个完整的家族，村主任就是这个大家族的家长，村事就是家事。在村务管理上，基本遵循的是严格的封建家长制式的管理模式。村落政治、经济、社会、文化均掌握在具有较高威望及社会地位的家族势力手中，因而这类村落的宗族观念极强。单一型村落形成于早期社会，其生产多以农耕为主，农耕是直接取资于土地的，土地的固定性直接决定农村社会是一个超稳态社会。随着社会发展及人口流动的增多，单一家族型村落在不断地消逝，但在当今社会，仍然有农村保留着单一家族的传统。

复合杂姓型村落则是由两个或两个以上的多家族组成，由于各个家族存在不同的生活习惯、宗教信仰、阶级观念、关系亲疏等多种差异，导致这类村落民俗也呈现出明显的多元化特征，村落关系比较复杂。这类村落的形成更多的是与人口流动有关。一是与军事战争、战役有关。俗话说"铁打的营盘流水的兵"，兵营集中了来自四面八方的兵源，当将士在战争中负伤或退役，以及战争结束，一部分兵营就会驻扎在当地，并逐渐演变成一个个由多姓氏组成的复合杂姓型村落。如金锁关、徐家寨、永泰堡等地名一般都与战争屯兵有关；二是与邮驿有关。中国是世界上最早建立组织传递信息的国家之一，邮驿历史长达3000多年。驿站这一中国古代供传递官府文书和军事情报的人或来往官员途中食宿、换马的场所则是其典型代表。在这里，驿卒铺兵因为工作留居本地，形成了后来的自然村落，如甘谷驿、四十里铺、翟家所等，都是古时邮驿遗留下来的；三是与迁徙有关。自有人类以来，人们的迁徙活动从未停止。无论是战争、瘟疫、灾害造成的被动迁徙，还是趋利避害、寻找更适宜生存条件的主动性迁徙，作为人类社会发展的原动力之一。早期的迁徙通常没有确定的目的地，迁徙成员择地而居，形成了众多姓氏复杂、民俗多元融合的村落。这类村落主要集中在历史上移民较多的移民居留地。中国历史上的闯关东、走西口形成了诸多以同乡或异乡人共同组成的复合杂姓村落。

3. 按照村落的聚落形态分类，可分为离散型农村和聚集型农村

对于"乡村聚落形态"，学者鲁西奇对其进行了较为准确的定义，

认为其是指乡村聚落的平面展布方式，即组成乡村聚落的民宅、仓库、牲畜圈棚、晒场、道路、水渠、宅旁绿地以及商业服务、文化教育、信仰宗教等公用设施的布局。基于对这一概念的理解和运用，学者们将农村分为离散型的散村和聚集型的集村两种类型。离散型农村又称为散村，每个农户的住宅零星分布，尽可能地靠近农户生计依赖的田地、山林或河流湖泊；彼此之间的距离因地而异，但并无明显的隶属关系或阶层差别，所以聚落也就没有明显的中心。集聚型村落又称集村，就是由许多乡村住宅集聚在一起而形成的大型村落或乡村集市，其规模相差极大，从数千人的大村到几十人的小村不等，但各农户须密集居住，且以道路交叉点、溪流、池塘或庙宇、祠堂等公共设施作为标志，形成聚落的中心；农家集中于有限的范围，耕地则分布于所有房舍的周围，每一农家的耕地分散在几个地点。① 一个村落是属于散村还是归于集村，认定标准的根本区别，不在于依据其人口多少及其空间规模的大小，而是根据其平面的展布方式。换言之，就是人口与当地自然风貌之间的融合程度，也可以说是人口聚集的密集程度，二者呈现反比关系。即如果人口与自然风貌的融合程度高，相互依据，其人口聚集密度必然减小，形成散村。而反之，如果人口集中居住，就必然降低了各个家庭与其所需自然风貌之间的融合程度，从而形成集村。

中国的传统社会是一个以农立国的农耕社会，乡村聚落形态一直以分散居住的较小规模散村占据主导地位。因而鲁西奇认为，中国乡村最为原生态的乡村聚落形态应为散居村落，聚集型村落则是由传统的散居村落发展、演化而来的。相对于散居村落的原生态特点，聚居村落可称之为次生态。事实上，纵观历史，我国绝大多数乡村村落的演化过程也充分验证了学者的这一观点。在地形复杂、交通困难、土地资源比较稀缺的地区，容易形成散村。随着经济社会的发展，原有村落人口规模的不断扩大、宗族制度、文化传统的形成、政治权力及其运作等诸多方面因素的影响，散村为了适应各种因素的变化逐渐演化为集村形态，因而集村在乡村聚落中所占的比重越来越高。但我们

---

① 鲁西奇："散村与集村：传统中国的乡村聚落形态及其演变"，《华中师范大学学报》（人文社会科学版）2013年第4期。

也应该理性地认识到，这一观点并不绝对。乡村聚集形态的初次形成、其演化过程等都会受到环境、人为，甚至社会阶级、经济等许多外在客观因素的影响。因而，有极少部分的乡村也存在以集村形态为其原始乡村聚集形态的情况。

4. 按照农村与城市的关系分类，可以为传统农村、城郊村、城中村

（1）传统农村

所谓传统农村就是指以自然经济或第一产业为基础、以自然村社为组织单位、以传统威权及血缘地缘亲缘关系联结起来的、具有生产生活上相互协助功能的人群聚落。这类村落通常远离城市和重要交通线，当地也没有可以开发利用的矿产资源，是传统型的农村。一般认为，传统社会中的村落及现代化社会或后现代化社会中尚未完成非农化（包括非传统农业化）的村落，基本都属于传统型农村。

在传统农村，单一落后的小农生产方式或兼有简单手工业的生产方式是其赖以存在的经济基础。中国的传统社会是一个农业社会。农业是"直接取资于土地的"，土地的不流动自然属性决定植根于土地的农民被土地深深地束缚着，土地成为农民的桎梏。农民择地聚族而居，渐发生成一种赋以"安、足、静、定"特性的典型的农耕文化。因此，传统社会中的村级主要依靠家族主义和宗法制度来规制乡民的经济、政治及文化生活。传统社会是一个不流动的社会，是一个自我不断复制的"超稳态结构"社会。被马克思称之为"亚细亚生产方式"的小农经济模式，在很大程度上决定传统农民具有极强的同质性。农民在政治上如"一口袋的马铃薯"一样，很难结成政治共同体。以家族（宗族）为中心聚族而居形成的大大小小的自然村落，每个家族（宗族）和村落是一个天然的"自治体"，这些"自治体"结成为"蜂窝状结构"。因此，传统的乡村社会网络是个散漫的、平铺的自然社会。也即，在低下或近乎静态的生产力水平制约下，传统村社内部的各种关系在自身的生产与再生产过程中维系着"天然"的整合，形成一个既有矛盾冲突，又能自我调适的传统村社共同体。

传统农村是一个"熟人社会"，是一个由血缘、亲缘、宗缘和地缘关系结成的互识社会。传统农村的农民又因受到传统生存观念、信仰等的影响，其生活轨迹具有较强的稳定性。他们的生活依赖于他们

的土地，许多传统农村村民甚至终生都未曾离开过那片生他养他的土地。村民对传统农村社区在情感上和心理上具有强烈的认同感和归属感。相同的生产生活方式逐渐聚集形成了远离城镇的乡土空间即村庄，自然村或行政村很大程度上是长期历史发展而形成的由一个或多个家族聚居的居民点，是农民日常生活和交往的基本社会单位。这个空间集生产、生活、繁衍、交往和娱乐于一体，聚村而居，具有地域相近、人口相熟、流动性不是很强的地方性和封闭性明显的特点。村庄以血缘、地缘为基础形成了最淳朴的社会关系及最基本的生活交往规则，形成基于土地权属的地域范围和基于权力自治的管理体系，并一代一代地传承下来。

工业革命开启人类城市化、现代化的历史进程。城市人口的急剧增长与城市规模的不断扩展使得原先处于城市周边的农村在不断地被城市发展所淹没，城市与农村的联结日趋紧密。在城镇化快速发展的过程中，那些传统农村因受城市扩张的"挤压"，而被迫走向城市化、工业化的道路，这些被城市发展中所吞没的村落不可避免发生了沉重的巨变。在激烈的利益、价值及文化对撞和冲突中裂变、新生并最终消融于城市之中。对于我国而言，改革开放以来，虽然这些传统农村的面貌也发生了巨大变化，但相比而言仍然比较落后。村民仍以传统农业生产为主。虽兼有从事加工、经济作物种植或商业经营等活动，但由于没有规模经营，因此经济效益较低，农民可支配收入增长缓慢。20世纪90年代，市场经济条件下的逐渐兴起的"民工潮"使传统村落的农民开始流动起来，但这并未给农村社会注入可持续发展的生产要素。进城的农民工并非获得一种上位的流动，他们只能靠汗水挣些辛苦钱，收入微薄，仅能维持家庭的正常生计。农民工群体不过是在城市和农村之间漂移的两栖人。从总体上说，村落面貌变化不大，物质生活水平偏低，农民身份典型。在这些农村，基础设施和公共服务等公共产品供给不足，甚至根本没有。客观上看，在漫长历史中积淀下来的难以计数的传统农村在城市化进程中不断地被消解，这种消解是社会发展进步所带来的积极性演化，与城中村的城市化改造的被动性截然不同。

(2) 城郊村

何为城郊村？一般说来，城郊村就是处于城市与乡村结合部位的村庄。[①] 城郊村是城市化过程中城市与乡村发展中出现的一类动态性村落。事实上，城郊村的形成主要源于加快城镇化建设以来的土地、户籍等政策的实施。改革开放后，尤其是20世纪90年代后，随着市场经济的发展，城市规模和数量剧增，特别是一些大都市，城市不断扩容导致城市周边的村落逐渐进入城市发展规划之中。这些村庄地处城市与郊区的连接处，村民的户籍性质、生活方式、生产方式、消费观念等逐渐向城市趋同，既不完全同于传统农村，又尚未与城市彻底接轨。

城郊村具有明显的过渡性。从时间的角度看，城郊村是传统农村形态的延续，现代城市形态的准备。如果说城郊村是一个生产资源要素的集合体，那么城郊村的发展就是一个农村要素逐渐式微直至完全消亡与城市要素逐渐成长直至充分成熟的历史过程。但毋庸置疑，城郊村发展的这个量变过程是缓慢的、长时间的。今日的城郊村是昨日的农村，是明日的城市。同时，城郊村具有相对独立性，相对于传统的乡土社会与现代的城市社会，城郊村恰似一个活的生命体，它正在脱离对乡土社会的依赖，逐渐融入并形成一个城市社会的因子，它在经济、政治、文化等方面充分体现为农村与城市的融合体。

总而言之，城郊村是国家城镇化发展过程中出现的必然结果，在农村向城市过渡中起到了承上启下的作用。城郊村为传统农村注入新鲜的城市元素，也为城市发展提供了不可缺少的后方支援。例如，为提高城市环境质量，将重工业园区转移至城郊；再如为缓解城市人口剧增带来的住房、就业、交通等压力，城市居民居住外迁。大量的物流集散中心、农副产品批发基地、工业开发区等综合区在城郊村落户。同时，由于它是城乡的过渡地带，在此居住的不仅有当地农民、城中村改造拆迁户、农转居的居民，还有各种外来人口（包括农民和居民），几乎各类人群都可以在这里找到，所以城郊村汇聚了城市化进程中的诸多难题，蕴含着深刻的社会风险，并且随着我国城市化进程的加快，城乡接合部产生的

[①] 于洪生、城郊村：《城市化背景下的村务管理调研》，社会科学文献出版社2005年版，第2页。

矛盾和问题越来越凸显，直接影响到我国城市化的进程以及城乡的可持续发展。[1]

(3) 城中村

城中村，顾名思义即都市里的村庄，就广义而言，它笼统地指坐落于城市之中或位于城市周边的、产业结构和职业结构都基本上已经非农化的村庄。[2] 其中，那些位于都市之中，早已没有农用耕地或尚存少量耕地的村落，"它们最突出地呈现出村落终结的特点"，[3] 它们也是最具典型意义的城中村。城中村是我国城市化进程中出现的一种特有现象。改革开放后，一些经济发达地区（如珠三角、长三角、环渤海、直辖市、省会城市等）城市的规模迅速扩张，原先城市周边的城郊村逐渐融入城市范围内，形成了一个个镶嵌在都市环境中的村庄。比较著名的有如广州、深圳、北京、重庆、上海、武汉、西安、杭州等大都市。据住建部2006年统计，在全国大中城市中，广州市分布着138个城中村（占城市规划面积的22.67%），深圳全市共有城中村1000多个（其中特区内约有200个），北京中心城市八区内有200多个城中村，南京绕城公路以内的主城区有71个城中村。[4] 武汉市有147个城中村涉及人口35万人，土地总面积200平方公里；西安市城六区和四个开发区人均耕地在0.3亩以下的城中村共286个，加上三个远郊区40个城中村，共计326个城中村，人口约46万人，有各类土地21.6万亩。广州市区内138个行政村面积87.5平方公里，占城市规划建设总用地近1/4。温州市城中村多达544个。连小小的绍兴市都有45个城中村，涉及人数将近15万人；杭州与石家庄仅市区内就分别有60个与45个都市里的村庄；等等。当前"城市包围农村"的城镇化发展正在使城中村的数量越来越多。可见，这种特殊形态的农村已经成为我国城乡转型过程中一道独特的社会景观，是每个城市都存在的特殊区域。

---

[1] 王娟、常征："中国城乡接合部的问题及对策：以利益关系为视角"，《经济社会体制比较》2012年第3期。

[2] 蓝宇蕴：《都市里的村庄——一个"新村社共同体"的实地研究》，三联书店2005年版，第7页。

[3] 李培林："巨变：村落的终结"，《中国社会科学》2002年第1期。

[4] 张京祥、赵伟："城中村发展及其意义分析"，《城市规划》2007年第1期。

第二节 城中村的产生、变迁与终结

一 城中村的产生与变迁

（一）城中村的形成

城市化是20世纪后人类社会变迁的主旋律之一。在人类社会的城市发展过程中，尤其是城市化进程中，英、美等西方发达国家出现了城市蔓延、"城市乡村"等社会现象，非洲、拉美等发展中国家则因过度城市化而导致"贫民窟"等社会现象。由于国情不同，在我国城乡二元社会体制下，"压缩式""摊大饼"城市化过程中出现的一种"本土化"社会现象则是城中村的出现和大量存在。

有人形象地比喻，我国城中村的形成犹如"琥珀"。20世纪90年代后，大量的城市周边传统村落，在快速城市化的大潮中来不及退却，像一滴突如其来的松脂裹住了一只呆头呆脑的苍蝇，随着时间流逝，村庄们被改革开放分泌出来的成果包围得严严实实。当前的城中村是传统体制性因素与现实的政策、管理性因素相互作用的产物。[1] 具体而言，城中村形成的主要原因如下：

1. 城乡二元结构是城中村形成并大量存在的体制原因

城乡二元结构是我国在计划经济时期为了实现国家工业化发展战略，政府对资金、技术、人才等生产要素在城市与乡村之间实行两种不同配置模式的一种社会管理体制。城乡二元结构在传统的计划经济时代下曾释放出巨大的制度优势，为国家快速建立起一个比较完整的工业体系起到了无法替代的作用。但是，改革开放以来，随着社会各项政治经济制度和体制的不断深化改革，城乡二元结构日渐成为中国经济和社会发展的一个严重障碍。所谓城乡二元结构，是指城市社会和农村社会相互分割的二元社会形态，以及城市现代工业与农村传统农业二元经济形态的一系列制度形成的制度结构，其中土地所有二元和户籍二元是其核心。

---

[1] 蓝宇蕴："城中村：村落终结的最后一环"，《中国社会科学院研究生院学报》2001年第6期。

改革开放后，尤其是20世纪90年代中后期，我国的城市化日趋加快，大量的城市周边的农村由于传统二元社会体制的束缚没有来得及实现自身华丽的转身，就被不断扩容的城市所包围并淹没，成为都市里的村庄。从其地理区位看，城中村已经成为城市的有机组成部分，但是从管理制度看，仍然实行着村民自治的乡村治理模式。有的城中村已经失去大部分土地，有的则完全失去耕地。村民由于逐渐或完全失去安身立命的土地，而不得不另辟生存之道，但他们仍然没有摆脱农民的身份。总言之，城中村是城乡二元社会结构背景下快速城市化进程中形成的一块体制夹缝地带。

2. 村落共同体的利益性内聚是城中村形成并顽强生存的利益动因

马克思指出："'思想'一旦离开'利益'，就一定会使自己出丑。"[1]"人们为之奋斗的一切，都同他们的利益有关……"[2] 利益是人们在社会变迁过程中观念意识、行为模式形成与更替的唯一驱动力量。由于城中村所具有的区位资源禀赋优势，使得城中村在率先开启的非农化过程中积聚了雄厚的集体利益。对集体利益享有的使用、收益及处置权力，使得村民对城中村这一新村落共同体的政治认同感不断强化，同时也促使村民对城中村村落共同体既得利益的占有及保护欲不断增强。换言之，村落共同体的利益性内聚并未成为推动城中村终结的正能量，反而却成为城中村顽强生存的强大利益动因。

首先，村籍身份是享受村集体福利和集体经济产业高额分红的前提，利益的驱动提高了村民对城中村的归宿感，也强化了村民对城中村存在的高度认同，从而拉大了城中村与城市融合的距离。城中村凭借着自身社会地位、政策以及资源的优势，比如土地、资本、知识、人才等使得城中村村民对社会财富的分享远高于外部。因此，这里的村籍身份则成为一种比城中村外部居民分享更多利益和财富的标签和象征。因此，为了使村落共同体形成的既得利益不被外界市民的准入而稀释，城中村通常规定了较为严格的村籍准入管理制度和具有较强操作性的集体利益分配机制。例如在城中村土地、集体收益分配过程中出现的"嫁城女""祖遗户"利益分配问题，都充分体现了城中村村籍与利益分配紧密关系。

---

[1] 《马克思恩格斯全集》第2卷，人民出版社1995年版，第8页。
[2] 《马克思恩格斯全集》第1卷，人民出版社1995年版，第187页。

因此，对于失去土地的城中村村民不愿享受"农转非"，而极力保护村籍身份，这一看似奇怪的现象就不难理解了。

其次，利益内聚的城中村落共同体与外界博弈的结果往往是更加强化了城中村村民对城中村的归属感和强大的保护欲望。调研发现，城中村改造中的一个核心问题是土地权属问题。城市化进程中，政府不断征占城中村土地，已是一个不争的事实。但是，排斥征地或获取高额补偿则是城中村村民与政府及地产商博弈过程中出现的一种普遍观念和行为。通常来看，以我国《宪法》为首的众多法律都对政府的征地行为进行了规定。征地是受法律保护的政府行为，政府可以强制完成。但事实上，这一政府行为在城中村改造中却成为政府和城中村成员讨价还价最为激烈的集中点。法律赋予政府的强制执行力往往在实践环节中被大打折扣，这也成为城中村得以顽强存在的重要原因之一。

3. 非正规经济是城中村形成并赖以兴盛的非制度化诱因

在某种意义上讲，城中村的存在和"兴盛"在一定程度上来自非正规经济[①]的活跃。非正规经济具有不稳定性、流动性、从业者收入没有保障、不受政策保护等特征。只要有市场和需求的存在，非正规经济和正规经济一样，都有其生存发展的土壤，都是现代市场经济不可分割的有机组成部分。城中村所具有的人口复杂、文化程度低下等特点正为非正规经济提供了所需的土壤。

首先，现代城市社会发展的高文化高技术要求为非正规经济在城中村落地生根提供绝佳的推动力。中国近 40 年在文化、教育、技术培养等方面的发展是突飞猛进的，大量高素质高技能人才走出校园投入到社会生产和劳动市场中，不仅带动了中国产业经济的高速发展，同时也提高了劳动市场对劳动力的文化素质或技能水平要求。城中村相对于其他城市区域，无论在经济发展还是产业种类、规模等方面都较为落后，这就为众多文化素质较低、缺乏技能的务工人员提供了从事非正规经济的平

---

① "非正规经济"，也称为非正式经济。其定义主要有两个：一个是广义的，不在官方统计之列的，主要是通过现金进行交易和不纳税的经济活动。它包括非正规经济、地下经济、平行经济或黑市经济；另一个是狭义的非正规经济。据国际劳工组织 1993 年制定的标准，其指包括各种家庭企业和各种没有固定工资的劳动者、手工业者、车主、流动摊贩等的收入，但不包括贩毒、走私、生产和销售盗版产品等地下经济活动。

台。因此非正规经济在城市社会高速发展的推动下在城中村落地生根。

此外，当地居民多为农民出身，缺乏文化素质教育，没有一技之长。因而这些人无法从事城市正规经济，只能通过非正规渠道谋生。其次，城中村现代城市管理制度的缺失为非正规经济的滋生泛滥提供最佳的温床。城市化的快速发展需要土地和市场，这不可避免地使大量城中村失去赖以活命的土地。同时，城市化发展需要的大量劳动力涌入城市，当流出农村流入城市的劳动力由于种种原因无法正规就业，这不可避免地使大量外来人口寄生于城中村。城乡二元结构的现状使得对大量与外来人口进入相关的活动管理处于近乎失控状态，这为大量无资本、无文化、无技能的三无人口从事非正规经济活动提供了平台。有效社会秩序管理的缺位使得诸多如麻将馆、色情按摩室，甚至吸毒场所等城市管理中被排斥甚至被打击的非正规经济活动在城中村中日益兴盛。再次，城中村日渐兴起的"种房"经济成为城中村的存在与兴盛的重要源泉。城市发展需要的土地使得城中村失去了耕地，村民无法从事传统的农业种植，农业经济在城中村日渐消亡。城中村村民逐渐蜕变为新型的食租阶层。相对于城市其他区位而言，由于城中村建设较为落后，房屋租金、消费水平等较城市区域偏低，因此大量外来务工人员，甚至是犯罪分子纷纷涌入其中，导致城中村往往成为城市藏污纳垢的区域，有效的城市管理制度在这里更难以发挥效能，更有利于非正规经济在此发展壮大。

（二）城中村的发展变迁

城中村的产生和终结从一个独特的视角映射出中国城市化进程的一道独特景观，展示出中国城市化进程的特殊轨迹。城中村是一个动态的概念。它的发展演变不是依次推进整齐划一的，而是掺杂交叉多样并存的。即从城中村的形态来讲，有尚未改造的，正在改造中的，改造完成回迁的；有的已与城市别无二致，有的还以农村的面貌存在，人口、区位、经济状况各不相同。城中村管理与城中村自身的发展变迁密切相关，城中村问题是伴随着我国的改革开放城市化进程而不断展现出来的，大致经历了五个阶段：[①]

[①] 陈晓莉："村改居社区及其问题：对城中村城市化进程的反思与改革"，《兰州学刊》2014年第3期。

第一阶段，纯粹的农村阶段（20世纪80年代前）

传统中国是一个农业社会，相同的生产生活方式逐渐聚集形成了远离城镇的乡土空间的村庄，村庄是集生产、生活、繁衍、交往和娱乐于一体，聚村而居，较少流动，具有明显地方性和封闭性的熟人社会。新中国成立以后，由于我国实行的城乡二元体制，限制农村人口的流动，城市是城市，农村是农村，二者相安无事，各自在自身的体制框架内运作。即便是近郊农村，因其人口密度低，经济结构单一，职业构成简单，社会联系也主要以血缘和地缘为主，保持着传统农村的特征。

第二阶段，城中村形成期（20世纪80年代至90年代）

在城市化进程中城市政府往往通过征用近郊农村土地来实现其扩张，城市周边广袤的农田只需进行整理、拍卖、转让、开发便可获得巨额收入，并可使政府的寻租行为变得更加隐蔽。于是，城市建设高潮迭起，兴办各种类型的经济开发区、工业园区、大学城、商住区等，掀起一轮又一轮的"圈地风"，而且是"只要地不要人"，由此，催生出大量的"城中村"。由于政府职能的缺位、错位，管理失范，农民迫于生计，走向房租经济，自发、无序地在宅基地上不断加盖房屋，城中村开始形成，并不断扩大。

第三阶段，城中村扩张期（20世纪90年代至2000年初）

城中村的土地由于城市的发展而急剧增值，快速建成的大量出租屋为外来人口提供了廉价的住房，大量的外来人口因此涌入城中村，巨大的需求又迫使城中村房屋的密度、高度不断增长。政府在城中村问题上的回避，管理缺失等各种因素共同作用，使城中村快速膨胀，随之带来的问题也不断凸显，城中村几乎成为"问题村"的代名词，诸如，征地拆迁矛盾突出、社会治安恶化、环境条件恶劣、贿选现象盛行、村干部违纪犯罪严重、村民上访乃至群体性事件不断。充分暴露这一特定区域乡村治理的衰败。由此，城中村问题曾一度成为社会关注的焦点和学术热点。

第四阶段，改造治理期（20世纪2000初至2010年）

我们耳熟能详的"城中村改造"是在两种背景下展开的，一是作为"脏乱差"和"问题村"同义语的城中村，从城市管理和提升民生的角度，迫切需要通过"改造"而实现；二是随着中国经济高速增长，工业化和城镇化进程开始加速。城市的快速扩张,需要大量征地拆迁,地方政府为推进城市和工业发展而实施了大规模的土地征用。在"经营城市"的理念下,"土地财政"日益凸显。然而,土地征收由于受到城市土地资源锐减和国家土地政策法律的刚性制约,全国大中城市发展的土地供给随即由"增量供给"转向存量挖掘。同时基于提升城市形象,土地集约化使用等多重原因,城中村不再平静,城中村改造应运而生,并成为城市发展土地资源获取的重要方式。在无上位法支撑的前提下,地方政权突破国家土地政策法律进行"制度创新",通过地方性法规和政策消解国家土地政策法律,为城中村改造提供制度依据。全国大中城市城中村的有形改造和无形改造轰轰烈烈展开,大规模的拆迁补偿安置使多种矛盾冲突激化。强征强拆、补偿不合理、安置不到位、集体资产流失等问题,不断引发农民上访,罢免村干部,冲击政府,静坐示威。这些现象反映了村庄与政府,村干部与村民,村民与村民之间重重复杂的利益关系。

第五阶段,回迁安置期(2010年至今)

城中村改造包括有形改造和无形改造两部分,作为有形改造主要表现为拆迁补偿,建设过渡和回迁安置。所以,整村拆迁之后的城中村以一个或多个村庄为单位,就地或异地整体上楼安置,形成了封闭式的回迁安置小区。数以万计的城中村正在从中国的城市版图上被抹去,取而代之的是一幢幢高楼林立的回迁安置社区。这些回迁安置的村庄情况比较复杂,有的尚未进行村转居,仍实行村民自治;有的经济体制已改制,有的还没有;有的改为社区有的还未设社区;有的一村一社区,有的若干村为一社区。不同类型的城中村社区社会管理的对象、内容、特点存在很大差异。随着城市化的快速推进,开发区不断扩容,城中村改造如火如荼,村改居社区数量还将继续增加,其集聚的人口规模也将越来越庞大,村改居社区将成为城市基层社会的重要组成部分。通过对村转居社区调研发现,与这类社区所具有的"亦城亦乡"特点相对应的是其存在诸多显性和隐性问题,如被转居农民的生计问题,集体经济体制问题,安置社区的社会管理问题,等等,大量的矛盾纠纷和不稳定因素相继出现,严重制约和影响着社区的转型和发展,影响着社区居民的政治经济利益,影响着城市基层治理的水平和绩效。在新型城镇化发展为主导的背景下，探寻村改居社区的治理之道日显重要而紧迫。

(三) 城中村的类型

城中村的类型可依据不同的标准做出不同的划分，当前学界主要有两类划分标准：(1) 从城市生态分布来看，城中村可以分为三种类型，一是地处城市中心区，全部被城市包围；二是地处城市中心区外、主城区内，部分被城市包围；三是地处城市边缘地带，距城市中心还有一段距离。(2) 从土地产权和行政管理来看，城中村的类型按照城中村无形改造的进度划分，主要有四种。第一种是彻底完成无形改造的城中村。这类城中村通常地处城市市区，经过多次农地征用后已经完全没有农耕地和宅基地，顺利实现了村委会向居委会的过渡，完成了集体经济的股份制改制，其村民也由农民村籍转变为城市居民户籍。第二种是尚未完成"村转居""农转非"的城中村。这类城中村通常已经完成农地向城市建设用地的转化和集体经济改制，但尚未落实撤村建居和户籍的转变工作。第三种是只完成土地以外集体经济改制的城中村。这类城中村中仍然存在属于农村集体产权的土地，但绝大多数村民以非农收入为主。第四种城中村仍有部分耕地，且仍保留乡政府、村委会建制，农民的户口也未转变，农牧种植业此类城中村产业中仍占一定比重。

此前有学者根据不同的标准，从多种角度对城中村进行了不同分类。李培林研究广州城中村问题时，是从空间区位角度，将城乡结合部分为三类：一是处于繁华市区、已经完全没有农用地的村落；二是处于市区周边，还有少量农用地的村落；三是处于远郊，还有较多农用地的村落。[1] 王福定认为城中村可以归为三种形式，即旧村古貌、空心村、农民新村。龚兆先从自然形态和在城市生态中的地位的角度对城中村进行分类。从城中村的自然形态出发分为自然元素占主导性比例的自然型和建筑、道路占主导性比例的建成型两类；从城中村在市域生态布局中占重要地位的生态型和占次要地位的非生态型两类。[2] 李俊夫根据建设用地比例将城中村分为几乎没有农用地、农用地和建设用地比例大致相当、尚

---

[1] 李培林："透视'城中村'——我研究'村落终结'的方法"，《思想战线》2004 年第 1 期。

[2] 龚兆先："利用城中村自然优势完善城市生态系统"，《城市问题》2004 年第 2 期。

余较多农用地的三类。① 李津逵以深圳城中村的由来将城中村分为城市出现之前本地农民的村落，城市建设中本地失去耕地农民的就地集中安置区，原住民面向外来低收入阶层的廉租屋区。② 吴涛按城市化进程和拥有土地多少，将城中村分为游离型、半游离型和胶着型（亦城亦乡型）。③ 广州市和武汉市洪山区则根据实际拥有农用土地现状及城市建设发展状况，将城中村分为三类：A 类，完全没有农用地的农村，或已经完全被城市所包围的农村；B 类，有小量农用地的农村和处在城市近期重点建设区域的农村；C 类，有较多农用地的农村和近期不列入重点建设区域的农村。对此，洪山区拟分三类进行城中村改造，一"推倒重来"模式。拆除不符合规划，标准低，杂乱无章的住房，规划新区（新村）按城市小区方式建设。二"适当改造"模式。注重整治、规划、设计环节，有保留有改造。三"周边扩展"模式。小村并大村，适当向周边集中扩展，建成居民小区。

此外，有研究者曾将农村与城市的存在状态划分为：典型的农村、农村化的城市、典型的城市、城市化的农村四种类型。

城中村还有其他一些分类标准及结果，在此就不一一赘述。

本研究选择西安市城中村最多的 Y 区，作为研究样本，上述城中村典型样态均可在这个城区找到。根据研究需要，我们拟从城中村改造角度来划分，城中村可分为尚未改造的，正在改造中的，改造完成回迁的三种类型，即城中村—拆迁过渡——回迁安置——村改居社区。

二 城中村的性质与特征

（一）城中村的性质

随着人类社会的发展，城市化的加速推进，城市不断发展扩大，越来越多的农村被纳入城市体系。在这个过程中很多农村并没有被彻底城市化，就成了城市的遗留问题——城中村，而这个遗留地区就成了今天最难城市化的地区。正确解决问题的前提是对事物正确的认识，因而对

---

① 李俊夫：《城中村的改造》，科学出版社2004年版。
② 李津逵："城中村的真问题"，《开放导报》2005年第3期。
③ 吴涛："城市领导者如何破解城中村难题"，《领导科学》2011年第10期。

城中村本质属性的考察有着十分重要的意义，因其直接影响到城中村功能定位的认识和治理方式的选择。

城中村究竟是什么？对此，学者们见仁见智，却又大都从功能定位和实际效用的角度加以描述和定义。魏立华认为，城中村成为"社会—经济塌陷带"。[①] 权小娟认为，城中村是"城乡之间、工业与农业之间、现代与传统之间的连接带，发挥着区位、文化、福利与社会整合的功能"。[②] 蓝宇蕴指出："城中村不只是农民急功近利的结果，更主要的还是，在现有制度条件约束下，政府推动和提供城市廉租屋及流动人口生活便利的速度落后于农民争取城市化利益的效率和能力。"[③] 王春光认为，城中村是农民融入城市的桥头堡和依托，绝大多数农村流动人口就是靠着城中村的廉价住房得以在城市生活下去的。[④] 李津逵认为，"城中村本来是本地农民的安置区，现在成了由农民建设的本应由政府负提供之责的城市廉租屋区"。[⑤]

城中村究竟是农村还是城市？城中村作为城市化进程中的产物，是一种介于农村与城市社区的过渡形态。政府主导下的被动城市化不仅无法从根本上实现城中村向城市社区"社会"意义上的转变，而且从社会层面来看，尽管村庄的物质形态被消灭，但村民与他们所构成的乡土社会却很大程度上保留了下来。城中村虽然基本没有土地，没有农业，也没有农民，但仍按农村管理体制进行管理，村党支部、村委会仍然是主要的组织机构，仍然进行村委会换届选举。改制社区虽然改村委会为居委会，但居委会无论是在管理的体制、程序、范围，工作的重点、内容、方式，还是服务对象、形式以及管理费用等方面，都与原来的村委会没有什么区别，并未与城市社区的管理模式接轨，原地安置并没有使原有的社会结构、人员结构发生更大变化，他们的邻居没有变，生活方式也

[①] 魏立华、闫小培："城中村：存续前提下的转型——兼论城中村改造的可行性模式"，《规划研究》2005年第7期。

[②] 权小娟、王宏波："城中村：断裂社会的连接带——基于西安市郝家村的个案研究"，《中国社会科学院研究生院学报》2007年第1期。

[③] 蓝宇蕴："论城中村改造的社会基础——以广州市城中村为例的研究"，《华中师范大学学报》（人文社会科学版）2007年第2期。

[④] 王春光："质疑'改造'城中村"，《中国社会导刊》2005年第12期。

[⑤] 李津逵："城中村的真问题"，《开放导报》2005年第3期。

没有什么变化，居住与交往方式仍以传统为主，地缘和血缘关系尚未淡化，社会关系网络没有断裂。"混杂着城市社区和乡村社区的特质，其缺乏稳定的邻里关系网络、积极的居民参与以及较高的社会认同，尚未形成真正意义上的'社区'，[1]仍然是一个由原来的村民组成的由血缘、亲缘、宗缘和地缘关系结成的传统的熟人社会。"改制后的村庄也并未实现向城市社区的飞跃，相反却日益封闭，成为一个"新村社共同体"。[2] 而这个"新村社共同体"对于失地的弱势村民来说，是他们共同具有的、唯一拥有最丰富社会资本的结构网络，是他们走向城市社会"新社会空间"的一座"土的桥"。[3] 既不是典型意义的城市社区，也不是传统意义的农村社区，亦城亦乡，非城非乡，半城半乡，只能是"制度的社区与现实的村庄"，"名为社区实为村"。

据此，我们认为，尽管城中村身处"闹市"，但仍然应该是农村的范畴，是制度意义的农村。中国的农村既包括以传统农业区为主的农民集聚区，还包括"农味"已淡的城中村和"亦城亦乡"的城郊村，以及处于过渡形态的村改居社区，那么，我国乡村治理就区域而言，不仅指典型的以农业为主的农村的乡村治理，也应包括城市化过程中形成的大量的城中村的治理，甚至还应包括撤村改居后一定时期内仍然是都市村庄的村改居社区的治理。

（二）城中村的特征

对城中村性质和功能的考察，显然有助于对其特征的认识和把握。有学者从社会形态，经济形态和精神形态等方面勾勒出城中村的基本特征。我们将从其"神""形"两处观察概括：

1. 居住人口密度高、异质性强、流动性大，治安问题凸显

城市化是一个国家在经济增长和社会现代化发展中不可避免的过程。伴随着我国经济体制改革和社会变革，特别是城市化进程的加快和城乡

---

[1] 黎熙元、陈福平："社区论辩：转型期中国城市社区的形态转变"，《社会学研究》2008年第2期。

[2] 蓝宇蕴：《都市里的村庄：一个"新村社共同体"的实地研究》，三联书店2005年版，第109页。

[3] 蓝宇蕴："城市化中一座'土'的'桥'——关于城中村的一种阐释"，《开放时代》2006年第3期。

二元体制的松动，大量外来人口向城市移民就成为一个不可逆转的过程。外来人口在大城市的聚居情况，一是以地缘为纽带形成的聚居区，如北京的"浙江村"；二是在城市扩张时期形成的城中村中聚居的外来人口，还有一部分外来人口居住在企业宿舍，其中居住在城中村的外来人口数量最大。城中村低廉的房价、便利的交通吸引了大量外来人口来此居住和择业，密集的人口自然带动工、商、贸综合发展，使得城中村的人口和职业构成复杂多样，多元文化与生活方式在此交流、冲突、融合。"规划、建设、管理极其混乱，外来人口膨胀，内面的出租屋成为黄赌毒的温床，'超生游击队'的藏身之穴……这些和现代城市的生态、整洁与舒适是大相径庭的"[①]。城市政府缺乏对大量的外来人口的有效管理，导致城中村内许多社会落后现象滋生，犯罪率高、治安环境差，成为城市社会治安问题的"重灾区"。以广州市著名的城中村石牌村为例，作为广州外来人员最多的地区之一，石牌村常住人口约10万，外来人口多达8万多，仅0.6平方公里的石牌村，就有3656栋出租屋。治安、消防、卫生等隐患突出，严重影响到城市的健康发展。西安市城中村村民对村上管理最不满意的首先是治安状况，其次是环境卫生。近年来，深圳市发生的刑事案件约95%以上是外来人口所为；出租屋中发生的刑事案件约占全市刑事案件的30%，个别地方高达50%。2009年，西安市Y区60%的盗窃案和65%的命案均发生在城中村，城中村违法犯罪问题成为影响城市社会稳定发展的主要因素，流动人口成为主要犯罪群体，治安形势严峻。总之，城中村呈现出的是地上"脏乱差"、地下"黄毒赌"。外来人口的快速集中和高流动性、人员构成的复杂性、素质的低层次性和较高的犯罪率，已严重影响了城中村的稳定发展。

西安市城中村社区"付村花园"有560户，小区内有村民2000人左右，流动人口（房客）3000多人。平均每户房客近6人，"丈八安置一区"总共有850户，3000人，暂住人口却有15000多人，平均每户居住近18个人。居住密度高，人员构成复杂，这里居住的既有本地的常住人口，也有拆迁过渡户、进城务工创业人员，部分社区还有附近高校的大

---

① 马中柱："改造城中村是建设现代化城市的需要"，《广东精神文明通讯》2000年第87—88期专刊。

学生租住。我们入户观察，看到有合租现象，一套房子放满架子床，挤住着十几个人。因为工作与学习的流动性大，租住户变动频繁，治安问题十分突出。如付村小区内盗窃猖獗，有入户行窃的，偷车牌的，摩托车、电动车被盗已是家常便饭，甚至还有偷汽车的，道路井盖都被偷完了。小区门禁实行承包制，门卫只收钱，不管事，眼睛就盯着进来的车辆收费，进出的人问都不问一下。村上警务室常驻一个民警，一个协警，冬夏都享受空调，但就是不管事。东八里村，一进村口，道路两边遍布小吃摊点，虽然给居民们提供了方便，但随处可见的垃圾污水使人很难适应这里与近在咫尺的长安南路的巨大反差。火烧碑东村，临街的楼房完工不久，楼前地面尚未处理，坑坑洼洼，尘灰遍地。吉祥村，翻建加盖房屋的村民将建材随便堆在村道上。西何家村，狭窄的村道上积水难消，一字排开的饭馆油烟缭绕。几乎每个村子都聚集着大量的流动人口，每间房子上都贴着招租广告，只要交钱，不管你是谁，租房干什么，房东根本不问。每个村子无一例外地藏着按摩房、黑诊所、黑网吧、游戏厅。"若穿过标准化的城市街巷直接进入城中村，头脑中立即会冒出恍如隔世的时空错乱的感觉，此时很难相信自己居然还是置身于一个大都市之内。""在鳞次栉比与低矮杂乱的巨大反差中，这些住宅群落犹如乐谱中一个个不和谐的音符，散落在大都市的画面上，奏出一曲曲失调与刺耳的乐章。"[①]

2. 基础设施薄弱，规划无序，布局混乱，安全隐患多

由于城乡公共投资体制的二元性，城市政府对城中村的公共设施投资严重不足，村民自治又缺乏长远的利益考虑，导致城中村内的市政道路、卫生、体育、文化、教育等设施严重不足。在繁华的都市闹区，鳞次栉比的高楼大厦之中，城中村村民们为了最大化地扩展住宅建筑面积，街道两旁的楼都伸展出来，形成"贴面楼""握手楼""亲吻楼"和"一线天"的独特景观，各种管线杂乱无章，排水排污不畅，街巷狭窄、拥挤，存在严重消防隐患，成为城中村显著标识。道路网布局不合理，无法满足人流、物流、停车及消防的基本要求；排水设施陈旧；供水、供电、供气设施不配套；幼儿园、学校、医院等公用设施不足。楼房建筑

---

① "城中村拆改的阵痛与对策"，《西安晚报》2006年6月18日。

不规范，宅基二三分地，只够盖二到三层，但因为缺乏整体规划，许多加盖到七八层甚至十来层高。以西安市吉祥村为例，不大的村子里拥挤着大大小小101个招待所。房子多为加盖，房与房之间要靠相互"支撑"才不至于倒塌，建筑结构不合理，无通风采光条件，房间终年阴暗。在城市不断扩张中，吉祥村被高楼大厦快速包围，地价、房价、租价也水涨船高、大幅上涨。受房屋租金和拆迁补偿利益驱动，不少村民见缝插针，私搭乱建现象层出不穷、屡禁不止，安全隐患很多，城市整体形象受影响。

3. 伴随城市化进程，具有交叉性、过渡性和长期性

城中村由于其特殊的地理空间决定它既是农村社区又是城市社区，"非城非乡"或"亦城亦乡"是其典型特征。过渡形态的城中村最突出特点是"三交叉"，即城乡地域交叉，村中有城，城中有村，亦农亦城，插花交织；农民和城市居民生活互相交叉，城市和乡村文化交叉，城乡风貌并存；乡镇街道办事处行政管理交叉。城中村是我国聚落在由传统农村向现代城市发展过程中出现的一种特有的过渡形态，是间于农村传统元素的消逝与城市现代元素的生长的一个由量变到质变的过程。"无论哪一个社会形态，在它所能容纳的全部生产力发挥出来以前，是绝不会灭亡的；而新的更高的生产关系，在它的物质存在条件在旧社会的胎胞里成熟以前，是绝不会出现的。"[1] 城中村是"最早开始城市化的地区，又是最难城市化的地区"[2] 一个由血缘、亲缘、地缘、宗族、民间信仰、乡规民约等深层社会网络联结的村落乡土社会，村落终结过程中伴随产权的变动和社会网络的重组，充满利益的摩擦和文化价值冲突和碰撞，不是非农化和工业化就能解决的，其将在一个相当长的时间内生存、发展。即使完成形式上的"改造"，也是一个渐进转化的过程。

4. 社会关系和利益关系复杂多样，矛盾冲突尖锐对立

城中村有农民，有农转居的居民，还有包括农民和居民的各种外来人口，几乎会集了各个社会阶层的人群，不同的利益主体有不同的利益要求，自然会产生各种利益矛盾和冲突。同时，城中村的动态性和过渡

---

[1] 《马克思恩格斯选集》第2卷，人民出版社1972年版，第83页。
[2] 周大鸣、高崇："城乡接合部社区的研究"，《社会学研究》2001年第4期。

性使其面临经济环境、社会结构、组织管理、社会身份、社区文化、就业方式、生活方式、社会保障等全方位的变革。变革幅度大，内容庞杂，主体异质性强，利益冲突多元，矛盾集中尖锐。并广泛存在着各种非良性运行和协调发展问题，诸如，征地拆迁矛盾突出、社会治安恶化、环境条件恶劣、贿选现象盛行、集体财物管理分配混乱、村干部违纪犯罪严重、村民上访乃至群体性事件不断。贫富差距拉大问题、干群关系矛盾，以及利益格局的多样性与利益冲突的多发性，观念构成的复杂性与思想碰撞的经常性，社会矛盾的聚集性，等等，实际上都与体制性矛盾密切相关。城中村呈现的这些日趋常态化的矛盾与冲突不仅普遍存在，而且相互联系，充分反映了城乡之间在社会关系和利益关系上的复杂性及其化解的困难性。

5. 地理位置、经济形态、社会结构、管理体制具有独特性

失去了土地这一活命根本的城中村，其社会结构发生了根本的变化，村民出现了职业和阶层分化。有的开办工厂，有的做生意，大部分靠优越的地理位置和低廉建设成本的住房出租获取收入。职业分化也决定了城中村村民逐渐产生阶层分化，出现了村级管理者阶层、私营企业家阶层、个体工商户阶层、招工进厂者阶层、单纯食利者阶层和落魄游民阶层。城中村既脱离了传统的乡村系统，又没有真正融入城市大系统中来，它本身自成一个系统。在这里，二元社会体制并存，城市与乡村的经济、政治、社会、文化等要素相互作用、相互渗透，并最终达到相互融合。在功能定位上，城中村主要以城市需求为发展动力，更多地发展成为城市的农副产品基地、工业开发区、商品集散地和仓库物流中心等多种功能的综合区。

城市边缘地带在经济发展的同时社会管理工作没有跟上，治理体制改革严重滞后，政府公信力不断下降。地方政府管理与村民自治之间存在着一定的断裂与冲突。民政部主要领导2010年1月26日指出一些城中村基层组织建设滞后于经济社会发展，社会管理不力，社会治安问题突出。要加强城中村建设，营造和谐稳定的社会环境，[1] 充分说明这一特定区域乡村治理的衰败。

---

[1] 李斌、邹伟："民政部：加强'城中村'社区建设"，2010年1月27日新华网。

三 城中村的改造与终结

城市化的迅猛发展,意味着部分村落必将走向终结。村落终结的形态主要有三点:(1)城市边缘地带的村庄被迅速扩张的城市所吸纳;(2)远离城市的偏僻村落在过疏化、老龄化背景下而走向"终结";(3)在政府社会规划工程主导下,通过村落合并形式走向终结的村落。[1] "村落的终结"是我国相当部分乡村或城中村的归宿。

城中村改造是村落消失的主要途径之一,所谓城中村改造是指对城市中仍实行农村管理体制的村庄进行城市化改造,将城中村居民纳入城市管理体制的过程。城中村改造包括有形改造和无形改造两个方面:城中村有形改造是指将城中村推倒重建,转变为城市社区,而无形改造即实现城中村"四个转变":把村民委员会转制为社区居民委员会、把农村户籍人口转制为城市户籍人口,把集体经济转为公司制运作的经济,把集体土地转变为国有土地。有形改造与无形改造相辅相成,缺一不可,有形改造是城中村空间改造,使脏乱差的城中村变成规划科学、基础设施现代化的文明小区,而无形改造则是实现村民的市民化和现代化。一个城中村改造的完成,意味着一个村庄的"终结"。

(一)城中村改造的"计划"与时机

前面我们已对城中村改造的动因和背景有所了解,但城中村改造的时机和节点需要认真研究和把握。各地政府均下达"改造计划"的方式推进城中村改造,但计划的落实又往往受到诸多因素的制约和影响,地方官员则会因地制宜,很好地"拿捏"时机。西安市Y区主要领导就有自己的一整套思路:城中村改造应该具备一些基本的条件:一是周边城市化程度较高,基础设施基本或即将到位。二是村子改造详规已经完成,周边区域城市环境规划也基本明确。三是在"三个结合",即城中村改造与市政道路建设相结合,与大型商贸设施建设相结合,与消除安全隐患相结合上出现了重大机遇。四是机构健全、村务规范。机构健全是要建立村级改造机构,街道办事处建立了专门的机构,专人专管。村务规范就是农村两委会运作正常,城中村改造中的重大事项要符合广大村民的

---

[1] 田毅鹏、韩丹:"城市化与村落终结",《吉林大学社会科学学报》2011年第2期。

意愿，村委会与村级城中村改造机构要协调好关系。五是农村集体资产明晰，工作指导、监管到位。

城中村改造之后应该达到的基本效果：一是村民安置到位，包括村民的住房得到保障，生活依托得到保障，村集体财产分配符合规范，平稳有序。二是旧村彻底拆除，环境发生根本变化，形成了居住舒适、配套完善、环境优美、先进时尚的城市新街区。三是建立了新的城市社区，如村民变居民、股民，村委会变为居委会等。四是集体经济通过改造有了一个殷实的基础，有一个大的发展，有一个可持续增长的支撑。五是广大村民得益，基本没有遗留问题。这就是我们城中村改造要实现的目标，这几条达不到，城中村改造就不能说是成功的。才能达到内外和谐。内部和谐，是指村集体内部和谐，社区内部环境良好、安定和谐。外部和谐，是与周边城市街区环境和谐，与西安市国际化、市场化、人文化、生态化的目标合拍和谐。内外和谐才能可持续发展，才符合科学发展观的要求。

基于对基本条件、基本效果的思考，城中村改造不能过分超前，也不能滞后。不能过分超前的主要原因是有些城中村还没有形成城市化区域，还不知道未来周边城市建设怎么搞，不知道基础设施怎样配套，也不知道建好的安置房在这里能存在多少年。这样，后续的城市建设和规划发展，可能导致已经建设的楼房还要拆掉，形成新的不协调、不完善，容易引起二次三次改造，造成更大损失。当然也不能滞后，滞后就会失去改造的良好机遇，加剧城乡之间的强烈对比和更大反差。所以，既不能超前，也不能滞后，应该与城市化进程同步发展中选择和把握改造时机。

（二）城中村改造的意义

毋庸置疑，由于对城市化发展存有积极作用，城中村具有一定的存在合理性，但是，随着城市现代化进程的加快，城中村对于城市发展的各种负面作用也日渐明显，并已经成为城市化进程中城市发展的瓶颈。

首先，城中村改造是城市土地高效利用的要求。城中村村民建筑常以单家独户为主，占地面积大，建筑密度高，造成了土地占有率高但利用率低的紧张局面。另外，很多城中村占据了城市的优越地带，但在综合开发上却远远落后于周边地带，这是对土地资源的极大浪费。① 例如，西安市人均住房面积23平方米，而西安城中村村民人均达到130平方米以上，容积率太低，只有0.73%。我国是土地稀缺，人地关系高度紧张的国家，新型城镇化要求大城市从粗放的外延式扩张向内涵式集约式发展转变。改造城中村，盘活效率低下的土地资源，将会大大促进城市土地潜力的提高及城市经济社会持续健康发展。

其次，城中村改造是构建和谐社会，提升人民幸福感的需要。城中村物质和社会形态存在的问题已经给城市经济、社会可持续发展带来了不利影响。这些问题的存在使城中村与城市其他区域构成强烈反差，成为社会问题的高发区。如果不及时进行改造，城中村有可能成为未来的贫民窟。因此，对城中村的改造有利于实现城市物质形态的现代化，有利于实现城市社会管理的现代化，有利于解决城市治安、卫生和环境等社会问题，有利于提高城市综合竞争力。

基于以上认识和社会发展背景，自21世纪初，各大省会城市相继推开城中村改造，由南及北，从东到西，愈演愈烈，如火如荼。

在本课题研究中，我们必将大量涉及城中村改造问题，不仅在于城中村改造的政治、经济、社会价值，也不只是因为城中村改造是村落终结的重要途径之一，而在于城中村改造与本课题研究的主旨，即基层政府管理与村民自治有效衔接与良性互动有着极为密切的关系。在城市化进程不断加快的背景下，城中村改造也在加速，因此，我们所研究的主题也主要发生在这一期间，这就决定了涉及这一问题的必要性和重要性。

(三) 改造的基本做法

城中村改造是一个利益博弈的过程，由于地域、资源禀赋、改造思路等存在差异，在不同城市的城中村改造，甚至同一城市的不同城中村改造过程中，逐渐形成了各具特色的改造模式。当然，有些模式是可以被借鉴的，有些模式则是无法复制的。以下对一些较具影响的改造模式做一简要介绍：

---

① "关于岳麓区'城中村'现状及改造的调研报告"。http://www.lxb.yuelu.gov.cn/tabid/6017/InfoID/40011/frtid/6024/Default.aspx.

1. 广州城中村改造

广州市十二个区（县级市），共有304条城中村，村民户数约34.89万户，共98.25万村民，外来人口共约500万人，村域面积共716平方公里。20世纪90年代末，城中村逐渐成为广州公共领域的"显性"社会问题，政府一直都有强烈愿望去推动城中村改造，但并没有真正开展实质性工作。2000年，广州市政府首次提出城中村改造概念，在其后的几年时间里，政府出台了一系列相关政策文件，开始了城中村改造的"试水"工作。由于没有成熟的城中村改造经验可以借鉴，当时政府对城中村改造实行"谁受益，谁投资"的成本负担原则，即政府不投资，开发商不参与，完全采取"一村一策，自主改造，不允许房地产商插手"的工作机制。然而，城中村改造几近处于停滞状态，因为拦在城中村改造进程中一个难以跨越的"门槛"是数额巨大的改造经费无法落实。根据2004年广东社科院做的一项调查显示，仅广州白云区三元里村和天河区石牌村，两个城中村改造，预算经费就高达130亿元。而整个广州市规划区内的139个城中村改造项目，比较保守的估计，所需改造资金2000多亿元，这令政府和村民根本无力承担。因此，之后的几年中，广州的城中村改造实际上陷入停顿，基本上没有实质进展。而要改变这种僵滞状态的首要办法就是要将改造与市场相融合。

在村民无力投入、政府不投入或不愿投入的既有前提条件约束下，推动城中村改造实质性进展的似乎只能是市场（地产开发商）的介入。2007年，广州市的城中村改造取得突破，地处市中心的天河区猎德村被选定为城中村改造的第一个试点，成为广州市城中村中第一个吃螃蟹者，也标志着广州迈入市场化城中村改造时期。作为广州城中村改造的"硬骨头"，受制于资金、体制等各方面的因素，政府一直未能啃下这块"硬骨头"。猎德村改造首创了村民以土地产权（土地拍卖）置换开发商物业（安置房建设）来改造的新模式，有别于以往以政府为主导进行的改造模式。此次采取政府不投入、主要通过土地拍卖等运作方式筹集资金完成全部拆迁重建工作。[①] 村民们认为，"拆迁是划得来的好事"，猎德改造后治安会更好，也会有更多的就业机会。城中村改造既保障了原住民的利

---

① 《天河区关于猎德村整体改造的实施方案》。

益，政府又不用出资，这是"一村一策"政策的具体体现。

广州天河区猎德村成为开发商参与改造的第一村。换言之，"撬"起猎德村改造背后真正起重要作用的还是市场因素。猎德村改造一举改变了政府"推而不动"的城中村改造局面。之后，广州市138个城中村的目光，几乎都聚焦到这个被称作"范本"的地方。2009年底至2010年初，为顺利举办广州亚运会，广州市政府从改善市容市貌着手，大举启动城中村改造项目。着重要求亚运会前猎德、冼村、小新塘、萧岗村、三元里、林和、扬箕、琶洲与棠下村（白云区）等九个城中村要顺利完成整体改造。这场轰轰烈烈的城中村改造战役不仅造就了广州历史上最大规模的城市建设改造活动，更给广州房地产市场带来了又一轮生机，地价再次空前高涨。在利益驱动下，市场机制的介入成为广州城中村改造进程中逐渐形成的一种改造模式。2010年底，在总结改造经验的基础上，广州市政府出台的《关于广州市推进城中村（旧村）整治改造的实施意见》文件提出，力争用10年时间基本完成全市城中村的整治改造任务。整治改造的模式包括全面改造和综合整治两种类型，对位于城市重点功能区外，但环境较差、公共服务配套设施不完善的城中村，以改善居住环境为目的进行综合整治。2014年5月广州市政府常务会议审议并通过了《广州市城中村安全隐患整治三年行动计划（2014—2016年）》，从2014年到2016年三年内，广州计划投资100亿元，对城中村进行整治，包括消防整治、管线整治、燃气改造、给排水改造、垃圾分类和网格化管理六大任务，全面打造"干净、整洁、平安、有序"街区环境。

2. 深圳城中村改造

深圳是改革开放后快速崛起的一个现代城市。作为中国快速城市化的代表性城市，深圳的崛起中表现出的一个显著特点就是大量城中村的形成。深圳的城中村问题十分突出，各种经济、环境、安全问题层出不穷，已经成为深圳城市发展的瓶颈。城中村是城市化的一道坎，是城市改造必经的阵痛，更有人认为城中村已经成为城市文化建设的羁绊。在深圳，城中村改造的号角早在1990年度中后期即已经吹响，并在实践中积极探索出城中村改造的许多可以借鉴和推广的成功经验及模式。从1997年开始，深圳市尝试改造城中村，前期主要是实行规划控制，对确定改造的城中村，划定不准发展区、控制发展区及非建设用地的界限，以住宅联建等方式撤点并村，引导村办企业相对集中，实行"规划下乡、农民上楼、工业进园"。深圳市城中村改造是从解决土地产权入手进行的城中村改造。实践中，深圳市以加强城市规划管理为手段，从解决土地二元制矛盾入手，村居改造和违法建筑查处同时进行。村居改造的融资原则是农村集体经济组织现行筹资改造，开发商只有在农村集体经济组织无法自筹资金的情况下，方可参与改造。2004年出台的《深圳市城中村（旧村）改造暂行规定》明确指出了城中村改造的基本思路：坚持政府引导、市场运作、鼓励城中村集体经济组织自行改造；统一建设、成片改造，有计划地逐步推进；政府针对辖区内城中村改造项目制定一个统一的基准容积率；采取房地产权调换与货币补偿相结合的补偿方式；政府设立城中村改造基金，扶持市政配套建设。在改造模式上，深圳主要采用综合整治和全面改造两大类。综合整治是指对那些本来已有较好规划的进行基本不涉及房屋拆建的环境净化、美化项目。全面改造又分为整体拆建、局部拆建和异地重建。

当然，城中村改造不仅仅是简单的推倒重建，而是涉及政府、地产商以及城中村村民对于土地收益再分配等利益博弈难题，更是一个将"农民"转化成"市民"的无形改制深层次课题。深圳城中村改造的实践与探索不仅使深圳的城中村改造更为顺利，同时也为我国城市化进程提供了可以借鉴的经验。

3. 西安城中村改造

西安是一个历史悠久，政治、经济、文化发达的现代大都市。改革开放以来，特别是中央大力发展"西部大开发"以来，西安的城市产业经济和城市化建设得到了全速发展，多年来的扩张式发展造就了众多城中村的诞生。自2002年开始，在一系列城改政策的指引下，西安市城中村改造全面启动，成为我国城中村改造起步较早的城市之一。由于城中村改造涉及资源重新配置，加之没有成熟的经验可以借鉴，起先采取了"自筹资金、自我改造、自我发展"的三自方针。由于受制于资金、体制等各方面的因素，城中村改造并没有取得实质性进展，工作进度比较缓慢。这种模式有很大的局限性，其一，改造缺少动力。在没有足够的收益预期的情况下，城中村拿出自己的土地和资金进行改造的动力不足。其二，改造难以达到预期效果。城中村改造所能达到的水准，取决于规划设计、管理及资金等因素，自行改造存在很大的局限性。其三，缺少资金。改造一个城中村要数十亿元，如何筹措这么大的改造资金？单靠一个村的力量，是难以承担的。

2007年成立西安市城中村改造管理办公室，在总结以往城中村"三自"经验教训的基础上，逐步确定了"政府主导、市场运作、整村拆除、安置优先、有形无形改造并重"的原则。此后，西安市政府相继出台了《西安市城中村改造管理办法》《关于加快城中村改造工作的意见》《城中村村民房屋建设管理办法》《关于城中村无形改造工作有关问题的通知》等一系列文件，从制度层面规范城中村改造，以四大措施推动城中村转制成城市社区，即村庄集体所有土地向国有土地转变；经济组织从集体经济向股份制经济转变；村民委员会转变为居民委员会；农民身份向市民身份和股民身份转变。西安市城中村改造工作的最重要的一个措施，就是强化政府主导作用，实现对改造项目招商、规划、方案、实施、无形改造的"五统一"。实行二层以下"拆一还一、互不找差价"进行补偿，并明确规定安置群众不少于65平方米商业面积，安置房为全产权等优惠政策。至此，具有西安特色的城中村改造"西安模式"应运而生并广泛推行。

截至2012年底，全市累计完成151个城中村的拆迁工作和86个城中村的安置回迁工作。截至2012年底，西安市共完成220个城中村的无形改造工作，计划在2015年全部完成西安市326个城中村的改造工作。

4. 武汉城中村改造

武汉位于中国腹地中心，是国务院批准的中部地区中心城市。在快速城市化过程中，由于体制、产权、管理、规划等原因，武汉形如北京、广州、深圳等，形成了诸多的城中村，也是城中村问题较为严重的城市之一，同时也是较早开启城中村改造探索的城市。按照《武汉市土地利用总体规划主城建设用地控制图（1997—2010年）》规定，城中村是指城市建设发展预留地范围内，因国家建设征用土地后仅剩下少量农村土地，农民已不能靠耕种维持生产生活且基本被城市包围的行政村。武汉市城中村主要分布在江岸、汉江、硚口、洪山、武昌、汉阳等6个区，147个行政村和15个农林单位，涉及总人口35.66万人，其中农业人口

17.10万人，土地总面积200平方公里，相当于武汉市2020年规划建成区面积的四分之一。

武汉市于2004年正式启动城中村改造项目，并出台了《关于积极推进"城中村"综合改造工作的意见》为城中村改造提出了"四改一保"的主要改造目标。即将集体经济体制改变为现代企业体制；将农业户口改变为城市居民户口；将村民委员会改变为社区居民委员会，组建城市居住社区；将城中村集体土地改变为国有建设用地；逐步将实现"农转居"的原村民纳入到城市社会保障系统中。同时武汉市还为城中村改造提出了"依法行政，有情操作；改制先行，改建跟进；统筹兼顾，属地管理"的改造基本原则，要求将市场化运作的方式与城中村改造相结合，在制度的规制下，充分考虑村民的利益。

武汉市城中村改造实践中形成的有益经验主要表现在以下几个方面：一是构建了政府、房地产开发商、村民之间利益均衡格局；二是逐渐实现城中村经济形态从外延粗放型向内涵集约型的转型；三是妥善解决了城中村失地村民的非农就业、社保等配套制度安排；四是合理安置了大量外来人口的居住问题。

（四）城中村改造面临的问题

城中村是城市化进程中的产物，而城中村改造却又是城市化进程中所必须解决的问题。基于多重因素的综合作用，近几年来，我国城市化进程普遍加速，数以万计的城中村经有形和无形改造之后，形成一个个崭新的回迁安置社区。这些小区及居民在法律政策层面被界定为实现了四个转化，即农民变居民，农村转社区，集体土地转为国有土地，集体经济转为股份经济。然而，现实中的转变远非那么简单，其正以极其复杂的样态行进在艰难的转型中。把城中村"拆除了"再"建起来"让村民"住进去"，这种看似快刀斩乱麻的拆旧建新，虽然解决了一些问题，但同时也引发了一系列新矛盾。农民变居民后的社会权利实现问题，"城中村社区"能否融入城市生活，获得可持续发展的能力，都是未来要面对的问题。城改拆迁难，改造后回迁安置社区的管理让政府面临更大的挑战和压力。从某种意义上讲，城中村改造是对社会公共产品和资源的一种优化与再分配，是一项关乎广大群众特别是农民生活政治、经济、社会等各项利益的民生工程。特别是在城中村改造过程中涉及的拆迁补偿、村民安置、经济改制等内容均牵涉到广大群众的切身利益。

城中村改造所面临的所有问题，也正是基层政府管理与村民自治所必须面对和消解的问题。这些问题的存在和化解将基层政府和村民自治体更加紧密地联结在一起。

1. 城中村经济文化缓冲功能丧失所引发的社会矛盾

虽然城中村本身的确存在着人口杂乱、素质低下、环境脏乱、犯罪多发等诸多现实问题，但不可否认的是，城中村在一定程度上为城市的高速发展发挥着经济文化缓冲的功能。基于城中村消费水平较低的事实，城中村成为众多流动人口的聚居地。同时城中村中的部分简单产业也为众多就业竞争能力有限的人群提供了生存保障。可见城中村为城市的发展解决了一个极为重要的难题，这些外来流动人口和就业竞争能力有限的人群可以在城中村中适应、过渡，为其正式融入城市生活提供缓冲修养的机会。但是城中村改造正在无声地改变这一现状，越来越多的城中村在有形改造的过程中，从原来一簇簇的村落变成了一栋栋的高楼，这个城市中的缓冲地带正在逐渐走向消逝。城中村的消逝不仅带来了城市管理和城市容貌的改善，同时也带了新的社会矛盾。首先，大量的流动人口无处安身，给城市治安带来极大隐患。其次，城中村村民传统的生活方式使其难以很快融入城市生活中来，极易诱使他们产生自卑和愤世情绪。最后，大多数城中村村民自身的文化水平决定了他们在城中村改造后难以应对城市就业竞争的挑战，导致他们生活无依，成为现代城市的"边缘人群"。这些矛盾正是诱发非正常上访、群体性事件等的主要原因。

2. 城中村改造过程中多方利益博弈所造成的利益冲突

城中村改造不是简单的拆旧建新，而是在城市统一规划下对存量土地资源的有效整合，其实质是调节政府、村民与房地产开发商三方之间的相互关系，以达到利益均衡的博弈过程。在城中村有形改造中，存在着三方对弈者：政府、房地产开发商和村民，城中村的最终方案将是三方利益平衡的合约安排，他们三方构成了城改矛盾的主体。由于对利益最大化的追求，政府希望通过城中村改造，彻底改变城中村的脏乱差现象，提升城市整体形象，同时盘活存量土地以及拓展城市的发展空间；

开发商需要土地，村民需要改善环境的同时提升物业价值。各个利益主体之间因不同利益要求而产生的摩擦、排斥与分歧，相互之间不断发生冲突博弈，有时甚至以很激烈的方式表现出来。地方政府作为城市改造拆迁的发起者、相关制度的制定者和执行者、各利益主体的协调者、拆迁行为的监管者、甚至操办者。其行为出现了严重的错位和越位现象，在现实中，部分基层政权的运作表现出极强的自利性。在土地问题的利益博弈中，基层政府与农民之间的力量并不均等，农民不但缺乏赢得博弈的实体化手段，甚至缺乏他们本应知晓的关于土地补偿的相关信息。在信息不对称的基础上，基层政府可以通过对土地征用补偿款与国家惠农资源的掌握而决定分配多少、如何分配、何时分配等问题，从而变相地占用一定数量的资源而获利。[①] 在政府、开发商和村民三者利益对弈中，农民由于不平等的社会地位和不公平对话机制使得其与政府、开发商的利益谈判中不可能具有平等对话权。城中村村民最大的担忧是，他们既得的房地产租金收益和集体分红收益在改造中得不到保护，如何安置、补偿，拆迁改造后能否及时回迁等成为村民们最关心的问题。尤其是在无形改造中，由于对制度政策的未来效益不确定性而逐渐产生两种心态，要么消极对抗，要么寸金必争，寸步不让，这种对峙和冲突博弈势必引发激烈的抗争。

3. 城中村改造所引发的文化对撞与社会隔阂

中国的传统农村是一个熟人社会，日积月累所形成的村规民约被作为基础性制度规范着传统农村事务的处理和村民的行为。城中村由传统农村发展而来，纵使在城市化进程中受到现代城市思想的感染和熏陶，但其自身的价值观念和文化风俗等必然仍受传统农村思想的影响，因而两种不同文化的对撞是不可避免的。而城中村改造则进一步推动了这一对撞，引发更为复杂的社会隔阂。城中村改造的最终一步是城中村村民实现"农转居"户籍身份的转变。但是，一个由血缘、地缘、宗族信仰、乡规民约等深层社会网络联结的村落文化社会，其村落的终结问题不是非农化就能够解决的。村落终结过程中的裂变和

[①] 于建嵘："我国农村基层政权建设亟须解决的几个问题"，《行政管理改革》2013年第9期。

新生，也并不是轻松的旅行，它不仅充满利益的摩擦和文化的碰撞，而且伴随着巨变的村落和超越的艰难。[①] 城中村传统文化与现代城市文化的对撞，致使城乡二元结构从明处走向暗处，原村民与城市居民之间仍然存在隔阂，这种隔阂在某种程度上甚至达到了"老死不相往来"的程度。

4. 城中村改造中经济模式转换而引发的社会危机

城中村改造中经济模式转换所引发的社会危机主要表现在两个方面。一方面大部分城中村居民在城中村改造过程中丧失了他们生存的唯一经济来源——房屋租赁租金。他们不得不大量涌入城市劳动竞争市场。但是文化素质的匮乏和技术的薄弱，不得不再次将他们推向新的"非正规经济"。然而这种新的"非正规经济"模式存在的不稳定性、流动性以及从业者收入无保障和不受政策保护等特点极易导致城改后从事"非正规经济"的村民经济收入下降，甚至生活无保障。另一方面，城中村无形改造中具有重要意义的集体经济改制同样也是引发社会危机的重要因素。集体经济改制方向、改制后经营体的运营、各项利益的分配、监管机制的设置等相关机制的确立，都不可避免的引起争议，导致城中村村民内部，以及城中村村民与集体之间产生矛盾。

（五）城中村的终结

1. 城中村的终结是我国城市现代化的必然

城市现代化是城市发展的普遍追求，是城市自身运动的高级阶段和城市存在的最高形式。所谓城市现代化，是指城市的经济、社会、文化及生活方式等由传统社会向现代社会发展的历史转变过程，它是一个全面发展的概念。城市现代化是一个复杂的历史发展过程，是有阶段性的。它不仅由科学、技术和生产力发展水平等条件所决定，而且受地理、历史、文化、民族、社会经济制度等因素的制约。它不是一个纯粹的自然过程，而是一个历史的变动过程。城市的主体是人，人的现代化，人的意志和素质，尤其决策者的意志和素质，对城市现代化发展有着重大的影响，是推动城市前进的根本动力。孟德拉斯曾指出："农民是相对于城

---

① 李培林："巨变：村落的终结——都市里的村庄研究"，《中国社会科学》2002年第1期。

市来限定自身的。如果没有城市,就无所谓农民,如果整个社会全部城市化了,也就没有农民了"①,城市化与村落终结始终是相伴相随的两个进程。在当代中国城市化速率加快的背景下,村落终结是一个我们必须正视和研究的社会问题。

城市现代化的过程实际上是一个城市不断向外膨胀和扩容与农村不断被淹没和消逝的双向变化过程。那些位于城市周边的村落,将不可避免地走向终结。"由于征地撤村、村庄合并、村落并入都市等原因,现在在中国行政版图上,几乎每天都有约70个村落消失"。②。在我国城市化的进程中,城中村具有独特的作用,在走向村落终结的过程中,虽然城中村由于其特殊的地理空间"往往会在很短的时间内即被迅速纳入城市空间,但村落的终结并非是通过一个简单的空间转换所能完成。因为城中村不仅仅是一个单纯的过渡性空间,而是一种特殊的'社会样态'"。③ 可能会遇到许多其他村落终结类型所不同的难题,这些难题存在的根源就在于城中村在我国城市化进程中的独特功能定位。

2. 城中村的终结是一个艰难而复杂的总体变迁过程

城中村的终结是历史发展的必然,但并不是一次轻松愉快的旅行。城中村的终结是一个非常复杂的社会总体变迁过程,而不是一个简单的空间变迁和关系变动,其中必然伴随着巨变的失落和超越的艰难,充满着激烈的文化碰撞、矛盾冲突以及利益重组。村落的终结并不代表和意味着村民的终结和农业的终结。城中村的"农民正在大量地失去土地,他们的农业耕作史断裂和终结了,而村落的历史还在延续"④ 也正在于此,构筑了城中村终结的种种难题。

首先,村集体资产的收益与分配问题。集体资产是理解城中村终结难题的关键所在,而城中村的土地及土地的级差收益则是分析其集体资产的要害所在。村集体资产主要是由被征占后安置补助费的村集体提留、原集体机动地被征占后的土地补偿金以及村集体房产的出租所得和利用

---

① 孟德拉斯:《农民的终结》,社会科学文献出版社2005年版,第7页。
② 李培林:《农民的终结》,社会科学文献出版社2005年版,第6页。
③ 田毅鹏:"城市化与'村落终结'",《吉林大学社会科学学报》2011年第2期。
④ 李培林:《农民的终结》,社会科学文献出版社2005年版,第6页。

土地补偿金兴办的集体企业收益等内容组成。由于城中村具有相对资源禀赋优势，而往往拥有巨额的村集体资产。但是，由于集体财产产权不明晰、运作不透明等原因，有关其收益、分配及其处置等产权权属问题成为城中村矛盾冲突的症结所在。究其原委，"集体"概念的界定模糊[①]。由一个个个体所组成的"集体"本来就是一个抽象的概念。村集体肯定是由全体村民组成，但在实践中村民通过民主选举程序产生村委会代表村民行使权力。这其中不可避免地会出现村委员会由于掌握着政策信息的来源，垄断着上下级之间沟通渠道，往往会违背全体村民的意愿而超越村民赋予其权力范围而产生腐败贪污现象，从而侵蚀村民应有的权利。民主程序的缺陷及监督体制的不完善导致村民与村委员之间在村集体资产的收益、分配及处置等方面发生分歧和矛盾冲突，而且这样的冲突和分歧在现实中又是难以弥合的。

其次，城中村改造中成本过高问题。失去耕地的城中村村民往往利用城中村得天独厚的区位优势，通过"种房"这一经营方式的转变而迅速蜕变为食租阶层。在追求宅基地价值最大化下，村民们违规大兴房屋建造。由于没有遵循城市建设的总体规划，城中村的建筑景观与城市显得格格不入，加之历史和管理体制等原因，城中村成为发展规划无序、基础设施薄弱、地上"脏乱差"、地下"黄赌毒"，社会治安混乱等重重问题的特殊地带。因此，城中村改造是一个城市走向现代化的必由之路。改造必然会涉及农民的土地、房产等资源、资产，包括耕地、宅基地和住房等。改造过程实际上表现为一个地方政府、地产商、村委会、村民之间利益博弈的过程。由于村民们对改造的担忧是在改造中他们既得的房屋租金收益在改造中得不到合法保护，而且会损失地产不断增值的预期。因此，他们在与政府、地产商等对弈中，要求给予比较高额的拆迁补偿则是他们维护自身权力和利益的一个重要砝码。这直接导致开发成本过高而使得地产商"无利可图"而放弃介入。同时，在实际改造过程中，由于多方利益主体的利益诉求无法达成一致和妥协而出现拆迁补偿的不均而引发村民的不满，甚至更为激烈的抗争事件等，导致城中村终结过程中的经济成本和行政成本极高。

[①] 刘杰："城乡接合部'村落终结'的难题"，《人文杂志》2012 年第 1 期。

最后，从农村向城市转制的难题。传统乡村社会是一个超稳态社会，由于土地的不流动而使得植根于土地之上的乡村社会自然具有稳定的社会结构。长期生产生活中形成的习俗典章、村规民约在村民行为规范中起着基础性约束作用。现代化进程中形成的城中村，其传统价值观念、文化习俗必然会受到来自现代城市文化的冲击而发生裂变。城中村改造的过程中应该与之伴随的是城中村的改制，也即真正实现从传统农村向现代城市的全面转型过程。诚如李培林所言，从自给自足的村落小农到租房谋利的"握手楼主"，从土地崇拜到工商精神，从乡土的平稳社会到市场的风险社会，农民和村落的终结，是一个巨变，但也是一个漫长的过程，其间伴随着无数不足以为外人道的喜怒哀乐，既有摆脱农耕束缚、踏上致富列车的欣喜和狂欢，也有不堪回首的个体和集体追忆。[①]

3. 城中村终结的目标是构建新型现代城市社区

现阶段中国正处于城市化急速推进的过程之中，城中村还将在一个相当长时期内客观存在。只要有城市扩张，就不断会有城中村出现。旧的城中村消失了，新的城中村又会出现。城中村的终结意味着传统村落形态和文化的消逝终结与新型现代城市社区的孕育建构。这个过程是一项复杂的系统工程，要顺应工业化、城市化规律，稳步推进"农业向工业转、农民向市民转、村庄向社区转"。通过一系列治理、改造、重建，我们要达到的目标是什么？从一个城市的发展历程来看，城中村终结的目标任务就是通过城中村的改造与改制，使传统乡村村落向现代城市社区转型，在建筑景观、产业形态、管理体制、人口素质等诸多方面和真正城市区域完全融合与无缝对接。实现村民市民化、组织城市化、管理现代化、经济市场化、环境都市化。这其中不仅包括外在环境的都市化，还应该包括人、组织、管理等内在社会要素的现代化。总之，随着城市化进程的不断推进，城乡二元壁垒终将消融。安置社区社会管理体制除旧布新，社区居民的思想观念、生活方式和行为方式也逐步融入都市，整体安置型社区将发展成为管理得当、功能齐全、资源配置合理的城市成熟社区。

---

① 李培林：《村落的终结：羊城村的故事》，商务印书馆2010年版，第26页。

第三节 城中村管理与自治

一 城中村的管理与自治现状

在城市基层管理体制中并存着两个处于不同层面且相对独立的权力结构，治理结构呈现出双轨状态：一是行政权力结构，自上而下的街道办事处（代表国家）的行政管理权；二是社会自治权力结构，即村民委员会或居委会（代表村居民）的自治权。两种治理结构有着不同的性质。其中，行政权力结构属于国家层面的自上而下的行政管理，而村民自治结构属于社会层面的权利自治。作为城中村，与其他乡村一样，既存在村民自治，又有政府管理，村民自治与政府管理的合作与张力此消彼长，消消长长，始终难以平衡。无论是街道办事处与城中村还是街道办事处与居委会，政府为推行政务而强化对村（居）委会的行政渗透，政府行政权力的过度延伸，已不可避免地导致村民委员会丧失自治的本性而趋于行政化。"村治"在实施过程中相当程度地体现了"乡政意图"，即在实际运行中的"村治"被大量嵌入"乡政"因素。[1] 村民自治权失去其应有的公共本性，异变为乡镇（街道办事处）政权的附属权力，村民自治也成为一种"村民他治"[2]。导致村（居）委会依附于基层政府，管理与自治一体化，无互动可言，更无法良性互动。至此，城中村不仅是因"脏乱差"而成"问题村"，其治理失灵，更是政府的"心病。"如何解决好政府管理与村社自治的有机结合，已引起政府的高度重视并在探索前行。

二 城中村管理与自治研究述评

城中村的产生和终结从一个独特的视角映射出中国城市化进程中一道独特的景观，从而展示出中国城市化进程的一个特殊轨迹。对此，人

---

[1] 卢福营等：《冲突与协调：乡村治理中的博弈》，上海交通大学出版社2006年版，第89页。

[2] 张敏："自治还是他治——村民自治权异变及其治理"，《中共浙江省委党校学报》2011年第6期。

们赋予其太多的内涵和意蕴，不同群体从不同角度关注和研究这个中国城市化进程中特有的现象和问题。

从历时性角度看，城中村的相关研究大致经历二个阶段。

第一阶段，尚未改造的城中村治理研究。早年学界对没有改造的城中村从不同角度进行了关注和研究，主要是把城中村视为问题村，着力展示其种种问题，并从城市管理的角度探索治理对策。城中村逐渐成为学术界与政策界聚焦的社会热点，研究成果蔚为大观。从发表的论著看，1994年至2005年有243篇，至2008年达到1082篇。仅2009年就有300多篇。关注并研究城中村的不仅有政府官员，城市规划者，还有学者和村民，涉及经学、社会学、政治学、法学、管理学等多个学科领域。代表性的有李培林的村落变迁研究（2004）。蓝宇蕴"新村社共同体"研究（2005）于洪生城郊村的村务管理研究（2005）等。

第二阶段，村改居社区社会管理研究。在社会学研究上通常把社区分为两大类：农村社区和城市社区。城中村社区是我国城市进程中出现的一类新型社区形态，形成于我国快速城市化进程中。指的是整村拆迁之后的城中村以一个或多个村庄为单位，就地或异地整体上楼安置，进而形成封闭式的回迁安置社区（政府的政策语言常称之为"动迁小区"），大批农民从村落散居被动地转变为小区聚居。与自然形成的村落不同，农民集中聚居区是一种典型的"规划的空间"，居住区的社会组织体，其既不同农村社区，也不同于城市社区。这种社区在政治、经济、社区诸方面独具特色。这是由所谓的"四个转变"所造成，即农民变居民，农村转社区，集体土地转为国有土地，集体经济转为股份经济。理论和制度上的转型似乎可以自然而逻辑地走过，但现实中的转变远非那么简单，其正以极其复杂的样态艰难行进。

一个个城中村变成一个个复合型社区，一个不容忽视的管理问题被提上议事日程。然而，学界目前对基层社会管理的研究视域主要集中于典型村落和城市社区，而对有着特殊形态的回迁安置社区的社会管理尚未开展全面研究。在居住环境和人员组成都发生变化之后，新社区应当由谁来管理、如何管理？管理的价值取向、目标导向、制度规范如何设计？这方面的研究很是贫乏。

当前，当前学术界对乡村治理的理论研究和实践探索呈现出一种不均衡性，即对传统农村的乡村治理研究"锦上添花者多"，而对城市化进程中形成的城郊村与城中村治理的研究"雪中送炭者寡"。对城中村管理的理论研究和制度实践存在不足和不平衡。

第一，在研究区域上主要集中在传统农村即典型村落状态下的"乡政村治"。

我国有关乡村治理研究的内容和成果都非常丰富。在乡政村治格局下，乡村治理研究形成了分别以"乡政"和"村治"为重点研究对象的研究群体。在以乡政为重点的研究中，乡村关系是研究的核心，形成"乡镇强力说""乡镇衰落说"和"乡村良性互动说"等不同的观点。有学者根据乡镇政权对村民自治组织的控制力和村民自治组织的自主能力二维因素提出了"强乡镇强村型""弱乡镇强村型""强乡镇弱村型""弱乡镇弱村型"四种类型的关系。有学者考察了乡村关系中的现实表象，从乡村关系的协调和紧张程度角度把乡镇政权与村民自治组织关系分为完全同一型、完全对立型和双方妥协型。如金太军认为乡镇机构是乡村治理最强而有力的国家力量。农村发展战略、乡镇政权的特殊功能以及乡村利益的分殊，在一定程度上造成乡政权力与村治权力在功能上的冲突，由此导致两种权力的运作界限不明、相互侵害的现象时有发生（2002）。于建嵘则认为乡镇的权力在衰落，认为"随着国家对乡村经济依赖性的减弱和乡村市场经济的发展，以及传统的权力文化向现代权利文化的转变，国家的行政权力将逐渐退出乡村的政治领域"（2002）。

第二，有关乡村治理的研究，存在"乡政"和"村治"研究的对垒，对于勾连二者的乡村关系的研究又多在国家与农民关系的宏大视野下进行，缺乏对乡村治理中基层政府管理与村民自治衔接互动的内在契机与机理和外部制度与实践的深入研究。贺雪峰教授认为：乡村治理是指如何对中国的乡村进行管理，或中国乡村如何可以自主管理，从而实现乡村社会的有序发展。吴克伟认为：乡村治理主要是指运用公共权威对乡村社区进行组织、管理和调控，构建乡村秩序，推动乡村发展。它区别于村民自治，村民自治在乡村治理视野中只是一种民主化治理模式的设计和实践，而乡村治理是包括自治权力在内的各种权力对乡村社会的治理活动。俞可平等一些学者则将治理和"善治"理论引入乡村治理的研究，建立基层政府管理与村民自治的协商合作关系。

第三，有关乡村治理的研究缺乏系统性和完整性。现有乡村治理研究成果大多建立在传统农村治理的基础上，未能充分考虑城乡一体化背景和发展非均衡的特点，对不同区域乡村发展与乡村治理的特殊性，特别是对城中村政府管理与村民自治的特殊性研究尚未展开。对典型乡村治理的研究不仅理论上很成熟，而且一些理论已进入社会实验阶段，如华师的蕉岭实验等。而唯独对城郊村的政府管理与村民自治研究很少。当前中国正在经历从未有之大变局，波澜壮阔的城市化进程导致农村地区发展不平衡，农村类型多样、情况复杂。我们关注与研究"以农为主"的广大农村区域，我们更应当关注和研究城市化进程中的产物，同时又是一个需要在城市化进程中消解的问题——城中村问题。对不同区域乡村发展与乡村治理的特殊性，特别是作为特殊形态的城中村的政府管理与村民自治研究很少。作为一个完整的乡村治理研究"事件"与过程，理论界与政策界应充分考虑我国城乡一体化的背景和区域发展不平衡的特点，通过对东、西部经济发达程度不同地区的农村和城市化发展程度不同的传统农村、"亦城亦乡"的城中村（城郊村）和"撤村改居"后的"都市村庄"，以及"乡（镇）—村"和"街道办事处—村（居）"不同管理体制下农村的广泛调研，系统考察和比较研究政府管理与村民自治关系的不同实践形态，进行必要理论梳理与实践总结。

第四，缺乏对城中村治理的深层关注。

城中村虽然具有过渡性特征，但同时又具有复杂性、重要性和长期性的特征。"城中村"及其治理困境集中反映了我国农村城市化中的各种深层次矛盾，深入研究"城中村"治理问题，对于我国农村的顺利城市化有着重要意义。有关城中村治理的研究近年才成为热点，主要集中在城市化进程中的土地问题、社会安全、社区建设等方面。总体上，这些研究取得了一些重要成果，但缺乏对城中村治理的深层关注，归纳起来有以下几个方面

一是从宏观角度关注城中村的研究，这类研究往往不是为研究城中村而研究城中村，而是将它作为一种类型，透过它去寻找更广泛的社会发展和变迁逻辑。其中，李培林从社会学的整体性视角，揭示了城中村问题的重要性和复杂性。应该说，他较早地提出了城中村问题，并且在经验研究（对广东城中村的研究）和方法论（羊城村的研究）上给出了

有益的启示。

二是纵观学术界关于"村民自治"的文章，较少有学者专门在城中村视域下谈论"村民自治"，偶有研究也是将其作为"问题村"加以考察，重在社会治理及维护稳定。对城中村的政府管理与村民自治有效衔接与良性互动的研究不仅从学术上缺乏，即使工作研究也少见。

三是对城中村的考察和研究缺乏"连续性关联"。城中村大致经历尚未改造、拆迁过渡、回迁安置三个阶段。城中村的改造、重建和发展是一个连续不断的过程，无论是学界还是政界，对城中村的拆迁建设管理问题的考察应当有一种渐进动态不间断的思维，我们称之为"连续性关联"，也就是村庄到社区的"连续性关联"与全覆盖治理。这种动态思维：在纵向上，要把握我国由农业社会向工业社会转型特定历史阶段中过渡性社会的发育和演变，还要在横向上把握这些过渡性基层社会在我国不同地方社会所呈现出的形态与结构。目前学界在城中村研究中具有整体性思维和框架的研究未能深入和继续，更多的是针对具体问题的研究，特别从城市改造的角度加以研究的占到大多数，缺乏整体思维，造成阶段性断裂。

四是微观视角，指城中村研究中侧重城中村某一方面或某一角度的研究，有从法律角度关注的，有从土地问题着眼的，有从制度入手的，有从经济方面考虑的；有从城市规划入手的，有从社会保障入手的，还有从村民心理角度进行研究的。这样的研究十分必要，取得了不少有价值的研究成果。然而综观已有的研究不难发现，有关城中村治理的研究主要集中在城市化进程中的土地问题、社会安全、社区建设等方面。重在社会治理及维护稳定，缺乏对城中村治理的更深层的关注和研究。

五是对于城中村改造后形成的村改居社区相关问题的研究尚嫌薄弱，缺乏对这一特殊区域的现实状态与未来走向的深度关注。管理者和研究者对于已经定型或正在定型，并代表时代发展方向的城市社区，往往表现出极大的兴趣，可用趋之若鹜来概括。与此同时，大量的城中村在城市版图消失，代之而起的是一个个村改居过渡型社区，相形之下，对于村转居社区政府一方面无暇顾及；另一方面村转居社区实质还是农村社区，实行的还是村民自治那一套，政府可以放心地让这部分社区逐步过渡，基本上是利用村民自治的现有制度框架、组织架构和人力资源进行管理。

在我国城市化进程急剧推进，城中村改造大规模展开的背景下，村改居社区不再是少数的典型个案，而正在成为一种具有普遍性的社区类型。因而对这类社区的研究势必将是整个城中村研究的新领域，对这一类社区进行独立的研究与分析，将有益于深化我国城乡一体化的研究。

六是对基层社会治理主体研究不全面。从基层行政管理和治理的角度看，区街两级有其特殊性，但现有研究很少在区、街道办事处空间层次上对乡村治理结构和机制进行专门研究。在我国，城市的基层政府是区（县）政府，它主要担负向辖区居民提供各类公共服务的职能。在城市化进程中，还产生了一类特殊的治理主体，即开发区管委会。在中国政府序列中，开发区不是一级法理上的政府，但各地开发区却肩负着地方政府的职能，事实上也是一类重要的基层政府管理者，其大量的经济行为和公共服务活动深刻影响着基层政府管理和城中村村民自治的内容、方式和效果。对城中村基层政府管理和村民自治的研究不能缺失对区（县）、街道办事处和开发区的研究。

第 二 章

城中村村民自治的"生态"环境

生态是指生物在一定环境中的生存状态，以及生物与环境之间的相互关系。城中村无论从地理位置、村庄资源、经济水平、社会发展各方面都有着与传统农村不同的特点，从城中村的形态来讲，有尚未改造的，正在改造中的，改造完成回迁的，不同形态下的城中村具备怎样的演变基础与发展条件，如何创造出有利的环境条件使政府管理与社区群众自治有机结合，这对于城中村转型治理既不可回避也至关重要。农村在向城镇化发展过程中，我们今天的城市居民很多来自农村，城区、城村是分不开的，村民自治和居民自治自然也就无法截然分开，如果我们只关注城市居民不关注农村，只关注村民不关注市民都是不行的。这部分主要是借用生态这个概念考察城中村村民自治的生存环境及其影响，即特殊的生存环境对其村民自治所产生的影响。这是我们充分了解和把握城中村村民自治基本特征、发展趋势，以及政府管理策略的重要基础。

第一节 独特的区域位置及影响

地理位置，处于城市之中或城市周边地区，同传统农村村落相比，由于城中村具有独特的区位优势。从地域角度看，城中村是城市与乡村相互交界的地区和边缘地带，传统的乡村格局和地缘纽带逐步瓦解，其与传统农村最大区别在于区域特征的"三交叉"，即城乡地域交叉、农居生活交叉、街乡或村社管理交叉，使得这一地区政治、经济、文化生态以及规划、开发、建设，特别是社会管理都独具特色，并深刻影响着政府管理、村民自治及二者关系的基本样态。

一 居住空间明显分离

城市居住空间既是一种地理空间，也是一种社会空间。城市居住空间的分化与隔离是城市社会等级结构的外在体现。如果居住空间较为接近，彼此间就容易相互认同，反之，空间距离越大，关系就容易疏远。在城市社会中，城中村农民居住空间与市民是明显分离的，无论是居住方式、居住环境、还是聚居形态都与市民存在很大的差距。"村子逐渐成了外来人口的聚居地，这里有密得像森林一样的出租屋群，这里住着白领、蓝领、富人、穷人、打工仔、乞丐，还有小偷，总之，你能想象得到的人口类型都可以在这里找到。"[①] 城中村作为游离于现代城市管理之外的"都市村庄"已经成为"问题村"的代名词；在这里，市民与农民、本地人与外来工杂居，矛盾与问题集中，成为社区治理亟待突破的难点。在拆迁过程中，村民们坚持就地安置要求，使回迁安置区不仅不能成为完全的城市功能区，原地安置他们的邻居没有变，生活方式也没有什么变化；虽然部分村庄进行了村改居，但原有村民也是相对集中居住。大多数村民尽管在身份上变为城市居民，但其思想观念、价值取向、生活方式等方面更接近于农民。由拆迁改造形成的农民集中居住区其实也是别样的"城中村"。村庄自治规则未被打破，血缘、地缘关系根深蒂固，家族、宗族、派系错综复杂、村规民约发挥着重要作用。居民仍习惯性地称社区为"俺村"，称居委会为"村委会"称居委会主任为"村主任"，遇到事情首先是找"村干部"。政府社区管理继续实行着"政经合一""政企合一""村居合一"的管理模式，社区（村）居民自治体系十分封闭，对内集权、对外封闭的管理模式缺乏开放性与流动性。近年来北京大兴、昌平等地又在大力推行城中村"封闭式"管理模式。[②] 建围墙、安街门、设岗亭、上监控、封闭不常用路口、24小时巡逻、登记流动人口、进出需要出入证，空间隔离状态进一步加剧。尽管这一模式在短期

[①] 蓝宇蕴：《都市里的村庄——一个"新村社共同体"的实地研究》，三联书店2005年版，第88页。

[②] 朱开云等："北京昌平100个村庄将封闭管理 建围墙设岗亭"，《新京报》2010年7月29日。

内有着立竿见影的治安管理效益。但从社会混合和居住混合的角度看，这一管理模式极具排斥性，对于城改社区与城市社会融合极为不利。在让人感觉到一种威慑力量的同时，也阻隔了社会群际和人际的交往。城中村居民边缘化的居住状态在相当程度上加剧他们对原有生活圈子和社会关系的依赖程度，限制了社会网络扩张，强化了与市民群体的差异和距离。无形中降低村民向市民转变的步伐。

二 过密空间与过疏关系

城中村已非典型村庄，除了制度层面上还保留着的村民委员会，户籍还是农村户籍，其他一切都和城市居民无异。城中村居住的人员复杂，只有一小部分是真正的本村村民，其他全部是外来人员，居住混杂冲淡着村民之间的关系，大多数村民认为现代村民关系已经大不如前了，人和人之间人情味淡了，邻里之间的交往也越来越少，邻里关系趋弱，人际关系日趋功利化。农民出入相友、守望相助、疾病相扶持的传统生活方式逐步瓦解。城中村地域狭小，人口密度不断加大，人与人的关系却走向"过疏"和冷漠，个人融入公共生活的程度在下降。城中村的住房不断向空中发展，拥挤的空间，无序的人群造就了这个人口熙攘但人情冷漠的小社会。

村民之间关系疏远的主要原因，一是交流渠道减少了。家家户户住进楼房，村民之间交流不方便了。二是交流时间减少了。大家没事不出门，出门也是忙自己的事。三是交流平台减少了。原来的戏台广场因城中村改造不复存在，村民没有了集体休闲娱乐的地方。四是交流动因减少了。传统农村村民之间串门交流的一个非常重要的目的是寻求互相支持、帮助，现在，村民生活条件提高，相互间的依赖性减少。五是公共生活没有了。城中村几乎不开会了，集体活动没有了，村民见面的机会少了。

过疏关系使得城中村逐渐转变成了半熟人社会或者开放的陌生人社会。村民之间的交往由讲求实利取代了以往的人情礼仪、互惠规范。亲人之间、邻里之间、村民之间的合作互助行为大大减少，人际交往关系趋向理性化、个人化，社区的凝聚力有所降低。正如贺雪峰所指出的，"其后果，便是村庄本身的价值逐步丧失，村落文化逐步失落,村民的社区记忆逐渐模糊,村民的行为日渐与市场经济的理性化结合起来,而成为理性行动的个人。也就是说,随着市场经济和现代传媒对村庄的渗入和村庄边界本身的开放,造成了村庄记忆的逐步丧失和村民行为的日渐理性化,村民日益原子化,进而降低村庄社会关联度"。①

村民的人际关系夹杂更多的理性算计和经济利益。城中村表现出来的维系社会秩序的规范变成了"法",理性、利益、契约成为社会互动的纽带。在一个流动性不断增强的社会里,靠所谓熟人社会里才能产生的温情脉脉的社区伦理来提升治理效果,显然是缘木求鱼。"人际关系约束、组织约束等传统信任机制的效力下降,而另一种信任约束机制——普遍信任的制度机制则成为一种发展。"②

村改居后,除少数城市化程度高的城中村较快完全融入城市外,大多数村改居社区的管理体制既区别于典型的农村管理体制,也区别于纯城市社区管理体制,处于农村社区向城市社区的一种过渡形态,开始形成自己的特点,但仍保留着浓厚的农村管理风格。村民自治的条件基本没变,多数村(居)两委班子成员和村(居)民,普遍存有"不能让外来户占了便宜"的思想,从感情上不接受"外来户",不允许他们分享"祖辈留下的土地"和村(居)集体积累的资产。甚至对原本同村的村民,因选择货币安置转为居民后,也必须放弃村民资格,与村上撇清关系,不得再参与村上任何事务。原住民说"我们尽量不让他们沾村上的事"。"农民在日渐功利化的同时,也日益原子化、疏离化,使得传统社区公共生活走向瓦解;由于各种理性计算因子开始渗透到农民的生活逻辑中来,其行为充满着越来越多的变数而无法有效预期。"③

受城市的影响,城中村村民和村干部对自己的认知和定位也随之发生变化,个别村干部高高在上,褪掉了以前那种质朴,不愿意与村民交

---

① 贺雪峰:"建构理解乡村中国的概念体系",三农中国,http://www.snzg.cn 2006年10月31日。

② 钱海梅:"村规民约与制度性社会资本——以一个城郊村村级治理的个案研究为例",《中国农村观察》2009年第2期。

③ 吴理财:"乡村文化公共性消解加剧",《人民论坛》2012年第10期。

流，不关心村民所需，不考虑村民所想，整日忙于自己的"生意"或私利，全然不顾村民和集体利益。村民见了村干部也不向过去那样随便，有了上下级的感觉，对村干部多了一些敬畏，少了一些乡里情结，干群之间越来越疏远。村民通常对村干部不信任，对其行为不认可，甚至会有一些过激的言行。

三 外来人口的权利缺失

在城中村，由于其优越的区位、廉价的租屋，薄弱的管理，使大量外来人口尤其是农民工在此集聚，村民只是城中村社区居民的一部分或一小部分。目前，西安市许多城中村居住的新市民人数是村民的十倍甚至十几倍。长延堡街道办事处的西八里村，村民有1100人，新市民有1.6万人，新市民人数是村民的15倍。电子城街道办事处的沙井村，村民3100人，新市民有5万余人，新市民人数是村民的16倍。这里居住的既有本地的常住人口，有拆迁户，也有进城务工创业人员，部分社区还有附近高校的大学生租住。因为工作与学习的流动性大，租住户变动性频繁，所以村转居社区人口的流动性大是区别其他社区的特点。

从长远来看，外来人口的流入是对城中村向城市社区转型发展提供了大好机遇，也促进了地区经济的发展。但城中村城市居民与农村居民的相互混杂，本地常住人口与外地流动人口的异质反差，各种不同职业类型、不同生活方式、不同信仰、不同价值观念、不同需求以及不同心理文化素质的人群共存其间，必然带来环卫、治安、计划生育等许多社会问题。这样的生态造成动态的无序——居住者的不断变化、流动使得城中村的居住人群始终处于一种动态的无序状态中，给城市社会治安和社会正常秩序带来严重威胁，因此，各级政府正在积极寻求有效措施加强流动人口管理。目前一些省份就为外来人口参与城中村村民自治提供了宏观政策支持。2011年《陕西省村民委员会选举办法》打破户口限制，对户口不在本村但在本村尽村民义务的居民经过一定的法律程序，也可登记为选民，这为过去我们选不出村干部的重点村、难点村提供了引进优秀人才的机会。天津、山西、吉林等，在近年来制定《村组法》实施办法或村委会选举办法时，规定符合达到一定居住年限、履行村民义务、不得重复登记等条件的户口不在本村的人可以登记。吸纳流动人口参与社区的管理和决策。有的地方规定外来人员只要在社区生活满一年，就应该有选举权和被选举权，就能参加社区居委会或社区事务站的工作，比如派代表参加城中村有关公共事务的决策、管理和监督以及经济利益的分配，以实现自我引导、自我教育、自我管理、自我完善、自我提高的目标。但对绝大多数外来人口而言，要满足这些条件是十分困难的。特别是关于什么是村民义务，法律法规没有加以明确的规定，一般由村庄自行解释，因为城中村是原住村民的利益共同体，城中村还是排斥外来人口参与村民自治，外来人口很难享受与居住地村民同等的政治及经济待遇。

目前，城市居住空间分异问题已引起学者关注。现代社会的发展已不能指望把社会重新"部落化"为一个个孤立的、自我维系的单位，地域性共同体存在的关键是是否能建立起共同体与共同体之间、共同体与更大社会之间的联合体。[①]

第二节　产业结构及其影响

在征地拆迁之前，凭借优越的地理位置和区位优势，城中村集体经济实力强，村办企业发达，村民富裕。随着城市化工业化的推进，城市迅速扩张、各类开发区不断涌现，用地规模不断扩大，以西安市 Y 区为例，自 1999 年起，Y 区政府征地 98 宗，征地面积 11050 亩；高新开发区征用集体土地 24167 亩；曲江新区征用集体土地 7000 余亩，总征地面积 42217 亩。城中村主动或被动地最大限度地接受了城市化的制度安排，集中表现为征地拆迁。在城中村调查，当我们问及"这十多年村里最大的变化是什么？"时，所得到的答案几乎无一例外，"土地没有了"。征地拆迁后，城中村土地尽失，城中村产业结构也因此发生巨大变化，对村民自治产生了深远的影响。

[①] 孙远东："社区重建抑或国家重建 快速城镇化进程中农民集中居住区的公共治理"，《苏州大学学报》（哲学社会科学版）2011 年第 5 期。

一 产业结构非农化

原来的城中村是以农业为主业以农民为主体,早期的集体经济主要是一些集体兴办的劳动密集加工和装配企业,随着城市产业结构调整、劳动力价格提升、管理日益复杂、土地日益增值,城中村的集体经济采取了"去工业化"的策略,逐渐发展为以出租商铺、仓库、厂房、酒店等物业,收取租金和管理费,形成以物业出租为核心的第三产业经济。经济结构也随之逐渐发生了变化,逐步发展成为城乡经济结构、城乡建设设施和城乡生活方式并存互动的格局。"原村民的身份、职业已经非农化,不再进行传统农业生产,转而从事出租房屋、小本生意等二、三产业,正经历着一场"依赖土地谋生到利用土地谋利","重农保根观念"到"工商创业精神"的裂变"[1]。谢志岿认为城中村的经济特征可以用三个词来概括:股份合作经济、物业经济和非正式经济[2]。有专家称其为"寄生型"的集体经济:一般拥有村籍就拥有村级集体资产的分配权益,于是许多村民成为租金食利阶层。或出租屋经济——依附于出租屋,聚居了大量的小食店、小商店、药铺、诊所,发廊、餐馆、杂货铺出现了畸形的"驻村经济"。城中村还出现了不少色情窝点,严重危害了城市治安与社会风气。

城中村产业结构、就业结构、人口结构、分配制度等都发生巨大变革,使城中村社区的社会网络,尤其是微观层面的社会网络发生了很大的变化。

二 集体经济发展不平衡

村集体经济是制约村民自治运作和发展的物质基础。未改造的城中村集体经济收入来源以土地和房产租赁收益为主,改造回迁之后城中村的集体资产的来源主要有三个渠道,包括被征占后安置补偿费的村集体提留、原集体机动地被征占后的土地补偿金以及村集体房产的出租所得和利用土地补偿金兴办的集体企业收益。安置回迁村集体的财富基本上

---

[1] 李培林:《村落的终结——羊城村的故事》,商务印书馆2004年版,第16—26页。
[2] 谢志岿:《村落向城市社区的转型》,中国社会科学出版社2005年版,第37页。

是以征地补偿为基础积累起来的。集体经济是城中村社区区别于城市社区的一个重要特征，也是城中村发展社区自治的一个重要优势。但目前不少城中村依靠征地补偿发展经济的模式后劲不足，并且缺乏自主性。经济上的独立性制约着社区自治的生长。[1] 城中村村民拥有的主要资源是劳动力和房屋，就业技能无法适应城市需要，处于非就业生存状态，养老保险和医疗保险不充分，房租经济前景不确定。村民对对集体经济表现出强烈关注和依赖。但我们调查发现，西安城中村干部众口一词，均称其收入和支出是"盆扣瓮"，意即收支平衡。据街道办事处相关负责人介绍，很多城中村基本都没有集体经济。近几年进行城中村改造，各村只有拆迁这一条出路，因此村集体经济状况并不乐观。

集体经济的式微，乃至空壳，直接影响到村民自治的根基，因为丧失了村民自治最基本的物质基础。村干部认为，村上没有钱，给村民办不了实事，解决不了问题，没人听你的；现在只是搞搞环境卫生，做做治安巡逻，没什么要自治的。村民们看着集体没指望，关心和参与公共事务的积极性也就没有了。

三 "非正规就业"问题突出

"非正规就业"是指未签订劳动合同，劳动关系松散而不稳定，劳动条件差、工资待遇低，缺乏社会制度性保护的就业方式。由于城中村村民技能低、学历低、就业竞争能力差，获取就业资源的能力十分有限，在就业市场上基本上处于边缘地位，很多人是所谓的"非正规就业"人员。调研发现有20%的城中村青年处于失业半失业状态，即使就业，其在职业分层结构中也处于较低层次，主要集中在服务业、餐饮业、制造业、零售业等劳动密集低技术水平的行业。某回迁村40%左右的城中村村民月收入在1000元以下，一半以上的人月收入在1500元以下。村上的男性青年当保安，有的一个村就有十几个干保安的，每月收入在1000—1200元，媳妇们一般做保洁，每月收入700—800元，年轻女子在酒店、超市当服务员，营业员或收银员，每月工资1000元左右。他们绝

---

[1] 陈思："试论城中村社区体制内精英的角色冲突与协调——以杭州屏峰社区为例"，浙江大学，硕士学位论文，2012年。

大多数没有签订正式的劳动合同，基本未被城镇社会保险体系所覆盖，就业极不稳定。

城中村村民的低收入本身即可导致村民自治需要的有效资源缺乏，村民更关心与自身相关的民生和经济问题，在忙于生存的情况下，村民普遍不愿意参与到社区公共生活中去。同时，居于社会就业体系底端与边缘的状态又极可能导致犯罪。西安北郊 20 多人聚集在一起流窜在西安郊县、渭南、铜川等地偷汽车、拦路抢劫，作案十几起，"劫匪"全是城中村 15—20 岁的孩子[①]严重扰乱社会治安，危害人民生命财产安全。

第三节 体制"夹缝"及其影响

一 管理体制双重化

城中村改造，其治理体系必然发生变革，需要重新构建。其实在城中村改造中村庄要先后经历经济体制和行政管理体制两种意义上的转型，这种转型往往并不到位，甚至徒具形式，导致在管理体制上出现交错，形成体制"夹缝"。撤乡镇成立街道办事处后，由于国家城镇化率考核要求，有的地方先抓改居，企图让农民变居民便一了百了，于是，上级政府就给各区县下任务，对尚未整村拆迁的城中村村民实行先行转居工作。在此项措施推动下，西安市个别城区提出实现百分之百城市化，实际上只有40%。因此，西安城中村改造初期，实行改制先行，改造跟进的政策，即先进行无形改造，后进行有形改造。首先建立起城市基层管理体制，即在原城中村农民居住的地域建立起城市社区居民委员会，替代原来的村民委员会，对本地域实行城市管理体制。其次完成经济组织从集体经济向股份制经济转变，村庄集体所有土地向国有土地转变，居民从农民身份向市民身份和股民身份转变。某街道办事处 20 个村中有 12 个村已经进行了经济体制改革，集体经济转变为股份制经济，村上都建立了股东大会、董事会和监事会三位一体的管理体制。"渐进的市场化和突发的制度变迁导致了城中村的权力格局和社区秩序发生了种种变化，居委会—村公司构成的权力结构及其互动关系目前已经成为城中村特有的

[①] "'劫匪'全是城中村孩子 城中村的教育让人忧"，《阳光报》2007 年 1 月 29 日。

'双轨制'权力模式。"①

可以看出，虽然城中村先后经历了经济体制从村委会到"村公司"和行政管理体制从"村委会"到社区居委会这两大转变，但是这两个转变的过程是完全不同的，前者是实质转变快于形式转变，而后者是形式转变快于实质转变②整村拆迁改造之后，回迁安置区管理机构从村委会改称居委会，但是管理体制及模式没有明显变化，实质上还是原村委会的管理模式，实行的仍是农村管理体制，也即街道办事处村制管理体制，只管理原村居民。在管理程序、管理区域、工作重点、产权关系、分配方式、服务对象、服务形式等方面，都与原来的村委会没有什么区别。社区公共设施建设和维护以及社区公共管理的费用并未由政府财政完全覆盖。社区居委会的基本职能和自治功能尚未完全形成，组织机构上仍是村委会、村民小组、仍进行村委会换届选举等。城市管理和农村管理并存、亦城亦乡、亦工（商）亦农。安置区在管理方法上也基本沿用原行政村的管理模式，并未与城市社区的管理模式接轨，"社区"不像"社区"，"村庄"不像"村庄"，"经济组织"不像"经济组织"。乡规民约评理会、房屋租赁协会、股份公司等机构成员基本由村干部组成，村股份公司在摘掉村委会的帽子后，仍然承担着社区的治安、环境卫生、出租屋管理等一系列的社区管理职能。社区（村委）干部的角色转换不到位，工作思路、管理方式方法和人员分工上没有明显的调整，主要工作仍然是配合行政区维稳、创城、创卫、治安管理、普查人口、计划生育、小区管理与开发区协调关系。政府（街道办事处）与村民的关系主要通过驻村干部（维稳队员）来连接，在客观上形成了相对封闭的小社会。城中村亦城亦乡或不城不乡，因而难以按照城市管理体制实施管理。农村和城市管理体制共用，既非乡也非城，既非农村社区建设的范围，也非城市社区建设内容。在管理体制方面，传统的农村管理模式和完全的城市管理模式都行不通，政府实际在使用城乡两种体制进行交叉性、选择性

---

① 蔡禾、卢俊秀："制度变迁背景下的社区权力与秩序——基于广州市一个城中村的研究"，《广东社会科学》2007年第6期。

② 李培林："巨变：村落的终结——都市里的村庄研究"，《中国社会科学》2002年第1期。

治理。因此，其治理模式和组织形态既不同于纯粹的农村社区，也不同于成熟的城市社区，或者说，既保留了一些农村社区（行政村）的村民自治特征，也开始逐步吸纳城市社区的治理方式，接受城市化的治理体制和规则，在街道办事处的领导下，开始对本地域的居民实行城市化管理。

二 改造规划碎片化

城中村改造基本上采取"一村一社区"的就地安置措施，缺乏整体规划理念，"碎片化"建设倾向非常严重。其形成由多方面的原因所致，一是安置理念问题，坚持商住合一，拒绝商住分离；二是规划问题，规划部门缺乏公共设施齐全，集中连片安置的大型社区规划。据有关部门解释是受土地资源所限，无法解决集中安置所需土地。三是村民强烈要求就地安置，以继续房租经济维系生计。四是受原集体经济状况的影响。由于各个村庄原集体经济发展与集体资产积累情况有差异，改造后所拥有的土地、商业房面积等资源不同，所以不同的村庄很难整合到一个社区。某开发区目前正在拆迁建设的14个村都没有统一规划，也未安排社区公共用房。就地安置一村一社区从社区建设和管理层面来看都有很大的缺陷，其造成回迁安置点布局分散，规模较小，遍地开花，管理成本大、效率低下。有的原本相邻的两个村，安置后的小区仅一墙之隔，却分为两个社区，各自办公，各自管理，造成资源浪费。这种碎片化建设所带来的另一个直接后果就是转居村庄难以获得批准成为真正的城市社区。

三 社区设立迟延化

"一村一社区"的"碎片化"建设导致村改居社区因面临"规模瓶颈"而难以获得与城市社区同等的"身份"。这种"身份"问题又通过社区治理中基层政府与自治组织之间权责边界的模糊不清而进一步被放大，从而成为导致村改居社区治理失败的重要根源。

城中村改造回迁后村民转居民，只是一个户籍转变登记的问题，相对阻力不大。然而，新建城市社区居民委员会，以替代原地域上的村民委员会就没那么容易了。社区居民委员会的建立标志着，城中村已从农村管理区域改造成为城市管理区域,开始接受城市化的治理体制和规则。虽然建立居民委员会简单易行,但村改居任务的完成难度则相当大。根据2010年中共中央办公厅、国务院办公厅印发的《关于加强和改进城市社区居民委员会建设工作的意见》中有关社区居民委员会的设置的指导意见和陕西省政府办公厅《关于贯彻〈中共中央办公厅国务院办公厅关于加强和改进城市社区居民委员会建设工作的意见〉的实施意见》(陕办发〔2012〕9号)的有关规定,本着便于管理、便于服务、便于自治、精简效能的原则,一般在1000—5000户或3000—15000人的社区设立居民委员会。Y区规定村改居社区规模2000户,办公用房达到600平方米以上,具备以上两个条件并且完成居民委员会换届选举,方能获批建立社区。区城改办称"我们只要把撤村建社区的请示报告和相关材料报送西安市民政部门,拿到民政部门撤村建社区的批复,新改造后的村子就算社区化了,村民转居民,村委会撤销,不再进行村委会选举。至于是否成立社区则是民政部门的职能了"。民政部门批准社区成立则严格按照中央和地方规定的标准办事。有的村子规模大,符合2000户建社区的标准,就一村一社区;有的村子小,达不到建社区的标准,便就近归入其他社区。Y区120个城中村已有70个村完成了拆迁改造,64个村完成农转居,33个村完成了回迁,在33个回迁村中,1000户以上的3个,500—1000户的5个,500户以下的25个,最小的仅有69户。按照社区设置标准,目前Y区只有新加坡社区符合条件获批成为真正的城市社区,其他村虽然已撤村建居,但户数、办公用房面积、便民服务内容均达不到独立设立社区标准,所以暂时不能享受城市社区有关政策和待遇,如,社区办公经费(Y区政府每年给每个社区6万元办公经费)、社区机构职数和工资补贴等均不能按社区现行标准执行。尤其是村转居之后,区委组织部门停发村两委会干部的工资,新社区干部待遇又衔接不上,影响干部工作的积极性。可见,村改居社区在相当长的时期内还是既实行村民自治,又接受街道办事处等政府部门的城市社区管理。

四 村(居)民自治制度不对接

城中村社区居委会基本上是由以前农村社区管理机构转变而来,只是在形式上和称谓上有所改变,在法律上虽然应该是整个社区居民的自治组织，但实际上只是原村民的组织。村改居社区自治走在了一个分叉路口，是沿用原来的村民自治模式，还是套用城市社区居民治理模式，这些社区在治理问题上面临困境。在很多地方，村民委员会的牌子换成居民委员会的牌子常常是在一夜之间，这种改变只是形式上的改变，并不意味着社区民主治理机制也自然而然地完成由"村民自治"向"居民自治"转变。大部分村改居社区虽然形式上已经是居委会，但相当长时间内仍实行着村民自治，村民自治仍然是村改居后治理的主要模式。

由于村改居主要是行政推动的结果，村改居社区早期问题的处理和解决也主要依靠行政力量推动，但这种行政干预如果长期存在就会大大降低社区建设的活力与社区自治能力。回迁的村子，虽然村民已全部转居民了，但仍然挂着"三委会"的牌子，仍进行村委会换届选举。从理论上讲，有村"三委会"就应有村民自治。"社区"未批复，自然就不是城市社区自治；没有成立居委会，当然就不是居民自治。然而这里却是一个没有"农民"的农村社区，实行的是没有"村民"的村民自治。一些村子回迁后，既不召开村民大会，也不进行村务公开。按照村民的说法，村民小组长也没用了，被搁到一边去了。村民自治似乎已经遥远了或凝结了。村民抱怨"现在还开什么村民大会？地没了，钱没了，村干部就抓个小区治安和环境，再没什么事可以做了。过几年，村干部也没人愿意当了。没油水了，没啥能捞的了，谁还会干？"然而，事实上，村社每年还有上百万元的支出，如何决策？如何执行？村社还有许多公共事务，须由自己或通过街道办事处、区上解决，谁来决策？谁来协调？事实上改居村的村民自治已经演变成为地地道道的"村干部自治"。

社区去自治化导致村转居社区承担工作的 80% 以上都是政府部门交办的（主要是区、街布置安排的工作），街道办事处工作几乎都下沉到社区，如社会保障、计划生育、安全生产、技能培训、创卫复审、社区卫生考评等，每项工作社区都要有相应的对接，工作方式基本按政府指令行事，把社区当作政府机构的延伸，没有给社区充分的基层民主自治权。社区干部承办政府交办的工作已成为常规工作，以至社区居民，甚至社区居委会自己都把社区居委会当作一级政府机构了。政务性工作进入村转居社区，本质上是政府工作的延伸，理当由政府通过设置公益性岗位等方式"购买服务"，但实际情况是政府很少设置公益性岗位，或以摊派方式将政府责任范围内的事项分解到村转居社区，混淆了政府组织和村转居社区各自的职能，实质上是对这类社区自治权的剥夺和经济利益的侵害。

村民自治的内容也非传统农村那么单纯。农村逐步转化为城郊村、城中村、改居村，在土地征用、旧村改造的政策兑现等方面积累了一些矛盾和问题。有一些村由于土地征用的补偿收入，集体资产迅速增加，在如何管理和分配这些利益的问题上，村干部之间以及干群之间引发矛盾，部分村民为了个人利益或局部利益，借口村里的历史遗留问题尚未解决等，采取各种手段阻止或破坏选举。一些在平时没有妥善解决的矛盾，将在换届选举时集中爆发。

村改居后，原来的四大民主，尤其是村务公开监督原则难以适用，而新的制度和办法又未予明确，制度不对接引起监管失效。改制后的城中村，成立社区居委会管理社区公共事物，组建村企业集团管理集体经济事务。然而，社区居委会干部，基本上就是原村干部，村干部兼任公司高层，还是沿袭传统的家长制管理模式，无法适应现代市场的竞争环境，也无法形成现代的企业文化和企业精神。乡规民约评理会、房屋租赁公司、股份公司等机构成员基本由村干部组成，严重制约了社区居民参与管理和监督的积极性。几十年积累下来村集体资产像没有冰箱的雪糕，不是被吃掉，就是慢慢融化掉了。由此引发的转制村民集体上访的事件不断。

第四节　城乡文化及其影响

文化是包括知识、思想、观念、情感、信仰、习俗等在内的丰富的意识形态系统，城中村的发展变迁在改变经济结构、成员结构、治理结构的同时，也改变了社会主体的文化观念。村民自治的生成、存续及功效离不开特定空间的文化背景和生活在这里的人们的思想价值观念。传统乡村是一个熟人社会，一个由血缘、地缘、宗族信仰、乡规民约等深层社会网络联结的村落文化社会。在城中村，本土文化与外来文化、农村文化与城市文化、传统文化与现代文化、大众文化与精英文化、边缘文化与主流文化处于并存状态。文化的激烈对撞导致城乡居民社会隔阂加深,理性包容缺乏,加深了城中村社会矛盾的复杂程度。在文化交融并存的过程中,不同文化背景的人们既可以产生文化的融合也可以产生文化的冲突;既可以产生文化的适应和认同,也可以产生文化的不适应和不认同。城中村保留和传承着固有的乡土文化,同时又受城市文化的冲击和影响。以创新、进取、理性、开放等为主要表征的城市强势文化和落后、封闭、保守、狭隘的农村文化两者之间的互相冲突与融合,不同的文化熏陶和教化,使其思维方式和行为方式呈现出城乡兼具的复杂特点,进而影响和形塑城中村村民自治的基本样态。

一 农民市民化发展缓慢

市民化是指作为一种职业的"农民"和作为一种社会身份的"农民"在向市民转变的进程中,发展出相应的能力,学习并获得市民的基本资格、适应城市并具备一个城市市民基本素质的过程。人的城市化是城市化的先决条件,更是城市化的终极目标。① 由于城中村亦城亦乡或不城不乡,农民在自身定位上农民不是农民,市民不是市民,短期内难以市民化。城中村的空间改造超前而人的改造滞后。尽管村庄的物质形态被消灭,但村民与他们所构成的乡土社会却很大程度上保留了下来。大多数村民尽管在身份上变为城市居民,但其思想观念、价值取向、生活方式等方面更接近于农民。徒具市民之形,而无其"神"。虽然农味渐淡,但乡土气息未改。多数人并不认同自己的居民身份,学者的调查研究显示,83.4%的农转非受访者不确定或不认同自己属于城市人。② 一个人如果没有对身份的认同,社会角色意识就会缺位,也就缺乏与社会角色相适应的行为,甚至不知道自己充当某种角色时必须遵守的行为准则和价值观念。"农民市民化不仅仅是农民生产方式的转变和居住场所的转换,更是"农民社会文化属性与角色内涵的转型和城乡关系的重构过程。"③

另外,因拆迁补偿而一夜"暴富"的城中村村民,面对忽然而至

---

① 管明:"乡城迁移式农民市民化界定与实现路径探析",《西北农林科技大学学报》(社会科学版)2010年第9期。
② 李强:"中国城市化进程中的'半融入'与'不融入'",《河北学刊》2011年第5期。
③ 文军:"农民市民化",《开放时代》2009年第8期。

的财富使很多人原有的生活模式和心理平衡状态被打破,价值观念发生巨大变化,"手头充裕"就会选择一些不健康的方式宣泄,如赌博、吸毒、包二奶等。西安市公安局强制戒毒所民警介绍,戒毒所现有600多名强制戒毒者,其中,有相当一部分是城中村的"二世祖"或"先富起来人",最多时达到强制戒毒总人数的20%以上。[①] 有的吸光了补偿款,开始变卖房产祖业。一些回迁村民尚未转为市民就先沦为城市贫民。农村整体拆迁安置社区居民主要由原村民和外来城市流动人口组成,人口成分复杂且文化素质偏低,虽然受城市化影响,在生活习惯、文化素养、知识结构方面有了一定改善,但是与城市社区居民还存在一定差距,提高安置社区居民的文化素质是农村整体安置社区向城市社区转型的一个关键点。

二 文化与心理隔离难消除

城中村多元文化并存的格局,不同人群之间的隔阂与冲突是难以避免的,特别是由于收入差距、社会地位差别,价值观念和文化氛围的不同以及缺乏有效的对话和交流,城中村村民与城市市民群体在文化和心理上存在明显互不接纳乃至疏离冲突情况。根据社会学的群体理论,内群体中的成员往往对外群体及其成员抱有怀疑和偏见,甚至采取蔑视、厌恶、仇视、挑衅等敌对态度,导致其在心理上无归属感。内群体与外群体常常互相隔离,甚至处于对立的状态。他们也无法真正从心理和文化上接纳城市社会,更难以融入城市的主流社会,进而产生文化自卑感和边缘化心理。社会学家费孝通早已看到这一点:"由于文化的隔阂而引起的矛盾会威胁人们的共同生存"[②] 同时弱化了城市文明对村民的影响力,无形中减缓了村民向市民转变的步伐。例如,改造回迁后,村干部响应上级号召,抓小区环境卫生,解决村民乱搭乱建,养鸡养狗,铲草种菜等问题,这些工作很难做,经常遭到村民的辱骂,城中村干部反映村务工作不好开展,以前在村委会有事情用大喇叭就通知了,现在还要打印出来挨家挨户地去通知。"农民虽然住上了楼房,可是素质和水平差

[①] "城中村村民暴富 走在财富旋涡边缘有人跌入深渊",《华商报》2011年11月20日。
[②] 费孝通:《人的研究在中国》,天津人民出版社1993年版,第10页。

得远呢。"

三 多元文化影响村民自治

城中村农民脱胎于传统农民，受传统文化和现代文明的双重影响，兼具城乡思维方式和行为方式，使得城中村村民既有农耕文明熟人社会的伦理规则、宗族观念和处事方式，又有工商文明陌生人社会的利益博弈。这些东西深刻影响着他们在村民自治中的态度和行为，其在村民自治中的表现也是双重的，一方面，在参与农村事务管理中确实展现了巨大的积极性和创造力；另一方面，城中村农民并未从此就彻底摆脱千百年来在专制制度下形成的一直影响农民的各种传统观念和行为方式的束缚。这种文化特色在村委会选举中表现得尤为突出，如，选民们一方面会受家族、宗族、人情的影响；另一方面会受到竞选人利益的诱惑，于是有了"家族票""宗族票""人情票"，还有"金钱票"，谁给的好处多就投谁的票，甚至出现了一个家庭中进行选票的"优化配置"。由于城中村大部分村民缺乏现代民主意识和自主行为，热衷于凭关系亲疏、个人好恶、利益轻重而处置选举权，为贿选提供了生存的环境和滋生的土壤，使城中村贿选变得较为容易，并且愈演愈烈。

第三章

地方政府治理的理论借鉴与实践举要

乡（街）村关系一直是乡村治理理论研究和制度实践的核心问题，基层政府的行政管理权与村民自治组织间的自治权本来就是一对矛盾关系，既对立又统一。行政管理权的统治化和乡村社会自治权的无序化是改革开放后乡村关系格局的两种不良发展倾向。政府行政权与社会自治权如何实现有效衔接与良性互动，以达至善治目标？这是我们的研究所重点关注的问题。现实发展与理论模型和制度设计相去甚远，实践中的偏差与理论上的含混密切相关。因此，系统梳理和反思相关理论，揭示地方政府治理良性发展的一般规律，特别是对有关城中村治理中基层政府管理与村民自治的理论、实践与制度进行检视，具有非常重要的意义。厘清相关概念，是构建理论和总结实践的重要基础。对西方相关理论的评介，不是出于"崇洋媚外"，我们无意于用西方的理论来解释或指导中国的地方政府治理的实践。但作为不同社会制度和意识形态的国家都会面临共同的社会治理问题。虽然异曲可以同工，但不可避免地会有一些相同的或近似的思考，从而形成相同的或近似的理念、制度，这就为相互借鉴提供了基础。如果我们不刻意回避事实的话，我们会发现，中国的地方政府治理实践中，可以看到西方理论的一些元素和同质的东西。

第一节 地方政府治理相关概念的界定

一 地方政府治理中的"地方"指称

地方治理中所指的"地方"是我们面对分析对象的范围，"地方"是一个相对的概念，具有相对性和重叠性的特点。相对世界而言，区域性联盟和国家就是一个地方；相对于一个民族国家的中央政府而言，联邦、省级区域、市（自治区）就是一级地方；而相对于省市而言，县城区域、城镇、乡又是不同层级的地方。从范围上看，地方包含小到几百人口的村落，也包含大到上千万人口的都市城区。

在不同的理论研究中，"地方"一词具有不同的内涵。在社会学研究中"地方"不仅表示一个地理区域，也具有文化连接、地方传统、心理归属等文化意涵；在政治学研究中，"地方"一词的界定主要是从与上级政府间的权力分配角度而言的。在实践运行中，不同的国家结构模式与不同的行政区划关系决定了"地方"的界定范围之不同。英国地方治理"地方"是从小到大、从内而外逐渐辐射而形成的，由地方中心—邻里范围—区或城镇—城市几个层次构成，依托于不同层次的地方构建，形成了不同层次和范围的"社区"。[①] 英国的地方治理就是存在于这样不同的范围的地方之中的。在美国，"地方"体系更为复杂，一般而言，美国的地方指的是联邦州以下，包括各州区域内所设置的各级不同层次的地方政府组织体系。美国的地方组织体系包括两大板块：一是由县、城市、城市区、城镇、村庄等组成的自治区域；二是由城市、大都市、特别功能地区、学区、公共当局、联邦地区单位等组成的功能性区域，两大板块构成了一个极其错综复杂的地方建制体系。美国的地方组织和区划并不完全是按照管理区域范围的大小或按层次高低划分排列，而是根据不同的历史传统和不同的管理职能与目的组建的，具有深厚的文化历史性和社会自组织性。

英、美两国都具有强社会——弱国家的历史传统，其地方治理传统体现着浓厚自由主义思想，地方治理逻辑具有地方本位性和地方优先性。而在大多数后发现代化国家，中央政府力量强大，国家秩序呈现出典型的国家建构性特点。由此，地方往往是依据中央管理的便利和需要而设置的，因而具有对上的依附性，呈现出与英美国家不同的样态。由此，对"地方"的界定，很难采纳一个单一化的，适用于所有国家、所有状况的标准。在我国，地方也有不同的层级体现。

---

① 孙柏瑛：《当代地方治理：面向21世纪的挑战》，中国人民大学出版社2004年版，第30页。

在本书中，我们所界定的地方是基于政治学的视角，主要侧重于地方政府，也可以表达为基层政府。所谓基层政府在我国现有的政治体制中有两种表现，在农村区域集中指的是县和乡（镇）两级政府，在城市区域内则集中指的是市辖区政府及下属的街道办事处两级。基于我们研究的问题和目标，主要分析基层政府和农村之间的关系，从传统乡村关系来讲，主要是指乡（镇）政府和农村的关系，而相对于特殊形态的农村——城中村而言，主要是指区县级政府，更多的是指区政府派出机构的街道办事处和城中村的关系。在我国，自古以来良好的基层政府治理都是整个政治系统健康运行的基础。

二 "地方治理"与"地方政府治理"

"地方治理"一词带有十分明显的西方社会话语特征，是治理理念和思维贯穿于地方政治与行政公共事务管理模式而再造出的一个概念，在短期内，用"地方治理"一词与中国地方管理的现状实现简单化对接还是存在很大问题的。但在国内学术界的相关研究中，这种不加分析的简单化对接和混用现象却很普遍的存在，许多学者对"地方政府治理"与"地方治理"二者并不进行明确科学的区分，而是直接将"地方政府治理"等同于"地方治理"，并在同一意义上使用。关于"地方治理"，许多西方学者给出了不同的定义，英国学者威廉·L.米勒和格雷·斯托克认为地方治理是"关于地方服务的委托、组织和控制，这些地方服务包括地方区域内卫生、教育、治安、基础建设和经济发展等"。[1] 孙柏瑛教授在总结了西方学者的一些具有代表性的观点后，对"地方治理"给出了一个具有代表性的定义："在一定的贴近公民生活的多层次的地理空间内，依托于政府组织、民营组织、社会组织和民间组织等各种组织化的网络体系，应对地方的公共问题，共同完成和实现公共服务和社会事务的改革与发展过程。"[2] 这一定义从地方治理的地理空间特征、治理主体、

---

[1] William. L. Miller, Malcolm. Dickson and Gerry Stoker, Model of Local Governance Public Option and Political Theory in Britain, Palgrave, 2000, p. 1.

[2] 孙柏瑛：《当代地方治理：面向21世纪的挑战》，中国人民大学出版社2004年版，第33页。

治理目标等层面界定了地方治理的基本内涵，是目前为止对地方治理概念进行的较全面、科学的界定。从地方治理的概念界定我们可以看出，地方治理是以治理为取向的地方制度和组织结构安排，涉及多元治理主体的参与和投入；地方治理是地方政府与社会力量互动下的地方组织和管理模式；地方治理发展的重要目标是形成开放、灵活应对变化的治理制度和机制。

"地方政府治理"是一个典型的中国化概念，是由"地方政府管理"概念引申而来。我们认为，"地方治理"与"地方政府治理"二者之间，既有联系又有区别，它们同为国家治理体系的重要组成部分，但不能相等："地方治理"的内涵与外延范畴更大些，治理主体除过政府各部门外，还包括各类型的第三部门、经济组织、社会性组织等，是多主体的协同合作对地方公共事务的开放性治理；而"地方政府治理"主要指在把治理理论应用于地方政府的管理改革中，用治理理论指导地方政府通过分权、重组等措施改革提高管理能力，向经济社会等组织放权，以适应开放化、复杂化社会条件变化的挑战，政府部门在促进公民参与，如何促进多中心网络的建立、发展，在多中心多主体合作中起到核心作用，通过协同多元性力量更好地处理地方公共事务，促进整个地方治理的良性健康发展。"地方政府治理"强调治理理论在地方政府的适用性，是以治理为取向的地方政府管理创新实践。在治理主体上，由政府单向一元走向包括政党、政府、企业、社会组织、自治组织等因素在内的多元主体；在过程上，由政府封闭性决策执行走向多主体间协商、商谈、沟通、共识；在效果上，由被动性应对管理走向主动性预防治理。在实践中，使用"地方政府治理"更适合于中国实际要求，在目前仍主要以地方政府为治理中心的状况下，地方治理主要是地方政府的治理，政府在当前中国治道变革中的主体性作用是问题研究的关键。

三 "地方政府改革"与"地方政府创新"

"地方政府改革"和"地方政府创新"是近年来，经常见诸报端和相关理论文章的字眼，这两个概念也经常混在一起使用。"地方政府改革"是一个状态描述性概念，指的是对传统计划经济时代的压力型体制地方政府管理模式的改革探索的理论与实践；"地方政府创新"是一个褒义性概念，侧重于描述许多地方政府改革传统管理模式的创新行为，比较有影响的是由编译局政治研究所与地方政府合作举办的"地方政府创新奖"活动。从整体上说，地方政府改革、地方政府创新是地方政府治理的重要途径和手段，要走向治理必须创新和改革传统管理模式；同时，地方政府治理又是地方政府改革及地方政府创新的主要目标之一。这几个概念经常都是在一起使用的，内在联系、相互支撑。

四 "地方政府治理"的内涵与价值

科学界定地方政府治理的内涵，需要把握好三个层次的问题：一是与国家治理相对应的地方治理；二是与传统地方政府管理相对应的地方政府治理；三是与西方社会为中心相对应的政府为中心的治理。首先，与国家层面的治理相对应，地方政府治理是国家治理体系建构的基础性环节。从治理理论在20世纪80年代的兴起到在中国的广泛传播，由统治管理走向治理已经成为中国制度改革和国家现代化的基本方向选择。党的十八届三中全会决议中明确提出"全面深化改革的总目标是完善和发展中国特色社会主义制度，推进国家治理体系和治理能力现代化"，[1] 在如何进行社会主义建设中正式确认"治理"的理念，这是历史上的第一次。走向治理需要现代化的治理体系和现代性的治理能力，其核心是制度的现代化。国家治理体系建设是现代性国家制度体系的建设，包含着不同的层级构成。其中地方政府一级的治理体系的完善占据着重要地位。地方政府的治理体系完善和治理能力提高关涉中央精神的落实和政策的贯彻，其理念、行为、效果直接与每个公民、单位、企业、组织相关，是国家治理体系和治理能力建设的核心和基础环节。其次，与传统地方政府管理相对应，地方政府治理是一种顺应时代和社会发展新要求的趋势。地方政府统治性管理是一种封闭的、单极化的管理模式，是在层次化、单向化、中央政府控制化下的一种管理模式，在走向市场化和开放化的历史进程中，其管理效果上的政府失灵状况难以避免。与传统地方政府管理模式相对应，地方政府治理取向强调分权、多元、开放和回应。在治理主体上地方政府已经不是唯一政策的决策者和执行者，企业、社

---

[1] 《中共中央关于全面深化改革若干重大问题的决定》，人民出版社2013年版，第3页。

会组织等多元性主体参与进来;在职能上,地方政府不再仅仅是上级政府政策执行者,而是联系社会与上级政府间的执行者、合作者的角色;在模式上,政府行为会日益开放化、透明化。再次,与西方社会为中心的治理相对应,我国的地方政府治理,政府在多元性治理主体的协同性治理治理格局中是始终处于核心地位的,同时,基层党委在中国地方治理中具有特殊重要地位,这些都是西方社会中心性治理模式所不具备的特点。

综上所述,我们在本课题研究中所强调的地方政府治理指的是:打破传统压力型权力层级化结构,顺应现代公共管理发展治理取向要求,地方政府结合市场和民间社群的力量来进行基层公共事务管理和提供公共服务的过程和活动。"它发生在地方,却又不仅仅限于地方的边界;它强调以分权化为主导的地方权力和自主管理能力,但又倡导不同层级政府之间、地方政府与私企之间、政府组织与公民社会之间广泛的合作与伙伴关系。"[1] 在中国,地方政府治理是国家治理体系的基础性组成部分,各级地方政府在治理体系中居于主导地位。"乡镇行政管理占有重要地位,是整个国家行政管理的基础和重要组成部分,还是整个国家行政管理机器的'末梢神经'。"[2]

第二节 地方政府治理的理论基础

地方政府治理所依据的理论基础,既不是全新的思想,也不是某一个单独的理论观点,而是在一系列相关理论价值融合基础上产生的。与地方政府治理密切相关的理论问题涉及政府与社会的关系、治理的合法性权力主体问题,传统公共管理模式的有效性问题等。

一 国家与社会关系说

长期以来,国家与社会的关系一直是政治学领域研究的中心话题之一。人类社会的所有政治活动、公共事务活动都可以总体概括为国家权

---

[1] 孙柏瑛:"当代发达国家地方治理的兴起",《中国行政管理》2003年第4期。
[2] 金太军、施从美:《乡村关系与村民自治》,广东人民出版社2002年版,第132页。

力与社会权力的博弈、合作、斗争关系。进入近代以来，国家—社会关系成为政治学和社会学研究一个基本研究框架，被大量运用到对许多问题的研究之中。所谓国家？经典的国家观至少有三种：一是契约论的国家观，如卢梭、洛克等人，认为国家产生与人们的自发性契约，是社会管理复杂化的需要；二是黑格尔的国家观，认为国家是绝对精神运行发展的顶层化产物，是至上的、神圣的；三是马克思主义的国家观，认为国家是阶级斗争的产物，是阶级统治的工具，不是从来就有，也不会永远存在。韦伯对国家的定义可能更具有科学研究性价值，他将共同体、权力、目的、活动、范围、符号六个要素作为国家的基本要素，这一定义被广泛地使用。与国家的定义相比较，社会的概念更为混乱，宏观上的社会可以作为人类社会的代名词，社会就是人类，人类就是社会；中观层面上，社会指的是建立在一定物质实践基础上的人类共同有机体，侧重于指称与经济、政治、文化领域相并列的社会生活领域。从与国家相对应的角度看，我们可以把社会界定为国家政治权力之外的所有非政治空间，涉及经济生活、文化生活等领域，其核心所指是群体生活的规则和制度安排。

（一）西方理论界国家与社会关系认识

国家与社会关系的分析框架是一个完全的西式框架，西方学术界关于国家与社会关系的理论探讨和研究，呈现出清晰的历史性发展轨迹，从整体上是与社会生活实践的发展水平联系在一起的。在前工业化时期，欧洲的现代民族国家建设居于主导性地位，建构中央集权型国家成为主要大国的核心政治任务，由此在国家与社会关系的认识上，国家主导主义的一元论成为理论的主流。到工业化早期的启蒙运动时期，伴随着新型资本主义的兴起，社会商品经济发展的需要，迫切需要社会与市场的相对独立化，由此，国家与社会关系的二分就成为理论的主导性需求，开始逐步形成国家与社会关系的"二元论"思想。

启蒙运动蓬勃展开和英国的工业革命浪潮的冲击，使得西方社会思想解放、工业化和城市化的浪潮更加迅猛地发展起来。在这种发展中，整个社会结构日趋复杂化，社会主体日益多元化，人群社会分层也变得越来越复杂。国家政治权力和社会生活领域的公民权利到底应该是一种什么样的关系格局？现代资本主义市场经济的发展需要什么样的权力——

权利格局？围绕这些问题，许多学者运用辩证的思维展开了讨论和研究，国家与社会关系的"对立说"和"同一说"是两种并存的代表性观点。"国家与社会对立论"认为，国家的存在对于社会公民权利而言，是一种"恶"，必须被社会所监督和制约才能，将其弊端降到最小。持这一观点的启蒙运动思想家如洛克等人，运用自然法观点，依照社会契约论国家产生于社会公民的自由契约，国家的存在应该服从和服务于社会的需求的理论判断来理解来解读和定位国家与社会的关系：总体上，社会高于国家，主权在民、天赋人权；国家应该被纳入社会的监督和制约，同时国家各项公权力系统间应该做到分权制衡，宪法和法律至上。在理论上，社会先于国家，国家由社会中产生；在地位上，社会也应该高于国家，国家受社会的监督和制约。国家与社会关系的"同一论"认为，虽然国家的存在对社会而言意味着权利的让渡，但国家所能起到作用是社会不能取代的，二者间即对立又统一，相互牵制又相互依赖。国家与社会关系"同一说"的主要代表是以黑格尔为代表的思想家们。在国家与社会关系的理论认识上，黑格尔另辟蹊径，提出国家与社会同一性的"国家本体论"观点。黑格尔一反国家与社会关系"对立论"启蒙思想家们关于社会先于国家并决定国家的理论判断，认为不能把社会和国家的关系机械化对立性看待，市民社会和国家都是绝对精神运动不同阶段的产物，在生成上具有同一性。但是从根本上国家是至上的，是绝对精神运动的最高形式，国家从根本上决定市民社会并引导社会的各方面发展。在西方国家主义理论发展史上，马克思主义的产生实现了理论的创新和超越。在对国家与社会关系的理论认识上，马克思主义的国家观辩证系统地把握住了政治公共权力和社会公民权利系统间的双重面向，实现了国家与社会关系认知上的飞跃。马克思主义的国家——社会观一方面既看到了国家与公民社会对抗性、制约性的一面；另一方面，在另一方面又看到了国家与公民社会转化互通、一致性的一面。首先，马克思主义的国家观认为，国家并不是从来就有的，国家产生于社会分化为阶级社会的事实，国家不是从外部强加于社会的，而是社会自身在一定发展阶段的产物。从先在性上看，是社会决定国家，而不是国家决定社会。"政治国家没有家庭的天然基础和市民社会的人为基础就不可能存在"。[①] 国家的产生起初是出于维护社会秩序和公共利益的需要,当阶级间的矛盾变得不可调和时客观上需要从社会中分离出国家这样的统治工具。马克思主义国家观与西方自由主义国家观不同之处在于使用了历史唯物主义的分析方法,提出了国家消亡观点,认为随着社会经济、文化、社会生活发展的成熟,国家公权力的阶级统治职能将会消亡,而对于各项社会公共事务的管理职能仍然存在,但这种管理社会自身完全可以承担,国家将重新回归社会,完成与社会的统一。其次,马克思的国家观同时强调国家对于社会而言又具有相对独立性。国家权力系统一经产生就蕴含着一种外在于社会的力量,如果不将国家纳于社会的监督和民主监督之中,国家会凌驾于社会之上,具有与社会利益不同的自身利益。所以,对国家的监督,实行普选和廉价政府都是必需的。

进入20世纪,西方发达国家的社会经济发展进入到新的历史阶段,工业化和城市化出现了与前期相比较不同的发展态势。市场经济运行中的"市场失灵"和"政府失灵"问题相继出现,怎样的国家与社会关系才能更好地适应社会发展的需要,对立论的社会自发展秩序理论与同一论国家主导思想到底孰是孰非,学者们纷纷运用现代社会学、政治学和经济学理论对国家与社会的关系进行深入性研究,提出许多创新性观点,形成了多元化的"国家—社会"理论体系。一种理论观点我们可以将其概括为"多元主义"国家观与"回归国家"学派的理论;另一种理论观点我们将其概括为"国家限度理论"。"多元主义"的国家理论继承了早期启蒙思想家社会本位的理论立场,强调社会对于国家的先在性作用。"就国家与社会的关系而言,多元主义将社会视为先于国家产生、外在于国家、具有不受外界影响的独特运行逻辑的一个自主和独立的领域"。与此相反,"回归国家"学派则以国家为中心,强调国家的自主性,国家建设论、国家能力论等都是回归国家学派的典型代表。兴起较晚,但影响更大的是"国家限度理论","国家限度理论"强调建设公民社会的重要性,理想的公民社会是具有高度自我表达能力,具有自组织性和自主动员性,国家不应当不适当地干预社会生活;同时"国家限度理论"承

---

① 《马克思恩格斯全集》第1卷,人民出版社1956年版,第252页。

认国家政府的主动态地位,认为相对于国家存在的必要,公民社会应该自我限制。国家限度理论是以国家为核心单位来分析国家与社会关系的互动过程的,这一理论既承认国家对社会的作用,又强调在社会力量作用下国家作用受到社会限制的合理性。正如有研究者所指出的:"多元主义的国家理论和回归国家学派理论,就其主张而言实际上是在重复或强调社会中心论和国家中心论的观点,而国家限度理论和公民社会理论,则是对国家中心论和社会中心论引致的政府失灵、市场失灵、社会失灵的反思与批判,是一种综合国家理论与社会理论的第三种理论"。[1]

(二) 中国国家与社会关系的理论认识

对传统中国的国家与社会关系的研究,很多学者都认为传统中国,国家的整体主义是一个基本存在,强大的中央集权的国家政权保证了中国国家与社会的整体性,而城市社会和乡村社会组织和地方精英都是强大国家政权的附属物。客观地说,这种理论判断和认识包含了许多合理的成分,如对中国国家政权集权型统治及其社会化机制的认识。但是,与此同时也有一些学者对这种观点提出异议,他们采用"乡绅社会"模式、"皇权不下县"的观点来分析中国传统国家与社会,认为中国传统的国家与社会关系并不像外在看来的是一种完全的国家整体统治模式,恰恰相反,中国的基层社会长久以来一直都是呈现相对独立的状态。连接国家与社会关系的中介就是各类型的社会乡绅和乡土精英。这些乡村社会绅士具有双重身份:他们既是国家政权官僚体系的后备力量,同时又是乡村社会中各种资源的优势占有者,是经济富豪与文化道德的精英和楷模。国家政权对基层社会的治理长久以来是依靠这些乡绅来完成的,也就是所谓的"皇权不下县"。绅士们作为一个庞大的社会阶层平衡着国家与社会的利益关系,维持国家政权与社会领域的协调互动。社会学家郑杭生认为,将绅士看成是共同文化价值观念的载体和共同体意识的塑造者,在运用国家与社会的分析模式分析传统中国社会格局时也许将更有意义。[2] 国外学者杜赞奇在运用这种

---

[1] 王建生:"西方国家与社会关系理论流变",《河南大学学报》(社会科学版) 2010 年第 6 期。

[2] 郑杭生、洪大用:"现代化进程中的中国国家与社会——从文化的角度看国家与社会关系的协调",《云南社会科学》1997 年第 5 期。

国家—乡绅—社会的分析模式时，引入了"权力文化网络"这一概念，试图在研究中国传统国家与社会关系时将文化意识、特别是大众文化因素包括在内。杜赞奇认为，传统中国各种社会性团体人群和乡绅一起共同构成了连接国家与社会的中介领域，这些团体人群包括商业团体、庙会组织、经纪人、宗教及其象征性资源等。通过对华北农村社会的研究杜赞奇指出，在19世纪华北农村"家长制的封建国家也严重依赖象征性代表来维持乡村秩序。反过来，它又使国家和地方利益融为一体成为可能"[①]，但是在20世纪初叶中国的社会大变革与政权的混乱更迭中，由于乡土中国得以维系的经济基础的削弱和军阀政权的随意扩张以及对乡村社会的肆意侵榨，"在竭尽全力放弃甚至摧毁文化网络之时，其建立新的沟通乡村社会的渠道又进展甚微，这只能削弱国家政权本身的力量"。从而导致国家与乡土社会长期建立起来的关系的疏离和对立。仅就这一点我们就可以认为杜赞奇的研究是立足中国实际的，是理论与实证相结合的，其研究的结论无疑是开创性的。

自1978年以来，中国的改革开放，改变了原来的国家与社会关系模式，国家政权放松了对私人经济部门和人们社会生活的直接控制，新中国建立后的国家政权一竿子插到底的全能型国家结构模式出现松动，开始解构。在国家政权领域之外出现一个以经济关系为纽带，以各种私人性活动为内容的公共社会空间。全型国家政权时代的那种社会生活只限于家庭领域的局面发生了根本的改变。这个由经济变革所产生的新的社会空间的出现将给中国国家与社会关系带来怎样的变化？国内外研究者对此展开了广泛的研究和讨论。受西方研究视角的影响，在改革开放后中国国家与社会关系的研究上，市民社会和法团主义成为两种主流的分析范式。持市民社会理论的研究者认为，中国的改革选择市场经济的发展方向，这就为社会完全独立于国家之外提供了基本动力，经济制度由完全计划分配走向市场分配的转型，必将对中国的社会结构秩序产生实质性的影响，其结果是经济领域与社会领域的成熟化和独立化。基于此，使用市民社会的理论框架能更好地有效地反映中国改革后政治秩序所出现的新趋势和动向。倪志伟、赵文词等学者都持这种观点。何包钢则认

---

① [美]杜赞奇：《文化、权力与国家》（中译本），江苏人民出版社1995年版，第21页。

为，中国的市场化改革，产生一个完全等同于西方国家的市民社会是值得怀疑的，也就是难以产生一个完全的西方式的市民社会和公共领域，但是在中国，无论是国家进入社会，还是市民社会通过政治开放化融入国家都是不可避免的，两者的边界清晰可见。因此，何包钢认为，中国将孕育和发展一个"半市民社会"。弗洛里克通过对中国经济较为发达的长三角地区的调查研究，认为中国基层社会短期内出现真正意义上的市民社会还是存在很大差距，但长远来讲，应该对此抱乐观态度。相对于海外中国学的研究者而言，国内大多数市民社会论者并不像西方公民社会论者那样从国家与社会二元对立的角度来强调作为国家对立面和国家权力"监督者"的"公民社会"，而是试图在二者相互融合、互动基础上建立中国式的"新型市民社会"，这一理论主张试图在新权威主义和新保守主义之外，寻找到一条适应中国社会结构和文化模式的现代化与民主化并举的建设路径。国内大多数公民社会理论者认为，中国的公民社会建构之路应该分为两个阶段来依次进行：第一步先使社会从全能型国家社会格局中独立出来，初步建立起市民社会，形成国家与公民社会的二元结构；第二阶段要促进公民社会的自身发育，通过建设性的广泛参与对国家决策进行多方面的正面的影响。

但是，也有不少研究者对中国出现市民社会的可能性以及将市民社会理论框架在中国社会的理论应用性和解释力抱有怀疑态度。一些学者认为，市民社会的概念或是框架根本不适用于理解中国社会，中国社会与国家关系从来都具有自身的独特气质。使用其他的一些概念框架似乎比使用公民社会理论框架更加准确。许慧文认为历史上中国形成了一种自身独特的、互相分割的、类似细胞状的地方结构，国家与地方间的关系结构相比较于社会与国家关系对中国更为重要。戴慕珍则认为，中国社会在改革开放后国家社会格局呈现出的变化用法团主义的理论框架来加以理解更为贴切，在中国农村地方代表国家政权的县政府或乡镇政府与代表社会权利方的企业和村庄组织事实上呈现出的是一种相互依赖、互相交织的权力关系格局，对这一格局运用市民社会框架是不能很好地解释的，她将之称为"地方性的国家法团主义"。对此观点，许多研究者都认同，认为用"法团主义"模式来把握中国社会的国家与社会关系较之于公民社会理论更为准确。那么什么是法团主义？从理论上界定，法团主义是以社团形式组织起来的民间社会的利益同国家的决策结构联系起来的制度安排。国家法团主义主要有以下六大特征：一是在社会中社团组织的数量有限。二是社团组织形成呈现非竞争性的格局。三是社团组织间具有等级性和行政性倾向。四是社团机构功能间有分化性特征。五是社团的组建和运行具有国家认可性。六是国家政权对社团组织行使一定程度的控制。① 在法团主义理论者看来，中国的政治发展和治道变革运用法团主义的分析框架更为合理。

（三）中国国家与社会关系发展主导框架

围绕着中国当代国家与社会关系的研究，近年来国内学者的认识更趋于理性。摒弃西方式二元"对立观"和完全的"同一论"观点，着眼于中国社会结构和文化传统因素，立足于实现国家与社会的良性互动。这些都明显表示出国内学者的独立性思考，那就是中国的国家与社会关系呈现出与西方英美国家不同的局面，二者间不应是相互的制约关系，而应是良性互动关系。国家和社会需要双向互动和适度制衡，这是由于市场具有信息不完善性和市场不完全性，所导致有市场失灵现象存在所决定的。大量现代化国家的成功转型案例都证明，国家和社会关系间的失衡所导致的结果必然是这些国家现代化进程的延误和滞缓，陷入现代化陷阱；而国家和社会两者之间的密切合作，达到某种制约和平衡是整个国家系统现代化成功的关键性因素。当代中国基于独特的历史文化逻辑和现实需要，打造"双强"的国家社会关系格局是必然选择，即强社会——强国家格局，市场经济和民主化需要强大的社会自我发育，同时，转型的风险性和社会主义人本价值的稳定性又需要具有强大能力的国家体系。在这种"双强势"格局的打造中，马克思关于国家和社会关系的理论是重要的理论基础。马克思主义政治学理论从社会决定国家的唯物史观原理出发，确立了公民社会大众制约和监督国家政府、国家为社会服务的民主主义政治理念；同时，又从国家与社会二元化原理出发，认识到完成国家和社会的二元化的统一是一个漫长的历史过程，这种二元化对立在整个社会主义阶段是不可逾越的；在发展趋势上，马克思主义

---

① 顾昕、王旭："从国家主义到法团主义——中国市场转型过程中国家与专业团体关系的演变"，《社会学研究》2005 年第 2 期。

经典作家从国家和社会重新统一的原理出发，要求我们在政治改革中把国家政治还给社会，向着彻底的真正的人民民主制度方向发展。

在当前，中国国情决定了我们必须下大力气加强社会建设。在国家与社会关系上，东方国家的国家本位始终占据着统治地位。在新中国成立后，基于实行高度集中的计划经济赶超型现代化发展模式的需要，我们建立了计划体制下的国家主义模式，这更加迟滞了公民社会的自主性发育。公民社会在本质上是市场经济后国家与社会分离的必然产物和必然要求，公民社会的发育培养了多元差异的利益社团、组织群体等政治单元，这些政治单元是民主政治的基本因子，发展到一定的阶段，便会以多种不同的方式和渠道在政治上表达他们的利益诉求。强社会的同时也必须强国家，这是由中国现代化建设的特殊国情决定的。

(四) 国家与社会关系格局中的地方政府治理

建构"良性互动的国家与社会关系"，其实践运行的核心环节是使地方政府与社会生活相融合，成为"融入社会的政府"。政府权威是政府权力的基础，也是公权力运用的具体体现。从地方政府能效发挥的角度看，强化地方政府的社会权威、提升基层政府的公信力是良性治理的前提条件。但强化地方政府权威并不意味着政府可以单独垄断公共事务管理的权力，权力的集中化与权威的提升并不是正相关关系。在新的形势下，地方政府应以合作行政、开放行政、民主行政的观念为导向，加强自身与社会间的互动。我国传统的集权型地方政府管理体制是立足于国家—社会的关系的"强国家、弱社会"框架的一种全能统治型管理模式，社会缺乏自主性和独立发育的能力，国家对社会的干预过多，必然导致社会发展动力的停滞和衰退。中国未来国家与社会的关系模式应该是一种既能保证社会的独立与自主性，又能充分发挥国家作为社会总体利益的代表对社会经济生活的协调与控制的"强国家、强社会"模式。在这种模式下，一方面，各级地方政府通过完善政府结构，创新政府管理模式，将部分权力由官僚机构转移给社区或一些经济性、社会性组织，以市场力量和社会力量推动自身变革，在服务型政府理念下依靠竞争型原则重塑政府。另一方面，增强社会的自主性和独立性，通过完善市场经济规则，壮大社会力量存在的经济基础。通过完善社会治理体制，大力发展各种非政府组织、协会、社区型组织和利益集团的实力，引导他们能独立承担社会事务的责任,或与政府合作协同,分解政府任务。治理模式的发展趋势从实质上并不是完全摒弃传统官僚体制,可以将其看作是对传统官僚体制的一种弥补和超越,因为在多元化的格局中,政府的核心领导和公共利益的维护者的角色是其他各类主体所不能取代的。

二 多中心治理理论

以"多中心"治理理念代替传统行政管理的单极化思维模式,是近三十多年来地方政府管理改革创新的重要理论资源。多中心治理理论是在公共管理研究领域出现的一种新的理论,其理论的创立者是以奥斯特罗姆夫妇为核心的一批从事政治学、管理学研究的研究者。该理论在20世纪90年代后传入我国,其基本理念和理论框架与传统的公共行政理论有较大区别。

(一)含义和基本假设

多中心治理理论在理论框架、理论创设、基本假设、实践机制等方面都完成了对传统公共行政理论的超越,形成了自己独特的治理逻辑。在基本含义上,顾名思义,所谓多中心指的是具有多个权力中心和组织体制来共同参与治理公共事务,提供公共服务。多中心其实也就意味着无单一中心,是与单中心模式相对应的,也因此,多中心理论的重要特点就具有了反对权力的垄断和集中化的指向。多中心治理体制认同存在多个决策和执行中心的必要性和合理性,这是其基本的理论立足点,在传统的公共行政理论看来,这种多头的、责任不清的治理体系,必然会导致效能的重复、无序、紊乱,必然是低效率的。因为传统公共行政理论认为公共管理的提高效率是最重要的目标之一,提高效率就需要强化层级、理清权责界限,事权归于明晰的某一主体才能谈得上效率,单中心是最好的。在多中心的治理机制中,其理论假设正好相反,多中心理论认为,传统公共行政理论所强调的行政效率问题是一个伪问题,在真正提升公共决策的实际效果上并不值得追求。在民主化和超大化社会系统中,需要借助多样化权力单位和政府单位的通力合作来解决不同范围的公共治理问题。"多中心"这一术语正是概括了这样的交叠层次和多个领域政治互动中的治理智慧。多个中心主体间如何治理更为有效?这也是多中心理论致力于重点论证的问题,在论证这一问题时,多中心理论不得不借助到其他的理论来加以支撑，多中心治理的有效性需要多权力中心间通过合作、协商、谈判来达成共识，而不是简单的行政规划和命令来解决，这其中主体间的信任、沟通就极为必需。相对于传统理论，多中心治理提供了一种认识公共管理问题的新知识范式。个体的人是多中心理论的基本分析单位，从内涵上，多中心理论中个人不完全是传统经济学上的完全的理性人或经济人，而是能够自主决策、受环境影响易犯错误和改正错误的人，是受社群的非正式规范约束的社会人。在个人的基本分析单位之外，多中心治理理论的分析单位还包括市场企业、政府权力机关、立法机关、政党组织、公共社会机构等。多中心论学者认为，对于这些组织性存在都可以对其做类似经济社会人一样的行为取向分析，只要这些单位组织面临着类似的利益诉求和战略计算，其可能采取的策略是相互影响的，其行动逻辑是有机可查的，因此都可以看作多中心的分析单位。在具体性分析中，公共选择理论、博弈论理论的分析方法是多中心理论经常借助使用的，他们运用这些分析工具来分析多元中心主体的合作、博弈、沟通的内在机制问题。

（二）打破单中心的传统权威模式

多中心治理理论的出现被看作新公共管理运动的最高峰，与传统行政管理理论相比，多中心治理理论有其优点和特色，极大丰富了传统公共管理学科的知识体系和方法。多中心治理有三个明显优点：提供多种选择、减少搭便车行为以及提供更合理的决策。

首先，多中心意味着多种选择。"多中心治理结构为公民提供机会组建许多个治理当局"[①]，由于多中心服务和治理体制存在，改变了政府单一提供公共产品的格局，使得每个人能够同时在几个治理单位中保存独立公民身份和选择权，甄别取舍，获得有效服务。对于公共服务的质量和效果评价，公民具有了更大的自主选择权，通过"用脚投票"或"用手投票"来享受在市场中才能享受的类似"消费者权益"一样的更多的权利，公共服务也像普通善品一样具有了可选择性。其次，多中心治理机制的第二个优点是可以有效避免公共产品或公共服务提供的不足或浪

---

① [美] 埃莉诺·奥斯特罗姆：《制度激励与可持续发展》，三联书店2000年版，第204页。

费，做到精确化，克服搭便车现象。公共经济学认为，在公共行为中"搭便车"现象是普遍存在的，政府单一主体提供的公共产品具有强制性、单向性、难以反馈性等特点，往往会是不足的。公共选择学派也认为政府在公共物品提供领域会"失败"，因为政府官员在个体利益的驱使下加之政治机制的作用可能会夸大一些公共产品的需求，而忽视一些基本的公共需求，存在着"牟利化"和"短视"行为；同时，由于垄断生产经营，缺乏竞争和成本意识，政府可能对于产品的成本收益的计算并不在意，难免会造成公共服务的浪费和资源的浪费。同时，由于规模单一，大量的具有外在效应的公共事务难于合理根治，如对生态环境的保护等事务。在克服这些不足上，多中心治理体制具有独特的优势，多中心治理公共服务体系有助于"维持社群所偏好的事务状态"①。通过多层级、开放化、沟通的多样化，多中心治理模式能将外在效应事务治理内部化，通过将公共服务或公共产品打包和精确对应，提高它的经济效益。多中心治理理论的提出，正如它的创立者所客观指出的那样是积极引入市场化企业治理理念的结果，将公共事务和公共产品的生产和提供看作和普通消费品一样的过程，多个产品提供者之间充分的竞争才能达到最好的效果。这样就使得公共治理具有了和市场企业私人治理般相似的性质，大大减少了"搭便车""哈丁悲剧"之类的公共困境。最后，多中心治理的第三个优点是能提升公共决策的民主性和有效性。多中心治理理论强调决策中心的多极化和民主化、开放化。决策中心绝对下移，面向地方和基层，公共事务决策在多主体间开展。各个治理的参与主体间地位平等，都以共同体宪政法律为蓝本，个体和社会性组织可以最大化表达立场，而集体和国家政府层次需要尊重并采纳大多数社会个体的意见，有效利用时间、空间，做出合理的决策。

　　当然，多中心治理的理论设想与其真正的实践运行还存在很大的差距，单中心的政府治理会产生政府失灵，完全市场化的治理会导致市场失灵，在实践中，多中心治理模式也存在失效的可能。如何避免多中心治理的失效呢？多中心理论学者认为，有效的多中心模式应该具备三个

---

① ［美］迈克尔·麦金尼斯：《中心治理体制与地方公共经济》，三联书店2000年版，第46页。

条件：一是多中心单位间的互动规模和范围与不同公益物品效应的规模保持一致；二是在政府和各参与单位之间要发展合作性关系，采取互利的共同行动；三是保证有单独的机制来专一安排和处理政府单位之间的冲突。[①] 如果在现实运行中缺乏这些条件，多中心的治理模式肯定会引起更多的治理问题，甚至会导致全盘的混乱。我们认为，多中心治理的理念实际上提供了治理方式的新的分类方法，其治理组织特征和格局模式与传统有所不同，代表了公共行政的一种必然的发展趋势。深入来看，多中心治理模式的实现是需要一系列严谨苛刻的条件的，如果多中心主体间无规则的不良竞争出现，导致无法协作，冲突无法解决，这样的地方分权只是形似多中心（分散），而不是真正的多中心。

（三）构建"多中心"的地方政府治理结构

地方政府治理在国家整个治理体系中起着承上启下、操作实施的枢纽与基石的作用，既是中央政府路线方针与公共政策的落实者，又是民众权益与社会公正的保障者，还是社会稳定的维护者和地方基本设施和公共服务的提供者，地位极其重要。我国政治体制中的地方政府一直以来呈现单中心的封闭模式样态，这种模式在社会治理中存在许多问题。

从根本上看，传统的政府单一中心管理的公共行政模式是需要从根本上改变的。多中心治理要求分权化，不同层级政府部门在公共事务管理和公共服务中，将相关权力责任向市场企业与公民社会组织转移，权力的转移和义务的转移是一致的。在治道变革中，打破了单中心的政府服务模式，构建政府、市场和社会三维框架下的多中心治理模式，是一种必然趋势。党的十七大报告提出构建服务型政府的理念，这无疑是顺应市场经济建立发展要求的。但是，在实践上，服务型政府的理念目前仍然主要存在于观念中，实践中进展不大。归根结底的原因在于政府间的财政、层级关系以及政府与市场、社会间的关系没有理顺，地方政府在吃饭财政和单一管控的格局中难以有所作为。地方政府治理变革中走向多中心治理模式，有其内在必然性，对于这种必然性，公共物品理论给予了比较完整的解答。公共物品可以划分为纯公共用品和准公共用品

[①] ［美］迈克尔·麦金尼斯：《多中心治理体制与地方公共经济》，三联书店2000年版，第70页。

两类，国防、国家安全、法律秩序这些是纯公共用品，一般是由国家政府来提供的。相对于纯公共用品，准公共用品的范围要广泛很多，它介于私有用品和纯公共用品之间，包含三种类型：一是使用和消费局限于特定地方的公共物品，如治安、绿化等；二是物品是公共的，但使用存在"拥挤效应"的物品，如地下水、渔场、森林资源等；三是公共物品具有排他性，往往需要付费的公共物品，如高速公路、有线电视频道等。各类型准公共物品的提供和公共服务的提供，不存在排他性供应，其提供和生产呈现多样性特点，可以包括多种形式：政府与市场合作的以提高政府部门管理和效率为目的的准商业化和内部市场化方式；以签约外包、服务购买契约、投标招标、特许经营协议和税收等形式，组织公共物品生产（如公共工程、公共设施维修管理等）的形式；以委托、授权的形式，将一部分公共服务项目转由非营利性组织、社区组织和公民自治组织来承担和执行的形式等。多中心理论学者萨瓦斯从公共服务提供的角度提出了10种机制安排的形式：政府服务、政府出售、政府间协议、合同承包、特许经营、政府补助、凭单制、自由市场提供、志愿服务、自我服务等。①公共物品理论从公共物品提供的角度，政府向市场、社会分权的必然性和合理性，论证了构建公共物品和公共服务供给的多中心模式的客观性。

多中心治理理念呼唤公共服务协同供给模式，这一模式可以促进以政府为中心的单中心治理模式向政府、市场和第三部门三维框架下的多中心治理模式转变，加快推进公共服务均等化。对于大多数发展中国家而言，政府在这种公共服务协同供给模式中仍然应该居于中心地位，即承担引领宏观经济建设的职能，也承担着建制制度、凝聚共识、引导社会体制转型和调节差距、维护社会公平的重任。对这些国家而言，政府并不能在短期内实现集中全部财力完成对整个社会服务体系的构建，而需要一段时间持续与市场和第三部门协同供给，加快公共服务的均等化建设进程。从现实来看，有限的财力和提高公共服务水平之间的矛盾，体制错位、认识反复和完善公共服务体制之间的矛盾对于这些转型国家

---

① [美] E. S. 萨瓦斯：《民营化与公共部门的伙伴关系》，中国人民大学出版社2002年版，第69—70页。

而言将是一个长期渐进的过程。首先，政府需要做出理性分析和判断，根据自身所拥有的可支配资源提供那些需要凭借强大国家强制力才能够有效提供的公共服务，如国家的主权和安全、社会的稳定和基本制度框架的界定等；其次，政府为公共服务转让提供法律保障。要明确个权力系统间以及政府权力与社会权利系统间互动边界，明确市场准入制度，完善竞争规则，推行公共服务生产和提供的市场化规则环境，有效引导社会资本进入公共服务供给领域并为其提供产权保护和制度激励；最后，政府有义务为公民个体和公共产品消费者提供相关的参与规则、信息及法律支持，防止集体行动困境的发生，提高公共服务的质量和服务水平。转型时期的中国乡村结合部，治理的无序很大程度上是与公共物品提供和公共服务失效联系在一起的，单纯政府性力量对问题的解决已经是捉襟见肘，激发市场力量和社会性力量的参与，是完善基层社会治理的基本选择，发育社会力量与基层政府转型、理顺关系同等重要。这也是多中心治理理论对地方政府治理变革的最大启示。

三 "第三条道路"理论

多中心治理强调政府与公民社会建立良性的合作互动关系，鼓励公民参与公共事务管理，倡导权力中心多元化和公民社会的主体性。而"第三条道路"政治理论从经济观和社会观两个维度回应了参与式治理的核心内容，是地方政府治理变革的有效理论资源。第三条道路理论引导着政府选择与传统国家统治和市场主宰观念相区别的治理实践模式，选择了将市场机制活力与公民社会力量和价值有机结合起来的制度。正是这些政治主张，使"第三条道路"理论成了当代地方治理的重要思想基础和实践行动依据，具体表现为：

（一）发展新型的、民主治理模式

"第三条道路"理论主张试图打破传统民主社会主义（老左派）和新自由主义（新右派）的左与右的分野，以摆脱长期困境、赢得大选。在民主治理主张上，"第三条道路"理论奉行以中间化为核心的政党改革，主张直接授权于民，建立参与式民主政治模式，形成合作与包容性并存的国家——社会关系结构。其中，在民族国家内部，"第三条道路"所主张的民主化治理模式的改革主要包括增加地方政府权能，理顺中央政府

和地方政府的关系，减少中央政府对地方事务的干预；扩大公共事务的领域和透明度，提高政府办事效率，建立更加开放和合理分权的体系，召唤公民采取积极地参与行动。将参与性民主形式作为代议制民主形式的必要补充。第三条道路理论反对将社会过度原子化，倡导社群共同体的精神。在第三条道路理论中，发展与改革总是和公民社会、民主共同体、社群主义、社会资本、公民美德等概念联系在一起，这也正说明了"第三条道路"理论的综合性和包容性的理论特点。

(二) 国家、市场和公民协同治理

第三条道路反对传统民主社会主义主张的单一中心主义、国家干预主义和集权式政府理论，但是，"第三条道路理论"并没有全面否定国家、抛弃行政国家的传统资源，片面实施反国家的市场哲学；同时，"第三条道路理论"也不单纯承认市场机制和竞争法则具有优先性和至高无上性，将政府组织的作用与活动限定在最小的范围内。相反，"第三条道路"理论面对着过去几十年国际范围内的福利国家、国有化、计划经济、全面的经济和社会规制等模式的教训，在经历了20世纪70年代末80年代初兴起的"新公共管理"和"新管理主义"运动之后，基于对"市场缺陷"和"政府缺陷"的全面反思与分析，提出了超越市场万能与政府万能间的二元对立与紧张的关系，谋求一条新型的社会发展道路的思想主张。这就是，将社会民主主义与自由主义有机结合起来，承认单纯的市场和单纯的政府都无法单独完成对社会管理的事实，指出必须在充分尊重个人价值的基础上，倡导社群主义和共同利益，通过公民共同体及其不断培养起来的共同意识与共同精神，融合各种利权人的利益关系，在互惠、信任、对话式磋商、合作的价值文化中，超越政府与市场的二元对立，把国家、市场和公民三种力量有机结合在一起，形成一种新型的社会协同力量，共同实施对社会公共事务的治理。

(三) 政府与社区自治的合作治理

第三条道路理论在政府行政改革中，特别强调治理的基层性和地方性，主张治理走向地方化，强调中央权力系统向地方组织放权，使其承担起更多的与本地社会生活及居民相关的管理职能，更有效地实现分担中央政府的治理任务。英国前首相布莱尔依托其精神导师吉登斯的一系列观点，明确指出"第三条道路"的各种理想目标要顺利实现，就必须依靠强大而独立的公民社会组织，同时还要加之以积极的政府、公私协同的伙伴关系、权力的下放和地方性自治等因素的相结合。他说："现在的公民接受了更好的教育，新技术和媒体发展带来了信息的自由流动，这些加深了人们对拥有更大的民主自治的需要。我们必须通过下放权力，使政府更为开放和反应敏捷，来满足这种需要。权力下放和地方自治的重要性不只是在他们本身：公开、活跃、广泛的民主讨论，而且，这是我们获得有关如何满足社会需要思想的实验室。"[1] 这一理论主张大力倡导人力资本和社会资本的治理纽带作用，积极拓展民间组织作用，形成政府与社区的公民组织合作的社会网络体系，成为新公共行政运动中，地方自治运动蓬勃兴起的理论力量支持。

综上所述，我们可以将地方政府治理的变革看作世纪之交新政治哲学策略方案实施的一部分，而无疑"第三条道路"的思想主张为这种地方治理变革起到了推波助澜的作用，这一理论将民主参与式实践和分权化的民主治理目标引入当代政治学与行政改革过程中，并力图为这场影响整个西方世界的改革运动铺垫理论基石。无疑"第三条道路"理论指明了地方分权式治理变革的主旨精神。那么，在一个多中心治理体系中，应该依靠怎样的方式和新型契约关系，将参与治理的国家、市场、公民社会乃至个人等多元力量有机结合联系在一起呢？对于这一问题的回答，社群主义的观点无疑提供了一个很好的答案。

四　社群主义思想

社群主义思想是另一个对地方政府治理创新和共同行动给予强大支持的重要理论来源，这一理论深入分析了人类维系共同生活的伦理和道德力量，呈现了在共同体生活中，人类追求至善，建立信任关系，行使公民资格与权利，积极参与社群生活并不断发展自主管理的景象背后的集体行为逻辑，成为治理理论家族不可缺少的重要组成部分。

（一）社群主义思想的基本主张

20世纪90年代，社群主义在西方政治哲学界是伴随着与以罗尔斯为

---

[1] 托尼·布莱尔：《第三条道路：新世纪的新政治》，载陈林、林德山主编《第三条道路：世纪之交的西方政治变革》，当代世界出版社2000年版，第24—25页。

代表的新自由主义理论流派的争论逐渐发展和形成的，它是一个与自由主义政治思潮鼎足而立的思想流派，针对自由主义所坚持的个人主义，社群主义者提出了要重视社群的价值，强调公共利益和群体的善的优先性，社群主义的理论与实践在西方政治哲学、伦理学、道德哲学等领域都产生了深刻的影响。

　　社群主义与自由主义的区别表现在多个方面："从方法论上说，自由主义的出发点是个人，而社群主义的出发点则是社群；从价值观方面来看，自由主义强调个人的权利，而社群主义强调公共的利益"①，这是对社群主义特征的基本把握。社群主义内部存在诸多代表人物，而且这些学者间的理论关注点也不尽相同，所以要想一致性概括社群主义的理论框架和理论主旨还是很有难度的。美国学者贝拉对社群主义的概括具有代表性，他将社群主义的基本价值概括为有四个：一是认为个体的神圣价值并不是存在于真空中是根源于社群的；二是强调共同体的中心价值；三是强调多种居间类型团体存在的重要性；四是认为公民参与是权利也是义务，社会问题应尽可能用较小规模的社群去解决。②自由主义依赖的基本原则和前提假设是个人主义的价值观，始终把个人主义作为自身立论的基础。与自由主义不同，社群主义是一种关注社会利益的表现形式的社会哲学，社群主义在理论论述上不仅着眼于论证社会组织（家庭、学校和社区）的存在性价值，而且看重社群的功能性价值，将其看作价值的源泉，是历史的、文化的和道德的对话的基本中介。在方法论上，社群主义倡导集体主义方法论，他们的理论研究把社会历史事件和政治经济制度的原始动因最终归结为利益集团、阶级、国家、政党、民族、团体等社群，这些社群对于社会个体而言具有优先性。社群主义反对自由主义政治观的单一权利政治观，而主张应由权利政治观转向公益政治观。另外社群主义还认为公民美德不是生来就有，也不是自发产生的，而是在社会群体中通过教育来获得的，因此，自由主义所提倡的国家政府在道德上的中立立场是不应该的，国家应该承担起对公民美德教育的

---

①　俞可平：《从权利政治学到公益政治学——新自由主义之后的社群主义》，三联书店1998年版，第66页。

②　杨曦："社群主义思潮及其与自由主义之争评述"，《中州学刊》2007年第6期。

责任。总体上看，社群主义作为一种政治思潮，独辟蹊径地发展了西方思想中所具有的共同体思想和社群观念，对于扩大当代西方政治哲学和政治科学的视野均有很大的帮助。从理论价值上看，社群主义者对自由主义学说的批评的确指出了极端个人主义价值观的某些负面影响和对西方式民主社会发展的危害，社群主义指出了政治学的基石不应完全放在个人主义之上，而应以秩序良好的社群共同体作为政治生活的基础和正确取向。社群主义认为应当考虑人们间的交换、合作与和谐，对人群关系的定位不能完全诉诸自由竞争，还应照顾到弱者，扩大社会福利，这些对于丰富新型治理模式，改善传统政府管理都要具有重大指导价值。

（二）社群主义思想的治理价值

基于对社群主义倡导的共同体利益和社群合作精神的偏爱，地方治理的理论与实践会从中获得不少理论养分。与新自由主义政治学将"权利"作为理论论证的核心不同，社群主义的核心范畴是"公益"，其倡导的是一种"公益政治学"。[1] 社群主义认为公共利益优先于个人权利，立足于公益政治的基本立场，社群主义勾画了区别于新自由主义的权利观、公益观和国家观，产生了另一种西方政治学的谱系。正因为社群主义思想异常关注公共利益、注重公民资格和公民美德、倡导公民参与，因此也就为公共复合合作治理提供了理论上的支撑。可以说，20 世纪 90 年代以来复合治理在西方公共行政理论的深入研究，实践领域中政府、企业、第三部门、国际组织乃至公民个人之所以能够进行合作，形成一个坚强的实体，着实与社群主义的形成与贡献密不可分，社群主义是新公共行政运动的最主要的推动力量之一。具体来说，社群共同体思想对公共复合合作治理的意义体现在以下几个方面：第一，社群主义关于社会群体与社会个体关系的本体论论证，为公共治理的存在价值进行了前提性论证。任何一种治理形式中都必须引导"原子化"的个人融入社会群体之中，学习合作协商的民主精神，成为合格共同体成员，这些无疑是对治理价值的深层文化论证。第二，社群思想强调公民资格，认为参与是公民实现自己权利和价值的重要手段。帕特南认为："对于公民共同体来说，至关重要的是，社会能够为了共同利益而进行合作"，而公民参与是

---

[1] 俞可平："当代西方社群主义及其公益政治学评析"，《中国社会科学》1998 年第 3 期。

"自愿的合作可以创造出个人无法创造的价值,无论这些人多么富有,多么精明。在公民共同体中,公民组织蓬勃发展,人们参与多种社会活动,遍及共同体生活的各个领域"①。培养公民资格这种"集体的权利和义务"的体认和运用能力对于公共生活至关重要,这不但是公共危机复合治理的需求,也是民主政治真正的需求。社群主义的这些观点是与合作治理的理论与实践方向一致的。第三,社群主义对于"积极公民性"和"消极公民性"的理论划分和研究具有重大的治理价值。社群主义致力于这种积极性公民性的培育,认为积极公民性或公民资格的养成有助于共同体意识和责任意识的生成。在进行公共活动时,公民具备了这种公共精神,就能很好地处理群己权利关系,在保全自己利益的同时,也能够勇敢地承担起作为一个积极公民的社会责任。这种积极公民性在社会治理中可以通过社群的活动进行培育,并且能加快管理活动的顺利进行。总体来看,社群主义作为西方政治哲学的理论体系,深入研究了合作治理的内在文化机制和行为逻辑,与治理理论、第三条道路理论具有互补性。因而,对于地方治理的理论与实践具有重要价值,再加之这一理论对集体价值的倡导,与中国东方文化价值又具有了多一层次的亲切感。

五 社会资本理论

如果说,群群主义理论从伦理道德层面论证了社群合作是"至上至善"的合理性,那么,近年来兴起的社会资本理论则从社会学、社会互动角度分析了合作、治理何以可能的内在社会因素。也为当代地方政府治理思想提供了相当丰富的解释性素材。

(一)社会资本理论的相关逻辑

社会资本概念是法国学者皮埃尔·布尔迪厄于20世纪80年代最早提出来的。此后,布尔迪厄、科尔曼和帕特南成为这一理论的主要代表性人物。对于社会资本的内涵、特征、本质、功能等方面的认识,到目前为止,学术界还没有一个共同认可的界定。最早提出社会资本概念的法国社会学家皮埃尔·布尔迪厄(P. Bourdieu),是在经济学意义上使用和推广这一概念的,布尔迪厄将社会资本定义为"实际或者潜在资源的集

---

① [美]罗伯特·普特南:《使民主运转起来》,江西人民出版社2001年版,第66页。

合，这些资源与由相互默认或承认的关系组成的持久网络有关，而这些关系或多或少是制度化的"①。在布尔迪厄后期的研究中，社会资本概念的认识被扩展到社会学领域，社会资本是"能有效动员的关系网络的规模"，在这一点上，布尔迪厄开创了社会关系网络分析的社会资本这一基本范式结构。在社会资本理论发展史上，罗伯特·D. 普特南（Robert D. Putnam）将社会资本概念的应用进一步扩展到政治学领域和对实体性民主模式的分析运用之中，将社会资本理论更大规模应用于民主治理研究中。普特南将社会资本定义为："社会资本指的是社会组织的特征，诸如信任、规范以及网络，他们能够通过促进合作行为来提高社会的效率。"② 20世纪90年代，世界银行的理论家们的研究则在全球治理的立场上，从推进社会经济繁荣和可持续发展的条件角度对社会资本的概念进行界定，世界银行的概念倾向于将社会资本界定为一个体现社会互动质量和数量的制度（institutions）、关系（relations）和规范（norms）的总和。国内学者李惠斌、杨雪冬等在吸取了一些西方相关理论后，认为社会资本可以这样定义："是处于一个共同体之内的个人、组织（广义上的）通过与内部、外部的对象的长期交往互利形成的一系列认同关系，以及在这些关系背后积淀下来的历史传统、价值观念、信仰和行为范式。"③ 我们认为，社会资本这一概念从根本上体现的是一种有别于人力资本、物质资本的无形的人群关系资源，其核心是人群间的信任关系。这种信任关系是良好的社会互动、民主政治和经济交换乃至各种人群行为的基本支撑条件。社会资本体现出的这种信任关系是在人群互动中形成的，需要在公民参与网络中，在长期的普遍互动与互惠规范下才能产生。进一步来看，要更好地理解这个定义，就需要研究社会资本的内在构成。

　　网络、规范和信任是社会资本的基本构成要素。社会网络特指人际关系网络，是社会资本的重要构成因素之一。指的是人群社会长期形成

---

① ［法］布尔迪厄：《布尔迪厄访谈录——文化资本与社会炼金术》，包亚明译，人民出版社1997年版，第202—203页。
② 罗伯特·普特南：《使民主运转起来》，王列、赖海榕译，江西人民出版社2001年版，第195页。
③ 李惠斌、杨雪冬：《社会资本与社会发展》，社会科学文献出版社2000年版，第36页。

的一种多线路的稳态化联系,联系网中的每个个体都共存在多种利益。这种社会网络体现为多种样态,如朋友关系网、邻居关系、社区主从关系、血缘和亲缘关系、地缘的老乡关系、学缘同学校友关系等。这些网络既有正式的联系也有非正式的联系,是每个社会个体开拓自身资源、发展社会资源的必然渠道。对于这种网络关系的把握需要借助特有的能准确界定人群互动程度的选择角度,国内学者边燕杰使用"春节拜年网"分析模型就极具合理性。与社会互动网络联系在一起的是组织的规范和规则,这种规则新制度主义将其称之为制度。其中包括正式的政治、法律制度,也包括非正式的舆论、道德规范、意识形态等社会规范,无论是正式制度还是非正式制度都是社会资本的重要组成部分。正式制度规则相对来讲法理性价值更大。在人类社会体由"特殊信任"关系走向"普遍信任"、由熟人社会走向公民社会的进程中,政治法理性的规则的作用会越来越大。在网络和规则制度之内蕴含的是社会资本的最核心实质,那就是信任。在基于信任的社会资本理论研究中,美国学者福山的观点具有较强的代表性。福山将信任界定为:"在正式的、诚实和合作关系的共同体内,基于共享规范的期望。"[1] 福山不仅将信任看成社会资本的组成部分或指标,而且还是其看作社会资本运行的前提条件,"社会资本是一种从社会或者社会的一部分中的普遍信任中产生的能力"[2]。福山认为,社会资本蕴含的人际信任的力量不仅体现在家庭这种最小最基本的群体中,还可以体现在国家这个最大的群体中,在一些中观层次的社会群体也同样体现这种资源力量。同样,社会资本理论研究的另一位代表性人物林南也对社会资本的信任惯习进行了深入的研究,提出了许多有价值的见解。

社会资本理论研究的最大功效在于为化解集体行动困境问题研究指明了基本出路,为破解集体行动困境、走出公共牧场和零和博弈困局都具有重大启发价值,注入了新鲜理论血液。首先,长期互动而稳定的的群体网络和强大的普遍互惠规范能有效地限制社会个体在公共行动中

---

[1] [美]弗郎西斯·福山:《信任——社会美德与创造经济繁荣》,彭志华译,海南出版社2001年版,第30页。

[2] 同上书,第32页。

"搭便车"和机会主义行为的出现;其次,稠密的社会交换网络将导致那些经历重复互惠的网络中个体之间关系的巩固和联系的加强,进而增加彼此间信任的水平,从而能有效能够克服集体行动困境。联系实际来看,社会资本的功效,存在着微观和宏观两个层次:在微观层次上,社会资本可以为个人提供各种物质支持、情感支持,使人们的道德观、价值观不断内化和定型,深层次上规范了人们的行为。社会资本的信任关系的存在和一旦破坏互惠规则可能导致的淘汰出局的巨大代价能够使人们充分考虑其行为对他人的影响,身处网络中的社会个体会对其行为采取谨慎和负责的态度。在宏观上,社会资本的功效同样具有不可替代的作用,对于经济发展、公共事业管理等都是不可或缺的资本因素,其作用是政府强力和市场利益驱动所不能代替的。

(二)社会资本理论的治理价值

治理理论与社会资本之间存在着结构性的依赖与制约关系。一方面,治理和善治局面的形成内在依赖现代性社会资本的支撑。治理与善治的最基本的含义就是通过构建政府公共权力系统与公民社会以及市场企业之间的合作关系,来最大限度地增进整体公共利益。其本质是"政府与公民社会对公共事务的合作管理,是政治国家与公民社会的一种新颖关系是两者的最佳状态"[①]。然而,不可否认,治理实效能否达到"平等性、回应性、民主性、透明性、协商性"等善治的结果,很大程度上是以多主体间和公民个体间能否普遍形成公共性的社会资本状况为转移的。只有在那些社会资本存量强大且正向的社会机体中才会产生政府与公民社会之间的良性互动关系。由此,我们说社会资本是善治形成的前提条件。对此,布坎南对于意大利南部和北部不同的社会关系网络形式和不同的社会资本样态影响下的民治政治运行情况的理论研究给予了充分了实例支撑。另一方面,治理性思维模式有助于良性社会资本的存量提升和能效升级。治理和善治的理念在合理的群己边界约束下,以共识性发展目标为引领,追求政府与社会的最佳配合局面。毫无疑问,善治局面的形成有利于约束国家公权力的不当作为,促进对社会个体性权利的充分尊重,有利于合理配置社会资源,促进社会整体利益的发展,也会从根本

[①] 俞可平:《治理与善治》,社会科学文献出版社2000年版,第8页。

上加强社会资本的资源。所以说，社会资本和善治是紧密联系在一起的一对概念，互相支撑，相互体现。与此同时，我们需要看到，社会资本存在传统与现代两种不同形态，能助力治理与善治的社会资本是现代性的，其特点是遵循法治、具有契约精神、普遍信任、公共理性，而类似乡土中国的那种特殊信任、圈子伦理性社会资本不仅无益于良好治理格局的形成，反而会成为阻滞性因素。善治和治理理论暗含的一个基本前提就是社会资本，通过社会资本理论，人们解释了社会资本在公民政治认同与政治绩效发展、公民共同体建设、促进社会发展和繁荣、社会信任与社会规范等诸多重要方面发挥的作用。这些观点为当代地方政府治理实践的推行提供了重要理念支撑。在实践中，如何发挥和培育地方社会资本的正向功能和作用也成为推进地方政府治理良性发展的重要标准。

第三节　我国地方政府治理模式举要

治理模式是治理理论和实践的重要组成部分，它直接影响着治理的效果。新中国成立以来，我国地方政府的管理模式一直呈现出较为稳定的结构，地方政府层级结构相对复杂化和金字塔化、管理组织结构的单一化、职能结构上的同构化、决策结构单中心化是传统地方政府管理模式的基本特征。在改革开放之后，伴随着市场经济的发展，中国地方政府管理结构也在实践探索中不断改革和创新，越来越呈现出治理化发展的取向。在纵向结构上由多层级的集权政府到少层级的分权政府的转变，在政府间横向布局上由蜂窝状结构到区域网状结构转变，在治理机制上由政府权力部门单一同质化向放权于社会的委托代理机制转变。今天，地方政府的改革和创新，走向现代治理的进程仍然在进行之中。在由管理走向治理的政府创新实践中，涌现出了许多新的模式，我们主要将其概括为六种类型：

一　省直管县的"扁平化治理"模式

地方政府行政层级设置是我国行政管理学研究的一大重要课题，也是我国地方政府改革和创新的一项重要内容。合理的地方行政层级设置是行政管理稳定、有序和有效的重要前提，在现代市场经济条件下，怎样的地方政府行政层级设置比较合理，西方组织结构扁平化理论给出了科学回答。行政管理中的"扁平化"管理模式是通过采取减少行政管理层级的方式，以达到提高行政管理效能而采用的一种适合现代管理要求的管理模式。与传统的科层体制管理模式相比，扁平化管理模式的优点是有利于上下层级间的及时便利沟通，决策效率高；有利于决策权力下移到最基层部门，决策更为分散化，降低风险；行政层级减少，有利于提高执行力。

在中国地方政府行政管理体制改革实践中，减少政府行政层级的实践由来已久，特别是"省直管县"实践最具代表性。从2002年起，贵州、重庆、浙江、广东、海南、辽宁、湖北等地出现了在财政上省直管县的试点，"省直管县"体制是指：省、市、县行政管理关系由"省—市—县"三级管理转变为"省—市、省—县"二级管理，对县的管理由现在的"省管市—市领导县"模式变为由省替代市，实行"省直管县"。省直管县（市）的改革，最关键的是要赋予县级政府财政权（浙江模式）和行政权（海南模式）。浙江省是我国最早进行省直管县探索的省份之一，先后在20世纪90年代初到新世纪之交曾先后三次出台省级的政府行政层次体制改革文件，推进"强县扩权"的政府改革实践。在2006年，浙江省又掀起了第四轮的县域扩权的新浪潮。这次改革浙江省选择了义乌、金华等地方进行试验实践，对一些县级市和经济发达的县给予了相当于上级政府职权的权力，扩大这些县级政府的权力，扩权领域包括：一是，扩大经济社会管理权限，产业规划、建设布局规划管理、市场资源的配置管理、一些地方性重大社会事务管理的权限都被赋予了县级政府；二是，将一些本属于上级市级政府部门所属的权力经过主管部门批准或法律程序的规定，由上级政府委托给地方县级政府部门，上级政府部门负责监管；三是，一些本属于省级政府及其主管部门的管理权限，也可由省级部门授权委托或延伸办事机构的办法将权力下放给地方一级政府；四是，调整和完善相关管理体制和机构设置，将海关、安全监管、出入境检疫、外汇管理等管理部门提升职能，纵向管理；下放人员编制、优化政府机构设置的特权与县级地方领导。通过这些扩大县权的改革实践，一些率先改革的县域领域得到活力的释放，扩大了从事地方经济建设和社会各项管理的积极性和主动性，县域经济得到很大程度发展，地方治理效果非常明显。如果将浙江省这种"扩县强权"改革概括为财政权的下放为主的话，那么，海南省的实践则更倾向于行政权下放。2008年，海南省委通过了《关于进一步完善省直管市县管理体制的意见》，《意见》中将涉及行政、经济、科教、医疗、卫生等各个领域，共计197项行政管理权限下放给地方县市级政府，赋予县市一级政府更大发展自主权和决策权。这种以行政管理权为中心的改革更适合政府管理扁平化的发展要求。

这种减少行政层级的"扁平化"改革探索顺应了新公共管理运动的发展趋势，能有效增强上一级政府公共政策信息传递的准确性、有效性和提升管理绩效。但我们也必须看到，在实践中"省直管县"的改革也暴露出了不少问题，最主要的表现为"省直管县"在扩权后县政府与地级市政府的关系处理上出现矛盾，权力的分布格局不好理顺，同时扩权县与省级相关直管部门的有效对接上也存在不能有效互动等问题。从发展前景上看，县域经济是我国经济发展、社会稳定和社会治理的基础，是中国基层社会治理的核心性力量。迅速发展县域经济提高基层政府治理能力，必须减少行政层级，实施省直管县体制，扩大县域权力。正如十八届三中全会决议所指出的"优化行政区划设置，有条件的地方探索推进省直接管理县（市）体制改革。……推进机构编制管理科学化、规范化、法制化"。[①] 可以说，扩权强县的省直管县体制改革将成为夯实国家治理体系基础的重大体制支撑。

二 民众的"参与式治理"模式

在近年来的地方政府治理改革创新中，政府向社会放权的改革实践，更符合治理的理念要求。倡导民众广泛参与的"参与式"治理模式，以各种灵活有效的渠道和形式广泛集中民智，符合权利开放化的民主本质，可以使政府的公共决策真正建立在科学、民主的基础上。近十几年来，许多地方政府在制定与群众利益社会生活密切关联的相关决策前，已经通过举行民主公示、开门听证等制度，积极扩大社会公众对公共政策的参与度。参与式治理是民主理论和治理理论的结合，强调普通公民对政

---

① 《中共中央关于全面深化改革若干重大问题的决定》，人民出版社2013年版，第19页。

府决策和执行过程的直接参与,以赋权、参与、协作和网络为特征,是一种治理与民主兼具的模式。这种民众的"参与式治理"的做法,在很多地方都有实践,其中召开各类型的听证会是一种主要的形式。20 世纪 90 年代初,深圳市首开立法听证的先河,对市场一些基本商品的价格审议进行了小范围的社会听证。1998 年,国务院制定的《价格法》明确规定了对与老百姓生活息息相关的领域的商品垄断资源定价应当建立听证制度。1999 年,广东省出台了关于《建设工程招投标决议》的文件,实行公共工程建设的社会听证。2000 年,在人大常委会通过的《立法法》中,正式将建立听证制度纳入到法律体系中。规定:"列入常务委员会会议议程的法律案,法律委员会、有关的专门委员会和常务委员会工作机构应当听取各方面的意见。听取意见可以采取座谈会、论证会、听证会等多种形式。"[1] 这为参与式治理的听证协商提供了法理支持。2006 年 8 月,河北省召开了关于修订《道路交通安全法》的社会听证,包括社会民众代表、专家代表、立法委员会委员等多方力量参与了听证。2008 年 11 月,广东省举行了关于修订《物业管理条例》的听证会,包括业主、物业企业、建设单位代表、人大立法委员、律师、专家学者、市级人大代表、高校师生、普通市民等方面的近 200 人参加了听证会。听证会上围绕物业管理权限、事故责任落实、小区车位权限、业主委员会介入物业管理的权限等问题进行了唇枪舌剑的激烈争论。最终,成功修订了《广东省物业管理条例》。条例中许多规定都是多方意见妥协共识后的形成的,如第五条规定:"街道办事处、乡镇人民政府会同房地产行政主管部门对设立、召开业主大会和选举业主委员会给予指导和协助,组织协调处理物业管理中的重大问题。居民委员会协助街道办事处开展物业管理相关工作,受街道办事处的委托办理物业管理有关事务。"[2] 这种公民参与式的政府治理改革在全国其他省市也都经常见诸报端。总的来看,这种公民的"参与式"治理模式正逐渐在地方政府治理实践发挥越来越重要的作用,正逐渐成为各个地方政府行政决策和立法程序的不可缺少的

---

[1] 杨雪冬:《中国地方立法听证中的参与困境》,载杨雪冬、陈家刚主编《立法听证与地方治理改革》,中央编译出版社 2004 年版,第 98 页。

[2] "广东省物业管理条例立法听证",http://www.ycwb.com/news/2008-09/18。

重要组成部分,越来越具有合法性,极大程度上唤起越来越多公民的民主参与意识和公民权利意识。但与此同时,由于"参与式"治理模式在中国起步不久,其存在的问题也是客观的,如何能真正确保这种"参与式"的治理模式,特别是听证会形式的采用能真正体现、落实民意,减少各种因素导致的搭便车和形式化的结果,还需要各个地方政府在不断的探索过程中来加以应对和解决,真正落实立法为公,执政为民。民众的广泛参与是民主政治发展的基本要求,也是治理理念和模式的基本特点,推进各类型的协商民主广泛多层制度化发展是基本方向。

三 社会组织的"协同治理模式"

党的十八届三中全会指出,要改进社会治理方式,激发社会组织活力,创新有效预防和化解社会矛盾体制。多元主体的协同性是治理模式不同于管理模式的一个重要体现,充分发挥社会组织的作用,实现政府与社会的互动是治理模式的核心特征所在。在中国改革开放后,在社会的许多领域,各种类型地方政府与社会组织间的合作已经在多方面展开,并取得了许多宝贵的经验。公民参与式治理的实践由于缺乏组织性往往影响公共政策的民意性的真正落实,解决这一问题的重要思路就是社会公民团体的组织化,通过公民自发成立的各类型组织参与到与政府部门的协商合作中更为有力有效。社会组织的发育是社会转型的必然产物,社会组织参与治理能有效弥补市场失灵和政府失灵,在治理实践中具有独特优势。社会组织参与政府治理的实践,在改革开放前沿的广东省进行得非常早。在20世纪90年代末,以到广东打工的人群为主体的各类型农民工组织就大量地出现了,这种组织有各种类型,以服务自身、维权互助为宗旨。典型的就是被称为中国"农民工自救"性质的农民工组织,该组织立足于法律咨询、职业健康教育、文化培训和劳工维权。在全国范围来看,广东省也是较早放开对非政府组织注册限制的省份,并且在关涉劳资矛盾、社会治安稳定等问题上,较早地将这些组织纳入到征询意见范围之中。同样作为市场经济比较发达的地区,浙江省在开放性对待社会组织的政治参与上也积累了丰富经验,2006 年,浙江省慈溪市在一些新农村社区进行"和谐促进会"的实践,在一些有条件农村社区进行以基层党委为核心、以政府为主导、以村委会为主体,以农民代表促进会为辅助的协同性治理模式实践，成效良好，并且在更大范围内以"基层组织和社会组织协同治理模式"进行广泛推广。2008年，浙江省"社会组织参与维权模式"获得"中国地方政府创新奖"。总的来看，伴随着中国市场经济的完善和发展，集合化的公民意识表达将越来越需要，社会组织在社会发展中的作用会越来越大。可以预见，当前已经存在的各种地方政府与社会组织的"共同治理"模式将随着服务型政府治理模式的构建和新型国家财税体制的建立得到不断的深化发展，上升到日益制度化的高度。就目前来看，这种"共同治理"模式的运行和发展还是远远不够的，存在诸多问题，主要表现为：法律制度安排上的缺位，合作治理的实践走在了立法和制度建构之前，缺乏法律支撑；社会组织自我发展能力仍然比较低下，社会组织独立性严重不足；同时，社会组织在区域之间、城乡之间和不同领域之间的发展极不平衡，难以有效对接和发挥整合力量，等等。在城市化进程中，城中村、村改居社区中存在并日益产生大量的各类型经济性、社会性组织，基层政府在围绕社会治理的诸多问题上都需要与这些组织进行沟通、协商，达成共识，这种组织化参与比公民的原子化、分散化、无序化参与要更为有序和有效，因此，政府和社会组织之间的互动合作与协同治理应当是未来我国社会管理实践的基本方向和主要模式选择。

四 企业的"合作治理"模式

在市场经济中，需要什么样的政府，什么样的政府才是好政府，这些问题不同学派给予了不同的回答。用现代性政治理论分析，市场经济中的好政府应该是服务型政府，即政府的职能并不在于直接管理企业本身，而在于通过创造各种方式方法创设良好的竞争规则和法律体系，为企业主体的市场竞争提供更好的服务。治理理论也是在此市场经济理论中应运而生的。从实践中来看，处理好政府和企业关系是社会治理中非常重要的关系。在中国地方社会的治理中，市场企业居于重要的地位，与地方政府的关系上不仅存在收税缴税的关系，而且也存在合作的关系，特别是在围绕提供就业、环境保护等一些相关问题上。这种合作一方面来讲是企业的社会责任的落实，另一方面讲是实现政府对企业的有效引导和服务的体现。消费的安全、生产的安全、环境的良好等问题客观上来讲,是靠政府力量的单一管理所无法解决好的,必须依靠政府与企业、社会间的合作治理才能完成。对于政府而言,政府进行环境保护、生产与消费安全的规制是政府治理的基本任务,对企业而言,生态环境保护、消费者和劳工权益维护以及安全生产等一系列问题不仅影响企业自身的健康发展,而且也是企业应当履行的基本责任。在政府与企业的合作型治理实践中,需要找到良好的二者互动的模式,既不能依靠政府力量强行结合,也要避免出现政企不分的现象。将企业治理和公共治理两种形式有效地结合起来,通过互补性政策战略和互补性政策选择,实现社会公共需求的有效供给是合理性的一种选择。具体实践有三种方案:一是政府对必需企业参与的治理项目授权给企业进行治理,政府运用产业税收等手段加以激励和引导,如环境问题治理可以选择这种方式;二是共同合作治理,这一模式即应能保证政府的主体地位,又需要保证企业的参与性;三是回应型模式,这一做法强调了政府与企业在解决社会治理问题中的回应性,通过回应使双方的合作博弈收益最大化。强调政府与企业的"合作治理",这并不意味着完全放弃传统的政府监管职能,而是政府职能的积极转变。

五 "组为基础,三级联动"的基层社会管理机制

作为地处粤西山区的云浮市是广东省最年轻的地级市,受制于区位、政策等因素,云浮的社会经济发展水平长期滞后,属于欠发达的农业地区。自2008年以来,云浮以主体功能区为切入点,以体制机制改革为路径,推进农村综合改革,形成了兼具工业化、城镇化和农业现代化"三化融合"为一体的,并行经济发展与社会建设,推广政府主导与群众主体互动的"云浮模式"。这是一条既不同于"珠三角模式",也不同于"成渝模式"的新路子。这种社会管理实践将村民小组的功能作为主心骨,在组、村和乡镇三级深入发展理事会,吸纳群众参与公共事务管理,发挥群众的主体作用和扩展群众参与渠道,形成了"组为基础,三级联动"的基层社会管理机制,在建设政府行政管理与基层群众自治相衔接与互动的新型乡村治理体制方面作了有益探索。

2006年农村税费改革之后,基层政权与乡村社会关系发生了巨大变化,加强和完善社会管理的重点转移到基层,完善基层社会管理和服务,

是加强和创新社会管理的基础工程。2008年广东省云浮市在云和县进行试点，在组（自然村）一级中建立了理事会。理事会成员由有信誉，有影响力的人组成，其中包括退休教师、退休干部、村代表、复员军人、经济能人、乡村贤士等，利用理事会提议，共同协商，公众参与决议，并公开执行的民主程序，实现村民自我管理，自我教育，自我服务的目的。村民小组是农民最为直接的利益单位。在组一级建立村民理事会，是村民作为社会主体参与公共事务管理的现实需求，农民参与公共事务管理的利益驱动力更足。云浮市组建三级理事会的过程中，坚持以村民理事会为基础，建立联户代表制度的议事形式；在理事的带动下充分发挥村民小组内村民参与公共事务的积极性。与此同时，镇，村，组三级联动机制的实施，以确保人员交流，信息联动，努力形成镇，村，组的互动和相互促进的治理机制。

"组为基础，三级联动"作为云浮社区管理实践广泛应用于基层，很好地破解了云浮自身存在的问题，而且具有普遍性的制度价值，可以进一步加强村民自治，并且更有益于建设政府行政管理与基层群众自治相衔接与互动的新型乡村治理体制。其理论价值与现实意义在于：

一是促进官民的沟通，使他们能更好地交流。设立三级理事会能有效地使政府行政管理与基层群众自治更加密切，使得沟通畅通无阻，这样政府和群众能更方便地交流。理事会能有效地衔接"乡治"和"村治"两方面。对于乡村社会和村民的需求，政府能及时地掌握，这样就能提供使村民满意的优质的服务以此提高政府在村民心中的权威。作为农民，也可以及时了解政府政策和行为，并且能积极参与自治，改善社会治理。

二是实现基层社会事务分级管理。人们生活在多层次性社会的不同层级之间，并且形成了不同的社会利益和层级关系。中国历来处理这种层级关系都实行方式单一，方法简单的"一刀切"政策。云浮市就能很好地将很多层级矛盾化解在基层，他们在组、村、乡镇设立三级理事会，不同层级处理不同层级事务。就比如云安县，这几年基本达到"零上访"，就是遵循了云浮市的三级理事会的政策。组级村民理事会和村级社区理事会以"自我教育、自我管理、自我监督、自我服务"为基本职责，乡（镇）理事会则主要履行"表达民意、参与议事、监督政务、调处矛盾、兴办公益"的基本职责。

三是实现基层政权与乡村社会的良性互动。在计划经济社会，自上而下的垂直治理一直是中国传统治理方式。当今中国早已进入一个利益和思想多样化、主体意识日益强化的复杂性社会。但在当今农村自治模式，政府行政管理与基层群众自治还是存在一定的张力和阻碍。这种张力的有效解决取决于公共服务和公共管理改革创新。"三级联动"政策，可以让政府行政管理和基层群众自治相互联系，相互沟通，共同处理涉及村民自身利益的事务。如农村垃圾处理，由政府出资购买垃圾设备，由村民共同讨论和议决自我管理和使用这些垃圾设备，也就是政府决策农村垃圾如何处理，村级理事会讨论决定垃圾设备的管理方式，同时垃圾处理决策和改进又需要乡（镇）理事会讨论，由此形成"三级联动"的乡村治理机制。整个过程广泛听取群众意见，吸纳更多的群众参与日常事务管理。

云浮基层社区管理实践探索取得了显著的社会效应。徐勇教授认为，这一机制对于中国基层民主和乡村治理具有指导性价值同时也将有利于村民自治体制的长期持续运行。在解决村民自治难题的问题上，首先通过"组为基础"，使得国家政策和乡村治理两方面的实现更加方便，而不是仅仅停留在村级；其次通过"三级联动"使得乡镇行政管理与基层群众自治能更好地联系沟通相一致；最后解决了在村民自治运行中发挥党的领导核心作用和群众参与管理的"互动"而非"互斥"问题。[①] 王勇教授则觉得，加强社区内部的互动反馈，重新建设一个"紧密关系之群体"，是它的根本，真正回归一个历史悠久、积淀深厚的具有"中国特色"的自然村或组。[②] 正因为如此，广东省选择了云浮市当作农村改革试验区建设对象，并于 2011 年获批为国家农村改革试验区。

六 "政社互动"的管理模式

"上面千条线，下面一根针"是中国传统政府行政管理体制的最佳写

[①] 徐勇、周青年："组为基础，三级联动：村民自治运行的长效机制——广东省云浮市探索的背景与价值"，《河北学刊》2011 年第 5 期。

[②] 王勇："收紧反馈环——基层社会重建的'云浮经验'及其制度内涵"，《湖北行政学院学报》2013 年第 1 期。

照，烦琐复杂的行政事务造成了底层干部出现了角色混乱的现象。进入21世纪，在对实现村干部角色回归本位的探索实践中，江苏太仓逐渐摸索一条"政社互动"的基层社区管理新模式，实现了变管理与自治的矛盾为无缝对接。2008年起，太仓市委、市政府按照"转变政府职能、提升自治能力、创新社会管理"的目标，率先开展"政社互动"创新实践。2009年出台的《关于建立政府行政管理与基层群众自治互动衔接机制的意见》是太仓在全国率先试行"政社互动"管理新模式最好的注脚。《意见》指出："凡属村居自治性的管理工作，放手让村（居）委会自主管理，政府部门行政职责范围的工作任务，不得随意下达到村（居）委会"。"政社互动"成为基层社区管理较为成功的"太仓经验"。"政社互动"在试点一年的基础上，于2011年4月在全市全面推开，2012年6月在苏州全市推行。2014—2015年将在全省逐步推开，力争2017年覆盖江苏全省。

首先，政社主体双方角色实现三大转变。自启动"政社互动"系统工程以来，太仓市把政府协助管理社会事务、培育非政府组织，作为转变政府职能、提升基层自治能力的推进器；把倾听群众诉求、有效解决矛盾纠纷，作为了解社情民意、促进社会和谐的稳定器，使政府与基层自治组织的关系从领导变成了指导、从单向变成了双向，基层自治组织的非法定义务劳动从无偿变成了有偿，逐步改变了群众"被民主""被服务""被和谐"现状，改变了政府推动群众不动局面。"党委领导、政府负责、社会协同、公众参与"的社会管理新格局在太仓市率先破题。

从2010年起，太仓市所有乡镇（街道）政府与村（居）委会不再签订任何形式的行政责任书。与此同时，以前的命令式口吻的责任书也改成了平等语气的协议书，并以厘清政府权力、缩小行政权力的过度干预范围作为突破口，专门成立"清理办"，全面清理政府延伸至村（居）的项目，确定需自治组织依法和协助办理事项28项，如治安、计生、社保等，法无授权全部取消，比清理前减少了51项，减负达60%。根据《基层群众自治组织协助政府工作事项》和《基层群众自治组织依法履行职责事项》两份清单，针对上述提到的28个事项，太仓市政府签订了一揽子协议，明确了各项工作的目标要求、经费的保障以及协议单位应该承担的责任义务，成功地把责任、权利、义务捆绑到一起，落实到乡村和社区头上，实行"权随责走、费随事转"的策略。

其次，政府"放手还权"，强化社区自治。针对以往政府机关存在的"还权不忍心、放权不放心"难题，太仓市"政社互动"工程成功克服了这一问题，随同着基层自治组织与政府衔接互动有心无力的现象也得到了很大改善，在这一过程中，太仓市政府大胆思考，勇于创新，从厘清政府的权责界限、限制政府的权力入手，依照法律、法规，对政府行政管理与基层群众自治组织各自的职责和权限进行逐条梳理，提出了《基层群众自治组织依法履行职责事项》和《基层群众自治组织协助政府工作事项》"两份清单"，将过去下达给基层的78项工作任务进行确权勘界，法无授权的全部取缔，使协助政府工作事项的"瘦身率"达到了66%。

以上述两条事项为基础，太仓市废除了原来政府和基层自治组织所签订的行政责任状，推出了《基层自治组织协助政府管理协议书》，不但表达了"尊重自治权力，建设有限政府"的现代法治思想和"多元普惠、和谐善治"的现代管理理念，同时遵循"费随事转、权随责走"原则，根据是否需要自治组织协助为标准，乡镇街道办事处将自治组织协助政府管理事项的经费以一揽子形式直接拨付，将责任、权利、义务捆绑，真正落实到基层自治组织，与此同时经费、设施和条件保障还需进一步落实，不断完善政府事项的准入制度、政府的行政指导能力和方式、有关各部门协管事项的协商问题、群众代表的共同表决问题、对双向合同的履行评估问题、党组织监督保障、矛盾的排查与化解、社会稳定风险评估等以利益协调、诉求表达、矛盾调处、权益保障为内核的各项机制，最终实现权责对等、还权于民。

"两份清单"和"履约双向评估"机制，明晰了政府与自治组织的权限，自治组织可以自信地对行政越界的"权力进村（居）""政务进村（居）"等擅入事项亮出红牌，保障了自治组织权力运作。

太仓市的实践证明，"政社互动"对规范政府行政管理、强化城乡自治功能，确保社会和谐稳定，起着基础性、源头性和根本性的保障和促进作用。但不可否认，政社互动没有现成的经验借鉴，只能在实践中摸索和尝试。客观来看，太仓在实践中也难免存在不足。比如，少数干部和部分群众的法制观念不强，民主意识薄弱，被传统体制、习惯势力所左右；基层群众自治组织的自治能力还不平衡，少数村委会和社区居委会的自治工作还有差距；政府依法行政与村民自治的职能范围不明，政府职能剥离与自治组织承接难以衔接。政府财力有限，购买服务的投资还不足。社会服务的资源整合不够，社会化服务的组织程度不高，等等。

太仓"政社互动"模式，约束和规范了基层政府行政权力，增强自治功能，让基层政府归位，行政主体和自治主体间地位平等，该机制有助于乡村治理由政府主导向官民共治深化，找到了实现政府行政管理和基层群众自治有效衔接和良性互动的有效载体和可行途径，堪称地方政府改革创新的成功范例和鲜活样板，值得总结推广。

第四章

地方政府城中村管理的一般考察

城中村作为微型公共社会，也会产生公共管理问题，包括管理主体、管理机构和管理体制，其中，管理体制尤为重要。城中村管理体制，是由城市管理机构、管理权限、管理方式、管理队伍及管理机制诸多要素组合构成的相对稳定的体系，是整个国家管理体制的不可分割的重要组成部分。由此可见，城中村管理的基本要素包括：治理主体（利益相关者）、治理客体（社区公共事务）、治理规则（社区成员认同的社区规范）、治理过程（社区治理的实体活动，表现为成员之间的合作互动行为）。本章以街道办事处为主的城市管理系统为研究对象，主要研究街道与区政府及其各专业管理部门的农村社会管理职能、权限划分，街道内部各机构管理职能的科学界定及整合。街道向上与区政府相关专业管理部门的职能衔接，向下到村（居）委会、村（居）民的职能延伸。通过研究如何科学界定城市基层政府的职能，理顺街道与城中村的关系，为实现社会治理之道搭建制度性平台，为充分发挥村（社）自治组织及其他社会组织的功能拓展更大的治理空间。

第一节 地方政府城中村管理机构设置

地方政府城中村管理的组织构架与职能具有特殊性。20世纪90年代以来，为强化城市基层行政管理模式，大中城市纷纷推行"市—区—街道—居委会—社区"模式，"两级政府、三级管理、一级自治、四级落实"体制，即在市、区两级政府的领导下，强化街道办事处的属地管理责任，并将居委会纳入基层管理体系。所谓"两级政府"，是指市政府和区政府，"三级管理"即市政府、区政府和街道三个层级共同行使城中村及城中村社区的管理职能。在管理体制上，区政府有关部门的派出机构，要按照社区行政管理的职能，接受街道和区政府有关职能部门的双重领导，街道、居委会成为政府权力在基层延伸的载体。

地方政府管理体制中农村与城市稍有不同：农村是"县—乡（镇）—村"两级政府，一级自治，而城市管理体系，一般表现为"市政府—区政府—街道办事处—村（居）委会"的组织结构关系。地方政府对城中村的管理体制显然是纳入城市管理体系的。随着城市开发区的不断兴起、城中村改造工作的不断进行，开发区管理委员会和城中村改造办公室也对城中村承担起了一定的管理职能。

一 市—区两级政府架构

各级地方政府是城中村治理的首要主体，也是地方治理中涉及的各种关系的聚集点。就城区管理体制而言，新中国成立以来，我国特大城市一直实行市—区两级制，即在市政府下设市辖区一级政府。

区政府是进行城市综合治理的一个整合资源、联合行动的平台，拥有独立的管理权限，派遣街道办事处处理社区行政事务。在目前城市社区自治不断推进的情况下，为继续发挥党和政府对社区自治的引导和支持作用，需要街道代表区政府对下辖社区进行工作指导和信息沟通，及时把情况反映给区政府作为决策依据；居委会作为自治组织使居民能够实现民主权利，社会组织则沟通政府与社区，提供社区公共产品，承接政府转移出来的职能。从制度设计上，旨在充分发挥三方的积极性，实现良性互动，促使社区的健康、协调发展。

既有市区两级，便产生了两级政府之间权力与功能的划分问题。新中国成立以来，由于计划经济体制的不断推进，以条为主的管理体制长期占据主导地位，也由于片面强调城区管理的集中性、整体性、统一性，地区管理的权力大都集中在市政府及其各职能部门。区政府作为介于市政府与街道政府之间的"中层"权力机构，是市政府关于城中村改造的主要实践者。同时，区政府又是全区经济、社会事务的管理者，对本辖区内"城中村"的发展负有直接责任。但是事实上，虽然法律规定区政府为一级政府，然而区政府却很少拥有实际的事权、人权、财权，因而无法充分发挥作为城区基层政府的功能。城区管理体制中，条块分割、权责不符的矛盾严重阻碍着特大城市的发展。改革开放以来，为了合理配置城区管理权限，改革城区管理体制的问题合乎逻辑地被提上了特大城市的议事日程。在维护城区管理集中性、整体性、统一性的前提下，不少市政府从教育卫生、人民生活、财政收支到计划、外资、商业、劳动、人事、环保等多方面向区政府放权，扩大了区政府的行政管理权限，建立了区一级财政，强调充分发挥区政府在城区管理中的功能。实现法定的两级政府体制。从此，市、区两级之间条块分割、权责不符的状况有了明显改变。

区政府机构改革后，设置23个工作部门，包括：发展和改革委员会（物价局设在区发展和改革委员会）、经济贸易局（区招商局）、教育局、科学技术局、监察局（与区纪律检查委员会机关合署办公，列入区政府机构序列，不计入区政府机构个数）、民政局、司法局、财政局、人力资源和社会保障局、建设和住房保障局、城市管理综合行政执法局（区城市管理综合行政执法支队）、市容园林局、交通运输局、农林水务局、文化体育局、卫生局、人口和计划生育局、审计局、统计局、安全生产监督管理局、旅游局（区市场管理办公室）、中小企业促进局（区工业局）、食品药品监督管理局。由此，我们可以了解区级政府的权限、职能以及权力所触及的社会层面。

从宏观上讲，政府职能主要包括统治、管理和服务三个方面。伴随着我国政府从"经济建设型政府"向"公共服务型政府"的转变，党的十六大报告首次将我国政府的主要职能定位于：经济调节、市场监管、社会管理和公共服务。从国际经验来看，中央或联邦政府以统治职能为主、管理职能为辅，中间层级的政府主要以管理职能为主、以统治职能为辅，而基层政府则主要以服务职能为主、管理职能为辅。对于城乡基层治理而言，各级政府责任概括起来有以下三点：（1）延伸国家政权，确保国家对基层社会的有效动员，实现政治统治与对社会整合。（2）实现对基层社会高效有序管理，维护基层社会稳定和健康发展。（3）提供社会公共服务与社会保障，满足人们多方面的生活需求。①

---

① 程又中、张勇："城乡基层治理：使之走出困境的政府责任"，《社会主义研究》2009年第4期。

一方面，上级政府通常利用行政层级上的优势将更多的事权以政绩评估的方式压给下级政府，作为直接面对公民的基层政府在社会转型过程中承担了越来越多的经济、社会、政治、文化等职能，加强社会管理、提供公共服务、维护社会秩序在建设和谐社会的战略部署下被摆到了更为突出的位置。层层加码的指标化的任务分解机制、与奖惩紧密挂钩的政绩考核体系、越来越流行的"一票否决"的责任追究机制使基层级政府及其领导承受着自上而下的体制性压力。另一方面，与事权重心下移鲜明对照的是财权重心的不断上移。当前，地方政府层级间的财政支出责任不是依法划分的，而是依行政权力来调整的，特别表现为在财政支出责任上，形成一种层层下压的体制。从省级政府逐级向下传导，使得县乡政府承担了过多的财政责任，逼迫基层政府不得不通过滥用行政权限增加企业和群众负担，以缓解财政压力。

二 街—村（居）两级管理体制

前述可知，传统农村对应的是乡镇政府，居民社区对应的是街道办事处。改革开放以来，城中村的治理体制逐步定型为"区街—村治"的格局，即区政府及其派出机构街道办事处作为基层政府，实行行政管理，街道办事处以下设立村民委员会，实行基层群众自治。地方政府对农村社会进行管理的方式，除了间接和直接的行政管理外，其职责任务的完成很大部分需要依靠村级组织（村民委员会）的力量来实现。1954年出台的《城市街道办事处组织条例》和《城市居民委员会组织条例》基本确立了我国城市基层管理体制—街居制。所谓"街居制"，即依靠街道办事处和居民委员会开展基层管理工作。以街道办事处（以下简称街道办事处）和居民委员会为组织架构，街道办事处作为区级政府的派出机关、居民委员会作为居民自治组织进行日常运作。改革开放后，街道—社区体制成为城市社区治理结构的基本模式。街居制设置初期，人员编制、机构职能定位明确，形成了由街道办事处和居委会构成的"行政性"很强的"街居制"与"单位制"相配合，两者共同构成了城市基层社会管理与控制的体制。随着城镇化的推进和基层政府职能改革的深入，各地都出现了一种乡镇政府纷纷改制街道办事处的现象。之所以如此，一是可避免乡镇改革人员分流；二是级别提升，由科级建制升为处级建制；

三是由农村管理体制改为城市管理体制。但事实上，这些提升上来的街道办事处辖区内除少量城中村、城郊村外，主要还是传统农村。

(一) 街道办事处

我国目前的城中村管理与建设实践中，主要采取以街道办事处为核心的政府主导型管理模式。街道办事处是城市政权的最基层机构，是为加强城市居民工作，密切政府和居民的联系而设立的，它指导居民委员会的工作，反映居民的意见和要求。1982年全国人大颁布的《地方各级人民代表大会和地方各级人民政府组织法》第68条规定："市辖区、不设区的市的人民政府，经上一级人民政府批准，可以设立若干街道办事处，作为它的派出机关。"从这条法律规定可以看出，街道办事处是政府的派出机构，不是一级政府，是在某一区域内设立的机构，接受市辖区和不设区的市人民政府的领导。1954年制定的《街道办事处组织条例》是当前街道办事处开展工作的唯一法律依据。按照条例规定，街道办事处的任务有三项：一、办理市、市辖区的人民委员会有关居民工作的交办事项；二、指导居民委员会的工作；三、反映居民的意见和要求。街道办事处的工作内容至少有八个方面，包括：街道经济，城市管理，民政、福利，社区服务，人口（包括外来人口）管理，社会治安，街道党的建设，指导居委会，社区精神文明建设等。1980年，全国人大重新公布了1954年的《城市街道办事处组织条例》，再次明确街道办事处是市或区政府的派出机构，并宣布街道办事处的工作由民政部管理。

在新中国成立初期，街道办事处承担的任务还基本限于组织条例的规定，但伴随着共和国的成长，街道办事处作为政府治理社区的行政派出机构，也历经风雨并不断壮大。在经历了1956年生产资料的社会主义改造、"大跃进"、"文化大革命"以及改革开放等重要历史转变后，街道办事处的职能任务在城市行政管理体制的改革中，发生了较大转变，逐渐承担起城市管理、社会管理、社区服务、社区建设、精神文明等更多的任务，远远突破了1954年《城市街道办事处组织条例》的规定。一定意义上可以说，街道办事处既是一个行政组织，又是一个社区组织；既承担着一定的政府职能，又伴随着大量的社会职能。

街道办事处的组织机构分为党的系统（街道党工委）和政府系统（街道办事处及其所属机构），而街道办事处及其所属机构，都是在党委

（工委）领导下工作。党委是街道一切工作的领导核心，街道重大事情的决策权在街道党委。街道党工委领导下的村社党组织，对村民委员会和社区居委会具有领导权，是街道社区各项工作的领导核心。村委会和居委会按照党的意图行使社会管理和服务职能。从城市管理的现实状况看，作为政府的派出机构，街道办事处是政府与社会的结合点，街道是国家与城市社会最基本的接触面，是城市政府与社会互动的基础平台，负担着联结国家与社会、上级命令与民众诉求、公共权力与公共服务的重任，处于上级政府目标任务和民众利益诉求的双重压力之中。

街道办事处基本职能大致分为经济职能、社会管理职能、公共服务职能和行政执法职能。经济职能主要是辖区经济建设，招商引资以及完成区下达的经济指标。社会管理职能主要涉及社会稳定、基层党建、指导社区建设、社会组织培育、精神文明建设等方面。其中，行政公共事务管理，包括公共环境、公共安全、公共卫生、公共教育等；居民公共事务管理，包括人口和计划生育、劳动和社会保障、优抚和社会救助等；对群众性、公益性、社会性事务的管理，包括依据政府出台的法规和政策，指导非营利组织、中介组织、社团组织的建设，为各类社会组织和群众参与社会事务管理提供支持等。总之，街道办事处负责辖区内的行政事务和社会公共事务，发展公益事业。贯彻执行法律、法规、规章和市、区人民政府的决定、命令，完成市、区人民政府部署的各项任务。①

西安市街道办事处主要在建成区设置，大部分街道办事处都辖有农村。后农业税时代，街道办事处的工作主要是服务。公共服务职能包括辖区公共设施建设、农业技术服务、社会保障服务、产业结构调整和失地农民就业培训，促进居民就业再就业、帮困救助、养老服务、残疾人权益保障、征地拆迁、计划生育工作，双创工作（创建环保城市和卫生城市），教育方面的双高普九，省级教育"强区强办"建设，劳动保障和劳务输出，平安创建，维稳包村，点名接访等工作。行政执法职能主要包括计生审批、低保资格审核、廉租房（公租房）资格确认、征收社会抚养费、发放独生子女费、发放低保补贴、大病补贴、救助慰问资金、

---

① 周平："街道办事处的定位：城市社区政治的一个根本问题"，《政治学研究》2001 年第 2 期。

军人抚恤优待补贴、安全生产检查、环境卫生检查、噪声检查、食品安全检查、消防检查、违法建设监督检查、规范辖区商贩经营、物价检查等。最重要的是项目建设招商引资，工作量最大、耗费人力物力最多的是征地拆迁，最关键最头疼的是维稳处理上访。有人形象地说街道办事处"上管天（环保）、下管地（环境卫生）、既管老（老龄工作）、又管小（托幼）、管生（计划生育）、管死（殡葬改革）、管救济，还管教育和安置"。从街道办事处职能，我们可以看出，其俨然就是一级政府，其机构设置或至少在职能上几乎与区政府完全对接。

随着基层管理内容和任务的增多，街道办事处机构与人员编制开始急剧膨胀，大大超出了1954年条例的规定。在我国大多数大中城市，街道内设机构一般在20个左右，人员编制也由规定的3—7人扩大到百人以上。其中有大量超编人员和临时工作人员。即便如此，街道办事处人员还是叫苦连天，自称比国务院还忙，是天底下最忙的公务员。

我们以西安市Y区丈八街道办事处为例，考察街道办事处构成、职能与运行。丈八街道办事处位于Y区西郊，西安高新技术产业开发区腹地。东邻电子城街道办事处，南接长安区郭杜镇，西连鱼化街道办事处，北以南二环路为界与莲湖区相望。面积32平方公里，辖区人口总数约17.8万，户籍人口4.2万。原有28个行政村，96个村民小组，近年来城中村改造加速，现有7个行政村，21个农转居新型城市社区、8个城市居民小区。辖区共有党（总）支部46个，党员1478人，农村和社区两委会干部共187人。丈八街道办事处管理的社会事务杂而多，小到处理村民日常间的纠纷，大到高新技术开发区的征地拆迁问题。所以街道办的科室设置是否合理，职能的履行是否合法，改革的力度和方向关系到基层行政管理工作的顺利进展和基层社会的稳定。

丈八街道办事处现有工作人员150人（公务员31人，全额事业干部29人，差额事业干部8人，自收自支事业干部46人，工人36人），副处级以上领导干部9人，副调研员5人，科级干部22人。具有本科学历的64人，研究生学历9人，党员80人。街道办事处下设16个科室，分别为党政办公室、综治办、司法所、财政科、农业综合服务站、项目管理办公室、村组财务管理服务中心、社区服务中心、计生办、公共卫生站、城市管理科、市容环卫管理办公室、信访办公室、经济发展与安全管理办公室、社会事务科、劳动保障事务所等。各科室的职责明确而具体，为其开展行政管理工作提供了制度性保障。

表4—1　　丈八街道办科室与区级部门对应及工作职责一览表

序号	街道办科室	对应区级部门	工作内容	备注
1	党政办公室	区委办、区人大、区政协、区纪委、区监察局、区委组织部、党校、区委宣传部、区政研室、区老干部局、区统战部、工会、妇联、团委、地方志办、区工商联、区妇儿工委、区后勤服务中心	1. 党的基层组织建设，培养和发展党员，党校工作、人事工作，信息、宣传、精神文明；2. 机关文字材料、目标考评、督办、档案、文件收发、传阅、档案、保密工作、机关刊物；3. 纪检监察、依法行政、政务公开；4. 工会、工商联、妇联、共青团，人大、政协、统战，老干部管理、民族宗教、关心下一代工作；5. 机关后勤保障、机关行政管理、车辆管理、会议筹备与保障、保洁员管理	行政科室
2	财政科	区财政局、区审计局	贯彻党和国家的方针政策、财经法规。为办事处积极筹集、管理和使用资金，努力完成各项财政任务。编制本单位年初年度预算和决算，搞好会计处理工作和财务管理工作，保证办事处经济和各项工作的顺利进行。工作的主要内容是每月一次对辖区内企业商贸业进行数据统计，并制作数据报表	行政科室
3	劳动保障所	区人力资源与社会保障局	工作是负责辖区内职工医保的办理、缴费、报销等。1. 负责辖区劳动力资源管理、失业登记和失业人员管理，开展就业情况摸底调查、就业服务和劳动保障政策咨询服务；2. 核发《就业失业登记证》，为自谋职业的下岗失业人员申请小额担保贷款办理有关手续；3. 负责退休人员社会化管理	

续表

序号	街道办科室	对应区级部门	工作内容	备注
4	经济发展与安全管理办公室	区统计局、区安监局	1. 负责经济指标、综合统计工作；2. 负责安全生产监督管理工作	行政科室
5	计划生育办公室	区计生局	1. 负责办理独生子女证及独生子女保健费的登记发放工作；2. 负责新生婴儿报户；3. 负责计划生育药具发放；4. 负责一、二胎指标办理工作，农村计划生育合疗申报工作及奖扶工作；5. 负责避孕节育服务费用申请表、三联单、五联单工作	行政科室
6	社会事务管理科	区民政局、区文体局、区科技局、区残联、区慈善会、区红十字会、区志办、区建设局廉租房办公室	1. 负责全办农村社区贫困人员低保申办工作；2. 负责全办高龄老人保健补贴发放工作，残疾人服务工作；3. 配合区建设局完成廉租房保障户的申办保障工作；4. 抓好农村基层政权建设，做好村务公开工作	行政科室
7	城市管理科	区建设局、区环保局、区城改办	1. 宣传贯彻党和国家关于城市管理的法律、法规和政策、努力提高本地区市民的城市管理和环境卫生意识。2. 协助有关部门做好辖区内城市建设工作。做好本地区的村镇规划及旧村改造工作。3. 负责本辖区内环境保护工作、做好宣传、对大气污染、环境噪声污染、水污染、固体废物污染、饮食服务业油烟污染等进行监督管理	行政科室
8	公共卫生站	区卫生局、区药监局	1. 负责辖区新农合宣传、筹资工作。2. 协助社区中心开展门诊统筹工作，并对政策的具体贯彻落实进行督导检查。3. 负责城中村小餐饮、小饭桌、食品流动摊贩监督检查，食品药品从业人员安全知识培训。4. 检查制售有毒有害和假冒伪劣食品药品和保健品、化妆品。及时上报信息并采取相应措施消除安全隐患，确保本辖区不发生重大食品安全事故	

续表

序号	街道办科室	对应区级部门	工作内容	备注
9	信访办	区信访局	1. 认真接待来访,倾听人民群众的诉求,帮助群众解决实际问题;2. 受理群众来电来信和网上投诉,认真做好回复;3. 按照上级部门工作要求开展好日常信访工作;4. 对信访案件进行初查、交办、催办、督办和审核;5. 协调有关部门做好查处信访案件工作;6. 受理上级信访部门和领导交办的信访案件,向上级部门的领导报告交办信访案件的查处情况	
10	司法所	区司法局、区法律援助中心	1. 指导管理人民调解工作,参与调解疑难、复杂民间纠纷;2. 承担社区矫正日常工作,组织开展对社区服刑人员的管理、教育和帮助;3. 指导和管理基层法律服务;4. 协调有关部门和单位开展对刑释解教人员的帮教安置工作;5. 组织开展法制宣传教育工作;6. 组织开展基层依法治理工作,为街道办事处依法行政、依法管理提供法律意见和建议;7. 协助基层政府处理社会矛盾纠纷;8. 参与社会治安综合治理工作	
11	综合治理办公室	区综治委	1. 指导辖区28个村(社区)的日常社会治安综合治理工作;2. 承担辖区社会治安综合治理的日常工作,组织开展对辖区28个综治办公室的业务指导、培训;3. 协调辖区相关公安机关和部门、单位开展社会治安综合治理工作;4. 组织开展辖区的平安建设、治安巡逻工作;5. 指导、参与、维护辖区的基层社会稳定工作;6. 组织开展辖区的人武工作;7. 全力处置辖区的社会矛盾纠纷	
12	社区服务中心	区民政局、区市场旅游局、区统筹办	1. 负责辖区社区建设、管理和服务;2. 便民市场的建设工作;3. 统筹城乡工作	

续表

序号	街道办科室	对应区级部门	工作内容	备注
13	项目办	区发改委、区外经局、三区办	1. 负责市级、区级重点工程项目的建设保障工作；2. 负责招商引资工作；闲置楼宇的推介、招商工作，做好落地项目的服务保障及协调工作；3. 负责各村生活依托地的开发工作	
14	农村财务管理服务中心	区农林水务局、区财政局	1. 负责辖区各村财务记账工作；2. 负责集体财物分配、农民负担监督管理、财务审计、档案管理	
15	农业科	区农林水牧局、区交通局	宣传贯彻执行党和国家在农村的法律法规及各项方针政策；负责普及推广农业科学和农业实用技术并引进农业高科技技术；负责菜田路和农村环境卫生的管理检查工作；负责农田基本建设及水电设施配套工程；负责防汛工作；负责指导农业产业化经营并对农业精品园区内的企业进行监督和管理；负责年度农机、交通安全及村容村貌建设工作；完成党工委、办事处及领导交办的其他工作	
16	市容环卫管理办公室	区市容局	环卫站管理、道路保洁管理、农村保洁管理、公厕管理、城管执法监督员管理	
合计	16个科室	52个区级部门		行政科室6个

街道办事处16个科室对应52个区级部门，100多项工作任务。有些属于国家建设事业发展，需要街道办应承担的任务，如计划生育、社区建设和服务等；有些本是市区政府的职责，却下沉到街道办事处的工作中，如城市规划、环境保护、户外广告管理等。可见，街道办事处作为区政府的派出机构，事实上承担了区政府的大部分工作，区政府各职能部门工作基本都下移到街道办事处。此外，职能部门还要经常布置一些阶段性、临时性、突击性工作，这些从街道办事处的机构设置与区政府工作的对接上就可以看到。街道办事处用人们非常熟悉的那几句话形容

他们的职能:"责任无限大,权力无限小""上管天,下管地,中间管空气"。庞杂的职能与繁重的工作任务导致其组织内部缺乏活力、管理效率低下,也抑制了其管理社区的积极性和主动性。

各科室职能涵盖居民、民政、治安、安全、消防、市容环卫、食品、卫生、人防、计生、劳动、市场管理、社区服务等多项管理职能。街道办事处在实际履行职能的过程中的很多关系群众利益的工作,如违法违章建筑整治、违规占道经营处理、垃圾死角清理、安全隐患处理等。可以看出,街道办事处既是行政组织,又是社区组织;既承担着政府职能,又担负着大量的社会职能。街道办事处有义务配合和协助上级政府职能部门的工作,但是,一些政府职能部门往往越过区政府,直接将管理工作委托给街道办事处,并对街道办事处工作监督考核,明显与现行政府体制不符。

表4—2　　　　　　　　Y区曲江街道办机关职能细化表

科室	职能	分解细化
党政办公室	1. 负责街道党工委和办事处日常工作的安排,组织召开党工委书记办公会、党委会和党工委扩大会议	1. 安排街道党工委和办事处各项日常工作;
		2. 组织召开党委会和党工委扩大会议;
		3. 组织召开办事处主任办公会议
	2. 起草党工委和办事处的工作计划、工作总结、综合报告、领导讲话及其他文件,负责信息报送工作	1. 负责起草党工委、办事处的全年工作计划;
		2. 起草半年、全年工作总结;
		3. 起草领导讲话、各种报告和其他相关文件;
		4. 负责拟定、推进街道信息化建设工作;
		5. 负责电子政务、政府信息化等工作的组织、管理、推广和应用;
		6. 负责街道网站、办公自动化系统的管理、维护和网络运行等工作
	3. 督促检查办事处各部门贯彻执行上级党委和街道党工委指示精神的情况	1. 对办事处各科、所、站贯彻执行上级党委和街道党工委、办事处指示精神监督检查;
		2. 对检查出的问题总结、分析并提出整改意见;
		3. 限期整改并再次督促检查

续表

科室	职能	分解细化
党政办公室	4. 负责办事处目标管理的制订、分解、督促检查和落实	1. 根据区委、区政府的要求制定本办具体的目标管理和措施；
		2. 定期督促检查办事处各科、所、站目标任务落实情况；
		3. 制定关于目标任务完成情况的奖罚措施，以促进全年各项任务按时完成
	5. 负责街道党工委和办事处文件的收发、传阅、催办、清缴等项工作	1. 负责区委、区政府及区级各部门文件的收发；
		2. 按照文件阅办程序传阅文件；
		3. 督促各科、所、站完成文件目标任务和指示精神；
		4. 及时收回文件并存档
	6. 根据街道党工委的工作部署，围绕中心工作，开展调查研究、反映情况和分析问题，为领导决策提供依据	1. 围绕中心工作，深入基层开展调查研究；
		2. 对一些热点问题、重点问题进行讨论和深层次分析，为领导提供依据
	7. 负责办事处的档案和保密工作	1. 定期清缴文件，及时分类、整理并归档；
		2. 严格按照保密要求做好保密工作
	8. 负责办事处的报刊收发和印章、介绍信的使用管理，认真执行印信管理制度，不出漏洞	1. 按照订阅份数收发各类报刊；
		2. 严格按照程序和要求开具介绍信和办理相关事务；
		3. 认真执行印信管理制度
	9. 负责处理办事处的文印工作	1. 制定具体的发文程序；
		2. 认真校对文件，做到不错、不漏、不重、不掉
	10. 负责办事处大小会议室的管理使用，做好机关值班和安全保卫工作	1. 管理办事处大、小办公室的使用；
		2. 督促、检查办事处值班情况；
		3. 督促、检查办事处用电、用车、门卫等安全保卫工作
	11. 执行会员大会或会员代表大会的决议和上级工会的决定，主持办事处工会的日常工作	1. 代表和组织职工依照法律规定，通过职工代表大会和其他形式，参加本单位民主管理和民主监督；
		2. 对职工进行思想政治教育。鼓励支持职工学习文化科学技术和管理知识，开展健康的文化体育活动，办好工会文化、教育、体育事业；
		3. 搞好工会组织建设，健全民主制度和民主生活。建立和发展工会积极分子队伍。做好新会员的接收、教育工作

续表

科室	职能	分解细化
党政办公室	12. 加强街道团的思想建设、组织建设、作风建设，做好新团员发展、团费收缴、团员证使用管理等	1. 积极宣传党的路线、方针、政策及各项法规，组织开展活动，做好团员、青少年的思想教育工作；
		2. 在基层建立团的组织，积极协助有关部门，做好待失业青年的职业技能培训与再就业工作；
		3. 建立农村青年志愿者服务中心，重点围绕城市建设、农村建设开展青年志愿者活动
	13. 宣传、贯彻党的路线、方针、政策。教育、引导妇女增强自尊、自信、自立、自强的精神，成为有理想、有道德、有文化、有纪律的新女性	1. 贯彻、执行妇女代表大会和妇女联合会执委会会议精神，完成妇女联合会部署的工作；
		2. 推动并参与有关妇女发展政策的制定和落实，向有关部门反映妇女的意见、建议和要求，维护妇女的合法权益，代表妇女发挥民主参与、民主管理、民主监督作用，推进男女平等基本国策的落实；
		3. 建立和完善学习培训、工作会议、人才培养和推荐、评比表彰等工作制度
	14. 认真完成街道党工委、办事处交办的其他工作任务	认真完成街道党工委、办事处交办的其他工作任务
经济发展办公室	1. 贯彻执行党和国家关于统计方面的各项方针政策，拟定全办事处统计工作的相关规定及实施细则	1. 学习宣传党和国家关于统计工作的各项方针、政策和法规；
		2. 根据有关方针、政策、法规，拟定全办的统计管理的相关规定并组织实施
	2. 按时收集相关企、事业单位统计资料及报表，以及按时填报统计资料及报表。国家大型经济类普查	1. 国家各类大型经济类普查工作；
		2. 每周、月、季、年度固定报表；
		3. 各种小型、阶段性、临时性普查统计工作
	3. 贯彻执行党和国家关于安全生产方面的各项方针政策，拟定全办事处安全生产工作的相关规定及实施细则	1. 学习宣传党和国家关于安全生产工作的各项方针、政策和法规；
		2. 根据有关方针、政策、法规，拟定全办的安全生产管理的相关规定并组织实施

续表

科室	职能	分解细化
经济发展办公室	4. 按照相关党和国家关于安全生产方面的各项方针政策，对全办事处各企业、事业、行政机关等各单位的安全进行指导、检查。并组织相关单位进行学习及培训	1. 落实责任，督促企业自查、提高安全生产工作的积极性；
		2. 对各类企业进行检查、整改、验收；
		3. 完成上级部门交办的其他相关工作
	5. 贯彻执行党和国家关于招商引资方面的各项方针政策，拟定全办事处招商引资工作的相关规定及实施细则	1. 学习宣传党和国家关于招商引资工作的各项方针、政策和法规；
		2. 根据有关方针、政策、法规，拟定全办的招商引资工作的相关规定并组织实施
	6. 按照相关党和国家关于招商引资方面的各项方针政策，在全办范围内进行招商引资工作	1. 按周、月、季、年度上报招商引资方面的招商资源、招商项目、重点项目、实际引进内资、实际引进外资等各种报表；
		2. 对各类新办企业、旧有企业的项目申报审批等相关事项
	7. 完成相关各项经济指标的年度考核任务	全力以赴完成区政府下达各项考核任务：1. 实际引进内资；2. 实际引进外资；3. 规模以上工业总产值；4. 限上住宿餐饮营业额；5. 建筑业总产值；6. 农民人均纯收入；7. 城镇人均纯收入；8. 固定资产投资；9. 安全生产；10. 重点项目管理
财政科	1. 编制街道党工委、办事处全办预算执行情况及决算	1. 组织、管理和监督街道预算的各项收支情况；
		2. 编制街道年度财政收支预算；
		3. 监督街道办事处及下属事业单位预算的执行；
		4. 编制街道年度财政收支决算，对街道财政资金进行综合平衡
	2. 管理街道行政、事业单位，社区居委及集体经济组织的会计工作，培训街道财会人员	1. 严格依据会计法对街道各部门、集体经济组织的账务进行管理；
		2. 对街道各部门的财会人员进行培训；
		3. 协调审计，物价等业务部门，按照相关政策对相关业务进行审计检查

续表

科室	职能	分解细化
财政科	3. 实施对街道行政、事业单位及社区居委、集体经济组织的财务监督和管理，指导和帮助做好各项财务管理工作	1. 监督街道各部门、社区居委和集体经济组织的财务状况，定期检查；
		2. 指导和帮助集体经济组织做好各项财务管理工作
	4. 管理、监督街道行政、事业单位拥有的国有资产和集体资产	1. 对街道各部门的国有资产和集体资产进行登记；
		2. 定期检查各部门的资产和财产使用情况；
		3. 对报废和新添置的集体资产及时登记和核销
	5. 培植财源，加强街道促进街居经济发展和基础设施改造，保障街道基层财权建设的需要	1. 组织财政收入，严控财政支出，保持财政收支平衡；
		2. 协调、配合税务部门对辖区内的纳税企业进行管理与服务，宣传相关税收政策，确保财政收入稳步增长
	6. 承办街道党工委、办事处交办的其他事项	完成街道党工委、办事处交办的其他事项
城市管理科	1. 贯彻宣传建筑条例，加强建筑工地管理，道路修建及违法建筑的拆除	1. 建筑工地的安全管理；
		2. 背街小巷改造；
		3. 市政道路的修扩建
	2. 宣传贯彻环保条例，加强对燃烟、扬尘排污的管理	1. 秸秆禁烧；
		2. 加大拆除燃煤锅炉，加强扬尘排（烟）污管理；
		3. 对餐饮企业油水分离器的安装任务
	3. 宣传城中村改造条例对辖区的城中村进行改造	1. 宣传城中村改造办法，申报城改计划；
		2. 对纳入计划的村进行有形改造；
		3. 实施已拆迁村的农转居，清产核资，经济体制改革，撤村建社区工作
	4. 执行街道党工委、办事处的决定，做好其他交办工作	做好办事处交办的其他工作

续表

科室	职能	分解细化
社会事务科	1. 贯彻执行国家民政工作的基本方针、政策和法律、法规，不断提高政治思想理论水平和业务水平，围绕党委、政府的中心工作，依法做好各项民政工作	1. 学习国家民政工作的基本方针、政策和法律、法规，不断提高政治思想理论水平和业务水平；
		2. 制定基层政权和社区建设工作指导性意见并落实
	2. 抓好社会保障体系建设，促进社会保障事业发展。完善最低生活保障制度，审核、办理最低生活保障金	1. 建立健全社会保障体系，促进各项社会保障事业发展；
		2. 完善城乡低保制度，做好农村低保初审及报送；
		3. 做好城乡低保户医疗救助及子女助学救助
	3. 开展扶贫帮困工作，及时救助无劳动能力、家庭生活困难的贫困户，抓好五保户供养保障	1. 做好五保户供养审批手续；
		2. 加强扶贫帮困工作，对无劳动能力、家庭生活困难的贫困户及时救助；
		3. 对零就业家庭开展职业技能培训和免费职业介绍
	4. 发动社会力量，完善落实各项优质政策，开展拥军和双拥共建活动，搞好优抚对象的抚恤金、定量补助费的管理和发放	1. 在乡老复员军人、伤残军人、带病回乡复员军人的优抚工作；
		2. "三属"、参战复员军人的优抚工作；
		3.8023部队复员军人的优抚工作
	5. 依据行政法规，抓好行政管理，主要抓好殡葬管理工作；抓好老年人工作；抓好"收养法"的宣传工作	1. 90岁老人生活补助申报工作；
		2. 农村离任干部补助费审批工作；
		3. 殡葬、遗属管理；
		4. 五保户、孤儿救助等工作
	6. 搞好残疾人工作，开展社区康复服务，为残疾人服务	1. 残疾人相关政策宣传；
		2. 残疾人管理、就业、培训；残疾人康复需求；
		3. 做好残疾人管理工作

续表

科室	职能	分解细化
社会事务科	7. 贯彻落实《中华人民共和国科学技术普及法》，建立、完善科普管理制度，促进科普事业健康发展	1. 弘扬科学精神，普及科学知识，传播科学思想和科学方法，捍卫科学尊严，揭露和抵制各种伪科学、反科学行为；
		2. 建立健全并巩固社区、企业、学校科普网络，面向各级领导干部和广大干部群众广泛开展科普教育，多形式、多渠道地开展青少年科技教育，提高全民科学文化素质；
		3. 开展多层次、多形式、多专业的继续教育；
		4. 组织科技工作者深入基层、建立科普示范基地和园区，开展科技培训，普及科技知识，推广先进实用技术，促进科技与经济结合，推动街道科技进步
	8. 积极完成党委、政府和上级主管部门交办的其他工作。	完成党委、政府和上级主管部门交办的其他工作
计划生育办公室	1. 认真贯彻落实党和国家有关人口与计划生育工作的方针、政策、法律、法规，及时传达中央、省、市、区计划生育政策	1. 负责组织完成上级下达的计划生育各项指标，经常督促检查落实情况；
		2. 负责组织学习宣传，贯彻党和国家、省、市、区关于计划生育的法律法规；
		3. 负责辖区内各单位以及各村计划生育管理规章，总结撰写工作并组织实施
	2. 指导社区和村民委员会，开展计生"三为主"工作，有针对性地开展婚育、优生优育、避孕节育宣传、咨询等一系列服务	1. 负责辖区内全员人口数据信息库工作的登记造册；
		2. 负责生育指标发放工作及新生儿报户工作；
		3. 负责各项优惠政策及人口统计信息化工作；
		4. 负责叶酸片的发放与统计；
		5. 负责独生子女保健费发放
	3. 对辖区内流动人口计划生育工作及计划生育三结合项目	1. 对流动人口进行人口计划生育宣传教育；
		2. 查验流动人口婚育证，建立育龄流动人口档案；
		3. 及时对结合项目的立项、申请、资金管理
	4. 做好育龄群众工作，热情接待群众来信来访，及时调整处理有关问题，提出合理化建议	1. 及时处理辖区内有关计划生育的群众来信来访处理，接待及答复工作；
		2. 涉及计划生育方面的农村集体财物分配

续表

科室	职能	分解细化
计划生育办公室	5. 对不同层次育龄群众搞好优质服务系列化工作，落实好属地管理职责	1. 深入各村进行报表检查，促计生专干工作； 2. 全力做好省、市、区的应检工作
	6. 按照政策办理和发放《服务手册》《生育证》《独生子女父母光荣证》，协助街道兑现计划生育奖励优待	1. 发放《服务手册》《生育证》《独生子女父母光荣证》等手册； 2. 协调市、区兑现计划生育奖励款项； 3. 做好计划生育先进的评选活动
	7. 配合上级政府依法做好社会抚养费征收工作	完成社会抚养费等上级和办事处的各项其他工作
综合治理办公室	1. 贯彻中央和上级社会治安综合治理委员会指示精神，制订本街道社会治安综合治理工作计划、方案、措施等，并负责组织实施	1. 学习中央和上级社会治安综合治理委员会指示精神； 2. 制订本街道社会治安综合治理工作计划、方案、措施等，并负责组织实施
	2. 及时排查治安混乱地区和突出治安问题，组织、协调有关部门开展"严打"整治专项斗争和重点治理工作	1. 定期对辖区各村、社区进行治安排查，对突出问题重点检查； 2. 对排查出的问题做深入分析，找出问题症结所在，提出解决办法； 3. 协调有关部门开展严打整治专项活动
	3. 扎实开展基层平安创建活动。巩固与深化平安社区、单位、行业、企业、市场创建成果，抓好长效管理	1. 依据区政法委要求开展平安雁塔创建活动； 2. 制定长效管理体制，确保活动取得成效
	4. 组织、协调有关部门和单位大力抓好暂住人口和出租房屋管理服务、预防青少年违法犯罪、刑事解教人员安置帮教、禁毒、扫"黄"打"非"等工作	1. 组织、协调有关部门和单位大力抓好暂住人口和出租房屋管理服务； 2. 认真做好刑事解教人员安置帮教、禁毒、扫"黄"打"非"等工作

续表

科室	职能	分解细化
综合治理办公室	5. 加强治保会、调委会和群防群治队伍建设，健全制度，加强培训，提高素质	1. 加强基层治保队伍、调委会和群防群治队伍建设； 2. 建立健全各项制度； 3. 加强基层治保队伍、调委会和群防群治人员培训，调高素质，提高工作质量
	6. 认真做好本街道各社区、各部门、各属地单位社会治安综合治理目标管理签约、检查、考核工作	1. 对社会治安综合治理工作成效明显的进行表彰奖励； 2. 对社会治安综合治理工作存在问题的督促落实整改措施； 3. 对发生严重危害社会稳定重大问题的，严格实施领导责任查究和社会治安综合治理一票否决建议权
	7. 深入开展综治理论研究工作，着力探索解决影响社会稳定和社会治安的深层次问题	1. 涉军人员的稳控； 2. 重大突发事件的防范及处理； 3. 打击"法轮功"及其他邪教组织，创建无邪教社区（村）
	8. 办理上级交办的有关社会治安综合治理工作的其他事项	完成上级交办的有关社会治安综合治理工作的其他事项
市容管理办公室	1. 贯彻执行上级指示，按照垃圾回收和清运保洁标准做好垃圾清运和回收	1. 制定长期和短期关于垃圾回收和清运的规章制度； 2. 辖区内生活垃圾清运； 3. 辖区内垃圾的回收
	2. 贯彻执行省、市、区关于《道路保洁条例》的文件精神，依据道路保洁相关标准，监督、检查各条道路卫生清扫情况和日常保洁情况	1. 保洁公司全盘工作； 2. 依据道路保洁标准做好辖区内道路保洁； 3. 保洁员保险； 4. 规章制度的制定
	3. 制作城市道路绿化设计并做好树木花草的管护	1. 绿化费收缴； 2. 城市绿化维护

续表

科室	职能	分解细化
市容管理办公室	4. 公厕管理	1. 公厕保洁员的管理；
		2. 设施、卫生管理；
		3. 规章制度制定
	5. 按照上级政府对景观街区的统一要求，规范和创建高标准的景观街区	1. 景观街区建设管理；
		2. 与施工单位的协调
社区服务中心	1. 宣传党和政府有关社区服务工作的政策、规定	1. 学习宣传党和政府关于社区管理与建设的方针、政策；
		2. 根据政府有关规定和要求制定并组织实施宣传活动
	2. 根据省、市、区指导文件和要求做好社区组织建设	1. 指导辖区内社区开展社区党的组织建设；
		2. 指导辖区内社区建立社区居民代表大会；
		3. 指导辖区内社区建立社区居民委员会
	3. 指导社区居民委员会健全各项工作制度	1. 指导社区建立"社区居民委员会工作制度"；
		2. 指导社区建立"社区环境卫生委员会工作制度"；
		3. 指导社区建立"社区居民会议制度"；
		4. 指导社区建立"社区民主议事委员会工作制度"
	4. 指导社区环境建设	1. 指导社区建立"社区文教体育委员会工作制度及职责"；
		2. 加大市容卫生综合整治力度，开展群众性的爱国卫生运动；
		3. 指导社区围绕治理脏、乱、差全面整治环境；
		4. 开展户外设置物的整治工作、发动社区群众种树，植草、绿化环境
	5. 丰富辖区群众文化生活	1. 积极利用现有的设施，创造条件，组织群众开展丰富多彩的文化活动，倡导科学、文明、健康的生活方式；
		2. 开展群众性文化活动，开展多种形式的书画，摄影，文艺表演等活动；
		3. 深化全民健身体育运动，在辖区内开展诸如羽毛球、乒乓球等群众性比赛活动；
		4. 加强辖区内体育设施、文化室建设

续表

科室	职能	分解细化
劳动保障事务所	1. 负责国家就业方针政策及劳动和社会保障有关法律、法规的宣传和咨询工作	1. 学习、贯彻、落实国家、关于就业方针及劳动保障有关法律法规；
		2. 为辖区居民、村民提供宣传和咨询
	2. 负责建立辖区居民的就业和社会保障及下岗失业人员再就业的基础台账，做好各类报表的统计、汇总，分析和上报工作	1. 劳动力就业输出基础工作相关报表；
		2. 失业登记和失业人员管理；
		3. 负责对《再就业优惠证》申领人员的登记，申报和发放及享受再就业扶持的跟踪服务工作；
		4. 各村的劳动保障工作站的台账、报表、和日常工作；
		5. 劳动力资源及就业输出统计调查表
	3. 负责就业和培训信息的收集、发布，为辖区居民提供职业技能培训，小额担保贷款，创业培训、对培训人员的鉴定，职业介绍，对就业困难人员实施援助	1. 辖区内农民职业技能培训；
		2. 辖区内劳动力就业工作的咨询、介绍；
		3. 培训合格人员给予鉴定，发放职业资格证书；
		4. 辖区内自主创业人员小额担保贷款和创业培训相关手续的办理
	4. 做好辖区内各类退休人员的社会化管理服务，退休人员养老金资格认证工作，城镇居民医保，被征地农民养老保险	1. 城镇居民医疗保险的办理和缴费；
		2. 被征地农民养老保险的办理；
		3. 退休人员社会化管理；
		4. 异地退休人员的协查工作
	5. 负责社区就业岗位的开发，协助做好辖区内用人单位劳动合同的签订、社会保险基金的征缴的执法检查，全民创业，社会保险扩面，自发人力资源市场管理，公益性岗位管理	1. 宣传和帮扶全民自主创业；
		2. 社会保险扩面工作；
		3. 自发人力资源市场的管理；
		4. 公益性岗位管理
	6. 指导社区、村就业和社会保障工作站的业务工作，做好上级部门交办的其他工作	1. 指导村、社区劳动保障工作站建立健全各种劳动保障业务台账，实行动态管理并及时更新；
		2. 及时上下级信息沟通，实现资源共享，为基层提供有效信息；
		3. 做好上级劳动保障部门交办的其他工作

续表

科室	职能	分解细化
公共卫生管理站	1. 组织辖区17个村合作医疗宣传筹资；地方疾病控制；计划免疫	1. 新型农合参合率不低于93%，知晓率不低于95%（双相转诊制度知晓率达100%）；
		2. 协调社区卫生服务站对辖区地方病、计划免疫工作进行监督
	2. 对"五小"进行管理；监督辖区食品药品安全	1. 对辖区"五小"经营门店卫生状况进行监督、办理卫生许可证、健康证；
		2. 对辖区各村小食品厂、药品销售安全调查、统计
	3. 对辖区17个行政村、各驻地单位进行健康教育宣传，提升居民生活质量	1. 对辖区居民健康状况进行调查；
		2. 大力宣传健康卫生知识，提高居民身体素质；
		3. 开展无烟单位申报
	4. 大力开展爱国卫生运动	1. 开展爱国卫生打扫活动；
		2. 严格按照国家卫生城市标准对各村、驻地单位开展病媒防制工作；
		3. 为辖区单位申报卫生先进单位

表4—3 2012年度效能考核工作目标任务分解落实表

领导包片，科室包村（社区）

村（社区）名	包村领导	包村科室	责任人
张千户	王小红	计生科	张庆珍
北辰村	周泽	党政办	李养斌
新光村	郑永安	司法所、市容科	马爱国、吴立
联合村	周仓平	城改办、劳保所	解凯利、惠卫社
袁雏村	郑磊	城管科	王剑
红光村	刘刚	财政所	郑强胜
河址西	李宵科	社事科	张庆珍
薛家寨	梁新民	经发科	陈晶

包村科室：城改办 劳保所 责任单位：联合村

类别	具体指标	性质	目标要求
经济发展	重点工作		积极支持做好服务,确保奇星御园项目建设及市政建设等重点项目顺利进行,重点做好城中村改造,启动安置楼建设工作
和谐社会	社会稳定、矛盾纠纷调解、综合治理		机构健全,人员经费到位,无重大刑事案件,无越级及集体上访。积极做好上访案件的化解及稳控工作
	环境保护、土地管理及村容村貌整治		不焚烧秸秆;无乱占乱建、破坏耕地现象;村内保洁人员到位,杂物无乱堆乱放、垃圾清运及时
	公共突发性疾病防治		预防为主,如有发生,及时上报并积极采取措施防治
	安全生产	否决指标	无重特大安全事故
	符合政策生育率	否决指标	100%
班子建设	村级组织建设		做好村级党组织"升级晋档、科学发展"工作,各项组织健全,团结协作,求真务实
	党风廉政建设		廉洁自律,无违法违纪现象
	民主管理		制度健全,管理民主,活动经常,村务公开一年两次

包村科室	责任单位	类别	具体指标	性质	目标要求	重点工作
财政所	红光村	同上	同上	同上	同上(除重点工作外)	积极支持做好服务,重点做好城中村改造,做好农转居,经济体制改革工作,启动安置楼建设工作
司法所 市容科	新光村	同上	同上	同上	同上(除重点工作外)	积极支持做好服务,确保锦绣天下、大明宫建材城项目及市政道路建设等项目建设顺利进行。重点做好城中村改造,完成整村拆除工作

续表

包村科室	责任单位	类别	具体指标	性质	目标要求	重点工作
城管科	袁雒村	同上	同上	同上	同上（除重点工作外）	积极支持做好服务，确保市政道路征地拆迁建设顺利进行
党政办	北辰村	同上	同上	同上	同上（除重点工作外）	积极支持做好服务，重点做好城中村改造，完成整村拆除工作任务
社会事务科	河址西	同上	同上	同上	同上（除重点工作外）	不断加强房屋出租、车辆运输业，增加村民收入；创建文明村
经济发展科	薛家寨	同上	同上	同上	同上（除重点工作外）	积极支持做好服务，重点做好城中村改造，完成经济体制改革相关工作
计生科	张千户	同上	同上	同上	同上（除重点工作外）	积极支持做好服务，重点做好城中村改造，做好农转居，完成安置楼建设工作任务

实际上，街道办事处的政治职能就是充当政府与农（居）民的桥梁，街道办事处作为政府派出机构其首要职能就是提供公共服务，帮助老百姓做实事。如扶贫帮困、社区卫生、计划生育、社区文化和矛盾纠纷调解工作等。街道办事处有几十年来积累的与农村广泛联系的人脉资源和关系，这种联系是其他部门不具备的，街道办事处的工作人员经常深入农村，对农村情况熟悉，解决农村深层次问题方面具有优势。随着城市外来人口急剧增加，社会组织发展迅速，社会结构愈趋复杂，居民对生活方式多样化、个性化的追求和对生活质量提高的要求越来越高，迫切要求政府特别是街道办事处这一直接为人民群众服务的基层政府派出机构重新定位其职能、转变工作方式，但是，由于我国长期以来的管理思维定式，加上街道办事处工作任务繁重，工作人员素质参差不齐，街道办事处行政化有增无减。

街道办事处所辖社区既有农村又有居民社区，一般城市街道办事处都辖有一定数量的城中村和城郊村，各科室都有一些涉农事务。街道办事处主要的涉农机构是农村综合服务站，这是由原农经站转化而来的一个涉农机构。此外街道办事处还设有农村财务管理服务中心。

（二）村（居）委会

村民委员会是城中村在改造之前和改造过程中的农村社会管理组织。城中村在未改造之前虽然已经高度城市化，但在管理体制上实行的依然是农村社会管理体制，即村民自治。通过村民委员会依法办理与村民利益相关的村内事务，实现村民的自我管理、自我教育和自我服务。

城市化进程必然要求城中村由原来的农村行政村治理方式向村改居后的城市社区治理方式过渡转轨。然而，由于城中村脱胎于传统村庄，尽管维系传统村庄秩序的地缘、血缘、人情、信任等力量在大量外来人口的涌入下有所削弱，但历史惯性依然强大，况且新的维系社会秩序的规则和方式尚未定型，因此在一些城中村中二种管理模式并存。例如东村回迁之后，仍实行村民自治，虽然农转居了，也申请撤村建居（社区），但由于达不到设立社区的户数标准，目前仍未获准。办公楼外挂着几块牌子：村委会、居委会、监委会、党支部，而门头却是大大的"东村社区"。即使一些获批撤村建社区的城中村，由于在五年过渡期内仍然享受惠农政策，因此，也很难完全实行城市社区管理。

居委会是城中村城市化后一个新成立的机构，就其本身的性质而言，应是城市基层群众自治组织，但实际上是基层政府在社区内的代表，在基层社会治理中具有重要作用，是政府与社会互动的"第三域"，基本上承担了居民与基层政府之间的联系。2002年以前，西安市"城中村"社区一直是市辖区—镇—村委会三级管理。2002年以后，《西安市城中村改造管理办法》规定，对城市建成区围内失去或基本失去耕地，仍然实行村民自治和农村集体所有制的村庄实行农村管理体制的村庄进行城市化改造，建立起城市基层管理体制，即在原城中村农民居住的地域建立起城市社区居民委员会，替代原来的村民委员会，对本地域实行城市管理体制。社区居民委员会的建立标志着城中村区域已经改造成为城市管理区域，开始接受城市化的治理体制和规则，在街道办事处的领导下，对本地域的居民实行城市化管理，使城市社区管理开始走上良性循环的轨道。①

社区居委会是指由居住在某一地方的人们结成多种社会关系和社会群体，从事多种社会活动所构成的社会地域生活共同体。社区居委会是以原居民委员会整合而组成的。我国《居委会组织法》规定"居民委员会是居民自我管理、自我教育、自我服务的基层群众性自治组织"，2010年中共中央办公厅、国务院办公厅印发了《关于加强和改进城市社区居民委员会建设工作的意见》指出，社区居民委员会的设置要充分考虑公共服务资源配置和人口规模、管理幅度等因素，按照便于管理、便于服务、便于居民自治的原则确定管辖范围，一个社区原则上设置一个社区居民委员会。陕西省政府办《关于贯彻〈中共中央办公厅国务院办公厅关于加强和改进城市社区居民委员会建设工作的意见〉的实施意见》（陕办发〔2012〕9号）规定，"本着便于管理、便于服务、便于自治、精简效能的原则。一般在1000—5000户或3000—15000人的社区设立居民委员会，居民委员会的设立、撤销、规模调整由市辖区、不设区的市人民政府决定"。

《关于加强和改进城市社区居民委员会建设工作的意见》进一步明确规定了社区居民委员会具有三大主要职责：

第一，依法组织居民开展自治活动。社区居民委员会是社区居民自治的组织者、推动者和实践者，（1）要宣传宪法、法律、法规和国家的政策，教育居民遵守社会公德和居民公约、依法履行应尽义务，开展多种形式的社会主义精神文明建设活动；（2）召集社区居民会议，办理本社区居民的公共事务和公益事业；（3）开展便民利民的社区服务活动，兴办有关服务事业，推动社区互助服务和志愿服务活动；（4）组织居民积极参与社会治安综合治理、开展群防群治，调解民间纠纷，及时化解社区居民群众间的矛盾，促进家庭和睦、邻里和谐；（5）管理本社区居民委员会的财产，推行居务公开；（6）及时向人民政府或者它的派出机关反映社区居民群众的意见、要求和提出建议。

---

① 深圳特区罗湖区委区政府研究课题组："城中村改造的新尝试"，《求是》2003年第3期。

第二，依法协助城市基层人民政府或者它的派出机关开展工作。社区居民委员会是党和政府联系社区居民群众的桥梁和纽带，要协助城市基层人民政府或者它的派出机关做好与居民利益有关的社会治安、社区矫正、公共卫生、计划生育、优抚救济、社区教育、劳动就业、社会保障、社会救助、住房保障、文化体育、消费维权以及老年人、残疾人、未成年人、流动人口权益保障等工作，推动政府社会管理和公共服务覆盖到全社区。

第三，依法依规组织开展有关监督活动。社区居民委员会是社区居民利益的重要维护者，（1）要组织居民有序参与涉及切身利益的公共政策听证活动。（2）组织居民群众参与对城市基层人民政府或者它的派出机关及其工作人员的工作、驻社区单位参与社区建设的情况进行民主评议，对供水、供电、供气、环境卫生、园林绿化等市政服务单位在社区的服务情况进行监督。（3）指导和监督社区内社会组织、业主委员会、业主大会、物业服务企业开展工作，维护社区居民的合法权益。

三 开发区的特殊管理体制

开发区，是在一个或者数个乡镇建制的基础上成立的，向城市迈进的区域，其管理机构一般称管理委员会（管委会），属于接受上级人民政府委托的非常设机构，不具有行政法主体资格。尽管开发区实行"准政府"式的管理模式，其职能主要是通过政府派出机构"管委会"组织实施，几乎承担了人大、法院和检察院之外的行政区全部管理职能，管委会及职能部门要承接市上 60 多个部门的工作，然而，我国行政机构设置序列中并没有开发区。从国家法律到地方法规中，都没有对开发区管委会的法律地位和职能予以明确定位。[①]《西安市开发区条例》，授予开发区市级经济事务和部分社会事务管理职权，但对开发区的功能定位、管理模式、组织原则和组织形式始终未从法律上予以明确。其管理对象既有尚未城市化的农民、农村及其村委会，又有已经城市化的市民、城市社区及其居委会。在中国政府序列中，开发区不是一级法理上的政府，但各地开发区却肩负着地方政府的职能。开发区管理体制是行政管理体制

---

① 潘波："开发区管委会的法律地位"，《行政法学研究》2006 年第 1 期。

的重要组成部分,是促进开发区事业发展的源泉和基石。

自1984年中央决定在沿海地区设立开发区之后,中央和地方批准的各类开发区迅速建立并成长起来。从时间序列看,我国开发区的发展可大致分为四个时期:1. 起步探索期(1984—1991年)。在此期间,国务院批准在沿海12个城市设立了14个国家级开发区。2. 成长壮大期(1992—1998年)。1992年,邓小平同志南行并发表重要谈话后,我国掀起了对外开放和引进外资的新一轮高潮。国家新批准18个国家级开发区。这一时期,开发区大多实行"小政府、大社会"的管理架构。3. 稳定发展期(1998—2002年)。在这一阶段,国家批准中西部地区省会、首府城市设立国家级开发区,使国家级开发区增加到49个。4. 转型分化期(2003年以来)。2003年年底,全国共有各类开发区3612个。[①] 截至2015年9月,全国共有国家级经济技术开发区219家,内地每个省区均有分布,其中江苏省最多,有26家,其次是浙江省21家,山东省15家。

(一) 开发区管理体制基本类型

综观我国开发区管理体制,按管理主体形式可大致分为三种基本类型:

一是准政府的管理体制。管理委员会不是一级政府,只是作为市人民政府的派出机构,代表一级党委对开发区行使市级经济事务和部分社会事务管理职权,主要根据市人民政府的授权开展工作,其管理权限与行政区有较大的差异。开发区设党工委、管委会和开发总公司,三块牌子一套班子,具有管理者和开发商的双重功能。其主要职能是代表政府对开发区的基础设施建设、土地开发、招商引资和社会管理等方面进行全面管理,为入区企业提供服务,还拥有一定的行政审批权,管委会还可以根据开发区经济发展和社会管理的需要自行设置有关职能部门,同时,开发区还扮演经济开发和建设的角色。大部分开发区在建设初期采取这种模式。准政府模式的主要优点是可以充分利用政府的力量和资源,能从政府的高度对开发区的功能布局进行整体规划,提高了各项行政审批效率,对征地拆迁、居民安置、基础设施建设等工作都具有一定的权威性,在招商引资方面也会争取到许多的优惠政策。存在的主要问题是

[①] 周家新、郭卫民、刘为民:"我国开发区管理体制改革探讨",《中国行政管理》2010年第5期。潘波:"开发区管委会的法律地位",《行政法学研究》2006年第1期。

管委会定性不明确，地位缺乏法律依据。

二是政区型管理模式，即开发区与行政区合一的管理体制，按一级行政区来管理的模式，经济功能区与行政区的管理合一，或者是两块牌子一套人马。开发区的内设管理机构的编制和职能和行政区基本一致，党政联席会议是双方主要协调方式。个别机构直属管委会，如招商局、科技局；发展与改革、城管、财政、建设等机构既隶属开发区管委会又隶属区政府，这种模式主要适用于整个行政区域作为开发区，或者开发区是原有城区建制的一部分。其优点是使开发区的功能优势与原行政区的基础和自然优势得到有机结合，有利于统筹规划，协调发展，但同时因为摊子过大，处理不好容易因财力不足背上较重的包袱，并有可能淡化和削弱开发区的优势和特色。

三是委托管理模式。对开发区规划范围内的村（社区）社会事务，管委会实行行政托管模式，对托管范围的国有、集体土地实行一元化管理体制，村（社区）社会事务实行一元化管理，全权负责。徐向峰在《中国国家级开发区管理体制发展规律研究》中，将国家级开发区划分为三个发展阶段，并指出，"在第三个阶段开发区应上升为行政区，统一管理辖区内经济和社会事务，形成一元化管理格局"[①]。目前国内已经形成了社会事务一元化管理的浦东模式、青岛模式、苏州模式、广州模式和成都模式等。2010年11月，陕西省发布《沣渭新区乡镇街道托管及有关管理体制方案》，沣渭新区整建制托管未央区六村堡街道、三桥街道以及长安区王寺街道、高桥街道、斗门街道等5个街道，包括133个行政村和18个社区。沣渭新区党工委、管委会将成为村（社区）社会事务的唯一管理主体，全面负责5个街道的党群、行政、经济和社会事务等管理权限。管理内容也不仅限于征地拆迁，还包括后续的回迁安置等方面的全部管理工作，类似于一级行政区（县）政府的职能。一元化的权力配置更有利于权责统一。

（二）开发区的主要职能

对于西安而言，自1988年到今天，已经形成了"五区一港两基地"8个开发区的发展格局。"五区"分别指高新技术开发区、经济技术开发

[①] 徐向峰："中国国家级开发区管理体制发展规律研究"，《华人时刊》2011年第1期。

区、曲江文化产业区、浐灞生态区、沣东新城；"一港"指的是国际港务区；"两基地"包括西安阎良国家航空高技术产业基地和西安航天产业基地两个特色产业基地。同时还包括陕西咸阳高新技术产业园、陕西户县沣京工业园区、陕西高陵泾河工业园区等省级经济开发区。2014年1月6日，国务院正式批复陕西设立国家级西咸新区，更是为大西安经济社会发展注入了新的活力。

西安高新技术产业开发区（简称高新区），成立于1988年，属于第一批国家级开发区，同时也是陕西和西安设立时间最长的开发区。西安市开发区在体制模式上都实行的是"准政府型"，亦称管委会托管园区型，即管委会是政府的派出机构，行使派出政府授予的经济和部分社会事务管理权限，主要根据市人民政府的授权开展工作，对开发区实施开发建设和管理服务。

《西安市开发区条例》《陕西省经济技术开发区土地管理规定》和《陕西省人民政府关于支持西安高新区建设世界一流科技园区的若干意见》等地方性法规和政策明确规定了西安高新区的法律地位及其职权职责，特别是关于土地管理开发方面的权限。《西安市开发区条例》（2002年11月27日西安市第十三届人民代表大会常务委员会第四次会议通过，2003年2月23日陕西省第十届人民代表大会常务委员会第二次会议批准）第4条规定，"西安高新区管理委员会是市人民政府的派出机构，对开发区行使市级经济事务和部分社会事务管理职权"；第9条第2款规定"依据法律、法规、规章，制定开发区管理规定"；第10条第4款规定，"开发区管理委员会行使下列职权：负责开发区内的土地、规划、建设、房产、市容环卫、市政、公用事业、环境保护、园林绿化的管理"。第11条规定，"开发区管理委员会负责开发区内的农村管理工作，具体办法由市人民政府规定"。

《陕西省经济技术开发区土地管理规定》（1994年1月10日陕西省第八届人民代表大会常务委员会第四次会议通过，分别于2002年3月28日和2004年8月3日两次修改）第3条规定，开发区管理委员会根据派出它的人民政府的授权，在符合市、县土地利用总体规划的前提下，按照节约用地的原则，对开发区内的土地实行统一规划、统一征用、统一出让、统一管理，并接受派出它的人民政府的土地行政主管部门和上级土地行政主管部门的监督检查。第 4 条规定，开发区管理委员会根据派出它的人民政府的授权，负责开发区内土地使用权的出让，具体组织建设项目供地。开发区管理委员会根据派出它的人民政府的授权，依法对开发区内的土地使用权的转让、出租、抵押和参股实施管理。但在 2003 年以来，国务院进一步加强了土地市场秩序的治理整顿，西安市政府集中清查了各类开发区违法违规占地问题、开始规范建设用地管理。针对省人大出台的《陕西省经济技术开发区土地管理规定》存在与中央政策不一致的问题，陕西省政府向人大提出了修改建议。在省人大按程序修改《规定》前，市国土资源和房屋管理局就"开发区土地管理体制不顺，存在多头供地"问题拿出了整改措施：暂停执行开发区管地和供地的行为，并将三个开发区的土地管理部门改设为市局派出机构，本着依法理顺、高效便捷的原则，实行双重管理，从根本上解决多头供地问题。

2008 年 7 月 9 日陕西省人民政府出台的《关于支持西安高新区建设世界一流科技园区的若干意见》（陕政发〔2008〕30 号）规定："大力支持西安高新区统筹城乡发展，把西安高新区建设成为陕西省城乡一体化改革的试验区。支持城乡一体化管理服务。按照西安市城市总体规划（2008—2020 年），在西安高新区规划范围内，支持西安高新区托管规划区域内的农村，对规划区域内城乡土地、建设、社会治安、交通运输等城乡经济社会的管理和服务事务实行统一管理，变城乡二元管理为西安高新区一元化管理。西安高新区管理的农村要加快城市化进程，坚持以规划为基础，以产业发展为支撑，以建立市场配置资源的机制为关键，以配套政策为保证，在统筹城乡发展方面大胆创新，为全省积累经验。"同时还规定"大力支持西安高新区探索集约用地模式，把西安高新区建设成为国家科技产业集约用地模式的示范区。坚持集约节约利用土地，坚持优先发展投入产出比高的高科技产业，大力支持西安高新区项目建设用地。按照经济贡献和土地供应大体同比的原则，省政府在西安市的计划内单列西安高新区建设用地计划，实行审批直通车制度。今后，每年全省新增用地指标向西安高新区倾斜。对投资额 3 亿元以上，每亩投资强度 250 万元以上，投入产出比 1∶3 以上的项目，视同陕西省重点项目，确保优先及时供地"。

西安高新区除享有经济、社会管理职能外，还享有在开发区范围内的行政管理权。在管理层次方面，高新区形成了领导小组决策、管委会管理和中心经营格局，其中决策领导小组，包括高新区建设领导小组和建设世界一流科技园区协调领导小组，由市委、市政府主要领导任组长，市政府和市级有关部门及部分区县主要领导为成员，负责制定高新区整体规划和发展目标，协调解决高新区发展中的重大问题；高新区管委会，下设、管理和领导办公室、人事劳动与社会保障局、发展策划局、投资服务局、财政局、投资促进局、经济贸易发展局、国土资源与房屋管理局、规划建设局、社会事业服务局、市容园林局和教育局等16个职能部门。[①] 这种管理体制虽有优点，但也有明显的不足，特别是开发区和所在区县在农村管理问题上，利益取向等方面存在许多体制性的矛盾和冲突，直接制约和影响着开发区的征地拆迁工作。在此背景下，西安高新区管委会与Y区政府实行联建，税收分成的运行机制。两区设立联合开发办公室，与西安高新区土地储备中心合署办公，"联合办公室是西安高新区与Y区共同合作建设与开发的组织管理机构，负责两区合作开发过程中的组织协调、征地拆迁、安置补偿、财税分成等工作"。在联建中当地政府主要承担土地的征收任务，开发区主要承担村庄拆迁安置、规划、配套和招商。这种共同开发的模式在一定程度上缓解了体制性摩擦，解决了西安高新区对建设用地的需求。但在实际操作中，由于许多体制性问题和利益问题纠结缠绕在一起错综复杂，西安高新区征地拆迁受当地政府及街道办事处严重掣肘。但是正如Y区有关部门2012年的一份调研报告指出的那样，虽然高新区的主要职能是发展壮大高科技产业，但事实上，随着高新区的发展和改革的推进，其社会事务方面的管理权限不断扩大，并最终将走向"西安高新区托管规划区域内的农村，对规划区域内城乡土地、建设、社会治安、交通运输等城乡经济社会的管理和服务事务实行统一管理，变城乡二元管理为西安高新区一元化管理"。管理体制的变革为其制定高新区征地拆迁政策提供了更为便捷的制度平台。

（三）开发区社会事务管理特点

开发区村社社会事务管理是指在开发区规划范围内，以行政村为主

[①] 陈怀平、刘吉发、金栋昌："新时期行政区与开发区融合发展的理性思考——基于西安市Y区与高新区、曲江新区、浐灞生态区关系的调查与分析"，《技术与创新管理》2010年第2期。

体和少数社区为管理对象，实施的社会行政管理和社会事业服务活动。被划出村的社区规划、土地管理、社区治安、市容市貌等社会事务由开发区和工业园区管辖，但村内社会服务事务仍由所在街道办事处管理。

相对一般农村社会事务管理，开发区内的村社社会事务又独具特点，可以概括为：(1) 开发区内的农村主要为城郊村或城中村。这些村庄，大都以第三产业为主，"房租经济"尤为突出。(2) 开发区内的村社都面临拆迁改造。开发区规划范围内的农村有的已经有过一次或数次的征地，耕地无几，即使有面积也不多，现有土地主要为宅基地和村庄用地。(3) 开发区内的村社社会事务管理可分为未改造的城中村管理、拆迁过渡期管理和安置回迁后管理三部分。

开发区建设、发展的基础条件是土地的征用和拆迁。西安市 Y 区是我省开发区最集中的区域，一个行政区内建有多个开发区，一个开发区跨越多个行政区，涉及的西安高新技术产业开发区、曲江新区、国家民用航天产业基地和浐灞生态区，共占地 97 平方公里，约为全区总面积的 2/3。"优势互补，共建共赢"是 Y 区支持开发区建设的指导思想。在征地拆迁工作中，按照 Y 区和开发区协议约定，开发区负责城中村的有形改造，主要包括村庄拆迁安置、规划、配套和招商。街道办事处主要承担无形改造部分，配合征地拆迁协调工作。由于西安市大多开发区规划区内的农村未实行托管（沣渭新区除外），所以无论是改造前还是改造后的农村社会管理工作主要由行政区承担。

表 4—4　　　　　　　　　Y 区城中村情况

Y 区已经搬迁的村	Y 区未搬迁的村	划归高新区的村	划归曲江的村	划归浐灞的村
北石桥村	姚家村	双旗寨村	东三爻村	白杨寨村
牟家村	岳旗寨村	周宋村	东三爻堡村	史家湾村
响塘村	闵旗寨村	西晁村	新小寨村	田家湾村
翟家堡村	二府庄村	新丰村	南窑村	月登阁村
北沈家桥村	西窑头村	东晁村	瓦胡同村	马腾空村
南沈家桥村	大寨村	雷家寨村	大雁塔村	
齐王村	高家堡村	漳浒寨村	太平堡村	
双桥头村	赵家坡村	西滩村	金浮沱村	

续表

Y区已经搬迁的村	Y区未搬迁的村	划归高新区的村	划归曲江的村	划归浐灞的村
南姜村	曹家堡村	贺家寨村	北池头村	
西姜村	杜城村	英发寨村	西曲江新村	
东姜村	沙井村	老烟庄村	东曲江新村	
北寨子村	徐家庄村	东滩村	羊头镇村	
南寨子村	南山门村	袁旗寨村	庙坡头村	
西三爻堡村	白家村	丈八东村	裴家空村	
西三爻村	丁家村	丈八北村	春临村	
新家坡村	北山门村	丈八南村	岳家寨村	
长延堡村	沙呼沱村	丈八西村	新开门村	
后村	二府庄村	红庙村	孟村	
延兴门北村	吉祥村	陈林村	黄渠头村	
荣家寨村	罗家寨村	郁家庄村	缪家寨村	
陆家寨村	潘家庄村	曹里村	三兆村	
	郝村	里花水村	五典坡村	
	杨家村	鱼化寨村	余王掮村	
	西八里村	小烟庄村		
	东八里村	西付村		
	观音庙村	东付村		
	王家村	丁家桥村		
	铁二村	双水磨村		
	铁一村	茶张村		
	延兴门南门	西辛庄村		
	西等驾坡村	陈家庄村		
	东等驾坡村	东辛庄村		
		铺尚村		
		南窑头村		
		木塔寨北村		
		木塔寨南村		
		甘家寨村		
		闸口村		
		蒋家寨村		

Y区120个行政村，67个在三区规划区域内。其中，高新区39个村，曲江新区23个村，浐灞生态区5个村。行政区直管的只有53个村。截至目前，Y区开发区规划区域内已经完成拆迁任务（整拆）的村共33个，涉及6个街道，拆迁总面积近795.81万平方米，拆迁总人口45709人，其中高新区已拆迁21村，涉及3个街道，拆迁总面积约22442.978亩，拆迁总人口7112户，23190人，其中已回迁16个村，4777户，村庄面积16210.799亩。曲江新区已拆迁12村，涉及3个街道，拆迁总面积约3725.749亩，拆迁总人口8803户，17765人，其中已回迁3村，1403户，村庄面积621.884亩。目前，全区拆迁村中已完成集体经济改制的2个，正在进行改革的16个。涉及农转非人口共48153人，其中已有13077人完成农转非手续。

西安高新区在过去20余年的发展中，已拆迁安置了蒋家寨、陈家庄、西辛庄、丈八东村、东滩、恭张等40多个村庄，完成了数万人"农转居"，为其高新技术产业布局提供了必要的空间。自2003年3月成立高新区土地储备中心以来，截至2010年3月，高新区已累计征地39334.243亩，约合26.22平方公里，涉及45个行政村。

表4—5　　　　　　　2003—2010年高新区征地情况统计表

序号	村庄名称	已征地面积（亩）	序号	村庄名称	已征地面积（亩）
1	北沈家桥	168.32	13	南沈家桥	476.214
2	闸口村	277.185	14	袁旗寨	1749.191
3	红庙村	103.365	15	翟家堡	8.311
4	里花水村	1833.92	16	丈八南村	676.498
5	铺尚村	715.288	17	丈八北村	1012.899
6	余家庄	783.812	18	东滩村	2315.953
7	丈八西村	658.024	19	西滩村	2195.049
8	丈八东村	365.164	20	陈家庄	585.261
9	西付村	1700.434	21	南窑头	3310.66
10	陈林村	386.809	22	东辛庄	596.991
11	高家堡	507.447	23	木塔北村	292.916
12	东付村	1062.795	24	曹里村	70.872

续表

序号	村庄名称	已征地面积（亩）	序号	村庄名称	已征地面积（亩）
25	木塔南村	952.805	36	周家庄	571.16
26	漳浒寨	1973	37	南新村	1437.544
27	乳驾庄	1941.57	38	东新村	454.812
28	西辛庄	405.386	39	西新村	1532.312
29	丁家桥	256.531	40	河池寨	1036.029
30	甘家寨	2815.451	41	东祝村	468.933
31	双水磨	572.362	42	中祝村	787.603
32	茶张村	435.075	43	西祝村	221.612
33	沙井村	216.249	44	五四村	776.455
34	响塘村	142.958	45	羊村	699.672
35	恭张村	886.148			
合计（亩）		26183.605	合计（亩）		13150.638
合计(亩)			39334.243		

资料来源：白婷《高新区与沣东新城村（社区）社会事务管理模式比较研究》，长安大学，2012年，硕士学位论文。

较之于有形改造，无形改造难度更大，任务更艰巨。开发中的征地拆迁项目越来越多，规模越来越大，需要解决的问题也越来越多。随着高新区的不断发展，涉及的土地征收、村庄回迁等敏感性的问题日益凸显，农村管理难度加大。尤其是高新开发区和曲江开发区整村拆迁之后以一个或多个村庄为单位，就地或异地整体上楼安置，进而形成封闭式的回迁安置社区越来越多，征地拆迁遗留问题越来越复杂，社会稳定压力非常大。城改拆迁难，改造后回迁安置社区的管理面临更大的挑战和压力。

四 城改部门的专门管理

2007年西安市城中村（棚户区）改造办公室（以下简称"城改办"）成立，为市政府管理的正局级机构，同时为市城中村（棚户区）改造工作领导小组的办事机构。主要职能，一是负责城中村和棚户区改造宣传教育工作；起草全市城中村和棚户区改造的地方性法规及有关配套政策；

制定城中村和棚户区改造工作总体规划、年度计划和阶段性任务。二是协调全市城中村和棚户区的改造工作：负责城中村和棚户区改造工作目标任务的组织实施和体制改革工作。三是指导、协调全市城中村和棚户区改造建设各成员单位的工作；负责全市城中村和棚户区改造方案的审核工作；负责城中村和棚户区改造方案范围内有关计划、规划、土地、建设、房产的行政审批工作。四是负责全市城中村和棚户区改造工作的督查落实，指导协调各区城中村和棚户区改造工作的开展。市城改办接受市发改委、市建委、市国土局、市房管局等部门委托，集中办理城中村改造范围内，计划、规划、土地、建设、房产等行政审批事项，实行一站式办公。

城改工作主要流程为：市城改办制订城中村改造计划，区城改办根据市城改计划和市规划部门控规图编制城改方案（方案包括改造的必要性、可行性、建设方案、拆迁安置方案、无形改造方案、资金来源及保障，经济效益分析等）→报市城改办审批→根据市城改办批复→在市城改办办理拆迁手续→动迁宣传、评估→与村民、村委会等签订拆迁补偿安置协议（开发商、街道办事处、城改办共同参与）→城改办审核拆迁补偿安置协议。（城改办入村时，即成立城中村改造指挥部，村两委干部都是指挥部成员）→拆迁（村民过渡）→无形改造（与有形改造同步或随后跟进）→回迁安置→撤村建社区。

城改办严格按照"政府主导、以区为主、安置先行、有形无形并重"的改造原则，始终将群众安置工作作为维护社会政治稳定、改善民生工作的重中之重，并以安置房建设和安置回迁为核心，全面推动各项改造工作。

自2007年西安城市改造项目全面启动，启动前城六区共有行政村624个，建成区范围内共有棚户区324处。截至2015年12月底，全市已实施189个城中村的改造工作，涉及9.12万户、31.53万人，已有127个城中村6.78万户、23.61万人完成回迁安置，累计完成投资506.76亿元。通过无形改造共完成217个村的农转居、160个村的经济体制改革和150个村的撤村建社区工作，20余万村民被纳入城市社会保障体系。全市已实施58个棚户区的改造，涉及9.34万户、31.93万人，已有33个棚户区5.29万户、21.54万人完成回迁安置，累计完成投资201.92

亿元。

Y 区城改办是 2008 年由区建设局城改办分离出来的一个独立全额拨款事业单位，处级建制。该办编制 30 人，现在岗人员 19 人；职数为三个处级、七个科级；设七个科室，分别为：行政科、规划土地科、综合管理科、监督检查科、建设管理科、计划财务科和政策法规科（其中后两个是新设科室）。

区城改办的主要工作包括：负责辖区内城中村改造（划归三个开发区的村除外）的有形改造工作，全部村庄的无形改造工作，回迁安置，城改项目规范化监管，包括安置楼和开发楼盘的安全生产，建设进度，工程质量监管。总之，只要是城改项目，都由城改办负责和监管。

第二节 地方政府城中村管理主要内容

社会管理的对象是人和事，即规范人们的行为，管理社会的公共事务。有学者认为城市政府的两个基本职能包括为民主政治在地方层面上提供实现的渠道以及生产和提供城市公共服务。[1] 实际上就是根据国家赋予的权力，为实现国家意志、维护城市安全、稳定和推动城市各项事业发展而担负的职责和功能。《中共中央关于城市经济体制改革的决定》指出："城市政府应该集中力量做好城市的规划、建设和管理，加强各种公用设施的建设，进行环境的综合整治，指导和促进企业的专业化协作、改组联合、技术改造和经营管理现代化，指导和促进物资和商品的合理流通，搞好文教、卫生、社会福利事业和各项服务事业，促进精神文明的建设和良好的社会风气，搞好社会治安。"向春玲认为，政府的公共服务主要包括，提供就业服务和基本社会保障等基本民生性服务；提供教育、医疗、公共文化等公共事业性服务；提供环境保护、基础设施建设等公益性基础服务；提供生产安全、消费安全、社会安全等公共安全性服务。此外，政府还要动员企业、社会组织参与提供力所能及的公共服

---

[1] J. Pierre. Partnerships in Urban Governance: European and American Experiences. UK: PALGRAVE, 1998.

务，并对社会其他主体提供的公共服务进行有效的管理和监督。①

一般来说，地方政府在农村社会管理中的本位职责主要在三个方面：一是为农村经济发展中的基本经营、市场监管、基础设施建设创造环境；二是为农村教育、卫生、文化、体育、环境保护等社会事业发展提供更多的公共服务；三是为化解农村社会矛盾、保持农村社会稳定、构建农村和谐社会创造条件。②

城中村社会事务纷繁复杂，社会问题各式各样，社会需求千差万别，利益关系错综复杂。因此，城中村的社会管理较之传统农村管理则更为复杂具体，主要表现在土地管理、基础设施建设、住房管理、流动人口管理等方面。城中村面临治理人口、治理组织、治理事务等治理对象上的三大挑战，即大量人口进村对传统社区社会管理体制提出新的挑战、大量组织体入村带来的挑战、大量服务与管理事务下沉到村，直接导致管理内容复杂，管理难度加大的挑战。

一　城中村人口管理

城中村人口管理是地方政府对城中村管理的内容之一。目前街道层面社会管理的对象主要包括如下三类：一是社区居民。就是指居住在社区中的人。这些人中又分两类：第一类是原城中村村民，相比较而言，这类人比较容易掌握；第二类是外来购房居民，这类人口有一定的经济基础，生活来源有依靠，相对也比较容易掌握。二是在当地工作并在社区租房居住的，这是最难掌握情况的一类。三是流动人口。这是街道管理对象中日渐重要的一部分。随着城市化进程的加快，大量内地的农村剩余劳动力离土离乡，来到城市谋求发展，城中村交通便利，租房价钱低廉，成为新市民租房的重要选择，导致大量外来人口集聚在城中村。这些管理对象分属不同的阶层，有着不同的教育背景、经济收入状况和文化背景，他们的利益取向千差万别，为社会管理带来了新的问题。

---

① 向春玲："论多种社会主体在社会管理创新中的作用"，《中共中央党校学报》2011年第5期。

② 中国社会科学院新型城镇化研究课题组：《中国新型城镇化道路——城乡双赢：以成都为案例》，社会科学文献出版社2007年版，第120页。

目前，Y 区共有人口 108 万，其中新市民 40 万，有 90% 的新市民居住在城中村。目前，许多城中村居住的新市民人数是村民的 10 倍甚至十几倍。长延堡街道的西八里村，村民有 1100 人，新市民有 1.6 万人，新市民人数是村民的 15 倍，从城中村实有人口构成看，流动人口往往是户籍人口的 10 倍以上。灞桥区长乐坡村村民人口 2500 多人，居住的流动人口竟达 8 万多人，超过村民人口的 31 倍之多。电子城街道的沙井村，村民 3100 人，每户村民家大多都有 40 间甚至上百间房屋出租，因周围企业高校众多，方圆 500 米内有超过 30 条公交线路车站，以致整村的租客多达 10 万人之巨，相当于一个小县城的人口。

西安市综治办的调查表明，西安市城中村共有出租房 4.5 万户，占全市出租房户的 70%；有小旅馆近 2600 家。租房业已成为城中村村民的主要收入来源。受利益驱动，城中村村民争先恐后盖房子，很多人在原有房屋基础上加盖多层，在城中村出现了一线天、贴面楼、握手楼等现象，存在着很多安全隐患，尤其是消防安全隐患。由于城中村人口众多，人员素质良莠不齐，局部环境比普通村庄更复杂，管理上的漏洞更多，使这一区域成为众多丑恶社会现象的发生地，也成为社会治安问题的多发部位。不少村民为最大限度地出租土地和房屋，盲目引进大量外来人员，其中不乏一些治安"高危人群"，有的长期游离于城市管理体系之外，从事各种犯罪活动，给城市的稳定与发展带来不少问题。吸毒人员、卖淫人员、赌博人员、传销人员等违法犯罪分子利用城中村在社会管理上的滞后和空档，混杂其间，经常进行违法犯罪活动，极大地加大了政府对城市管理的压力，也影响了城市发展的稳定与和谐。[1] 在计划生育管理上，随着农村外出务工人员的增多，城中村的出租屋往往成了违法生育者躲生超生的"避风港"，要在城中村挨家挨户地清查这些违法生育人员，其难度可想而知。由于城中村长期实行农村管理体制，其规划建设和管理水平低，导致城中村建筑密度大，市政配套差，秩序混乱，不仅严重影响了市容市貌，破坏了城市形象，而且还形成了城市最大的卫生死角。有时这里甚至成为制假贩假的黑窝点，成为犯罪者隐

---

[1] 广州大学"城中村"改造课题组："城市发展进程中的民生关怀和政府责任——广州市城中村改造中'猎德模式'的创新与启示"，《中国行政管理》2011 年第 8 期。

藏的聚居地。2007年以来,新市民的刑事发案占Y区刑事发案总数的60%以上。

城中村外来人口数量的增多和类型的多样,大大增加了管理任务,管理成本和管理难度,给城市社会管理和治安综合治理工作带来很大的压力。目前,城中村村委会主要从流动人口登记和计划生育两方面对外来人员进行管理,大部分社区成立了流动人口服务站和计划生育管理服务中心,外来人员只要办理了暂住证,便可享受居民的同等待遇,如医保、社保、小孩上学等。当前的城中村人口管理存在的主要问题,一是城中村暂住人口底数不清。由于派出所警力短缺,日常工作繁杂,加之城中村的暂住人口流动性大,很难全面系统地对城中村暂住人口进行比对登记,导致户籍民警只能是哪里有案件先登记哪里,哪里有问题先排查哪里。二是城中村暂住人口情况不明。虽然基层派出所在了解掌握流动人口情况中做了大量的工作,但仍有一些社区民警将掌控、管理暂住人口简单地理解为登记和发证,将管理目的简单化、表面化,掌握的流动人口信息质量不高。① 三是城中村小旅馆无证住宿,一证多人住宿现象增加了流动人口的掌控难度。如何把这些外来人口管理好,维护稳定的治理秩序,就成为对基层政府管理的一大挑战。

二 城中村组织管理

地方政府对城中村的社会管理,面临大量组织体入村的挑战。大量工业贸易企业入驻城中村,大大拓展了村庄管理范畴。研究者发现,宁波市的Y村,不仅居住着13000余名外来农民工,而且集聚着大小100多家工业企业。宁波市的M村驻有工商企业、事业单位等32家,银行、工商所、小学等管理服务单位9家,个体工商户350家。大量工商企业和服务单位的进村,有助于村庄经济的发展,但也随之带来了外来组织体及其职工的外部治理的新问题,② 随着城区市容管理力度的加大,一些非法加工厂、小作坊、废品收购点逐渐向城市边缘地带转移。西安市鱼

---

① 袁涛:"城中村流动人口管理存在的问题、原因及对策",《当代陕西》2010年第3期。
② 李勇华:"农村基层社会管理创新与村民自治制度的内治性研究",《东南学术》2012年第2期。

化寨村辖5个村民小组，8个自然村，4500多人，流动人口20余万，土地3700多亩，该村从1968年起就实行两级核算，土地属村集体所有（非村民小组所有）。1998年，村里已不再种地，除栽种少量花卉苗木外，大部分土地用于非农，或出租或自办企业。兴盛时期曾有外来企业十七八家，村办企业"旧车交易市场"和"闲置设备交易市场"颇具规模。20世纪80年代该村享有"西北第一村"的美誉。

　　长期以来城中村出租屋管理不规范，大多数都没有《房屋租赁证》，部分房屋出租人担心被公安机关掌握情况后，房管部门要收取房屋租赁登记备案手续费，税务部门要征收房屋租赁税，于是就极力躲避公安机关的管理，导致"小美容美发厅、小影视厅、小浴池、小旅馆、小餐厅、小网吧"各种"六小场所"等在城中村悄然兴起。西安市"城中村"的小旅馆、小网吧、小发廊、小游戏厅等"四小场所"3290个，除了小发廊、小网吧、小游戏厅外，小旅馆数量最多，达到2594家，小发廊376家、小网吧291家、小游戏厅86家。由于其投资的成本偏低，他们以低廉的价格从中介手中租来房东的十余间房子，摆上几十张床位，在门口做一个招牌就构成一个小旅馆、小招待所，为外来人口提供价格低廉的服务。Y区共有852家小旅馆，其经营者多是西安周边市县的外来人口。吉祥村101家招待所，基本没有村民自主经营的。他们有的是正规登记，有的是无照经营。只要交钱就可以住店，不用任何的身份证明，而每张床位也仅需10元，而入住这种小旅馆的人往往都是无业人员，社会治安隐患巨大。侵财性案件频发，刑事案件居高不下，更甚者这些地方成为藏污纳垢的场所。这里成为一些重点人员和犯罪分子的藏身之所，"黄、毒、赌"和"两抢一盗"案件高发，群众安全受到威胁。① 经过对看守所在押人员抽样分析，得到两个80%的数据：在押人员80%为外来人员，80%外来人员作案后落脚点集中在"城中村"的"四小场所"。近两年Y区60%的盗窃案和65%的命案均发生在城中村，其中绝大部分犯罪嫌疑人作案后会选择在城中村的小旅馆、小网吧落脚，而村子里的小发廊、小游戏厅等场所更是频发涉黄、涉赌等治安案件。而小发廊则是打着美

---

① 杜峻晓："西安让民众共享城市发展新成果"（见证·城乡接合部社会管理创新系列报道），《人民日报》2012年6月27日。

容美发的幌子,在背地里从事色情服务;小游戏厅经常会吸引一些未成年人使之沉迷,并成为诱发盗窃、抢劫案件犯罪嫌疑人低龄化的诱因之一。

除治安问题外,大量组织体的到来也给城中村带来了许多安全隐患。许多小门店的经营者为省一点房租或图方便,就在店内搭建阁楼住人、放东西等,有的一家几口人住在狭小的阁楼内,同时在门店内生火做饭,消防隐患特别严重,一旦发生火灾,随时都有可能造成全家伤亡的事故。一些小出租屋、小影视厅、小网吧等娱乐场所,主要是存在房中房、装修分隔材料、用火用电、安全疏散出口等消防问题。由于小作坊相对来说人口集中程度比较高,而且没有消防设施,消防隐患相对较重。一些小餐厅,违章使用瓶装液化气、建筑消防设施不完善甚至没有的现象比较严重,一旦发生火灾等安全事故,后果不堪设想。

同时西安市城中村中的小餐馆卫生状况也甚为堪忧。有关部门抽查的7家城中村小餐馆仅有1家有"餐饮服务许可证",店内服务人员有健康证明,其他6家餐馆均没有证照。另外,7家餐馆没有1家餐馆对碗筷进行消毒,即使有消毒柜的,却不插电而作为储物柜用,有的根本就没有消毒柜。[①]

因此针对城中村中大量组织体的管理工作是地方政府对城中村社会管理的一项重要内容,这一管理关乎城中村村民的基本人身、生活安全质量,同时关乎城中村的安定与健康发展。

三 城中村公共事务管理

农村的事务大体有三类:农民自己的事、农村集体的事和公共事务。农村公共事务包括公共设施、公共服务、公共产品供给等方面。农村公共事务管理历来就是一个薄弱环节,尽管在统筹城乡发展中有所改善,但由于体制原因,处于城市管理夹缝之中的城中村,公共事务管理仍然是短板,亟待加强。当前我国城乡人口流动日益频繁,社会矛盾易发多发,尤其在一些"城中村",基层组织建设滞后于经济社会发展,社会管理不力,社会治安问题突出。大量流动人口涌入城市,给城市带来巨大

[①] 吕华:"城中村7家餐馆仅1家有证",《西安晚报》2012年5月11日。

压力，城中村人口杂乱，治安形势严峻；基础设施不完善，卫生条件较差；小商小贩占道经营、道路交通拥挤。一些地方存在安全隐患，消防装备破损，电线、网线乱拉随处可见。有的地方配套服务设施不完善，群众购物、看病、孩子上学等极为不便。土地使用问题突出，非法出租、转让、倒卖，管理混乱；城中村的治安、卫生、消防、出租屋及流动人口的管理，村民的医保、社保、就业等各方面问题的治理都是一个复杂的过程，涉及诸多因素，城中村还要在物化形态上进行改造，对原有的恶劣的村容村貌、拥挤的住房等进行彻底的改造。改造中和改造后的转型社区周边，由于发展过于迅速，公共交通、医疗机构、教育设施等都比较匮乏。调研发现，村民对村上管理最不满意的题是治安状况，其次是群众文化生活、环境卫生、村务公开等。

四 城中村财务管理

农村集体财务管理一直是群众最关注的问题，在城中村和城郊村更为突出。随着经济社会的迅猛发展和城镇化进程加快，农田大量被征，转变为工业用地和城市商业用地，由于牵涉的征地款数额巨大，城中村改造拆迁补偿也数额不菲，几百万元甚至几千万元资金由此流向城中村。但由于缺乏严格的财务审批、审计和监督程序，导致了严重的财务管理混乱，村干部贪腐案件不断增加。

城中村原来采取的是"组有村管"，由村上自己管，这种模式运行了20余年，存在不少的问题，群众意见颇大。街道办事处对各村财务审计时，发现干部有贪污挪用集体资金的行为，尤其是大型工程项目的结算，存在无正规发票结算现象；在报销非生产开支方面，存在所报销的票据与事实不符现象；私人利用集体账户转款、提款不经任何人签字批准；巧立名目为干部发放补贴；新旧会计之间不衔接，一个会计一本账的现象；换届选举产生大量的财务纠纷，死账、坏账屡见不鲜。各地因此经常发生村干部贪腐案件，多个村干部锒铛入狱。

村财街管就是实行会计委托代理记账制，其主要内容是就是把村上账务的管理权和所有权分离，由村上委托办事处进行免费代记账。实行"一项委托、二级审核、三权不变、四层监督、五个统一"的工作程序和监督管理体系。一项委托是由各村以书面形式委托街道办事处农村会计核算中心代理本村、组记账业务。这样做主要是解决村财乡管的合法性问题。现在群众的政策水平很高,有人会提出"现在是村民自治,你凭什么代理我的账?"因此必须由村党支部、村委会向办事处写出书面委托书,才能推行这个工作。二级审核是由村组、街道办事处分别对村组财务进行审核。三权不变是实行"村账街代管"后,村组集体资产所有权、使用权、财务审批权不变,确保村组的资产不被平调、挪用和侵占。四层监督包括民主理财监督小组对村、组财务进行全过程的群众监督;街道办事处会计核算中心对村、组财务收支进行的业务监督;街道办事处农经站对村级财务进行的审计审计;各街道办事处和区农经中心每半年进行一次的财务检查监督。五个统一包括统一制度、统一审核、统一记账、统一公开、统一保管,即服务中心统一保管各村组会计档案、各种凭证和合同登记簿等,村组对原有财务档案妥善进行管理。

通过对村财街管制度进行审视反思,可以发现这种管理模式仍然存在一定不足之处,需要地方政府进一步完善。首先要加强制度建设。推行这种模式无经验可循,需要自己在工作中不断摸索,要从制度上不断进行完善;其次现在各村要加强民主理账。目前,这种管理模式有可能以后将矛盾集中到了财务服务中心。村上民主理财小组人员,名单都有,但作用发挥有限,现在要把它做实,把财务的监督权交给民主理财小组,由他们进行审核,并向村民进行解释;最后要加快开展会计电算化,使这种管理模式与现代财务管理制度相适应。

五　城中村土地管理

土地问题是城中村最严重的经济问题。城中村的许多重大经济利益纠纷大都与土地所有权和土地使用权的性质改变过程有关。根据我国现行法律法规,城市的土地归国家所有,农村的土地归农民集体所有,城市建设使用农村土地必须经过国家征收并支付征地费。在快速的城市化进程中,国家不断征收城市附近农村的土地,而保留村民宅基地和集体非农建设用地以及少量农地的集体性质,有的还返还3%—4%的土地作为村民住宅和集体非农发展用地,兼顾征地后村集体经济发展和村民的生活。① 正是城中村土地的这种双重性，给城中村土地管理带来了两难。尚未改造的城中村的土地由于没有实行国有化的转制，土地资源仍由村委会代表村民管理和分配，即便村转居，土地资源仍然由村民委员会的实际继承者——股份公司代为管理和处置。

1. 土地租赁管理

鱼化寨街道的农村土地大都非农化了，被出租用于非农。土地租赁主要有三种方式：其一，鱼化工业园区租地。鱼化工业园区的租地主要是5个村子的集体土地，有1000多亩，租期不等，租金也由于经济的快速发展，基本实行一年一价。例如，2002年是每亩600元，而2004就涨至每亩2300元。其二，高新开发区企业租地。这部分租地主要是以村民自发为主，出租给企业的土地有1000多亩。其三，村委会出租。这部分租地所签订的合同期间大都很长，而且部分涉及违法用地。

2. 生活依托地的管理与处置

城中村改造，集体土地转为国有，直接影响了村集体经济的发展。在早期拆迁安置政策中，为了解决土地征收后，农民长远生活出路问题，西安市各开发区对被征收土地的村庄每个劳动力按0.1亩计预留一定比例的国有土地，即生活依托地配置，作为解决村庄长远发展的优惠政策。土地配置数量不一，被征地村庄可获得少则十几亩，多则几十亩、上百亩的生活依托地。西安高新区给征收整村土地的十二个村庄共预留国有土地537.25亩。预留国有土地应在符合西安开发区总体规划的条件下，选择比较繁华，交通方便的地块，便于农村各集体经济组织的经营。办理预留国有土地的有关税费由西安高新区管委会承担，并办理国有土地使用证。政策明确规定生活依托地为国有土地，用途原则上为住宅、商贸或综合用地，任何集体经济组织不得将土地产权转让或买卖。所属村庄可自行开发或与他人联合开发，但绝对不得转让。这部分土地已成为拆迁后村庄集体资产的主要部分或全部。

预留国有土地的处置问题上，有两种做法，一次性转让和联合开发经营。

---

① 谢志岿："村庄如何终结？——中国农村城市化的制度研究"，《城市发展研究》2005年第5期。

我们调查走访的西安市高新区和曲江新区拆迁安置的16个村中，只有7个村或以预留国有土地作价入股，与房地产开发商共同开发，或将预留国有土地交由西安高新区托管，每年获取稳定的土地收益。其余村子都将生活预留地使用权一次性转让（卖掉），所得收益除集体留存少部分外，其余全部分光吃尽。

少数联合开发预留地的村庄，由于其自身无资金开发，亦无能力经营，遂采取最简单、便利、稳妥的办法，以土地使用权投资入股与房地产开发公司联合开发建成商住楼。例如，陈家庄以预留国有土地作价入股，与房地产开发商共同开发预留国有土地；有的村庄则将预留国有土地交由西安高新区托管，每年都有稳定的土地收益。陈家庄经过招标选拔与毅达公司合作，由毅达公司出资在1.25公顷生活依托地上兴建1万平方米商用房，所有权归陈家庄，建筑费用在以后的租金中扣除。陈家庄再将商用房以20元/平方米的价格返租给毅达公司，租期为2年，年获租金240万元。仅此一项，陈家庄人均年收入约3000元。有的村庄如闸口村则实行土地委托代管。该村将预留的1.33公顷土地以托管形式交给高新区开发管理，租金525万元/公顷，每年按10%返给村上红利70万元，仅此一项，村民人均年收入2700元左右。农民出于对市场风险的恐惧，便将所分营业房面积返租给开发商，收取固定租金，以规避市场风险。租赁期限一般在15—20年。也有的将土地直接出租与开发商，期限长达40年。农民对于开发商的资信及运营能力仍然心存担忧。

表4—6　　　　　采取联合开发方式的城中村一览表

村名	生活依托地面积(亩)	处置方式	开发商	返还商业房面积(m²)	返租期限(年)	年租金(万元)	人均月收益(元)
丈八南村	30	联合开发	龙天名郡置业有限公司	12300	20	200	250
丈东村	31.1	联合开发	陕西豪普置业有限公司	12460		190	
大雁塔村	32	出租	陕西瑞林公司		40	360（每5年递增5%）	18周岁以上632.5元；18岁以下385元

续表

村名	生活依托地面积(亩)	处置方式	开发商	返还商业房面积(m²)	返租期限(年)	年租金(万元)	人均月收益(元)
西付村	68	联合开发	惠翔房地产	28500 (419m²/亩)	20	前10年480万元/后10年500元	300
东付村	53.41	联合开发	宝鸡陈仓房地产有限责任公司西安分公司	21000 (448m²/亩)	10	332万元，每三年递增4%	300

资料来源：笔者调研整理。

3. 商业用房管理

西安市各区县根据《西安市城中村改造管理办法》，2010年颁发《西安市Y区城中村改造拆迁安置办法》中规定，"为解决被拆迁人的长远生计，分配给纳入股份制改造的村民人均10—15平方米商业面积，按新建房屋建筑成本价结算，统一由改造村改制后的新经济组织经营管理"。有的开发商返还东村民的商业房面积缩水，有的因门面房前道路未通，环境偏背，已建成的门面房无法交付使用；有的设计不合理，道路高出门面房一米多，影响使用。这些问题常常成为村民上访的理由。

为实现集体资产保值增值，确保被征地农民的生活水平不降低和长远生计有保障，特别是为确保城市总体规划的有效落实，需要进一步规范征地安置预留地和商业用房面积的开发利用管理和处置，确保城中村稳定和谐。

第三节　地方政府城中村管理方式与绩效

一　城中村管理方式

农村社会管理方式即为农村治理主体依托何种力量，采取何种方法治理农村公共事务以及处理村庄矛盾。从新中国成立至今的60多年的时间里，随着中国社会的不断发展，中国农村社会的管理方式也随之发生着较大的转变。从最初的以政府为核心，自上而下，完全服从政府权威管理的管理方式逐步转变为政府间接管理，并最终朝着由政府指导，与村民共同研究、探讨协商解决的乡村协商型管理方式不断前进。从最初单纯的"条条管理"方式，发展为"条条管理为主，块块管理为辅"的管理方式，进而发展为现在许多地方采取的"以块为主"的管理方式。

在城市基层行政管理体系中，所谓"条"，是指依法对城市专业领域事务进行管理的职能部门；所谓"块"，是指对辖区内包括城市管理在内的行政工作行使组织领导、综合协调、监督指导职能的各级政府。① 地方政府的"条条管理"方式，即简单的自上而下的管理方式，市—区—街道办事处—村委会（社区）。但由于在城中村改造过程中，有的城中村已经转变为社区性质，而有的城中村仍然保留农村性质，因此地方政府对城中村的"条条管理"采取双重管理方式，两种管理方式并驾齐驱。

表4—7　　　　　　　中国三种城市社区治理模式

	行政型社区	合作型社区	自治型社区
政府作用	政府主导	政府主导与政府支持结合	政府主导与政府支持
性质	行政控制	半自治、半行政	社区自治
关系	社区依赖政府	社区与政府合作	社区独立自治
主体	政府组织	政府组织，自治组织	自治组织
特点	政府控制包办所有社区事务，承担所有责任与风险	政府组织与社区组织合作、共同发挥作用	社区组织承担社区公共事务与决策
运行方式	以条为主、行政隶属	条块结合、协同管理	以块为主，属地化管理
居民参与	主动性差、热情不高	热情普遍提高	参与热情高，范围广
自治能力	很弱	有所提高	较强

资料来源：翁卫军、杨张乔：《建设现代和谐社区：杭州市下城区社区建设创新研究》，中国社会出版社2006年版，第72页。

---

① 饶常林、常健："我国城市街道办事处管理体制变迁与制度完善"，《中国行政管理》2011年第2期。

虽然原则上，城中村在改造的过程中，其管理方式应当纳入城市的社区管理中，即是"乡镇——村的管理体制向城市的街道——社区管理体制的转化"。但在实际管理过程中，现在基本没有土地，没有农业，也没有农民，但仍然按农村管理体制来管理城中村。大多数城乡接合部地区，虽然在管理制度上做了改革，但在具体的管理程序的操作上和改革以前没有多大变化，可以说是换汤不换药。

随着地方政府对城中村管理的不断反思与进步，其管理方式从最初单一的"条条管理"逐步探索出"条条管理为主，块块管理为辅"的社会管理方式。即坚持在"市—区—街道办事处—村委会（社区）"这一条线的管理下，在某些方面发挥街道办事处对本辖区内城中村具体事务的自主管理能动性，同时各个城中村村委会对于本村事务也享有一定的村民自治的权力，在一定程度上体现了民主的要求，是地方政府对城中村管理的一大进步。

但是，在"条条管理为主，块块管理为辅"的社会管理方式下，主要的资源和权力都由"条条"拢着。街道办事处与市、区政府的"条条"部门之间的责、权、利没有理顺，街道办事处与市区政府职能部门名义上是平等协作关系，而在实际工作中，街道办实际成了市区政府职能部门的下级部门。市区职能部门依仗职权，直接给街道办布置本应该由他们自己承担，但是却没有多大利益的工作，而对有经济利益的工作即使已经明确属于街道办的职能，也要抢过来。街道办事处对社会管理有心无力，每天穷于应付、交付、落实、完成上级政府及其职能部门下达的任务，处理上级政府委派的大量行政、社会事务。街道办事处不仅在财政和人员编制上受制于上级政府，而且成了各职能部门的"干事处""突击队""施工队""保洁队""群众工作队"，致使街道办事处无法真正实现"块块管理"。

某街道办事处干部称，他所在街道办事处现在有140人，他认为再增加140人还是忙不过来。干部几乎没有休息日，经常是"白加黑""五加二"，许多项目不合理，没必要，应精减。工作程序，流程太烦琐，不科学；资源共享程度低，人为加大工作量情况普遍。比如60岁以上老人养老保险办理手续烦琐，计划生育证明要返乡办理。本来一些基础材料，通过信息数据调取即可，但是部门间的封锁、阻隔，却难以实现。

最让街道办事处不堪的是，区上以行政命令和绩效考核要求街道办事处完成下达任务，出了问题，都要街道办事处担责，街道办事处通常要承担那些不属于职责范围内的事，甚至只有通过违法行政才能完成的事项。如，涉诉上访问题、农村违规建房、征地拆迁、食品药品监管等，权力在区上，监管责任在街道办事处；社会管理创新问题，上边政策未出台，就强调下边创新出政绩。街道办事处干部开玩笑说："知道什么是街道办事处吗？就是'跌倒（街道）了，绊死（出事了）了，处理了'。"（陕西方言，谐音），他们以此表达街道办事处工作的艰辛和不易。

二　地方政府对城中村管理绩效评价

治理绩效，是指"通过人为的治理活动对环境的改变和改善"。[1] 郭正林认为，乡村治理绩效可通过一个可操作的评估体系实现，主要包括：社会分配、经济增长、社会秩序及公共参与四个方面。[2] 何增科认为乡村治理绩效的评价体系应包含三个维度：治理过程民主程度、治理体系完善程度、治理结果优良程度。[3] 乡村治理绩效受多重因素影响。城中村管理体制方面的诸多问题带来的直接后果是治理失效乃至衰败，社会问题和社会矛盾增多，社会和谐稳定压力增大。致使管理绩效不佳，问题如麻。

城中村处于城市的边缘地带，传统的乡村格局和地缘纽带逐步瓦解，其与纯城区和纯农业区的最大区别在于区域特征的"三交叉"，即城乡地域交叉、农居生活交叉、街乡或村社管理交叉。由于管理体制上的不对接，形成了城乡二元管理体制并存的交叉性矛盾。[4] 尚未改造的城中村仍按农村管理体制进行管理，包括组织机构上仍是村委会、村民小组、仍进行村委会换届选举等，但改造后的安置社区管理权力由农村向城市交

---

[1]　张厚安：《中国农村村级治理——22个村的调查与比较》，华中师范大学出版社2000年版，第88页。

[2]　郭正林："村治及其制度绩效评估：学理性案例分析"，《华中师范大学学报》2004年第4期。

[3]　何增科："中国治理评价体系框架初探"，《北京行政学院学报》2008年第5期。

[4]　吕君、刘丽梅："城乡接合部社区管理的问题及对策"，《未来与发展》2009年第6期。

接,管理方式向城市转换,带有独特的非城非乡的过渡性特征。其既不属于农村社区建设又不属于城市社会建设,乃至"城乡两头不靠",形成了空档,成为城乡政府管理的边缘地带,给村改居社区管理带来很多问题,造成这一区域的治理失效。

行政区和开发区的管理交叉使一些地区成为名为"共管"实为"不管"的"空白地带",加剧了城中村的乱象与危局。比如西安市 Y 区曲江街道办事处所辖 17 个村,就有 15 个划进曲江新区规划区,由曲江管委会负责拆迁安置,办事处直管的行政村只有 2 个。开发区管委会与所在行政区政府共同负责行政村的征地拆迁工作,按照 Y 区和开发区协议约定,开发区负责城中村的有形改造,街道办事处配合征地拆迁,无形改造部分全部由行政区负责。行政区和开发区的关系虽然从大方面讲是"配合发展,共建共赢",但在具体工作和利益关系中充满了各种矛盾和冲突,尤其是征地拆迁后村庄的社会管理社区建设的权限责任划分问题上。行政区和开发区两支管理队伍,二元管理、体制交错,造成城中村改造和村转居社区建设和管理问题上存在难解难分的情况,即责任划分不明确,以致在一些具体问题的处置上认识不一,指向各异,甚至"有事无人管,议事无地方,办事没有钱",造成管理空档或相互推诿。

村委会与居委会管理交叉,造成相互扯皮、推诿、争利的现象时有发生,重复管理和无人管理的现象并存,管理乏力,最终只能是"谁也管不着,谁也管不好"。尤其是城中村比较多的街道办事处。以 Y 区曲江街道办事处为例,曲江街道在 2000 年以前属于一个纯粹的农村型乡镇,随着曲江新区的快速发展,曲江地区的城市化进程逐步加快,2002 年 1 月 5 日撤乡设办,同年 6 月进行机构设置。改革后,街道机关设置 16 个科、所、站,其中内设机构 7 个,直属事业单位 9 个,共有机关工作人员 122 名,大专以上学历占 80%,街道办事处下辖 17 自然村,一个城市社区(新华社区)。新华社区是单位社区,实行城市社区管理方式,而处在过渡期的村改居社区和行政村则实行村委会管理方式。曲江新区对改造后的村庄不设社区,不承担社会管理责任,致使辖区内居民办理计划生育证明都没人管,包括农村防疫、病虫害预防等工作都仍有由曲江街道办事处承担。目前曲江新区的居民办理计生、养老、医疗等方面的问题没有地方可去,而曲江街道唯有的新华社区也基于人力财力不足和没有管理权限考虑而不予接管。居民对此多有投诉甚至上访。管理交叉,权责不明致使对于收费、罚款等有利可图的事,彼此争相办理,对于治安、环境卫生、流动人口管理等需要担责任、尽义务的事,则相互扯皮、推诿。

目前,曲江街道办事处针对所辖17个城中村已全面进入改造,有的已回迁安置,有些即将回迁,有的正在加紧建设中的现实情况,着眼于改造后各村新经济实体资产如何管理?如何赢得市场?如何创建品牌?如何发展壮大?新型社区如何建设?村社当家人如何承担起小区管理与服务的责任?鉴于村社社会管理的复杂形势,曲江街道办事处成立了西安市首家"社会管理创新办公室",专门负责辖区社会管理创新工作。

十八届三中全会强调要推进国家治理体系和治理能力现代化,说明我们现存的治理体系和治理能力还相对落后,跟不上社会现代化的步伐。我们反思和衡量城中村的治理状况,应该说是不乐观的,客观上存在治理实效性差甚至局部衰败的问题。全面深化城中村管理体制改革势在必行。

第 五 章

地方政府管理与村民自治的断裂

本章从现实问题入手，客观描述现阶段我国乡村治理中乡村关系的基本现状及其后果，这是本课题研究的重要动因和逻辑起点。乡村治理由于受转型期政府治理理念、职能转变、国家政策法律变化以及村民自治机制等诸多复杂因素的制约和影响，行政权力和社会自治权力之间通常缺乏必要的沟通与互动机制，致使基层政府管理与村民自治的关系和走向并未完全按照理论设计和制度安排的预期发展前行，特别是地方政府进行社会管理和公共服务时的单向度行政输出，缺乏村民自治组织制度性的对接与回应。乡村治理中出现的"过度行政化"和"过度自治化"倾向，使基层政府管理和村民自治之间断裂，背向而行，成为"两张皮"，难以形成二者的有机衔接和良性互动，甚至会产生不协调乃至严重的冲突。乡村治理目标渐行渐远，已严重影响到城中村治理的绩效，制约着村（居）民自治的健康发展和地方政府行政管理职能的有效履行，甚至陷入"治理困境"。城中村社会矛盾的集聚与凸显，更加集中地展示了基层政府管理与村民自治缺乏有机衔接和良性互动的严重后果，揭示了这一区域治理失效的根本原因。

第一节 基层政府城中村管理基本形态

一 基层政府管理中的单向输出

我国传统的乡村治理是一种"单中心"治理模式，其治理主体呈单一性、排他性和不可选择性，治理方式亦呈单向性。对于基层管理，传统的思维模式是只有政府才是管理的唯一主体，其他机构和组织都只是助手或者下属，必须服从政府权威管理。① 在单中心治理模式下，党和政府的领导是全方位的，领导就是管理，其管理手段主要采取"命令式""指挥型"的一元化方式。各级政府官员是社会管理的主体和主导力量，被管理者的需求、呼声与实现基本社会权利的合理诉求无以直接体现。城中村管理也不例外，仍是以单一政府为核心的管理方式。这种管理主体单一、方式僵化、技术滞后的管理，根本无法满足城中村居民日益增长的公共事务管理的需要，在这种管理模式中，官民之间处于一种不平等、不稳定的二元结构中，双方之间的利益诉求存在根本冲突，两者之间的关系较为紧张，甚至相互对抗，致使乡村治理绩效难以令人满意。

（一）被动接受的城市化

城市化，亦称城镇化，是指分散的农村人口、劳动力和非农经济活动通过持续的空间集聚和空间演变逐渐转变为城市经济要素的动态过程。城市化的路径选择主要表现在自然城市化和被动城市化两方面，自然城市化是欧美国家城市发展的主要路径，它强调城市化进程中的市场规律，反对从行政计划和管理的角度依据决策者对某种规模或类型的城市偏好来制定城市发展的方向和道路。不同于西方国家，中国的城市化多属于被动城市化，即政府通过行政力量，以制定法律法规、执行公共政策等手段，推动并引导城市化进程。

1. 传统村庄"被改造"

城中村是城市化过程中"要地不要人"政策选择的产物。这一过程中，农民土地被廉价征收，农民转居上楼，这在一定程度上是对农民的剥夺。在国家强力作用下，个体行动者必定缺失行动的主动性，产生出一种"被城市化"的体验。

农民最温馨的栖息地是村庄，最大的资源是土地，最好的财产是房屋。土地、房屋可谓其安身立命之本。但在城市化进程中，村庄被改造了，土地被转性了，房屋被拆迁了，身份被改变了，集体被解体了。依照法律规定，土地征收的目的须为公共利益，前提是给予合理补偿。补偿了才能征收，征收完成后才能拆迁。然而实践中的做法则是边谈边拆

---

① 吴毅：《村治变迁中的权威与秩序》，中国社会科学出版社2002年版，第90页。

边补,有时在谈妥未偿甚至在未达成补偿协议的情况下强制拆迁,正是这样的程序混乱,才引发了诸多的拆迁矛盾,甚至流血事件。如村民的集体上访、抵抗强拆的自焚、堵门、堵路等过激行为不断发生。中国社科院发布的《社会蓝皮书》显示,"由于基层财政的薄弱,特别是改革开放30年的过程当中,在加速发展和转型的过程中,积累了很多历史上的矛盾和问题。其中,因房屋拆迁与征地补偿造成的民怨最深"[①] 这些行为中既有正当、合法的理性行为,也不乏一些不正当、不合理甚至违法的非理性行为,其表面是拆迁程序的混乱性,根源却是拆迁补偿政策的不透明性、随意性。

征地拆迁以前,坐落于大雁塔旁的D村,凭借区位优势,大力发展房地产租赁经济和蔬菜种植业。村民每人每年能从村集体的租金收入中分得2400元左右,农户年人均收入在1万元以上,其中宅基地面积大、房多、地段好的农户年收入可达20万—30万元。与周边各村相比,D村村民表现出强烈的优越感。然而,经1999年和2003年的两次征地拆迁,作为村民生存保障的土地被全部征收,拆迁后落差大心理失衡,加之拆迁安置时政府采用强硬手段,村民对政府强行拆迁的不满、心理阴影、抵触情绪甚至怨恨短期内难以消除,表现在言语上张口就骂政府。村民原有的优越感也在2005年5月迁入安置社区后随即消失并转化为强烈的"被剥夺感"。

不仅如此,由回迁导致的收支失衡更强化了村民的心理落差与"被剥夺感"。迁入安置小区后,村民普遍感到日常开销较以往明显增加,生活负担加重。然而,回迁后D村村民的收入结构单一化倾向显著,由于缺乏必要的知识、技能,多数转居村民难以进入劳动力市场,只得单纯依靠房租收入,收支失衡使得大多数村民的经济状况出现恶化的趋势。此外,因为开发区拆迁政策实施中欠账太多,回迁后许多问题没能解决,多数回迁楼房存在严重质量问题,责任方扯皮不休,严重影响村民正常生活,导致村民多次非正常上访。正是由于这种不合理也不完善的"被城市化",引发村民强烈的抵制情绪,导致该安置区至今都未能完成村改

---

① 转引自卢斌"从牛钉到自焚:当拆迁成为血与火的战争",《南方都市报》2009年12月26日。

居工作，仍然属于农村建制，并没有实现真正意义上的城中村改造。

2. 经济利益"被剥夺"

拆迁补偿涉及村民的直接经济利益，关乎村民转居后的基本生活，但由于目前相关政策制定不完善，政策实施不规范，导致实践中拆迁补偿存在较大弊病，由于村民的经济利益被剥夺，因而引发多起群体性事件。

村民经济利益被剥夺的最主要原因是征地拆迁政策和补偿标准的差异。随着西安市城市化进程的不断加速，市内征地拆迁现象越来越普遍。由于缺乏统一年产值和区片综合地价的计算标准，同城各开发区项目征地拆迁补偿价格表现出较大差异性。"同地不同价"现象加剧了回迁村民的"被剥夺"感。西安高新区2000年前后，一、二期征地补偿款标准是每亩6.4万元，分期付款则为6.6万元，人均房地全部补偿可得15万元。新区范围内征地补偿标准则为每亩5.3万元，户均房地全部补偿可得64万元/户。开发区成立十几年以来一直使用这个标准征地，基本没有变动，这个标准显然有些低了。村民多有怨言："社会都变成啥了，你还不变？村周边地区的地，开发商出价是每亩30多万元，你几十年还是6.4万元，能行吗？"通过调研发现，实际上开发区之所以在周边其他开发区或项目征地补偿标准都提高的现实压力下，依然不提高征地补偿标准，主要是担心已安置的农民"反水"，"按下葫芦浮起瓢"，讨价还价无休止。

相比之下，其他后建开发区为了加快征地速度，往往给予拆迁户更高补偿标准和福利。例如，曲江新区一期拆迁安置费人均已达15万多元，并为村民办理了养老保险。以"高补偿高速度"闻名的"经开区"拆迁户户均资产近150万元。在通信网络如此发达的今天，农民对各个开发区乃至全国各地的征地拆迁政策和补偿标准有着较清楚的了解，跨区域、跨时间的比较因而变得非常普遍。这种比较深刻影响着他们对征地拆迁政策的认同度。补偿较低的人群因开发区区间补偿标准的较大差异所引起的"相对剥夺感"，成为凝聚"不满"的关键性力量，容易诱发拆迁户的集体抗争。

3. 村民身份"被居民"

撤村建居后成立的村改居社区其实是一种形式上的村改居，紧接着应该跟进的便是逐步给予回迁村民以城市居民的待遇，并通过村委会向居委会的转变将变换身份的新居民有效地组织、管理起来，而这正是我们通常意义上理解的制度上的村改居。《西安市人民政府关于城中村无形改造工作若干问题的通知》规定：从转为城市居民之日起5年内可继续享受有关惠农政策，惠农政策和城市居民政策不重复享受。政府承诺村转居有3年至5年的过渡期和"缓冲带"，这期间实施"四个不变"，即在过渡期内本村辖区面积不变，土地、财产所有权和使用权不变，计划生育政策不变，涉农政策不变。然而，在实际工作中城中村有形改造与无形改造采取"同步或者跟进"办法。在笔者调查的16个回迁村中，已有10个村无过渡期实现村转居，村两委会改为党支部和社区居委会，村集体经济也处在改制中。笔者发现村民对村改居具有强烈的抵触情绪，甚至怨声载道。他们普遍认为政府强制征地强制转居，自己实际上是"被居民"了。转居村民指出，除了村委会换了个牌子，户口簿上"农业户"改为"非农业户"外，再没有任何对村民生活有实质性影响的改变，要说有变化就是原来的实惠变没了，花钱更多了。这样突击式盲目地完成转居工作，给城中村村民的生活带来了各种不利的转变。

首先，惠农利益丧失。城中村村民在转居后首先面对的就是政策适用的变化，作为城市居民的他们已经无法再享受国家任何惠农政策。随着惠农政策不断升温，附着在农村土地上的权益不断加大，农民不再缴纳农业税，还享受种粮补贴、"两免一补"等政策福利。在计生、医疗、上学、宅基地等方面的各项惠农政策使村民均比居民相对有优势。农家子弟上技校，每年可补助1500元，但成为居民之后，不再享受；合疗费每人每年只缴纳30元，转居后要进入城镇医疗保险，每人每年180元，还要按户补缴上一年度的全年保费，增加了农民负担。就连丧葬费用城乡待遇也有不同，村民死后火葬费为800元，但转为城市居民却要缴纳2000元。城中村改造的根本目的是为了改善村民的生活，但事实上，在各种基础保障没有落实之前，盲目激进地为了改造而改造，为了完成转居任务而转居，最终带来的是转居村民生活质量的倒退，以及他们日益膨胀的怨气。按照农民自己的话说"过去当农民苦的时候我们想当市民当不了，现在农民日子刚好过了，我们却'被居民'了"。"原来说转居有五年的过渡期，保留各项惠农政策，现在却没有了。"

其次，生计问题凸显。失去了土地这个主要生计来源的转居村民，大部分只能以收取房租为主要经济来源。由于老龄化严重、文化程度低，他们很难在情势严峻的就业市场中寻找到一席立足之地。村民没工作、没收入，早年很少的征地补偿款也都花得分文不剩了，因此转居村民自谋出路变得非常困难。不仅如此，村集体经济的股份制改造，股份分配以特定基准日户籍人口为准，之后新增人口难获其利，加之，城中村的集体经济股份制改革徒具形式，并没有实质性资产经营，因此也就不会有分红，转居村民未来生计堪忧。

最后，身份处境尴尬。尽管转居村民获得城市居民的合法身份，然而城市市民和职工的养老等社会待遇他们同样享受不到，现实层面既得不到切实的市民保障，又失去不断增加的惠农利益，使得转居村民在身份上陷入"非居非村"的尴尬境地。身份的不明确直接导致与身份相关联利益的缺失，并由此引发深刻的社会问题。一个最突出的例子就是"把女娃们都害了"，例如，调研中笔者发现，改居村庄普遍出现女青年"被离婚""被退婚"的现象。村里的女孩出嫁到附近或其他郊区的农村，农业户口可以转到男方村子，参与男方村子的征地补偿款分配或拆迁安置等。然而，一旦转为非农业户口，就不能参与村上的收益分配。因此，婆家就不愿意要"农转居"的媳妇，导致目前每个村都有三四户女子"被离婚"，多个女子遭退婚现象。父母们为女儿的婚姻问题伤透了脑筋："我们的女娃现在周边郊区的农村都嫁不成了，因是居民户口就没人要了，只能嫁到城里去，可是我们的条件又不够，城里人看不上。""村上有不少的女娃因此受了害，有的女娃都三十来岁了还没给人呢（没嫁人）。"作为城里人的我们觉得此事似乎不合逻辑，婚姻与户口有何关系？但这却是活生生的现实。它不符合法律逻辑，却符合现实生活的逻辑。

可见，农民在无形改造的四个转变中不仅没有得到实惠，反而将所剩无几的既得利益一一丧失。随着国家惠农力度的不断加强，捆绑在城乡户籍上的利益差距开始缩小，村转居对农民的吸引力减弱。在这样的情况下，原有利益分配格局的破坏必然会引起回迁安置社区居民对转居的抵制与不满。而地方政府在安置过程表现出的"短视"与"专断"，无疑只会进一步激化已有的矛盾。村民直指转居中影响和损害他们利益的现实问题时往往情绪激动、言辞激烈、无所顾忌，但所提出的问题又是客观存在，涉及民生，不能置若罔闻。

（二）缺乏沟通的政府决策

沟通是"通过人的主观努力，使社会有机体之间、各种社会关系之间、人与人之间相互了解，从而达到相互协调，使社会矛盾通过一种融洽的方式得以解决，减少摩擦和对抗，从而减少社会前进的阻力"。[1] 城市基层治理要求在平等的基础上，实现公民与政府的良性沟通与互动，唯有沟通才能使一个群体拥有共同的思维、观察与行动。[2] 同时上下级政府之间的沟通，对于保证城市基层治理的准确和恰当也尤为重要。因此"官民沟通""官官沟通"日益成为当今时代的热点问题。

但是在村转居社区中，"官民沟通"与"官官沟通"却呈现出一种缺乏互动的单向性，主要表现在村转居社区的规划方面。首先，撤村建社区是城中村改造的重要内容之一，市、区、街政府在村改居社区的建设与管理问题上存在严重的认识不足和"简单化"甚至是"粗暴化"的处理倾向，多采取"行政指令"代替"协商互动"的行政方式。安置小区居住区域、住房建设和居民安置搬迁都统一由政府规划和组织实施，村民对于与自己切身利益相关的事情没有发言权，缺乏互动的"官民沟通"。其次，为了节约失地农民的安置成本，基层政府一般采取统一规划、就地或异地集中修建的方法，用较少的地理空间集聚大量的失地农民，往往是征用一片地、规划一个点、安置一批人，各级政府对于规模大小定位，选择和设置的点位，未来社区的办公用房提供等许多重要问题没有认真研究并达成共识。由于基层政府缺乏从城市规划与设计理论的角度进行理性分析和论证的能力，造成回迁区布局分散，相对独立，遍地开花，与城市整体规划不衔接。例如有的安置社区相邻，但却各自办公，各自管理，分而治之，造成资源浪费。再次，由于规划缺乏"官民沟通""官官沟通"，政府不能很好地站在转居村民便利生活的角度对安置社区公共配套和市政基础设施进行规划，致使配套基础设施建设明显不足，学校、医院、幼儿园、停车场、市场、商店以及电力、供水、供气、公厕、暖气、天然气、电视、网线等市政基础设施和市政服务设施残缺不全，给群众生活带来诸多不便。以高新安置区为例，付村花园

---

[1] 包心鉴："论社会沟通与政治沟通"，《江西社会科学》1990年第1期，第132页。

[2] Karl W. Deutsch. The Nerves of Government [M]. FreePress of Glencoe, 1963: 77.

社区有村民3000人左右，流动人口近两万人，但社区内却没有公办幼儿园，家长不得不将孩子送到离社区很远的幼儿园。此外，社区周围仅有两路公交（中巴），严重影响着居民的出行，也影响了该区的房屋出租和回迁户的收入。社区没有统一的农贸购物市场，既影响居民生活，又导致餐饮摊点占道经营严重。甚至个别住户挖掉房前屋后绿化草坪种上各种蔬菜，严重影响社区居住环境。再如后村社区、雁鸣小区都因为规划得不合理，或多或少地存在配套公共设施的缺失问题，给转居村民的生活带来不便。

（三）没有回应的村（居）民参与

改革开放以来，中国人民的民主权利意识不断增强，公众的参与诉求不断高涨，对于政治国家和公民社会而言，公民参与成为实现善治的必要条件。①城中村与纯粹的"乡村"有很大区别，村（居）民见多识广，具有较强的权利、利益、民主、平等、自由等现代意识。他们不仅在经济上渴望发展机会的公平，在政治上同样渴望参与机会的公平，他们希望竞选两委会成员，希望担任村民代表，希望入党，希望通过体制内参与而拥有"对村上不合理的事有发言权"。尤其是在城中村改造转制过程中，村民们经济环境、社会结构、组织管理、社会身份、社区文化、就业方式、生活方式、社会保障等全方位的变革，多元的利益主体，复杂的利益关系、尖锐的利益冲突等，必然引起村民对社区事务的高度关注与全面参与。社会诉求在提高，群众愿望在升级。农民有表达利益、维护利益、改善生活的需要，有利益需要，就希望能参与到公共决策中。原来社会管理中家长制、一刀切、统一规划、大包大揽、自上而下的简单、缺少弹性的传统管理模式已然行不通。调研中民政部门和街道办事处工作人员感慨道："现在农民的法律意识真是越来越强，他们对一些政策和法律的条文可以倒背如流，甚至比我们都熟悉。他们随时都会用法律对照你的工作，指出你的问题。"2011年11月6日，西安市莲湖区桃园路街道办事处大土门村300多村民代表自发成立维权委员会。②城中村

---

① 俞可平："公民参与的几个理论问题"，《学习时报》，2006年12月18日，第5版。
② 陈思存等："西安一街道办事处自立'维权委员会'依法维权民政部称违法"华商网，2011年11月10日。

村民家家都有电脑,上网看政治,了解政治,参与政治。越来越多的公民开始通过各种渠道来诉求自己的权力和利益,不断通过信访、网络、媒体、活动、群体性事件等各种正式或非正式、理性或非理性方式来参与城市基层社会管理。

基层群众自主管理和民主法制意识不断增强,使政府行政管理机制和工作方式方法上存在的诸多不适当问题变得愈加突出。由于政府单向管理的传统习惯,再加上和行政人员传统的对上级机关负责的思维,地方政府在进行社会管理和公共服务时往往是单向度的行政输出,在实际社区治理过程中不重视也不习惯对公民参与给予平等的沟通与及时对接与回应。单向沟通的速度较快,效率较高,但是单向沟通只注重信息的输出,无法得到信息接收者的反馈和回应。基层政府与村民之间的沟通所采取的发布指令和通告的方式,极易导致信息不对称,农民对基层政府的决策和管理疑窦丛生,误会连连,不理解、不支持甚至对抗时有发生。久而久之公众对政府的决策缺乏参与热情,更谈不上积极互动。在目前,我国城市社区治理中尚未有制度对政府必须回应做出硬性规定,和相关机制,在此情况下,全凭行政人员的"行政自觉"来回应公民参与,势必降低公民参与的有效性。城中村社区参与的内容多、层次深、影响大,但普通民众能够参与的内容少、层次低、影响小。决策性参与成为少数精英和利益集团的专利,尤其是在关切村民切身利益的征地补偿拆迁安置谈判中,普通村民参与不足。在现行体制下,国家征地面对的是集体,而不是农户;农民不参与征地补偿谈判,有权去谈判补偿条件的只能是集体,实际上就是村支书和村主任,政府与村(居)民或社区组织的地位并不平等,得不到积极回应的村民参与的实际效果是有限的。

传统的治理体制和治理方式仍然对乡村治理实践有着深刻影响。在以权力高度集中为特点的传统乡村治理方式下,管理者习惯于一个人说了算、少数人拍板、垂直型命令、强制性执行。这种治理体制和方式在新的形势下很容易扭曲政府与村民的关系,激化干群矛盾。[①] 基层政府对城中村的管理和村民的政治参与均是单向度发展,缺乏交集回应,更无协商民主平台和机制,导致基层政府与基层社会之间的信任关系不仅没

[①] 卢福营:《村民自治发展面临的矛盾与问题》,《天津社会科学》2009年第6期。

有有效地建立起来，相反显得更加疏离和不信任，并随着征地等新矛盾生长点不断加深。当村民参与得不到回应，达不到预期效果时，就有可能出现上访、示威、静坐等非理性参与行为，导致公民与政府间无法进行良性合作与理性对话。

二　基层政府管理中的"一头沉现象"

常态化管理的基本要求是，严格按照法律程序办事，主要通过协调和疏导来解决问题。但是，受长期计划经济体制影响，当前城中村的社会管理受传统的社会管理思维和习惯做法影响，仍然在强化政府管控上下功夫，不是积极地着眼于源头治理，而是着眼于消极防范和事后控制，不是着眼于改善民生，改善服务方式、提高服务质量和水平，不是着眼于维护群众的合法权益，在畅通诉求表达渠道、扩大公民有序政治参与上下功夫，而是着眼于严防死守、围追堵截；不是着眼于转变政府职能和履职方式，充分利用民间和市场的力量，实现合作共治，而是习惯于大包大揽、唱独角戏。① 政府这种自上而下地对社会实施控制和管制的管理方式在基层社会的日常管理和建设中多有体现。

（一）重管制轻治理

治理不同于统治，治理是利益相关各方作为一种自由的独立主体，对一定范围内公共事务进行共同管理，它的目的是促进公共利益的最大化和保障各利益相关方的利益。治理是以自由、独立的自然人和法人为前提，如果一方是支配者，另外一方是依附者，一方是主人另一方是奴隶，就不可能存在治理。基层政府和干部对于"治理"的一般理解，主要是基于城中村社会建设中的诸多"乱象"，诸如，征地拆迁矛盾突出、社会治安恶化、环境条件恶劣、贿选现象盛行、村干部违纪犯罪严重、村民上访乃至群体性事件不断，这些"乱象"是基层政府和干部普遍认为需要整治、管理、解决的对象。为此设立"综合治理办公室"，这个"办公室"通常和"治安联防队"一起办公。这里的治理主要是加强管制、严厉整顿的意思，体现了基层政府和干部的管控思想严重、服务意识淡薄。社会管理本来应该管理和服务并重，管理中有服务，服务中有

---

① 龚维斌：《当前社会管理中的六个误区》，《学习时报》2012 年第 4 版。

管理。但是，相当一些地方领导干部习惯于"管""卡""压"，习惯于围、追、堵、截，习惯于替民做主而非共同治理，社会通常成为被政府管理的对象，处于被管理的地位。这样做虽有短期效应，却严重地影响常态管理机构的正常运转。久而久之它成为"头痛医头、脚痛医脚"的工作习惯。

有的地方把城中村管理简化为治安管理，甚至采取封闭式管理。封闭式管理简称为"封村"，所谓"封村"，是指当地政府和警方对人们集中居住的小区、村庄实施强制性管制，有条件地让居住人口进出村子，是对村庄内外人口流动的实体控制以严防流动人员流动作案的管理模式。[①] 封闭式管理主要是城乡接合部的流动人口"倒挂"村（指流动人口数量超过常住人口数量的村）采取"土围子"式的管理方式，通过加强村庄治安防控，降低村庄刑事案件案发率，改善治安环境。位于北京城区南部的大兴区，随着城乡一体化进程加快和"城南行动计划"不断深入，大量流动人口涌入该区村庄，形成多个流动人口"倒挂"村。由于这些村落大多处于自然开放状态，且管理无序，因而以盗窃案件为首的刑事案件多发，村庄环境脏乱差。从2010年3月起，大兴区财政投资9000万元在流动人口倒挂村实施封闭式社区化管理试点。2011年起，上海宝山区试点"封闭式管理"，闵行区11个城中村将"封闭式"纳入计划，尝试以安装门禁系统的方式整治城中村。到2013年以后，封闭式管理已成为众多城中村甚至普通城市社区流行的管理方式。

封闭式管理的主要措施包括，建围墙、安街门、设岗亭、守路口、上监控、封闭不常用路口、24小时巡逻、登记流动人口、进出需要出入证，改造开放式的自然村，变为封闭式或半封闭式社区进行管理。村内人员、车辆实施持证出入，村庄主要路口24小时专人值守。建立村庄综治中心，将原有的社区警务站、流动人口管理服务站、巡防工作站合一。同时，在每个村庄的综治中心设立"民调室"，由社区民警与村委会干部共同开展村内矛盾纠纷调处工作。按照实有人口2.5‰配备巡防队、流动人口5‰配备流动人口管理员，明确两支力量的职责任务，规范工作程序，发挥辅警作用。根据各村街巷胡同的分布、数量等情

---

① 李海波：《浅析封村管理之弊端》，《工作通讯》2011年10月12日。

况，评估每个村庄监控探头的需求量，确定需要安装的点位，进行统一安装。并在镇、村分别建立监控平台，实行 24 小时专人值守，实现村庄网上巡逻。

封闭式管理的最大价值与成效就是社会治安明显改善。据首都综治委 2011 年 3 月公布的数字，北京已有 13 个区县的 444 个村庄实现了村庄社区化管理，完成了计划的 66.7%；2010 年全年，北京城乡接合部地区刑事案件发案同比下降 49.1%，实现了发案少、秩序好、群众安全感和满意度上升的目标。[①] 2014 年北京市朝阳区对 78 个社区化管理村进行监测，有 57 个村实现了可防性案件零发案。由于村庄环境美化、治安情况好转，城中村投资兴业状况明显得到改善。

鉴于这一模式在短期内有着立竿见影的治安管理效益。目前各地村转居社区也正普遍推广这一管理方式。本来城市社区具有开放性和流动性，社区内外是同质的，因而与外部的社会联结稳定而有序。然而，将城中村封闭起来，依然只是权宜之计，封村解决不了根本问题。区域管理包括综合管理和综合服务，社会治安仅仅是其中一个方面。把区域管理简化为治安管理是片面的，用封闭隔离的方式来解决社会治安问题，立足点仅仅是"盯人""看门"，而不是综合治理，很难从根本上预防和治理违法犯罪，化解不安定因素，维护社会治安持续稳定。

从社区发展的角度看，封闭的管理模式缺乏开放性与流动性，不符合社会发展的趋向。在相当程度上提高了村改居居民对原有生活圈子和社会关系的依赖程度，限制了社会网络扩张，强化和加剧了与市民群体的差异和空间隔离。既不利于社区自身的长足发展，也不利于安置社区与外部社会的融合。现代社会的发展已不能指望把社会重新"部落化"为一个个孤立的、自我维系的单位，地域性共同体存在的关键是能否建立起共同体与共同体之间、共同体与更大社会之间的联合体。[②]

从政府管理的角度看，封闭性的条块式管理方式以政府为社会管理的单一主体，政府"自闭"于社会力量的发育，难以吸纳社会协同力量；

[①] 卢国强：《"城中村"里的社会管理创新》，《半月谈》2011 年第 7 期。
[②] 孙远东：《社区重建抑或国家重建：快速城镇化进程中农民集中居住区的公共治理》，《苏州大学学报》（哲学社会科学版）2011 年第 5 期。

反映出政府部门在社会管理中不仅职、责、权不清，而且缺乏系统性、协调性、衔接性，没有建立和健全分级、分类、分权的政府社会管理方式，难以应对开放、流动的社会趋向。因此，创新政府的社会管理方式，首先必须解决好这一关键问题。

（二）重改造轻建设

城中村作为城市化的产物，亦将在城市化中被终结。目前，全国各大城市的城中村改造正在如火如荼、轰轰烈烈地展开，几乎所有的城中村都被列入改造计划之中，政府每年下达改造指标落实改造任务。

目前，许多城市对城中村采取只"拆"不"治"的办法。工作重点都放在整村拆除、全面改造上，并没有将城中村的综合整治作为城中村改造工作的重要一环。大部分尚未改造的"城中村"建设止步，管理松散，基本处于放任状态。西安市鱼化寨街道的新农村建设在前年已经基本完成，目前是等待城中村改造。高新区对于所辖村子的新农村建设不再投入。街道办事处对城中村建设的投入也已经很少，大部分村庄都在等待拆迁中。红庙村是丈八街道办事处28个村中仅有的两个未改造的村庄之一（另一个是陈林村），其地理位置独特，与其相邻的城中村已全部进行了城中村改造，而红庙村夹在中间，还有土地没有进行征收，虽已被列入市政府的城改计划之中，但具体改造时间尚未确定。目前红庙村基本处于"零建设""零管理"的状态，以致由乡镇改街道办事处已经数年，但红庙村"两委会"油漆斑驳的牌子上，依然写的是"丈八沟乡红庙坡村"。

红庙村村委会的公共服务仅为保证水电正常供应和解决好卫生问题，村内没有任何集体文化活动。村干部和村民们都在各忙各的事，相互关系不大。我们在联系调研时，村党支部书记就担心叫不来村民。座谈会上，开始只是干部讲，到后来谈及村民生活时，气氛才活跃起来，村民们愿意讲话了，有的甚至发起了牢骚。我担心村支书在座会影响村民说话，书记说"村民才不怕我呢！他们啥都敢说"。是的，当村集体给村民办不了什么实事时，村干部对村民的掌控力明显不足。大家都认为村庄即将面临改造，再做任何村庄建设都是浪费，因此大家都在"等待"，"等待"那还遥遥无期的城中村改造。

其实，不仅村干部和村民在等待，政府也在"等待"。对于区街政府来说，因为这种村庄肯定会被改造，所以就用不着下大功夫上去治理，能不管就不管。村干部告诉我们，我们的工作就是稳定中等待。村庄里有问题，只要不出人命，只要没有村民上访，就天下太平。只要不会酿成大乱子，就可以先放一放。村民中有问题（比如有上访）就应付一下，其余的都等村庄改造后，新体制建立起来再说。恰恰是这样一种想法使得村庄管理无序，监督真空。也正是在这样的条件下，村干部会滋生"乘着上面管得松，底下闹不成事，乐得去给自己谋利，能捞多少是多少"的心态。政府与村干部都在"维持"，在等待中维持，在维持中等待。

当城中村改造一启动，基层政府特别是街道办事处会"举全办"之力而推动改造顺利进行，其效率之高甚至会创造"××速度"或"××现象"。在城中村改造后期，回迁安置应为地方政府工作的中心环节，但现实情况是，村改居社区建设缓慢，多数仍实行农村管理体制，社区居委会迟迟建不起来，造成基层群众自治组织缺位。

这种只注重改造，轻视建设，为了改造而改造的城中村改造方式，正是目前我国基层政府社会管理的一大缺陷。无论是为了等待改造，放松城中村建设，还是完成改造，忽视安置社区建设，都必将给村（社区）带来许多诸如治安管理下滑、生活环境恶化、文化建设缺失等弊端。

（三）重拆迁轻安置

重拆迁轻安置的惯性思维根深蒂固。政府主导下的城中村改造，拆迁阶段可谓集中优势兵力打歼灭战，神速高效。"手续快、评估快、拆迁快"成为经验和样板。从拆迁公告发布，开始评估到整村拆除，60个工作日即可完成。但回迁期则是一拖再拖，即使按时回迁，也存在因"赶工期"而遗留问题一大堆，矛盾丛生，纷争不断，解决回迁安置问题的机制和效率却远远不及拆迁工作。重拆迁轻安置，重拆迁轻管理，拆管不分现象普遍。激进、运动式的管理观念纵然可以立竿见影地实现城中村的改造预期，但其所带来的负面效应会通过城市化的迅速推进而被无限放大。

Y区塘村是由西安市副市长主抓的城改重点项目，总户数520户，共1985人。村域土地总面积172.6亩，建设用地151.6亩。该村在项目实施过程中实现了"三个快"，手续快、评估快、拆迁快。2010年1月21日塘村城改项目批复正式下发，3月完成测绘手续，6月完成第一阶段控规，9月开始编制工作方案，10月制订出拆迁安置实施方案，11月5日正式下发拆迁通告。"评估快"：在区城改办、丈八街道办事处进村后的一个星期内塘村就完成了85%以上的村民住宅评估工作，动迁公司与评估公司紧密配合，24小时满足村民急切评估的需求。"拆迁快"：塘村拆迁工作自2010年11月13日进村至2011年1月13日结束，仅用了60天就完成整村拆迁工作。① 2013年安置房竣工，村民发现，回迁安置楼户型与搬迁协议中村民选定的户型完全不一样，楼层擅自加高，阳台未建，面积缩水。为此村民拒绝回迁，多次上访，甚至冲击区政府办公室。政府处理方式是要求村民回迁，每户赔偿2万元。村民不买账，认为回迁房要住一辈子或几辈子，没有阳台的房子让人如何住？质问政府是如何主导的？怎么走群众路线维护村民利益的？在2010年至2013年的三年中，安置楼建设户型与给村民展示的回迁户型不一样，街道办事处有没有及时发现？如果发现了，为什么不及时纠正？如果没有发现，属不属于失职？是不是其中有猫腻？村民一片质疑，发问一个连着一个。

H村是区推行政府主导城中村改造以来改造的第一个村子，回迁后，问题不断：1. 户型设计问题。小区都是高层建筑，多套房采光不好，有些房屋户型结构被开发商擅自改变，村民意见很大，纷纷上访。2. 房屋质量问题。如村民反映的墙壁裂缝。3. 设计人性化问题。开发商无视村民居住环境的优化，只考虑自身的商业利益，如有的楼盘一梯十六户、十二户，拥挤不堪，电梯负荷过重。另规定公共用房不低于300m^2，但H村却没有小区办公用房。村民上访不断，街道办事处叫苦连天，十八大期间，小区门口站了几十个街道办事处干部，严阵以待。对于160多套采光不好的房子，区政府拿钱给每户补偿3万元解决了。

D村整体搬迁，于2005年5月全部一次性回迁，过渡期应为18个月，属延期回迁。回迁后质量问题多，卫生间、厨房、屋顶基本都漏水（因当时赶工期，冬季施工所致）经多次交涉；曲江管委会组织维修，现已大面积解决。滴水檐下积水造成塌陷、空鼓。如19号楼前出现口径约一米的深洞，塞入了十九袋水泥（一吨20袋）。21号楼前一路灯忽然下陷，三米高的杆子只露出几十厘米的头，深洞距离楼房只有两米

---

① 《放飞新家园的梦想》，《西安晚报》，2011年1月24日第10版。

多。出现问题后，曲江新区解决问题难，只答应，不来人。楼房地基下沉，自来水管道断裂，楼前排水不畅，造成楼房被积水淹没，墙体裂缝。D村附近另一个改造回迁两年的城中村村委会给了我们一份提交开发区管委会的《关于征地、拆迁、安置中亟待解决的遗留问题》的报告，上面罗列了三大类二十九个问题，要求某管委会支付村子8250万元，并要求解决安置房质量问题，等等。B村从2006年初开始拆迁过渡，直到2012年底才回迁，村民在外过渡七年才建成的安置回迁房，存在面积缩水、墙体不正、层高不够、建筑材料不合格等严重质量问题。尚未入住即出现墙面地面开裂下沉、屋顶和卫生间漏水，保温材料质量极劣、房间不方正、面积不达标等质量问题。直至现在，仍有将近100户居民，因不满回迁社区的安置方案以及回迁房建设质量拒绝回迁。已经回迁的村民说："村民住在这样的房子里，心里憋屈，谁还有心思去搞什么村务活动，搞得最多的活动就是上访！"有的村因为开发区管委会将安置房性质改为经济适用房，很快引发村民集体愤怒，一年多来个访集访不断。

由于城改政策实施执行过程中的不到位，高速运转的城改如今已初现风险苗头，重拆迁轻安置、资金链吃紧、城改房用地转性瓶颈等多方面问题不断恶性循环，原本期待多赢的城改正渐渐演变为一个危险的游戏。①

（四）重补偿轻保障

推动城中村改造，政府的立足点在于实现城市面貌的整治和开发区可观的经济效益，至于平衡转居村民的利益分配结构、落实转居村民社会保障制度、推动回迁安置社区经济发展和社会管理这些与转居村民自身利益密切相关的问题则明显不足。农民回迁后的再就业问题和基本生活保障至关重要，可以说是城中村改造整个过程中起决定作用的一环，如果回迁后农民的基本生活质量得不到提高，而且大多数人失业闲置在家，那么就会增加社会不安定因素，诱发各种威胁社会安定的违法犯罪活动。2013年笔者在西安高新区负责拆迁的15个村调查发现：农（居）

---

① "西安城改危机显露：项目资金吃紧 拆迁容易安置难"，《华夏时报》2013年10月26日。

民社保满意度最低。无论是村干部还是村民普通反应最强烈的是社会保障问题。西安高新区还没有专门的被征地农民社会保障政策体系,养老保险基本缺失。这些村早年高新区征地时并没有给村民解决养老保险和其他社会保障。回迁村除百分之百地参加了农村合作医疗外,再无其他任何社会保障。城镇养老保险的参保率为零,特别是那些连生活依托地都一次性转让的村庄,村民社会保障亟待解决。村民对此反应强烈。"2003年就征了地,养老保险喊了10年了,一直得不到解决。别等到我们都老死了还等不到!"这是当地村民的呼声。由于征地时社会保障政策没有落实,被征地农民感到未来生活风险很大,从而造成被征地农民不断上访。

安置回迁社区很多年轻人打工工资大多数在1500元左右,而50岁以上居民基本失业在家,没有收入来源靠子女养活。小区居民出租房屋月收入每户在2000元左右,但是除去基本的生活支出和孩子上学费用外所有的收入只能维持基本生活。很多居民坦言其生活质量相比拆迁前不仅没有提高反而下降。走在雁鸣小区里随时可以看到小区居民办的小商店和各种小型维修部。当问及原因时他们无奈地说子女在外打工收入低微,这样做也只是为了养家糊口的无奈之举,有的人甚至说若干年以后他们都要拄着拐棍上街乞讨,真是言者无奈听者震惊。因此在城中村改造过程中不能只是拆平重建那么简单,回迁后的社会保障和就业安置是事关和谐稳定的大事,必须予以高度重视。

三 基层政府管理中的"选择性治理"

在我国,乡镇(街道办事处)政府处于国家政权的最基层,是国家权力系统的末梢。但就整个社会结构而言,它又处在一个十分特殊的位置。在取消农业税,国家权力逐渐从农村社会淡出后,中国似乎形成了另外一种意义上的哑铃形社会结构"一个竖立的哑铃"。乡镇(街道办事处)政府正是这个哑铃的中间部分,它一方面要支撑强大的国家权力体系,成为自上而下所有意志传导的终端,构成国家大厦实实在在的一堵"承重墙";另一方面又要连接9亿之众的广大农村社会,充当缓解农村社会矛盾的"护堤石"。其不得不承受来自两端的重压。① 一头连着上级党委和政府，另一头连着数以万计的城乡大众，基层作为社会治理的终端，在治理框架中处于"承上启下"地位，在治理实践中承担着多种任务。一方面，国家乡镇改革的目标是要增强乡镇政府的社会管理和公共服务职能，农村社会也迫切需要乡镇政府提供方便、快捷、优质、高效的公共服务；另一方面，乡镇政府出于自身"利益"和"权力"的扩张需要，形成一种体制上的惰性，他们不为其所应为，行使社会管理职能往往是出于上级考评或现实的压力而不得不为之，进行"选择性治理"或"消极应付"。

所谓选择性治理，就是以农村基层政府为本位，对那些于己有利的事就去管、去做，对那些于己不利或者吃力不讨好的事就尽量不去管、不去做，有选择性地展开行政作为。② 这种现象曾被美国政治学家詹姆斯·威尔逊概括为官僚的"选择性关注"倾向（威尔逊，2006）。这种情况出现与不当政绩观、考核机制和政治经济生态密切相关。基层政府选择的目标无疑使关乎其政治命运和经济利益的工作，主要为"一票否决"的工作内容。关于一票否决的工作内容，各地虽有不同，但概括起来主要集中在经济发展、信访维稳和出现重大责任、安全事故等几方面。

（一）经济发展：重中之重

在"发展是硬道理"的总体形势下，各地党委政府几乎都把发展、特别是经济发展放在工作的首位。在当前基层政府的各项责任指标中，经济类工作所占有的比重往往占据绝对优势。包括工业经济发展、固定资产投资、项目建设、招商引资和财政收入等。特别是经济工作（包括农业经济、私营个体经济与招商引资等）年年递增。如，包头市东河区的一街道办事处，2004年的税收任务是300万元，2005年为500万元，2006年为800万元，2007年为1000万元，2008年为1200万元，2009年上升为1500万元。③ 有的街道办事处每年要完成2.5亿元的引资任务。

---

① 白呈明："构建纠纷解决机制的本土元素——基于乡镇矛盾纠纷调处方式的观察"，《理论与改革》2010年第1期。
② 吴理财："应注意农村基层的选择性治理"，《学习时报》2009年1月12日。
③ 孙宝晶："包头市街道办事处职能转变方向研究"，中央民族大学出版社2011年版，第26页。

依据法律规定，街道办事处主要任务是完成上级政府交予的各项城市管理工作，经济发展不是主要职能。目前，普遍存在着上级经济发展部门将经济指标下压给街道的现象，使街道无力履行公共服务职能。如《西安市各区县、开发区、市级部门 2013 年度目标责任考核指标》从"支撑省考指标，突出差异性，体现科学化，调动积极性"目标出发，紧密围绕省上下达的年生产总值增速任务 12.5% 的总体要求，着眼扩大内需，狠抓重点项目建设，强化投资对稳增长的关键作用；把旅游业发展作为带动三产的主要抓手，强化消费带动作用；加快现代农业、服务业和区县工业发展，强化产业支撑，夯实发展基础，确保实现全市经济社会发展预期目标。主要突出经济指标。将生产总值、规模以上工业增加值、服务业增加值、社会消费品零售总额、重点项目建设等逐项分解，适当加大考核权重。对区县增设了服务业投资增速、净增规模以上工业企业和限额以上批发零售、住宿餐饮企业户数等；对有关开发区增设了生产总值增速、限上批发零售、工业招商等，提高了区一级服务业增速，固定资产投资等指标。同时，对相关区县、开发区和市级部门增设了城市精细化管理、缓堵保畅、环境保护、丝路申遗、农村劳动力转移就业人数等指标[①]有的街道办事处每年 80% 的时间和精力跑招商。政绩考核中经济指标占据重要的位置，是考核硬指标。招商引资的指标与街道干部个人利益挂钩，并且将协税指标与行政经费挂钩，这都直接导致了街道办事处将经济建设作为社会管理的重中之重。街道党政班子把招商引资工作作为街域经济发展的重要工作来抓，一是做好指标任务分解细化，将指标任务分解落实到科室、部门。二是严格实行责任制。街道党政一把手和分管领导带头扛指标，加强对各科室、部门的督办力度，落实对引进企业的跟踪服务措施。三是严格目标考核，按月落实任务。月初订计划，月中抓进度，月末总结分析，将招商引资纳入各科室的工作目标考核范畴，奖优罚劣。做到以月保季，以季保年，确保全年任务完成。"以经济工作为核心""把党的中心工作转移到经济工作上来"，通过责任制的指标体系得到了充分的展现。

---

① "全市 2013 年度考核指标下达突出差异性 体现科学化 调动积极性"，西安考核信息网 2013 年 4 月 8 日。

抓项目，跑项目自然还有弥补经费不足和提高福利的需要。街道办事处人员定岗定编，由于职能庞杂多头下达任务，工作量大，雇用临时工是普遍现象，这些人的工资均由街道办事处自行解决。"上级要政绩，下级要福利"，不提高福利待遇难以调动工作积极性。乡镇街道办事处何以对征地拆迁、城中村改造如此积极卖力？"无利不起三更早"一是实现地方财政所需，二是可以拿到比较客观的协调费，据说有些街道办事处年"创收"在千万元以上。基层领导干部一味地将注意力集中在经济发展上，一些干部热衷于招商引资、大上项目，投入大量人力物力，表现出非常的行动能力；而对于统筹辖区发展，组织监督管理公共服务，指导村社区建设，环境保护、教育发展、社会公益等治理工作，或表示"兴趣不足"，或自叹"能力不够"，治理意愿不强，工作成效甚微。存在重经济数据轻民生指标、重项目建设轻环保评估、重显绩轻潜绩等倾向的时候，就会在无形中树立不良发展导向，误导一些地方只把经济发展当作刚性任务，而把公共服务视为弹性需求。[1]

（二）信访维稳：一票否决

在社会转型矛盾凸显的时期，社会矛盾纠纷不仅数量多，而且对抗性强，稍微处置不当就会诱发群体性事件而致社会动荡。维护社会稳定是国家社会管理的重要目标，也是推动经济社会发展的前提条件，执政者重视维稳本在情理之中，在中央"发展是硬道理，是第一要务；稳定是硬任务，是第一责任"的刚性要求和"各类社会矛盾将碰头叠加"的权威判断下，"稳定压倒一切"成为社会治理的基本理念并上升为一种政治要求。维稳成为不计成本的政治目标。"零上访"成为各级政府、部门、领导考核的重要指标。当稳定的硬任务在"一票否决"压力下被少数人曲解为"不出事"逻辑，各级党政部门对维稳工作丝毫不敢懈怠，对集访、越级访、赴京访和群体性事件的防范更加严密，对信访考核要求更加严格。调研发现，较之于传统农村，城中村的信访和社会治安给政府带来更大的挑战和压力，在实际工作中，信访工作似乎成了维稳工作的全部或主体，信访部门成了维稳的主角而被推到风口浪尖。于是强化信访队伍，扩大信访权限的要求和措施应运而生。

---

[1] 人民日报评论部："走出选择性治理误区"，《人民日报》，2011年10月27日。

Y 区每年的信访量至少在 2000 件/次以上，我们从 Y 区信访动态显示的情况可以清晰地看到，从 2009 年上半年以来，信访总量较往年有所上升，赴省上访问题突出，1—5 月份赴市访 12 批 203 人次；赴省访 13 批 425 人次；出现了群众"非正常进京上访"数量激增的局面，进京非正常访 12 批 102 人次，全市排名在前三位。群众越级上访、集体上访已成趋势，而且规模大、情绪激烈。其中城中村问题一直是最突出的问题，占信访量的 50% 以上，群众信访问题主要涉及拆迁安置、拆除违法建筑、城中村改造、农村土地使用管理、涉法涉诉问题等。部分集体上访组织严密，稳控难度加大，已成为影响社会稳定的重要因素之一。如何有效控制和正确处理群众集体上访，是摆在各级党委、政府面前的一个重大而紧迫的问题。

城中村的信访和社会治安给政府带来的挑战和压力巨大，所以，有的区实行专职维稳工作队员制度，每个街道办事处几乎都要抽出占街道办事处工作人员三分之一的精兵强将进入农村和社区进行专职维稳，"不再参与办事处安排的其他工作，全面参与、指导、督促协调基层农村社区的各项事务"。维稳队员的目标责任则要求其"全年所住村、社区出现到办事处重复上访不超过两次；不得有到省市区党政机关上访，坚决杜绝赴京"。发生越级集体访后迅速到位，处置有力，能按照规定将上访群众及时带离。街道办事处根据其目标责任完成情况予以奖惩，包括评优、优先提拔使用或取消评优资格、停发当月补贴、写出书面检查和组织处理等。从维稳工作机制上形成了"信访联络员—信访信息员—维稳工作队员—包村科室—包片领导—维稳领导小组"这样一个纵向到底、横向到边的立体化信访维稳网络，造成对其他工作的严重干扰和冲击。

信访维稳工作已经成为区政府社会管理工作中的一项极为重要的内容。2010 年以来，Y 区多次召开全区政法综治维稳工作会议和信访稳定工作会议，区委常委会议、区政府常务会议也多次就维稳工作形势、面临的问题进行专题研究。将维稳工作纳入社区、农村基层组织建设考核，要求努力解决农村、社区干部游离于维稳工作之外的情况，把维稳的职责落实到基层。针对信访维稳工作，区先后实行了逐级签订维稳工作目标责任书、建立预警处置机制、开展创建"四无"村组社区活动（即无进京非正常访、无到省集体访、无到市集体访、无一年以上信访积案）、实行维稳信息周有通报，月有动态，日有日报，加强"动态收集"和

"即时报送"制度,不断完善区内公共安全突发事件的预警和各类应急预案,以期使处置各类突发事件、群体性事件实现规范化、制度化。

不仅是Y区,在全国大多数的基层地区,信访维稳工作都占据着区政府、街道办事处和村级组织社会管理工作的中心,占用了基层政府的大量工作精力和成本。仅就经济成本而言,维稳有专门机构,专门队伍,专门经费。有能讲的费用还有不能讲的费用。以某街道办事处维稳的花费为例,我们就可见一斑,该街道办事处维稳工作队员、信访信息员、信访联络员106人,每人每月发放补助200元,为每人配备一辆自行车,每天记工作日志,每月150元工作补助和50元通信费。仅此一项,街道每年投入资金约25万元。巡防队员50人,年工资50万元,还买了保险,配了服装,既解决了就业,又维护辖区治安。农村有15个信访信息员(暗的),每月补助300元。对街道办事处25名重点人物的稳控费用每年又在5万元左右。每逢各级党政换届、重要会议、重大政治活动期间或"八一"、中秋、元旦、春节等主要节假日都要对重点人物进行慰问、安抚,甚至拉出去旅游。针对某些重点人物,还需要解决他们的低保、养老保险、公益性岗位等。此外,赴京值守、劝返等不可预计的费用都可能随时发生。

维稳成本远不止于经济成本,还有高昂的人力资源成本、政治成本和社会成本。仅街道办事处层面设立的与维稳有关的机构或组织就有:综治办、信访办、司法所、巡防队、矛盾纠纷排查化解中心,等等。这些职能部门人员编制一般不少于3人,巡防队也在四五十人。如Y区某街道办事处在城中村改造中,就一个村的维稳工作就安排了综治、司法、信访三个科室,抽调6名干部、1辆小车组成专门接访小组,派驻1名干部在省政府,确保第一时间发现、第一时间处置、第一时间接访,必要时采取干部陪访。实践中往往是为了"稳定"不惜突破政策、法律规定,以牺牲政策法律权威为代价安抚"闹访者";为了"稳定",主要领导可以运用权力将"包案"顺利解决,导致"正职接访解决问题,副职接访磨磨嘴皮";为了"稳定",大量人力物力财力倾注于维稳,严重影响了政府日常工作和其他职能的发挥;为了"维稳",维稳人员不惜与闹事者称兄道弟笼络感情,甚至苦苦哀求不要上访,严重损害了政府工作人员的形象;为了"稳定",劝返不择手段,劝返后却无力解决问题,政府公信再失;为了"稳定","小闹小解决,大闹大解决,"的畸形信访文化在社会中迅速蔓延，侵蚀着一些上访人员的心灵，社会将为之付出更大的代价。可谓维稳不计成本，考核走向极端，维稳绩效却并不理想。

虽然信访维稳的成本如此之大，但仍然无法撼动它在基层政府工作中的重要地位，主要原因就在于在许多基层地区，维稳工作已经与"一票否决"的硬任务画上等号。由于上级政府对信访维稳工作的严苛要求，致使基层政府宁愿忽视最为基本的社会民生管理，而选择花大力度地做好信访维稳，导致了我国基层政府社会管理的这种畸形性选择。

例如，在某基层地区，从2010年10月份开始，市联席办每月要对全市乡镇、街道群众越级访数量进行综合排位，对排名前5位的乡镇、街道党政主要领导进行全市通报批评；对连续2个月排名前5位的乡镇、街道党政主要领导要下发黄牌警告书；对连续3个月或全年累计5个月排名前5位的乡镇、街道主要领导，要向所属区县委提出调整其职务的建议。此外，市信访联办还定期监督各街道（乡镇）是否每月研究一次信访稳定工作，是否每月都有一名领导干部接待上访，领导包案是否落实，是否主要领导阅批来信来访，信访、综治、司法"三位一体"机制是否建立，有无接待群众来访场所，相关台账资料是否齐全，村和社区矛盾排查化解工作站建立与否，重点人员包人制度落实到位与否，赴京到省赴市上访领导到场处置情况，等等。对在信访工作中，因工作不力，造成秩序混乱，产生严重后果和政治影响的街道和部门，实行"四个必究"：一是对不及时处理导致群众越级集体上访的必究；二是对上级交办的案件不按时办理的必究；三是发生集体访和非正常上访的接访领导现场处理不及时，造成很大影响的必究；四是责任单位主要领导驾驭不了局势，化解不了矛盾的必究。

街道办事处作为区政府的派出机构，看似"一级政府"，实无"一级政府"的管理权，对于"属地管理""负总责"，多勉为其难。调研中，实际工作部门的同志普遍反映出对信访考核机制的困惑与不满。一是考核过分强调"属地管辖"，而无视"谁主管，谁负责"；二是只简单考核信访发生的绝对数，特别是信访"一票否决"对基层政府、部门领导和信访工作人员构成了明显的工作和心理压力，因为考核排名直接影响到他们的工资奖金、任用提拔和政治前程。更为严重的是，目前的信访考核机制已暴露出一些明显的弊端；一是上访人员利用信访"一票否决"

制要挟政府部门实现其不正当利益要求，客观上助长了非正常访，更加刺激了信访量的增加；二是导致必须对老上访户盯死看牢，对非正常访采取更加严密的防范措施，甚至逼出了一些通过"销号"来减少信访量的不正常做法；三是导致出现维稳部门"赴汤蹈火"，责任主体悠然自得的奇特现象；四是不当的考核会严重挫伤基层组织和信访工作人员的工作热情与积极性；五是造成对其他工作的严重干扰和冲击。信访部门更是倍感压力，一个街道办事处的书记也因辖区内出现赴京上访而被停职。

（三）市容整治：面子工程

城中村环境的好坏，直接关系到城市卫生环境的好坏，而城中村的"创卫"达标与否，关系到全市"创卫"能否达标的问题。因此每年许多城市都会在"创卫"之前，集中对城中村环境进行整治，通过此种"面子工程"，保全城市"颜面"。

城中村人口密度大、流动性强、外来人员多、卫生意识相对淡薄。针对城中村脏、乱、差、管理混乱等问题，有的城市基层政府为了双创（卫生城市、生态城市），有的大都市为了"四城联创"（创建全国卫生、环保模范、园林绿化和文明城市），有的为了迎接上级检查或者是为了赢得某种荣誉称号，往往采取"专项治理""突击整治""集中整治"。从我们的实地调研情况看，城中村管理中的"整治—回潮—再整治—再回潮"，是政府社会管理很难走出的怪圈。通常在集中整治活动后的一段时间，市容市貌有了很大改观，整治效果相当明显，但随着时间的推延，城管中的一些顽症又"死灰复燃"。如对市容卫生、食品安全、流动摊贩、机动车交通的专项整治和治理等，运动式的突击检查、集中式的治理整顿并不能从根本上解决社会管理的长期问题。比如，街道办事处通知村民禁止在自家门口放置使用垃圾桶，一律将垃圾送往集中收集点，由专人清理。村民置若罔闻，街道办事处干部进村强力纠正，问题得到好转，但风头一过又卷土重来，村街干部苦不堪言。农民习惯的养成不是简单地通过突击式的整治可以根治的。

集中整治只是暂时的治标，治本仍需依靠建章立制。有的地方提出以点带面、分类推进、因地制宜、讲求实效的原则，引导村民定点倾倒，有偿保洁，逐步建立城中村环境卫生保洁长效机制。很多城市采取长期性的持续管理方式，由市城管部门负责全市城中村环境卫生提升行动的组织、监督、检查、验收等工作，全面掌握和跟踪督办各区整治行动推进情况，每周收集全市城中村环境卫生整治工作动态，每半月进行专项通报。各街道办对各自辖区环境卫生负总责，组织实施城中村环境卫生集中整治、清扫保洁、垃圾清运、果皮箱垃圾桶等中小型设施设备的配置更新，对违规摆摊设点进行行政执法。检查验收后，将各区整治工作情况通报市委市政府。实行城中村环境卫生情况直接与"卫生村"考核评定挂钩的制度，凡环境卫生脏乱差现象严重、整治工作不力的，"卫生村"申报考核即评定为不合格，原评定为"市卫生村"的立即予以摘牌，原评定为"省卫生村"的由市爱卫委建议省爱卫委予以摘牌。

除此之外，城中村治安防范和安全生产也是政府最为关注的。由于比较低廉的租金吸引了大量外来人口租住城中村房屋，村民、外来人员、居民混合居住，人口结构复杂。不少村中有废品收购点，很易成为违法犯罪的"窝藏点"，周围环境杂乱无章，黄、赌、毒等治安问题突出，社会治安综合治理压力很大。

以上分析可见，基层政府对城中村的现行治理模式，更多的是设定责任和义务，侧重于维稳和维护城市形象，或者城市安全为目的进行各种选择性"整治"。或者忙于"发展是硬道理"引领下的项目建设、土地征收和招商引资，以及城市市容管理、城市执法角度进行双创和"四城联创"等选择性治理。当然，城中村征地拆迁、信访和网络事件、环境污染、安全生产、流动人口管理等发展中的问题集中，冲突加剧。在"城中村"治理中，强调"经济发展"和"社会稳定"固然是必要的，但如果一切都着眼于此，那么许多问题就难以解决，甚至会陷入难以摆脱的困局和被动局面。政府对城中村经济社会事务"大包大揽"，管了太多"不该管实际上也管不好"的微观事务，越位和错位比较突出。在经济发展、社会事务、计划生育、信访维稳、治安管理等管得过细，但在规划引领、监督管理和公共服务以及人财物配备方面的重视程度和工作力度相对薄弱，未能满足城中村经济社会快速发展和管理任务日益繁重的要求，政府缺位比较突出。公共决策和治理过程中的公众和社会参与度不足，市场机制、社会力量和民间资源的作用未得到充分发挥。

导致基层政府选择性治理的主要原因有以下几个方面：

第一，选择性治理的主要原因是目标管理责任制。在压力型体制下，城市街道办事处对城中村进行"选择性治理",目标管理责任制以构建目标体系和实施考评奖惩作为其运作的核心。几乎在责任制的所有考核办法中,都设置了对重大工作差错要扣分,其中最严厉的即是"一票否决"。所谓"一票否决",是指一旦某项任务没达标,不仅此项任务不得分,该单位全年的各项工作成绩也被算为不合格,甚至记零分,并可能取消该单位当年甚至几年内参与各类先进称号和评奖的资格,而且会对该单位主要领导的评奖和升迁造成重大影响。目标责任制这样一种制度安排,有效控制了官员们"有选择地"去完成那些"被选择的工作"。实际上他们是在包含了指标体系、考评办法、奖惩方式和实施办法等一系列能够诱导官员"选择性关注"的制度性安排下,有选择地行动。①

第二,从政府社会治理的目标和出发点来分析,往往把"社会管理"当作"社会危机管理",这是政府选择性治理的主要原因。由于政府单向度的管理,在很多情况下,政府管理的出发点不是农民的需求,更多的是社会问题,其对农民真实需求的发现往往是通过"问题化"的方式出现,只有当农民的社会需求大范围扩张得到社会关注,并产生了一系列不良社会后果之后,政府才会发现并且"无奈"介入进来,然后进入政府议程,进而再转化为公共政策问题。在目标管理责任制掌控下,街道办事处只能集中一切力量应对压力型体制中的目标,忙于应付各类辅以"一票否决"的"中心工作",而无暇对乡村社会进行日常性治理,只能进行"出了问题才进行治理"的"事件性治理",呈现出"维控型政权"的特点。②

第三,基层"选择性治理"倾向的大量存在,暴露了少数干部基于自身利益有选择性地展开行政作为的私利之心。基层干部普遍热衷于那些见效快、影响广的政绩工程或面子工程,而不愿意致力于具有战略意义但见效慢的公共服务项目,官员的政治需求大于公众的民生需求,经济必然为政治需求服务,公共物品的供给必须为政治服务,这就容易出现财政缺口,使得基层政府积极寻求短期行为。③ 同时,选择性治理也反

---

① 王汉生、王一鸽:"目标管理责任制:农村基层政权的实践逻辑",《社会学研究》2009年第2期。
② 欧阳静:"维控型政权——多重结构中的乡镇政权特性",《社会》2011年第3期。
③ 周志雄:《新农村建设的模式与路径研究》,浙江大学出版社2008年版,第42页。

映了治理模式的某些欠缺。传统的以行政权力为主要手段自上而下单向的社会管理机制形成了一种"路径依赖"。当发生问题时,各级政府首先想到的是需要强化行政控制力度,而强化行政控制力度,最习惯的方法就是投入越来越多的行政资源,如增加各种警力、工作人员、组织机构和资金、物资来增强行政干预的力量。①

第四,单纯而频繁的采用选择性的运动式管理方式,暴露了政府在社会管理中缺乏对短期、中期和长期的社会建设发展规划的研究和制定。在社会格局深刻、迅速变动的状况下,各种新情况新问题不断出现。没有短期、中期和长期的社会建设规划,社会发展的方向就不清楚,长效化、常态化、长期化、可持续发展的管理机制和相应举措就很难建立,当社会问题积累到一定程度再进行整治,政府的社会管理工作就难免依靠突击式、短促式、集中式的整治方式,社会管理就只能被动应付。目前,我国很多城市管理都面临着缺乏长效机制的困扰,运动式管理和突击式整治在很多地方都是城市管理的常态。体现在城中村管理中的"一抓就死,一放就乱"现象也就很难避免。

总之,选择性治理带有很强的功利性、阶段性、临时性、突击性、应付性特征,缺乏长效性、制度性和自觉性,较少考虑城中村居民的就业及生计,忽视农民最需要的公共服务供给。即便是提供管理和服务也往往是单向度的行政输出,缺乏村民自治的积极参与、对接与回应。致使乡村治理绩效难以令人满意。事实上,政府社会管理的范围很广,比如保障公民权利、协调社会利益、实施社会政策、管理社会组织、维护社会秩序以及解决社会危机等。克服执政中急功近利的"面子"行为、短期行为,改革创新基层治理模式,理顺治理格局,优化制度设计,实现基层善治,尤其迫切。②

四 基层政府管理中的"权利义务失衡"

基层政府在城中村管理中,更多的是安排工作,下派任务,即多为义务和责任的设定,极少有所赋权,包括本应由政府所提供的公共服务,

---

① 周光辉:"如何实现社会管理创新",《理论视野》2011 年第 3 期。
② 同上。

也有村集体自行负担。行政权不断挤压自治权，甚至侵害到自治体的财产权。这种权利义务的严重失衡将有损于基层自治，也妨碍行政权和自治权的平衡、协调。基本上将城中村的事务留给城中村自己解决。在城中村管理中出现"权利义务失衡"倾向。

（一）公共服务匮乏下的权利悬空

在城中村变迁过程中，政府的着力点主要在改造阶段，对改造前后的城中村，尤其是村转居社区建设缺乏足够重视。基层政府主要侧重典型城市社区的管理，尤其是以房地产开发为主体形成的商品房社区的建设管理。因为这类社区不仅数量多，人口构成复杂，居民维权意识强联络方便，更重要的是城市社区基层民主不健全实践不充分，自治制度化程度低，政府从稳控的角度出发，急需先解决这部分社区建设问题。相形之下，在近几年快速城市化过程中，政府在取得城市发展需要的土地后，对于村转居社区，政府一方面无暇顾及；另一方面，政府将村转居社区视同农村社区。从自身利益出发不愿意投入大量财力和物力进行管理，基本上将城中村事务原封不动留给村委会自己解决。提供有效的公共服务是政府的职责，同时意味着社会组织和民众享有相应的权利。职责的沦丧，同样意味着权利的悬空。调研发现，一些地方政府相关职能部门通常将村转居社区或城改回迁社区称为"新型农村社区"或"农村回迁村"。即使现在村委会变居委会后，他们依然执行传统的管理模式，既要负担本村的基础设施和公共服务设施的建设，又要维护本村的计划生育、社会福利、社会治安等社会管理职能。本应由城市政府承担的城中村的管理责任被转嫁给村集体，以维系城市化的低成本推进。在这种理念和实践影响下，政府的行政权无法在农村基层社会正常运行，造成大量所谓"瘫痪村"的出现。因此，政府在城中村以及村转居社区管理过程上，从制度供给到人、财、物保障都被"边缘化"，公共产品和公共服务缺乏基本的保障，以致出现"用集体的钱，办政府的事"，承担义务多，享受权利少的局面，引起城中村干部群众强烈不满。

（二）政府管理权挤压基层自治权

城中村改造和回迁主要是行政推动的结果，村改居社区早期问题的处理和解决也主要依靠行政力量推动，但这种行政干预如果长此以往就会大大降低社区建设的活力与社区自治能力。调研发现：一方面社区管理中的政府职责和社区自治界限模糊不清，对于政府管理事项和社区自治范围缺乏基本的认识和区分。另一方面基层政府通过自己的强势地位，对社区自治进行强行控制，对自治组织变"指导"为"领导"；基层自治组织由于地位弱势，对政府部门变"协助"为"执行"，工作方式基本按政府指令行事，社区丧失了基本的自治权和自治空间；政府行政包揽过多，把社区当政府机构的延伸，随意向自治组织"发号施令"，不断下发各类临时性、突击性任务，导致村（居）民委员会承担工作的80%以上都是政府部门交办的（主要是区、街布置安排的工作），如社会保障、计划生育、技能培训、创卫复审、社区卫生考评等工作。几百项工作由政府层层下派，直到最基层社区，然后再层层上报。村社干部把承办政府交办的工作视为常规工作，以致社区居民把居委会当作一级政府机构，社区居委会也摆起了官架子，门难进、脸难看、事难办。

为广大社区居民的根本利益提供保障与服务是基层社区建设与发展的主要目标，目前这一工作的主要承担着仍然是政府，由于职责不清、边界不明，致使基层政府与乡村社会的关系简化成单向的上下级命令或执行关系，而不是双向的互动关系。①

（三）政府管理重任务下达轻经费投入

政府在公共服务、公共设施的建设与维护缺位导致城中村在职能上是"行政组织"，在财力上却是"自治组织"。街道办事处给村上安排工作，并无具体指导，更无经费支持，或给予空头支票。街道办事处安排的许多工作，比如创卫、巡逻、城乡一体化的入户调查等，所需费用都由村上承担，或要求村上先垫付。比如Z村2005年创建卫生城市投进去了几百万元，至今不予兑现，村干部抱怨政府说话不算数。2006年丈八街道办事处六个村新农村建设达标创建中，村上搞绿化、上监控、改善办公设施，增加健身器械，共计花费30多万元。按原来的政策，对达标者每村奖励80万元，可一直未兑现，村干部找市上新农村建设办公室，新农办答复款早已拨到区上了。村民认定费用被区上截留了，因此成天骂村干部，村干部叫苦连天，认为政府这样做不仅直接影响政府的公信力和形象，而且让村干部也失去了群众信任。政府还说要拨款给J村装备

---

① 房正宏："乡村治理：精英与政府间的博弈"，《学术界》2011年第11期。

监控设施，为完成政府下派任务，村上先垫付 7 万元花钱雇人干，拨款至今仍未兑现。有的村社从 2007 年以来，上级先后给挂了十几个荣誉牌子，但是没有一点补贴。公共产品和公共服务缺乏基本的保障。如环境卫生工作，街道办事处给一个近万人的大村只配备了 7 个垃圾收集箱，坏了也不维修不补充，政府只承担 6 个环卫工人的工资，除此之外，不再给一分钱。这远远满足不了村环境卫生工作的需要。

村改居社区管理建设费用承担更不合理。城乡基础设施是城乡公共产品的重要组成部分，是一个地方社会经济发展的基础和前提条件，跟人民群众的生产生活密切相关。[①] 按照城市管理办法，村改居后市政基础设施，如道路、路灯、环境、卫生、绿化、水电等应纳入市政统一管理范畴，经费由政府公共财政解决，事实上村转居社区只是在组织架构上已具备了城市社区的外壳，并未被纳入城市建设和城市社会管理的体系之中，目前改制的社区从基础设施建设到管理经费支出几乎都是由社区（原村集体经济）自行承担，如新加坡社区干部、物业公司、基建后勤人员的工资全部由社区承担。社区水、电、气、暖气等设施建设、维护费用均由社区承担，年总支出近 20 万。一些村改居社区，原集体经济薄弱，空壳化现象严重，开支主要来源为征地补偿款的集体提留。例如，某村改制前共提留 300 万元，这是唯一的集体收入，但"一样收入百样支出"，回迁一年来村集体已经支出 160 多万元，其中主要包括：环卫、绿化、治安、订报刊、便民服务站、卫生站、残疾人活动室、乒乓球台、垃圾桶、休闲凳子、门禁刷卡系统等公共设施配套建设和管护维修费用；村干部工资、保安保洁工资、村民福利以及各种检查摊派等临时性支出，实在不堪重负；仅市区在该村举办统筹城乡发展现场观摩会一项就花费 6 万余元，全部由村里承担。该村已经建好的门面房至今没有交付，而且门面房附近的路还没有打通，仍然是一片烂草地。村集体后续发展没有空间，给社区公共组织造成了巨大的经济压力。

基层政府往往把自己置于领导地位，将城中村村委会承接义务性指标工作，自付费用视为理所当然。最让人难以理解的是街道办事处奖励优秀干部，竟然是街道办事处规定奖励标准，村上出钱奖励，村干部回

[①] 甘灿业、韦海鸣："广西城乡基础设施供给失衡及应对策略"，《宜春学院学报》2012 年第 5 期。

到村上自己奖励自己,这种做法连街道干部都觉得不合情理。按照某村改居社区干部形象地说,他们的社区建设是"三不靠原则",即"一不靠区上给政策(成立社区),二不靠开发区给地方(社区办公场所),三不靠街道办给钱(街道办也不投入)"。

大部分村改居社区的集体经济在改制之前已经清零,社区开支主要来源为征地补偿款的集体提留。社区干部担忧征地补偿款贴完了以后怎么办?作为从城中村演变而来的社区,由于农民转居民后村民构成复杂,村上的集体资产不可能大量地用于社区建设和管理,因为其所有权和受益权是原村民。同时如果将这些资金都用于社区建设上,今后的资金问题更无法解决。在没有转为城市社区之前,国家不拨付任何办公经费,公共管理、社会事业都需要集体经济支撑。社区不仅缺乏自治权利,也不堪经济重负。当集体再无力承受社区管理费用时,就只好向居民转嫁,有的社区原来村民有线电视费和合疗费全由集体承担,现改为个人支付。居民(股民)对社区干部把原村集体的钱花在为政府办事上,影响了他们的福利意见很大。村改居社区今后工作头绪越来越多,所需费用越来越大,财力不足与社区支出增长的矛盾日益突出,甚至"有事无人管,议事无地方,办事没有钱"。目前,社区建设社会投入的机制和渠道尚未形成,社会组织、企业和私人等社会力量参与不足,资金投入未能实现多元化,严重制约着村改居社区建设与管理水平的进一步提升。

第二节 城中村村民自治的价值取向与行为方式

根据王振耀、白钢等人给乡村关系协调所确立的具体指标:首先,乡镇政权组织不能侵犯村民和村民自治组织依法享有的独立自治权,不能越权包揽和插手村民自治事务,把村民自治事务行政化;其次,村民及其自治组织依法行使自治权,不能把自治权绝对化和无限放大,不能用自治的口号来免除必要的国家负担和义务[①]。也就是要正确处理基层政府管理与村

---

① 王振耀、白钢、王仲田:《中国村民自治前沿》,中国社会科学出版社2000年版,第276页。

民自治的关系，合法合理地界定基层政府管理与基层自治组织的行为边界，既不能过度行政化，也不能过度自治化。高度行政化的村民自治必然丧失自治应有的品性，过度自治化同样有损政府管理的权威性。

一 高度行政化的村民自治

村民自治制度已推行 30 年，我国的《村民委员会组织法》虽然规定村民自治组织不是一级政权组织，它是群众性、基层性和自治性的组织。但从实际情况来看，目前村委会还未真正成为独立的自治性组织，仍然承担着大量的基层政府职责。乡村之间的关系由"领导"变为"指导"，客观上要求村委会要从"对上负责"逐步转变"对下负责"。然而，基层政府行政权力不断向村民自治有意无意地延伸，侵犯村民的自治权利，使得村民自治空间受到挤压。在"乡政村治"体制下，乡镇政府与村委会相互关系的平衡和契合是困难的，"只要村委会承担来自上级政府的行政管理任务，那么它们的关系就非常可能具有领导与被领导的特征，而很难保持指导与被指导关系的性质"。[①] 城中村治理中高度行政化、依附型的村民自治随处可见。

（一）征地拆迁政府强势介入

第一，政府以主导为名，过度介入城中村改造，侵害村民自治权。

政府在城中村改造中角色定位偏差。在城中村改造中，因主导力量的不同而先后经历了自主改造、开发商改造和政府主导改造，但全国各地最终几乎都摒弃了前两种方式，而选择了政府主导型的城中村改造。西安市城中村改造采用政府主导，并形成了自己独特的城改经验和模式进行推广。昆明城市拆迁中提出"政府主导，企业参与，市场化运作"的口号，深圳实行"政府主导、市场运作、股份公司合作参与、原住村民自主签约"但在实施中各地都强调政府主导地位，淡化政府的服务、指导和监督功能。城中村改造涉及农民土地、房屋、生存发展等重大权益，村民才应该是真正的改造主体，应由他们主导和全程参与，而不是政府大包大揽。从城改计划制订到改造公告发布、申请开发、方案审批、开发商选择，几乎整个程序全部由政府主导，少有村民参与。政府过度

[①] 景跃进："国家与社会关系视野下的村民自治"，《中国书评》1998 年第 5 期。

介入城中村改造，导致出了问题政府就得拿钱摆平，不仅侵害了村民自治权，而且使政府公信力严重受损。

第二，在实际的征地拆迁工作中，政府不是在制度基础上对接村级自治组织，而只是对接少数村干部和部分村民代表。有的村在改造项目启动前，政府或开发商千方百计让改造方案获得三分之二以上村民代表同意，所以只给主要村干部好处或将两委主要干部和村民代表拉到高级酒店好吃好喝，各个击破。村干部如果不同意，就软硬皆施，一定要"拿下"，在这种情况下通过的改造方案，岂能反映和维护广大村民的利益？遗留的问题自然会很多。"有的村干部签了协议，就不敢回村住了，怕群众打骂。"对此，有的村民这样反映道："拆迁安置那么大的事，可我们村民手上连一份协议都没有。开发区和村干部只让我们签字，连个'二指'条子（协议）都不给我们。"村民对于征地拆迁补偿政策只知大概。"开发区都是和干部谈，老百姓能知道多少？即使告诉你安置政策，真正能懂得政策的能有几个？还不都是干部让怎样做，就跟着怎样做。"有的村级组织甚至成了开发商征地项目的股东，村干部与开发商勾结，隐瞒征地补偿标准、压榨村民的补偿款。

第三，城中村改造新建社区规划越位。为了安置失地农民，政府统一规划组织兴建集中居住区。与自然村落不同，城中村改造安置社区是一种典型的"规划的空间"，居住区域、住房建设和居民的安置搬迁都统一由政府选择和组织实施。离开了地方政府，安置社区就不可能生成。为了节约失地农民的安置成本，政府一般采取统一规划、就地或异地集中安置的办法，用较少的地理空间集聚大量的失地农民。往往是征用一片地、规划一个点、建起一群楼，安置一批人。其规模定位，安置点选择，未来社区的办公用房提供和居民公益性服务设施等一系列重要问题在建设规划中缺乏科学论证和安排，造成布局分散，遍地开花，设施不全，以及与市区整体规划不衔接等问题。很多早期回迁安置社区都缺乏社区办公用房和居民公益性服务设施的规划和建设。近年回迁的社区办公用房和居民公益性服务设施建设仍存在没有规划或者虽有规划，但由于政府有关部门监管不到位，开发商不按要求修建，或者提供的服务设施缺乏前瞻性、整体性、层次性，给社区建设发展造成困难。由于规划不足"很多中国城市都是单调的复制品，特征包括：道路拥堵、空气污染、匆忙修建的住宅楼、庞大的政府建筑及绿地少之又少"。① 兼之,回迁社区居住人口高度同质化,建筑容积率高密度大,房租经济突出,大量劳动力闲置,人口构成复杂,治安隐患突出。

其实问题不在于地方政府、开发商和企业是否应该介入和影响村级事务,而在于他们影响的方式是否正当,程序是否合法。我们绝对不能为了片面追求经济发展的速度和为了单纯实现城镇化和经济发展的政绩目标,一厢情愿地强力介入村民自治内部的事务,不尊重村民自治的基本精神和农民的意愿,忽视农民的知情权、参与权和决策权,甚至侵犯农民的基本权利②。快速城市化进程中城中村农民在一系列由政府主导的补偿、安置措施中丧失主动权,是实实在在的"被拆迁""被补偿""被转居"。在回迁后的社区内部,地方政府又成为安置社区的建设者和管理者。在城中村改造的各个阶段,村民们面临着各种各样的"被同意""被代表"。这种"被"现象为新型城镇化埋下隐患,导致回迁社区陷入信任与认同危机,影响到社区居民的社会融合,成为实现回迁安置社区良性治理的主要障碍。农民强烈的"被剥夺感",成为凝聚其"不满"的关键性因素,容易诱发拆迁户的集体抗争。

(二) 村级组织工作行政化

调研发现,城中村和村转居社区管理中农民、农村集体组织和区街党委政府这三大治理主体的政府职责和社区自治界限模糊不清,没有搞清楚哪些事项是基层群众自治组织依法履行的职责,哪些是协助政府工作的事项,对于政府管理事项和社区自治范围缺乏基本的认识和区分。往往用行政手段干预基层群众自治范围内的事情,随意用行政命令的方式下达指标任务。每年都有各式各样的任务由区政府下派到街道办事处,再由街道办事处下派到城中村,如创卫工作、食品安全、治安联防、社会保障、新农合、计划生育、综合治理、环境卫生、"双拥"工作、困难居民的低保与救助、失地农民的社会保障和再就业技能培训,妇联、人大、政协、工会工作,等等。这些工作村级组织主要是填报表,政府层

---

① 欧阳德、梁艳裳译:"金融时报:中国城市里将充斥庞大贫民窟",环球网,2013年2月16日。

② 程同顺:"村民自治的时代特征及未来趋势",《人民论坛》2013年第26期。

层下派，直到最基层社区，然后再层层上报。还有社区文化教育、精神文明创建、外来人口服务和管理、创卫复审、社区卫生考评等工作，区、街道办事处领导不定期的检查工作。村社工作的80%以上都是政府部门交办的，据一些村社干部介绍，区、街道办事处主持召开社区干部参加的临时性会议每月都有10余次，接受上级检查每月也有4—5次。

城中村和回迁社区是最基层的单位，对接基层政府很多部门，包括行业主管部门。由于目前大多数城中村仍然需要依靠基层政府的帮助和支持，因此基层政府工作下派仍然在城中村管理中起到指挥棒的作用，乡村之间依然要保持上下级的关系以实现政令的传递与执行。很多工作都要去做，谁也不能得罪。上面千条线，基层一根针，各种检查、评比、达标、验收、考核，各种指标任务和宣传活动等，基层应接不暇。有的街道办事处18个科室，村社和每个科室都要打交道，都会命令你。社区主任抱怨"街道办事处哪怕是个协理员都会给村（社）主任打电话布置工作"，有的社区委员一人兼任六个职务，计生、文化、妇、工、青、劳保社保，任务多而琐碎，不得不造假应付。

村干部不满和抱怨上级政府摊派任务。比如强制征订报刊或内部资料，区上征订报刊任务30多万元，根据各街道办事处、村庄经济情况往下摊派。街道办事处以文件形式下达征订任务，将报刊征订工作纳入对基层的目标管理，作为考核、评比、达标的条件，各村社都要想办法完成任务。每个村仅政府摊派报刊费用就2万—3万元，一般包括：《西安日报》《陕西日报》《妇女报》《人民日报》等十几种报刊，除党报党刊外，还有公安、工商等部门的报刊。订阅报纸杂志数量多费用高，给村集体造成经济负担，若是村里自己订报纸，一年仅需1000—2000元即可。

为了应对检查和考核，基层政府工作作风被动虚化，形式主义严重。滥"挂牌子"和乱"设台账""办事流程上墙"的现象渐行渐盛。如鱼化寨村，原来只有党组织和村委会两块牌子，如今增挂了村监督委员会、文明学校、计划生育协会、矛盾纠纷调解室、村青少年教育工作站、现代远程教育工作站、道路交通管理办公室、城改拆迁办公室、劳动保障工作站、群众工作室、新市民之家、区人大鱼化街道工委第一代表小组工作站、Y区公共文化服务体系文化活动室、百姓书社、妇女之家、农村信息服务站、中国移动农村信息化示范村等大大小小近20块牌子。该村还有一个非常独特的牌子:"嫁城女预安置办公室"。村里到底有多少牌子,没有一个准确的数字,反正上面来检查,需要挂什么牌子就去做什么牌子。在这些牌子中,有的能发挥作用,有的仅仅是挂着。为了追求村务档案的齐全、美观,以证明他们业已不折不扣地执行了上级任务,"泥腿子"也不得不洗脚上岸,开始干文化人的事,补记录、整档案、写材料、玩汇报的文字游戏,每年耗费大量的资源和精力,社区哪里还有精力为居民服务。部分村社干部认为,"干得好不如说得好,会办事不如勤汇报"。有的村里为迎接市政府一个部门检查,村主任就要跑去请示街道办事处要不要挂横幅写标语,写什么标语。一个标语都得请示,可见基层群众自治组织的依赖性,折射出的是行政"婆婆"的过多干预。基层自治组织的自治空间在被逐步地压缩,已经变得"非官非民",完全失去了其应有的功能和地位。

改造前城中村尽管也要协助街道办事处开展工作,但毕竟村民自治,以自主处理村内经济、社会事务为主。村改居后,由于村改居是行政推动的结果,村改居社区早期问题的处理和解决也主要依靠行政力量推动,新成立的居委会比较原村委会而言,群众自治性降低,行政管理和指导强度加大。居委会更具有行政附属性。"社区行政化"是"城市政府为寻求经济增长与社会稳定的平衡,依靠行政权力,自上而下地实现社会再组织化的过程。其基本表现是:社会空间行政化、社区组织行政化、社区事务行政化[①]"。村改居社区居委会被纳入城市管理体制后出现行政科层化倾向。居委会设立由区级政府决定,居委会工作经费和办公用房由政府拨付和统筹;居委会成员的职数、任职条件、待遇由街道办事处确定;转制之前居委会办公经费等主要靠原集体经济负担,转制后改由街道办事处拨付,办公经费普遍偏少且缺少使用自主权,缺口需专门打报告向街道办事处申请,为了争取支持还要向街道主管部门求情,增加了居委会对政府和街道办事处的依赖。久而久之,一些基层群众自治组织习惯了跟着政府部门转。正因为如此,村改居自治组织在相当程度上是在协助政府开展社区管理和公共服务工作,"协管工作"甚至成为其"第一要

[①] 陈伟东:"社区行政化:不经济的社会重组机制",《中州学刊》2005年第3期,第78—79页。

务""重中之重",而办理自治事务则成了可多可少、可做可不做的事。

由此可见,从村委会到居委会,是一个群众自治弱化、政府行政主导加强的过程,在行政管理的科层体制下,不可能有真正意义上的自治。① 主要是政府部门还权不甘心,放权不放心,街道办事处干部告诉我们,农民就像我们的孩子,孩子还没长成呢,不具备民事行为能力,素质达不到,自己管不了自己的事务,政府不监管不行,等孩子长大了自立了,家长就可以放手不用操心了。把村(居)委会当成政府下级行政组织的思维还存在,有的政府部门喜欢"一竿子插到底",行政官员变指导为领导,自治组织变协助为义务。村委会成员也知道自己是群众选举的,该多为群众服务,可上头布置的工作总也干不完,没有更多时间和精力去做群众工作,极大影响政府行政管理与基层群众自治有效衔接和良性互动。

(三) 通过村级党组织的村庄控制

区街与村的关系有三重:一是街道党工委与村支部,二是街道办事处与村委会,三是区街政府与农民,第一重是领导与被领导的关系,第二重在村民自治范围内是指导与被指导的关系,第三重在政府依法事务上是管理与被管理的关系。村党支部作为党的基层组织,是党在社会基层中的战斗堡垒,是党在农村全部工作和战斗力的基础。从党的组织层面来说,党委领导支部,村支部书记是被领导者,因此,支部书记要尊重、服从上级领导、特别是服从街道党工委的决议,努力完成上级领导交给的工作任务。乡镇(街道办事处)党委通过对村党支部的有效领导,来间接地"领导"而不是"指导"村委会。一般来说,在每一届村委会换届选举之前,都要先进行村党组织的换届选举,根据现行的党的组织原则,村级党组织负责人是由党员选举产生的,但必须经过上级党组织的考察和选配。书记主要是由街道办事处党工委考察任免的。因此,上级党组织通过对村级党组织成员的行使任免权不仅可以强化对村党组织的领导,也可以有效地调控村民委员会组织的行为。特别是在目前村民委员会成员的选举中,村党组织不仅是选举的主持者,在很大程度上也

---

① 王圣诵:"城中村土地开发、村改居和社区民主治理中的农民权益保护研究",《法学论坛》2010年第6期。

拥有对村委会成员候选人的提名权和确定权，以保证党对村民自治的领导。这样就会使得乡镇（街道办事处）政府对村委会的指导关系，变为实际上的领导关系。"作为村庄政治领导核心，很大程度上体现和贯彻乡镇党委意志的村党支部的干预是顺理成章的，在现阶段的农村，这无疑有其必要性和合理性[1]。"

村党支部书记工资管理"公职化"。在绝大多数农村，村干部的工资主要来源于国家转移支付资金，城中村情况不同，城中村村委会干部的工资全部由村上支付，街道办事处不用负责，2013年之前，西安市大部分城中村干部工资在300—500元。一般情况下，村主任、书记400元/月，其他两委成员350元/月，会计、出纳、专干300元/月，一个村拿工资的干部有10人左右。村干部工资微薄，没有电话费和交通费补贴，依现在的消费水平，三五百元不足以让村干部受制于上级政府。城中村干部一般都有自己的产业，不在乎薪酬多少，许多城中村主任书记甚至不领工资。鱼化村村委会主任张永利从未领取一分钱工资，也没拿过一分的奖金。他把全部工资都交给了村委会办公室，设立了贫困资助基金，谁家有了急事、难事都可以拿去救急。村委会干部工资一旦不受制于政府，自主性就要强许多，对上级的依附性就会相应减弱。

但是近年来，一些地方政府为了进一步加强对村党支部书记队伍建设与管理，体现农村党支部核心领导地位，充分调动其工作积极性，对农村党支部书记的工资实行"公职化"管理，工资待遇由区委组织部统一规定，区街统筹发放。比如Y区村党支部书记的薪资标准是上一年农民人均纯收入的2倍，即每位书记每月补助2100元，由区委和街道各出一半发放。村党支部书记就与其他村干部不一样了，是既拿补贴又拿工资的农民。

村支部书记工资待遇"公职化"给村民自治制度带来了一些负面效应。最突出的是村干部的利益代表行为更加政府化，直接对上级负责，对上级组织的依靠性更强，更加听命于区街党委政府，村党支部办理政府布置的政务的积极性明显高于村务，名正言顺地听命于政府的指挥和领导。支部书记在经济上与农民的关系日渐生疏，与政府的关系日渐亲

---

[1] 金太军："中国乡村关系的现状与对策"，《扬州大学学报》2002年第4期。

近，个人的进退与上下实际上由政府说了算，因此，无论从制度定位或利益取舍上，村党支部跟从政府走的色彩会愈加明显。因此，有学者认为，村干部工资政府发放，不符合村民自治的真义，必须坚决反对①。

（四）村干部工作的行政化考核

从法律上来说，区、街道和村（社）之间是指导和被指导的关系，但实质上街道和社区之间的关系与区和街道之间的关系一样也是行政命令服从关系。20世纪80年代初，全国范围推行政府"目标责任制"，以"经济和稳定"绩效考核作为政府内部管理控制的主要手段，形成了政府部门自上而下的考核评估制度。赵树凯在传统农村调研发现，将村干部作为乡镇最低一层官僚进行管理的方式在全国具有普遍性。通过对全国20个乡镇的调查，赵树凯发现，20个乡镇全部对村干部实行目标责任考核，所有村级干部的工资标准，都由乡镇政府核定。乡镇对村干部基本上采取了政府内部的管理办法，或者说是把他们作为政府官员来管理了②。城中村亦是如此，为保证政府任务的有效完成，街道制定了方方面面的考核细则，将下属村（居）公共组织纳入到考评体系中，在具体的公务过程中，区向其街道办事处分配任务，进行量化考核监督；街道向村委会或社区工作站分配任务，进行量化考核监督。首先，区政府与所辖各街道、各街道与所辖各村社签订一个总的目标责任书。然后，针对计划生育、文明创建、社区党建等具体工作再签订一个比较具体的目标责任书。考核结果与街道办事处书记、主任的工作绩效挂钩进行奖优惩劣。这种方式实质上已经大大超越了《村组法》和《居组法》所规定的指导范围，街道成了村社的上级领导，村社成了市、区、街道下的一个准科层组织，履行了相当一部分带有强制色彩的行政任务。

根据Y区《关于建立村民委员会干部年度考评制度的通知》，各个街道办事处也制定考核办法，进一步加强对村社干部的管理和考核。我们以曲江街道办为例，将其考核办法照录如下：

曲江街道办事处村级干部目标责任考核办法

---

① 蒋正之："村干部工资上级发放有违村民自治"，《燕赵都市报》2004年7月26日。
② 赵树凯："乡村关系：在控制中脱节"，《华中师范大学学报》2005年第9期，第23—27页。

为了加强农村干部管理，完成各项工作任务，培养一支廉洁高效的村级干部队伍，制定本办法。

成立农村干部考核领导小组

组　长：党工委副书记

副组长：常务副主任

成　员：机关各科所站长

下设办公室，党政办主任为办公室主任，成员为组织人事干部。

村级干部考核实行百分制，超分奖励，奖金与年终考核结果挂钩。

考核内容

1. 年终对各村的考核从经济指标完成、村容村貌、计划生育、安全生产、信访、廉政建设、综治工作、基层组织建设及综合评议等几方面进行。

2. 机关各相关部门根据各自职能负责对各村单项工作进行量化打分，上报农村干部考核领导小组。

3. 各单项减分从单项分值中扣除，单项分值不够扣的，再从总分中扣除。单项加分，在总分基础上加分。

考核结果

1. 加分

超额完成全年任务加分。获得省级表彰加 4 分，获得市级表彰加 3.5 分，获得区级表彰加 3 分，获得办事处表彰加 2.5 分（以表彰决定或奖牌为依据）

2. 减分

单项工作被点名批评的，从该项分值中扣分，被市级以上批评每次扣 10 分，区级批评扣 8 分，办事处通报批评扣 5 分，媒体曝光每次扣 5 分。

3. 村干部奖金与年终考核结果挂钩

得分在 90 分含（90 分）以上为一等奖；80—90 分（含 80 分）为二等奖；80 分以下为三等奖。一等奖按大村、中村、中小村、小村分别奖给 5000 元、4500 元、3500 元、3000 元；二等奖分别奖给 3500 元、2500 元、2000 元、1500 元；三等奖分别奖给 3000 元、2500 元、2000 元、1500 元。全办大中小村按曲党发［99］30 号文件执行，三兆村评奖，按所得奖等级中两个大村的标准计算。

农村干部考核,奖金的拨付由村自有资金支付,办事处财务记账中心严格按考核结果执行。农村两委会成员、组长、报账员等人员的考核及奖励由各村自行制定、自行考核。

附:农村干部考核量化表

表5—1　　　　　　　　农村干部考核量化

项目	内容	单项分值	得分	考核部门
区街中心工作	积极配合完成区政府、办事处安排的重点工作,如生态林道路建设、征地拆迁等按时间、按标准完成任务		10分	
精神状态	能做到政令畅通,工作积极主动、扎实,工作不拖拉、推诿、扯皮		10分	
经济指标	①乡镇企业总产值; ②乡镇企业总收入; ③乡镇企业营业收入 ④农业税 ⑤固定资产投资 ⑥农民可支配收入	0.7分 0.7分 0.6分 1分 1分 1分	5分	经济发展办
村容村貌	①道路清扫、保洁; ②占道经营、建材堆放; ③垃圾管理; ④污水治理; ⑤媒体群众反映问题妥善处理	2分 2分 2分 2分 2分	10分	市容监察分队
计划生育	①年符合政策生育率98%以上,出生率9.2‰,无多胎; ②超生一起一票否; ③因计划生育问题上访(包括单访),每次扣1分,扣完为止		5分	计生办
安全生产	①年无重大安全事故,无人员伤亡; ②安全事故,每起扣1分;重大事故瞒报、迟报,从总分再扣2分;重大事故(有人员伤亡)一票否决,并追究有关人员责任		5分	经济发展办

续表

项目	内容	单项分值	得分	考核部门
信访	①到办事处集访一次扣2分，到区扣3分，到市扣5分，到省扣8分，到中央扣10分；②群众上访（集、单访）干部叫不到场加扣2分	10分		信访办
廉政建设	①全年无纪检或其他政法机关查实的违法违纪案件得满分；②每发现一起违法违纪案件扣2分，（以纪检或政法机关处理为依据）	5分		党政办
综治工作	①全年无重大治安案件，无人员伤亡及影响社会稳定的群体事件得5分；②重大治安案件及影响社会稳定的群体性事件每起扣2分，涉及人员伤亡扣双倍分	5分		综治办
基层组织建设	党建 ①极发展新党员；参加入党积极分子培训，得3分，不发展不得分；	3分	15	15
	党建 ②党费收缴：按时足额上缴得3分，不足额按上缴比例计算分值；	3分		
	党建 ③党报党刊：党报党刊完成任务得4分，未按要求完成的按完成任务比例计算；	4分		
	党建 班子团结：村两委会班子团结，工作开展好，得满分。干部因不团结闹矛盾，影响工作，办事处调解一次扣1分	5分		
	学习 ①笔记：村干部要求每年要有5000字以上的学习笔记，内容从办事处下发的文件、资料、会议传达各级政策、法规等方面摘录。其中，5000字以上得3分，5000—3000字得2分，3000—1000字得1分，1000字以下得0.5分，没有笔记得0分；	3分	5分	党政办
	学习 ②党员干部学习：组织村干部党员学习一次得0.2分，（以学习记录为依据）不组织学习得0分	2分		
	考勤 村干部未经批准，开会无故不到者，每缺席一次扣1分，全年累计五次该项为0分	5分	5分	党政办

续表

项目		内容	单项分值	得分	考核部门
评议	总结工作	年终工作有书面总结	2分	10分	
	述职	年终在两委会上述职，经群众评议，优秀率达到70%以上得4分，50%—70%得3分，20%—50%得2分，20%以下得1分	4分		
		机关包村科室，驻村指导员给村干部打分，满分4分，两者平均为该项得分	4分		

村干部的考核，分为平时考核和年终考核，对于村干部的每一项考核，街道办事处都有相关的科室对此负责，依据评分细则给予评分。乡镇对村干部的报酬和奖励标准提出指导性意见，进行间接监控，每年年初安排工作，每村承诺十件事报到街道办事处，街道办事处每年都会对城中村整体的精神文明、环境卫生、公益设施维护、安全治理等小区建设方面进行全面考核，并对承诺10件事督促落实。具体考核以内部考核与外部考核相结合的办法进行，要求村书记和村主任到街道办事处述职述廉，具体包括社会事务、经济发展、为村民办实事等，考核主要由街道办事处的各个具体负责科室以打分的形式进行，同时融入了以人大代表、政协委员为主的社会考评。每年年终召开一次大会，对村干部一年的表现情况汇总，并公布成绩。按各村考核得分，认定其工作目标的完成情况，作为评比先进和计算干部目标责任考核奖依据，也是评比年度先进村的重要依据。年终各村可根据工作实绩，经村集体讨论后，由联村干部和村主要领导把关，报街道办事处批准后兑现。对表现优异的个人和集体进行表彰奖励。奖励分为物质奖励和精神奖励，更侧重于精神奖励。一般是表现好的村干部颁发一块荣誉奖牌，例如计划生育做得好的村，授予其计划生育优胜奖。笔者了解到，在年终表彰大会上，除了表现特别不好的村外，基本上每个村的村干部都会有荣誉奖，只是授予的项目不一样而已，比如甲是计划生育优胜奖，乙是社会治安优胜奖等，其目的是为了平衡各村的关系。政府主要通过举办"七一"表彰大会，

选出先进党员，党支部，评比文明村等活动来调动村干部积极性，其中奖金均由村上自己支付，其他两委干部在村中进行述职考评，这一措施有效加强了对村干部工作的监督。

我们在调研中发现，村委会干部对街道办事处考核并不重视，因这种考核对其影响不大。村主任是民选的，不是任命的，罢免也是由村民决定的，街道办事处不承担村主任的工资，村主任对上级政府基本没有利益依赖，所以所谓的述职考核，不过就是走个程序，村干部并不在乎。村社干部虽对考核的经济结果不在意，但他们对政治荣誉还是比较重视的，村干部能否成为人大代表或政协委员，政府要起很大作用，这又构成村社干部依附街道办事处行政权力的一个重要原因。

考核结果实际主要落在了村党支部书记身上。西安市实施村党支部书记"双述双评"制度，在各村全面开展"述职、述廉、群众评议、民主测评"活动，让农村党支部书记接受党组织的考核和党员群众的监督，并按照考核等次分为优秀、称职、基本称职和不称职四个档次。考核得分95分以上为优秀，80—94分为称职，65—79分为基本称职，64分以下为不称职。对被评为优秀等次的村党组织书记，将在全区进行通报表彰并酌情增加任职报酬；对于虽没有被确定为"不称职"等次，但村和街道两次测评"不称职"票数相加后得票率超过40%的村党组织书记，下年度只发放70%的任职报酬。2012年全区有4名村书记被评为不称职。

村干部目标考核制度行政化突出，我们从曲江街道办事处村干部考核指标及权重可窥见一斑。考核的主要指标是完成街道办事处任务情况，配合区街中心工作情况、经济指标完成情况、计划生育、安全生产、信访综治、报刊订阅等各项行政任务的完成情况，而不是村民自治事业发展评价；考核主体是街道办事处党政领导机关，而不是本村村民；考核结果与村干部工资补贴或奖励挂钩，而不与村民发生关系。因此，许多村干部出于对个人利益的追求，往往只对上负责，不对村民负责。自治组织的工作绩效理应由基层群众考核评价，实践中却是政府及部门下达考核指标，考核各自"交办"的工作，考核各自下达的创建任务，让基层群众自治组织不堪重负、难以自治。

（五）通过村财街管强化领导关系

城中村财务管理实施村财街管后，每到村委会换届前夕，各街道办财务托管中心就会严控各村、组重大支出。对金额超过一定限额的支取，由村两委会成员签字后，再经办事处主管领导审核批准后才能实现。同时要求每个村都与报账员签合同，5年不变，杜绝村主任3年任期内更换会计的现象发生。所有费用报销凭证，都必须严格按照财务制度，对支出事由、票据认真审核，在合理支出范围内的报销单根据限定金额、由组长、村主任、书记层层把关签字后报账。严格控制现金库、积极清理债权债务。

村财乡管作为解决当前农村基层组织财务收支混乱、干群关系紧张等社会问题的举措，起到了一定的积极作用，在一定程度上规范了农村财务管理。有学者认为，村财乡管作为一种制度强制推行，有悖于宪法和相关法律的基本原则，有悖于村民自治的基本精神[1]，客观上侵占了村民的财务管理权，违背了"乡政村治"制度安排下的民主管理和民主监督原则，其实质就是"乡政"对"村治"的一种制度侵权，它以侵蚀村民自治为代价，使乡镇政府有更大权力对村委会进行限制和压制，使村委会更加从属于乡镇政府，成为其下属机构。有学者称"村财乡管"是乡镇越权管理村级财务，这种越俎代庖的行为，有悖于村民自治、自我管理、民主理财的原则，也使党员议事会、村民议事会、民主理财小组的作用得不到充分发挥[2]。村里的财产归村民集体所有，由村委会负责保管、使用，而村委会又是群众性自治组织，没有向办事处上交财务的法定义务。既然村民自治的目的是为了发展农村基层民主，让广大农民实行自我管理、自我教育、自我服务，那么村级财务就应由村落内部自我管理。其实要防止村干部谋私，更重要的是以民主的方式解决问题，在村级公共权力内部完善和激活民主决策和民主监督等机制，为村民提供有效的司法救济等渠道，而不是由乡政府以行政化手段越俎代庖，以牺

---

[1] 金太军、董磊明：“村民自治背景下乡村关系的冲突及其对策”，《中国行政管理》2000年第10期。

[2] 唐晓腾：“基层民主选举与农村社会重构——转型期中国乡村治理的实证研究”，社会科学文献出版社2007年版，第55页。

牲民主的代价换取所谓的"反腐效应"①。

推行"村财乡管",区街政府利用对村级财务的管理来加强对村委会及村干部的控制,弱化了街村的新型指导关系,强化了传统的领导关系,导致在民主决策法治建设实践中用间接民主代替直接民主,因此,"村财接管"要想真正发挥自身的作用还需要不断的试点与改进。逐步由村财乡管转向积极引导农村建立健全民主决策、民主管理、民主监督机制,通过强化广大村民对村委会的权力监督来实现。于是,经济发达的乡村如浙江省一些街道实行了新的财务监督办法:建立村级财务审计制和村级会计代理制。保证了各项财经法规及制度的实施。

以上种种表明村委会过度行政化的倾向,使得村(居)委会的工作只能向政府负责,而不是向居民负责,村委会往往把工作重点放在协助乡镇人民政府开展工作、完成上级交给的任务及执行其决议上,而不是把主要精力放在给村民提供生产和生活服务上,这就导致社区自治职能和服务职能被搁置和虚化。村居委会工作与群众实际需求的脱节,村委会和村民群众的关系进一步疏远,村委会治理更多的体现政府意志而不是民意,村民自治权的异变使得村民自治的实践偏离了应有的轨道。一方面,在与乡镇(街道办事处)政权的关系上,村民自治权异变为乡镇(街道办事处)政权的附属权力,村民自治权是乡镇(街道办事处)政权向村庄的延伸;另一方面,在与村民的关系上,村民自治权失去其应有的公共本性,公共权力异变为一种与村民利益对立的私人权力,村民自治也成为一种"村民他治"②。背离了社区自治的本质。

二 过度自治化的村民自治

过度自治化的村民自治与行政化的乡村关系正好相反,所谓"过度自治化"的倾向,是指村民自治村委会在实际运行中超出了法律规定的范围,村民自治权膨胀,自治超出了合理的限度,单纯从村庄利益出发,

---

① 董强、李建兵、陆从峰:"实现政府行政管理与基层群众自治有效衔接和良性互动之初探——基于盐城10个县市区的调查分析",《江苏社会科学》2011年第6期。

② 张敏:"自治还是他治——村民自治权异变及其治理",《中共浙江省委党校学报》2011年第6期。

弱化、抵制区街的指导与管理，不尊重上级党委、政府的决策部署，拒不接受政府布置的国家各项任务，乡镇政府正当的行政管理难以有效实施，影响着国家意志的贯彻和政策的推行。"一些村委会对乡政管理不再是唯命是从，而是采取各种方式弱化甚至抵制乡政的管理[①]。"出现"村干部无人管""独立王国"等"过度自治化"的倾向。

（一）党员发展的自利行为

党员发展工作是一项保持党的事业兴旺发达、后继有人的基础性工作。城中村青年外出务工较少，不存在"党源"缺乏问题，况且，城中村村民入党积极踊跃，因为入党后党员有充分的说话权，可以有机会进入村党支部，可以参与支部换届选举，有竞选村支部书记的被选举权，党员可以享受村上经常组织的各种活动，特别是参观、旅游，甚至有人拉票能得到好处等。入党对青年人有很强的吸引力。但是，城中村党员发展存在很多问题，严重影响村级组织后备干部选拔。部分村到换届时找不出合适的接班人。

贾村的人口规模在长安区位列第一，在整个陕西也仅次于周至的斗村。贾村共有 23 个村民小组（生产队），2200 户，在册人口（农业户口）8000 多人，加上离退休回乡居住人员、买了城市户口未迁出的 1000 多人和外来人口（务工、做生意租房人员），实际居住人口已达 1.2 万—1.3 万人。2008 年，笔者来此调研时，人口只有 6000 多人，几年之后，村庄人口急剧增长。仅 2012 年一年，贾村新生儿多达 90 人，而死亡人数只有 11 人，出生率远远高于死亡率。偌大个村只有党员 180 名，该村已八年没有发展一个党员了。某村党支部书记从 1995 年开始任职至今，现已 61 岁，班子老龄化严重。村主任已经连任两届，当了 6 年的积极分子，就是入不了党。起初说已预备了 6 年，村党委就是不给转正，最后才搞清楚，原来还是积极分子。

城中村入党难的问题主要原因是一些党支部书记思想境界不高，私心杂念太重，担心发展党员会影响自己的位子。要么不发展，要么"举亲不举贤"，坚持"肥水不流外人田"的原则。发展党员走向家族化、封闭化，只发展自己的子女或亲属，对其他符合入党条件的优秀青年拒之于

[①] 徐勇：《中国农村村民自治》，华中师范大学出版社 1997 年版，第 195 页。

门外，以此维护自己的利益。在一些村子，实际已经形成了以支部书记为核心的既得利益集团，党支部已经不能代表全村多数人的利益，而代表的是既得利益集团少数人的利益，这就是实行村民直选后党员当选比例大幅下降的深层原因。

某村支书在任两届内只发展了一个党员，一个连任了三届的老支书以种种借口10年未发展过一个新党员。有的村支部书记80年代至今只发展了2个党员，党员活动室墙上贴的党员照片，不是"光光头"就是"豁豁牙"，老化严重。一位农村青年写了十年申请才入了党，他说："村上有人写了十几年申请还没入成呢，还有两位写了三十多年申请却始终没能入党的老人，把入党的希望寄托在了儿子和儿媳妇身上。"一些新当选的村主任，尽管得到多数村民认可，但就是入不了党。为此，街道党工委书记亲自下村找全村党员谈话，谈完了投票的时候还是通不过，原因是这个村党员中百分之七八十都是支书家族的人。找村支书谈，书记说，他认为村上符合条件可以入党的只有他媳妇。鱼化寨街道办事处计划发展80名党员，任务分解到村，实际只发展了31名，不到计划的一半。为了加强农村党员发展，有的区委下发文件规定，如果3年不发展党员，支部书记就地免职，想以此促进农村党员发展工作。然而文件下发后，又出现了意想不到的情况，一种情况是少数支部书记对发展党员很消极，甚至有抵触情绪；另一种情况是发展党员的任务是完成了，但发展的都是"自己人"。贺家寨村有14名党员，其中贺氏家族成员有8名，占60%。出现了党员队伍、党支部家族化、宗族化的问题。严重影响了农村党组织的代表性和先进性。某村书记村主任"一肩挑"，村主任被罢免了，书记还照样当着，党员都是"自家人"，支部选举时他仍高票连任。在农村，家族、宗族势力对党支部和村委会的产生影响极大，实行村民直选，对家族化、宗族化的既得利益集团是一个很大的冲击，他们在难以左右村委会选举后，便更倾向于实际操控较为封闭的党组织，在相当程度上垄断了农村党组织这一政治资源。虽然地方党委可以定指标，但具体发展谁，没法规定，还是村党支部书记说了算。难怪街道办事处干部说："我们党在农村是'吃老本'、少数党支部书记垄断了农村政治资源，党员发展出现家族化倾向，党在农村的执政变成了家族执政。"

正因为如此，才有了Y区独树一帜的大胆创新，即通过党校发展党员，一举打破了党支部书记对农村政治资源的长期垄断，为农村优秀青年加入党组织开辟了一条新的绿色通道，也为建设社会主义新农村培养后备人才搭建了一个新平台。这是我们在雁塔区调研中看到的一个最有潜力、最具希望的亮点。

（二）村委会村民自治权的膨胀

村委会过度行政化给自身走向"过度自治化"提供了便利。实际上，越来越多的村委会对乡镇街道办事处已不再唯命是从，而是采取各种方式弱化、抵制政府干预。村干部对下派的工作并不是都配合，往往是依据"趋利避害"的原则，选择性执行或"看人下菜"。看政府安排的工作与村上或者个人利益关系大小，对他有利就认，不利的就不认。村干部对符合自己利益的政策坚决维护执行，对那些不符合自己利益的政策，要么弃之不管，要么久拖不办。比如，涉及村内刚性问题、信访稳定问题等难办问题，怕承担责任的问题，村干部通常都将其推向驻村干部；面对既麻烦又琐碎而且花费较大的村务，如拆迁矛盾、自来水供应、修路建桥等问题，村干部往往向街道办事处寻求帮助。但是涉及租地等关乎个人利益的问题就很少向街道办事处申请、汇报。只有少数涉及村民自身利益，并有可能影响村干部选举的事情上，村干部才会主动积极地进行协调，否则就会一再推脱。

政府安排的工作干与不干、干好干坏不是取决于制度和组织的刚性约束，而是取决于村干部的利益大小乃至与街道办事处干部感情的亲疏远近。对手中有实权，能制约村集体或村干部的区街科室或领导，村干部就积极配合，否则就刁难。2012年创卫检查，个别村迟迟不动，街道办事处给予其通报批评，但该村始终置之不理，街道办事处最终通过更换包村科室，让与村利益关联度较大的城管科包村，问题才得以解决。某村换了两任包村科室，都没有完成订报订刊的任务。第三任包村干部与村干部喝了两次酒后，这一任务顺利落实。

实行村民自治从制度上有效地改变了过去村干部"只对上负责，不对下负责"的问题。但同时也产生了一种错误的认识，只对下负责。即单纯从本村庄利益出发，不愿接受乡镇街道办事处政府指导，甚至力求摆脱乡政管理。街道办事处干部认为，现在政府对农村干部无能为力，能管得住书记，却管不住主任。村干部根本不听我们驻村干部的了，你

（指乡镇干部）多管一点村里的事，他们（指村党支部书记、村委主任）就不高兴。有的村主任认为自己是民选的，谁选他就只向谁负责，对政府根本不理会，遇事不与街道办事处进行沟通协调，办事没章法、没程序。街道办事处（乡镇）干部和村干部感情好的他们对政府安排的工作就干一些，否则就不干，政府一点办法也没有。某街道办事处干部告诉我们，有一次群众因征地补偿问题到区上上访，主管副区长让这个村的村主任选派5个村民代表进行谈判，这位村主任拒绝了区长的要求，说"我找不来人"。区长很生气"我命令你去找代表"，村主任回答："我是民选的，你凭啥命令我。"可以看出，一些村干部单纯从村庄利益出发，弱化、抵制政府管理，有的打着村民自治的旗号，以"为民请命"的姿态，以"民意的真正代表者"自居，凭借家族和宗派势力，以权谋私、与民争利、强包强揽工程，围堵施工工地，敲诈勒索投资商，造成恶劣的社会影响。有少数村委会为了自己特定的利益，有意识地强化乡镇政府与村民之间的矛盾。当村民责怪村委会不能维护村民利益时，村委会就将全部责任推向乡镇，而当乡镇责怪村委会协助工作不力时，它们又把责任全部推给村民[①]。有些村干部一味迎合部分村民的意愿，与基层政权组织闹对立，偏离正常村民自治轨道，不仅不配合基层政府在农村办理各项行政事务，甚至对政府的正常管理事务予以抵制，置法律、政策于不顾，与政府明争暗抗，造成部分政府对城中村管理的脱节、失控。

《村组法》赋予了村委会自治权，乡镇（街道办事处）不得将其作为下属随意发号施令。一些村委会干部错误地认为村民自治就是村民想干什么就干什么，不要政府管理，政府行使管理权就是干预村民自治。法定的街村指导关系由于村级力量过于强大而被虚置，区街政府难以对村民自治进行必要的指导、支持和帮助，村庄在村级治理中占绝对主导地位。例如，街道办事处到各村进行安全检查工作，村干部不予配合，声称自然是政府检查就自己去检查吧。对于街道办事处下村检查的干部，村干部能派人领路就是最好的配合了，有时甚至连领路的人都找不到。街道办事处干部无奈地说"有腿子腿子办，没腿子的街办干"。

事实上，街道办事处的许多农村工作的开展必须得到村干部的支持，

[①] 贺雪峰："论理想村级组织的制度基础"，《政治学研究》1998年第3期。

特别是拆迁改造中村干部起着十分重要的作用,没有他们的积极支持,工作很难开展。也正因为如此,村干部有时不仅不买街道办事处干部的账,还向干部发难。据街道办事处拆迁工作人员反映,有一次,在没有征得村干部的同意及在场的情况下,街道办事处干部就把一村民的房子丈量了,结果引起了村干部的强烈不满,并跟街道办事处干部吵了起来:"丈量时不喊我,就是没把我放在眼里。走着看吧,看你们怎么量下去。"经历了这次教训后,乡干部再去村民家里做工作时,都会提前跟村干部商量、打招呼,并由他们带路。

街道办事处干部认为,城中村财大气粗是乡村关系难以协调的主要原因,因为城中村比较富裕,不需要街道办事处经济支持,所以对工作没有积极性。村民自治超越法律许可的范围,一些村干部弱化抵制乡镇街道办事处的指导与管理,导致计划生育、经济发展等一些政策在村级执行很不到位,影响治理绩效。

(三) 城中村自治的越界与失控

1. 家族宗族关系是强大的负能量

中国农村以血缘、亲缘、地缘、宗缘等社会关系构成的熟人社会,传统的乡村自然不用说,亦城亦乡的城中村也不例外,宗族仍然表现出惊人的适应能力。历史上形成的村规民约和宗族关系依然是维持村居委会与原村民关系的主要依靠。比如,城中村党员发展家族化,有的村干部搞家长制。家族势力长期把持村务,使村庄成为自己的"独立王国","村支书、村主任是老大,村民们必须顺着供着,多数村民对村干部不信任,对立情绪颇大"。[①] 西安某村主任姓陈,村民起外号"陈上亿",20世纪80年代初上台,大权独揽近三十年,由于家族势力大,村庄街道办事处难以撼动。几个儿子个个强势,依靠其父的权力经常强揽与本村征地拆迁有关的工程。在该村改造过程中,村主任长时间控制着村里征地补偿款,村民说村主任把钱放在银行购买基金为自己谋取利益了,村民敢怒不敢言。

城中村"两委"换届中家族势力作用更趋明显。我们在调研座谈中大家普遍认为目前宗族问题仍然是影响农村选举的重要因素之一,有的

---

① 杨金志等:"村干部印象:城中村基层民主之忧",《瞭望新闻周刊》2006 年 N1 期。

地方甚至是首要因素。农民看问题,依然首先是家庭,其次是家族,再次是宗族。村党支部换届工作,有的村一个家族三个党员不出席会议,致使党员推荐大会达不到规定人数而无法召开。换届选举时,家族、宗法、姓氏都可能形成一方势力,影响正常的选举工作。有的村人口不多、派别不少,各自为政、互相攻击,把村级组织换届视作宗族、宗派势力的比拼,各选各的代言人,选票分散,难以过半数,致使选举不成功;有的村大姓大户倚重人多操纵选举,村民为家族宗族势力所左右,致使一些家族势力小的优秀人才难以当选;有的地方宗教、宗族和黑恶势力插手村委会选举,破坏选举秩序,引发矛盾纠纷,影响农村社会稳定。

2. 城中村贿选成公开的秘密

贿选等不正当竞争行为在各地都不同程度地存在,少数地方甚至愈演愈烈,引发恶性案件和群体性事件。[1] 贿选就本质上来说,它是与民主政治相伴而生的,是民主政治的副产品,也是民主政治的一个"副性"标志。[2] 虽然在前几届村委会换届选举中一直存在着贿选现象,但2011年第八届选举中贿选问题尤为突出,严重影响着村委会选举的公正性。从走访了解的情况看,目前村委会选举竞争空前激烈,有的竞选者为了如愿当选,不正当和非法行为加剧,贿选已成为一种普遍现象。虽然《村民委员会组织法》第15条也明确规定:"以威胁、贿赂、伪造选票等不正当手段,妨害村民行使选举权、被选举权,破坏村民委员会选举的,村民有权向乡、民族乡、镇的人民代表大会和人民政府或者县级人民代表大会常务委员会和人民政府及其有关主管部门举报,有关机关应当负责调查并依法处理。以威胁、贿赂、伪造选票等不正当手段当选的,其当选无效。"但是,近几年,贿选、暴力威胁等不正当选举行为不但屡禁不止,还有蔓延扩散的趋势。[3]

城中村贿选已成为妨碍城中村基层民主政治建设的首要问题。据我们考察,正在拆迁的村庄选举竞争要比拆迁完毕的村庄激烈得多。只要

---

[1] 李源潮:《切实加强党的领导,保证村"两委"换届选举顺利进行——在全国村"两委"换届选举工作座谈会上的讲话》,《2009年农村基层民主政治建设重要资料汇编》,第36页。
[2] 刘金海:"村民自治绩效评估",《社会主义研究》2000年第2期。
[3] 于建嵘:"村民自治的价值和困境——兼论《中华人民共和国村民委员会组织法》的修改",《学习与探索》2010年第4期。

动迁，村级将拥有更多资金，村干部在项目承包、资金调控等方面也拥有更多的优势。加上城中村干部大部分有自己的企业，当干部接触的领导多，获得的信息多，掌握的政策多，村集体的工程项目接手的多，个人和企业发展就快。因此，目前村委会选举比前几年竞争激烈，有的竞选者为了如愿当选，采取不正当手段竞选，贿选愈演愈烈。从最近的支部换届中暴露出来的问题预计之后的村委会换届选举比以往将更加复杂、竞争更加激烈，不正当和非法行为也会加剧。据街道办事处干部介绍，在以往换届选举中，支部贿选很少，现在非常严重，连村民代表、甚至村务公开监督小组和理财小组的选举也有了贿选现象。有钱的靠经济实力贿选，少则几万，多则几十万数百万上千万。有的宴请、送烟、送酒、送购物券；没钱的靠黑恶势力逼选，恩威并用、软硬兼施，既以金钱、利益诱惑，又采取恐吓威逼的手段，要求选民按其意图行事。选民们则是请吃就到，送礼就收，乐此不疲，不吃不拿就会得罪人惹麻烦。

贿选的危害很大，一个通过贿赂当选的村委会主任，从法律的角度缺乏合法性，从道德的角度缺乏正当性，直接导致其政治上没有公信力。一个城中村村主任需要既有"关系"，又有"面子"，才可以成功地从事村务活动。马克思·韦伯将领袖感召力型领导方式定义为："建立在献身于某个个人以及他所启示或设立的规范性样式或秩序的卓越的纯洁性、英雄主义或典范性的品格上"。而花钱选上来的村干部，很难得到群众的信赖，说话办事也就缺乏权威性，直接导致其政治上没有公信力。这种"以利益输送的方式，影响或改变选民意志的"贿选行为，已严重影响村民自治的顺利推进，成为"寄生在民主政治体制上的一颗毒瘤"。不仅损害政府的形象与公信力，更可能造成基层选民"政治冷漠"，成为对政府不信任和干群关系紧张的来源。①

首先，贿选最大的危害是恶化村庄的治理结构，导致有道德正当性和政治公信力的老实本分的传统精英绝大部分选不上了。这些人逐渐退出村治舞台，老实人当村干部的时代已经成为过去，而先富能人强人当村干部成为趋势。西安城中村城郊村第八届以后换届选上来的村干部，年轻大胆，能说会道，致富有方，在村中有一定威信，但是与上级政府

---

① 张演钦："报告称广州农村基层选举贿选现象较为普遍"，《南方日报》，2011—10—18。

部门的沟通协调能力明显不如老干部。贿选影响干部的年轻化。选举前政府极力倡导干部年轻化知识化，但是实践证明年轻人是不选不出来的。一是年轻人的经济实力达不到，现在要想当干部，已很少有不花钱的，动辄几万，几十万，甚至成百万，这已是大家心知肚明的不争的事实，年轻人可能有知识，有能力，但你缺乏这方面的条件，就选不出来，35岁以下要被选出来的可能性很小，大部分选出来的人都在40岁以上。尤其是征地拆迁，经济比较好的村子就更难以选出来了。城中村许多干部一干就是几届，十几年，甚至更长时间，年轻人难有机会。

其次，贿选还扰乱了农村的公共秩序。辖区一个较早改造的城中村，在支部候选人群众信任投票过程中，一名候选人预计结果对自己不利，便借故投票时间不合适，纠集社会闲散人员，围堵会场，不许工作人员拿走票箱，并伺机撕毁选票。双方对峙到次日早晨7点，办事处才得以清点选票。花了钱当选的村干部心理不平衡，上台后很容易侵吞集体经济，胡作非为，加剧农村社会财富占有的不公平性。未央区有人花60万元当选村委会主任，有开发商来谈论开发事宜，这位主任直接就说："我当村主任花了60万元，你把这钱给我处理了，咱再谈，否则免谈。"对于接受了贿选的村民而言，"拿人手短，吃人嘴软"。既然接受了村委会主任的馈赠，那么很难再真正参与村民自治，只能将自治的权力拱手让给贿选者，村民自治沦为村干部自治。

再次，贿选影响农村的社会稳定。有的村由于某种原因，把一些违法乱纪的"强人""恶人"选进班子，这些村干部上任后横行乡里，为所欲为，有的成为农村黑恶势力。有的打着为民请命的旗号，与政府对抗，强揽工程以谋取私利，严重影响了农村经济发展和社会稳定。商品经济发达的村，农民大都向能人靠拢，这就是所谓的"能人效应"；社会治安混乱的村，农民特别是青年农民就会向强势群体靠拢；有的村庄因贿选乱象出现黑势力灰势力横行，群体性事件多发趋势。

最后，导致贪腐的集体化。在城乡统筹发展背景下，随着城市化进程加剧，城中村拥有土地征用补偿收入，集体资产迅速增加，由于权力缺乏制约监督，腐败村干部层出不穷，违法乱纪案件频发，主要集中在土地补偿、企业改制、集体资产处置、村干部选举和村财务管理上，多为利益之争。近年来，从公开的报道来看，农村基层干部贪污腐败呈上升势头,特别是在城郊接合部、开发区、都市里的村庄及沿海地区等农村更为严重,因为这些地方经济相对发达,城市化改造正在推进,如果缺乏自我约束和有效监督,客观上易成腐败高发区。①"小官大贪"已经成为社会转型期一个值得关注的现象。截至 2016 年 1 月底,中央纪委监察部网站分 7 次实名曝光的"群众身边的'四风'和腐败问题"的 1355 人中,包括 776 名违纪违法的村(居)干部,比例超过一半。主要涉及农村土地征用流转、惠农补贴、扶贫救济、旧村改造等群众切身利益。从公开数据来看,手握实权的"小官",侵害集体利益和群众的切身利益,贪腐数额令人咋舌,其影响和危害不容忽视。据不完全统计,自 2013 年以来,全国各地公开"村干部"违纪违法大案 171 起,其中涉案金额过千万的有 12 起。比如,温州市永嘉县新桥村原党支部书记葛彩华、原村委会主任余乾寿等 10 名村干部 2007—2009 年期间竟私吞价值 18 亿元的 316 套安置房;2012 年,深圳龙岗街道南联社区原村委主任周伟思涉嫌在当地旧城改造项目中与他人共同收受 5600 万元的巨额贿赂;2014 年,西安市雁塔区某街道东滩村转居社区原主任于凡,在东滩社区开发建设过程中,利用职务便利,在确定开发商、签订开发合同等环节,单笔就向开发商索要好处费 5000 万元,以"价格剪刀差"方式通过承揽土方、沙石、地材等工程项目获取非法利益,涉案金额达 1.2 亿元,村两委会 8 名干部集体"沦陷",成为西安市近年来查办数额最大的一起基层干部腐败案件。② 近年来,农村基层干部贪污腐败呈上升势头,"一挖一大片,一提一大串","蚁贪成群,其害如虎",极大地损害了政府形象,腐蚀了执政根基。2015 年,中央纪委在六个省(市)搞得一次民意调查显示,群众对乡村干部工作作风的满意度仅为 37.7%。③ 说明农村政治生态整体上由表及里都出了问题,突出表现为民主选举乱象丛生,村民自治异化,"两委"关系失调,村干部独断专行,贪腐频发,种种乱象直接导致农民群众集体认同感弱化,集体上访增多,农村社会无序混乱加剧。

---

① 陶金节:"警惕地方政府与基层干部利益勾连",《学习时报》,2011 年 11 月 1 日。
② 《西安村主任 10 年贪腐过亿 两委会 8 干部集体沦陷》,《经济参考报》2016 年 8 月 16 日。
③ 《习近平总书记重要讲话文章选编》,中央文献出版社 2016 年版,第 368 页。

3. 只认村规民约不认法律

城中村和城郊村最突出的一类问题就是外嫁女的土地承包经营权和土地收益分配问题，此类问题信访不断，官司不断。这些村的外嫁女，户口不外迁，村上在分配或调整土地时，不给她们分地或收回承包地，从而引发纠纷。对此类问题的解决最棘手，也是长期以来一直困扰基层政府的一个问题。一位基层农业信访部门的干部讲道，"我们多次向省、市主管部门反映，甚至中央部门来调研，也反映过，但始终得不到解决"。关于外嫁女的土地承包权及集体收益分配问题，政策法律规定的都很明确，但在村组却难以解决，有的是村民不同意给，有的是村干部不同意给。这类问题的实质就是农村土地资源的分配和享受问题，条件好的村子，妇女结婚后户口不愿外迁，或招婿不出村，目的在于拥有土地和参与村集体收益分配。对于此类纠纷法院不愿受理，问题全推到乡镇街道办事处和农经部门。乡镇街道办事处和农经部门只能进行调解，给村干部做工作，有些村干部还能听进去，问题能得到一些解决，有些村干部素质太差，特别是那些花钱选出来的，根本不理你那一套。村干部往往以村规民约和村民自治为理由，认为这是"我们村自己的事，我们祖祖辈辈就是这么做的，所以我们有权决定"。有的干部甚至蛮横地讲，"什么法律？要不你们政府来分钱、分地，我们不管了"。甚至法院的判决在村委会都难以执行。

4. 随意处置集体资产

调研发现，城中村"三资"管理混乱，随意处置集体资产现象普遍。有的村干部采取各种手段卖光、分光村级集体资源和资产，或巧立名目化公为私、贪污挥霍村级集体资金。

前边提到，留地安置是旨在解决失地农民长远生计的一项安置补偿政策。政策明确规定生活依托地为国有土地，用途原则上为住宅、商贸或综合用地，所属村庄可自行开发或与他人联合开发，任何集体经济组织不得将此转让或买卖。但我们调查走访的西安市高新区和曲江新区实行留地安置的16个村中，只有7个村或以预留国有土地作价入股，与房地产开发商共同开发或将预留国有土地交由西安高新区托管，其余村都将生活预留地使用权一次性转让（卖掉），所得收益除集体留存少部分外，其余全部分光吃尽。从长远来看，这种做法对国家和农民都存在着诸多不利影响，集体经济再次被瓦解，空壳化趋势严重，农民长期生计仍无保障，甚至会再现货币安置户"钞票用光，集体上访"的情形。

近年来的城改政策规定，城中村改造后，给村集体还建商业用房，也给农户分配一定面积的商业用房，这些资产统一由村集体经营管理。有的村干部将开发商还建的商业面积也卖掉了。

5. 疯狂的违建屡禁不止。

城中村村民为了得到拆迁补偿的利益最大化，抢建、加盖及改建房屋现象愈演愈烈，"握手楼""接吻楼""一线天"随处可见，甚至出现"地上无桩、砖内无浆、墙上无窗"的危房人们戏称农民不种地了，在种房。乱搭乱建的目的有二：一是房租经济，多盖房为了出租，许多城中村农民的收入主要靠房租，几十家房客，年租金10多万元。二是为套取拆迁补偿。开发区周边即将拆迁的城中村，农民挑灯夜战加紧盖房，就像垒积木一样。"一楼能看到六楼，楼板缝能把娃掉下来，"建这种房子的目的不是住人或出租，就为了拆迁补偿。加盖四五层很普遍，六七层也不少，建筑面积在七八百平方米以上，甚至有上万平方米的。夏殿村是西安市规模较大的一个城中村，2014年6月开始，全村都是热火朝天的加盖场面。西安民房每平方米建设成本一般在400—600元，而加盖的房子一平方米成本只有180元。农民用旧砖头、旧楼板加盖抢建，加盖房三楼以上没楼梯，水泥一捏就碎。乱搭乱建造成巨大社会资源和财富浪费。城中村改造中农民的抢建行为制造了大量的"楼歪歪""楼脆脆""楼薄薄""楼倒倒"，这些房屋不但严重危害了百姓的生命财产的安全，而且增加了拆迁成本，造成了资源浪费和环境污染，产生大量的建筑垃圾。[①]

加盖不仅造成了社会资源的巨大浪费，而且存在严重的安全隐患。各城中村事故屡屡发生。2010年3月12日，西安Y区陆家寨村一村民加盖房屋时，三层楼板坍塌，造成一死两伤。2010年4月19日，西安市北郊韩家湾村一在建民房突然倒塌，造成一死一伤。2011年6月25日，西安未央区草滩街道办东三村一在建民房隔墙突然发生倒塌，正在6层中部施工的7名农民工被埋，7人后来全部遇难。2013年10月17日，西晁

[①] "城中村加盖屡禁不止 村干部疯狂加盖做榜样"，西部网，2011年07月17日。

村发生的村民违法加建坍塌事故中，造成4死1伤。2014年4月5日，城西燕家庄村突击建房发生坍塌，被埋4人2死2伤。从2007年至今，因城中村加盖而引发的安全事故致使近百人死亡。尽管如此，为了在拆迁补偿中多得一些钱，依然有人在铤而走险。

虽然全国各地不同程度上都存在违规利用土地，乱搭乱建，抢栽抢种现象，西安市尤为严重，乱搭乱建不断蔓延，成为西安市社会经济发展的一大毒瘤。目前西安城中村数量超过600个，涉及人口100多万，这些城中村很多都位于开发区范围。在拆迁安置过程中开发区管事，行政区管人，开发区没有行政执法权，需要行政部门配合才能进行监管，这就让加盖者很容易钻空子。

在走向治理体系现代化的当代中国，基层政府管理对农村社会的改造和推动不仅必要，而且必需。村民自治必须在《村组法》及其他法律法规，包括国家政策框架内进行，绝不是村民想怎么干就怎么干。离开了基层政府的指导，村民自治不仅很难有效运作，而且容易受社区和村民利益驱动，成为超越国家法律的"村自治"，将村变成不受控制的"土围子"。①

三　能人主导的村民自治

在城中村，"能人治理"模式极具代表性。贺雪峰、何包钢两位学者依据治村者的品性和能力，区分出好人型、强人型、恶人型、能人型四种类型村治形态②。卢福营把村民自治分为"干部支配型""能人主导型"与"群众自治型"三类，他所言的"能人"除了村干部之外还包括村中的"头面人物"③，所谓能人，是指那些有特殊经营头脑和一技之长的人，尤其指那些已在市场经济的大潮中率先发家致富的村民，他们竞争当选之后，成为村庄权威核心。马克斯·韦伯认为，个人魅力型权威的产生，社会的极具变迁与转型是孕育这种权威的最佳土壤。近年来，

---

① 徐勇：《非均衡的中国政治：城市与乡村比较》，中国广播电视出版社1992年版。
② 贺雪峰、何包钢："民主化村级治理的形态——尝试一种理解乡土中国的政治理论框架"，《江海学刊》2002年第6期。
③ 卢福营："论村民自治运作中的公共参与"，《政治学研究》2004年第1期。

他们参加村委会选举，可以轻松击败执掌村庄权力的传统精英集团[①]。如今中国农村每一个发展起来的明星村，都有一个村治精英从中起着决定性的作用，江苏华西村有吴仁宝，河南南街村有王洪斌，广东柏桥村有何增光，山西常平村有陈忠孝。村民出于对能人的敬仰、信任与期待，使他们在村庄治理中树立了相当的权威。所谓现代型精英，大致是在指市场经济中脱颖而出的经济能人，这些经济能人诸如种养大户、私营企业主、建筑包工头、运输专业户，等等，因为经济上的成功，而在农村社会具有广泛的影响力和号召力。

能人治村在当今农村社会具有一定社会基础，包括社会需求与发挥作用的空间。

第一，城中村能人一般都是富人，在个人已经富裕起来的情况下，他一般不会打村中公益的主意，他们当干部并不是要给自己捞好处，他们有自己的企业，不要村上工资的干部有的是，有的甚至把工资都给了村上困难的人。有人戏说选富人的好处，就如富人是油饼，好人是没油水的干烧饼，烧饼吸油，油饼往外渗油，你选烧饼还是油饼？

第二，他们有带领村民致富的能力。能人脑子活、见识广、经营能力强，能带领大家致富。也可为村集体增加公共收益。他们一般期望在已有个人经济成就的基础上，通过当选村干部来获得村民对他的认可，他们期待经济资源变为政绩、面子和社会声望。调研发现，城中村能人书记主任认为自己为村里和老百姓做了很多好事和实事，赢得了大多数人的认可和拥护，一位村主任偌大的办公室墙上挂满了村民们送来的牌匾和各种锦旗，有的牌匾足有四平方米，占满了办公室的东西两面墙。"我不让他们送，可他们非要送不可。"

第三，权威型领导在农村社会有一定的需求。能人有资源、威信和资本，村民对经济能人的认可程度明显比政治能人高，他们对政治能人的廉正性缺乏信任。调查中村民向笔者推荐的农村能人大多是经济上有突出成就的人，市场经济的价值观念早已深入城中村。一个合法当选的村主任或村支书，如果没有较强的致富能力，那么他的权威就会受到挑战。

值得注意的是，建立在"能人治理"基础之上的农村治理结构具有

[①] 贺雪峰："农民分化对村民自治的影响"，《人民论坛》2013年第26期。

很大的局限性。

第一，能人治理存在的主要问题是制度化水平低，导致村民自治异化。

村庄的公共权力主要分为四大类：决策权、执行权、管理权、监督权。能人主导的村民自治表现为村庄的权力资源主要集中在班子内部分配，存在着不断强化自我权威的趋势，而忽视了决策的透明性、公开性以及公正性。在书记主任主导决策权、执行权、管理权的村庄权力结构中监督权基本是缺位的，尤其是书记、主任一肩挑的城中村，权力集中，决策迅速、动员力强，避免了通常村治中遭遇的"村两委"关系困境。但是，如果不加以约束，必然使精英治理目标背离民主取向。正如有学者所指出的那样，能人成为村治运作的主导人物，虽然具有决策迅速、动员力强等特点，但容易导致权力集中和权力滥用。一些重大问题不开会集体讨论研究，往往只由一个或几个主要村干部决定，两委会委员对村中的大小事根本沾不上边。权力不受监督，少数能人说了算，不利于广大农民政治参与意识的培育，威胁到农村社会的稳定，制约了村民自治的顺利发展，成为当前基层民主实践的一大阻因，以至于现实的村民自治实践似乎并不都能达到预期目的[①]。村民大会和村务监督机构形同虚设，村民代表大会又被干部操纵，普通村民局限于"选举式参与"，与村务管理距离越来越远，村民自治事实已演变为村干部的治理，所谓"村治"几乎都是村干部之治，是"官（村干部）治"而非"民（村民）治"。

第二，能人治理排斥民主与监督

"能人"通过政治手段追求和实现公共利益的同时也极有可能为个人或小团体谋求私利，其谋求经济利益和政治地位的动机，如果缺乏必要的约束，就有可能产生权力的异化，导致其独断专横和以权谋私。他们一般有自己的产业或公司，在国家资金缺位的情况下，他们有能力以"垫资"方式事先调动自己的资金投入到村庄建设或基层政府所需的建设项目中，但这些建设大部分是按照商业化、市场化的规则与逻辑运作，很少是无私奉献[②]。即使是在沿海发达地区，富人积极竞选村干部，很大一部

[①] 夏霆："村民自治中的村委会自治及防治"，《前沿》2002年第11期。
[②] 欧阳静："富人治村·机制与绩效研究"，《广东社会科学》2011年第5期。

分动机是村庄拥有可经营的资源①。尤其是随着城市化进程加剧，土地征用补偿收入和集体资产迅速增加，在如何管理和分配这些利益的问题上，村干部之间及村干部与村民之间频发矛盾，在经营土地中巨大的寻租空间成为人所共知的秘密。

一些能人治村在起步阶段的确为村集体经济发展和村民致富做出很大贡献，但由于强势而排斥民主与监督，最终走向相反的道路。如西安Y区某村书记，80年代就被评为市上的优秀青年企业家，连续几十年当干部，在此期间村上的经济发展很快。然而2009年村民开始到区上、市上、省上上访要求罢免他，村民上访的理由就是这位书记以村民自治为挡箭牌，一个人说了算，独揽大权，一个人一支笔就决定集体资金流向，甚至私占征地款。导致村治混乱、村庄矛盾激化。

第三，能人治理下的乡村关系具有离合二重性

首先，大部分能人村干部"听招呼，靠得住"。

基层政府喜欢能人治理村，基层干部认为，政府下派工作能否落实，村干部是关键。调研中，街道办事处干部认为，选村干部的标准不仅要看"干不干，贪不贪"，还要"听招呼，靠得住"才行。而靠得住的前提保障是干部个人首先要是个致富能手，至少自己的日子不能过得稀里哗啦地，否则说话自然没人听。自己家庭的经济都搞不好，怎么能有资格当选村干部呢？如果他们当选了，村里的经济又怎么能搞得好呢？最好选三种人：就是日子过得好的人，有管理能力的人，还有最重要的一点，就是"听招呼，靠得住"的人。某村董书记在村里是个独门独户的外地人（山东人），却能在此连任四届支书，连村里执政多年的老支书都夸其具有高超的政治能力和政治智慧，可以巧妙地驾驭村中的各种力量，保持"政局稳定"，是村里的"毛主席""邓小平"式的人物。更重要的是他能不折不扣地执行上级指示，他最爱说的一句话就是，村干部要有"执行力"。在城中村改造中只认政府不认开发商，深得街道办事处赏识与支持，进而当选人大代表，获得了更高的政治上的知名度和社会声望。这样的村干部深得政府信任，对其工作也非常满意并鼎力支持，相应也给了不少政策倾斜。乡村干部之间自然通过一系列公务和私务连接成一

---

① 商意盈等："富人治村：老板村干部的灰色质疑"，《决策探索》2009年第10期。

种密切接触，互通信息，互为配合并提供支持的关系网络。其良性互动既协调了村民和上级政府间的关系，又为村民意志的表达和上级政府方针政策的传递搭建一个信息沟通平台，在村庄与政府之间保持了平衡与衔接。

另外，城中村还有大量新当选的年轻的经济能人不听政府招呼。一些经济能人的势力大，财大气粗，社交范围广，使乡镇街道办事处对他们的约束力减弱，大大增加了村党组织领导、组织、协调工作的难度，有的根本不把街道办事处领导放在眼里，在实际工作中妄自尊大，民主作风差，影响了地方政府意图的实现和任务的落实。比如，西安市早期城中村改造安置楼有三层小洋楼和多层小高楼，（现在多为30—34层的高层建筑）。一些村的村干部非常强硬，拒绝高层住宅安置，坚持多层安置，故意留下"二次改造"机会，争取更大利益空间。2011年，在没有任何审批手续的情况下，西安南郊北山门口村13户村民将宅基地凑在一起，集资建造了一栋23层住宅，被网民热议为史上"最牛违建"。

第六章

基层政府管理与村民自治的衔接互动

政府单向度的管理或针对城中村问题的"选择性"治理，与城中村过度自治和消极应对构成了政府与城中村关系的基本样态，实现政府管理与城中村自治有效衔接和良性互动的治理模式尤为迫切。当然，我们也要看到，在乡村治理的具体实践中，基层政府管理与村民自治在客观上既存在某种冲突，又有一定的契合。虽然在地方治理的框架中，地方政府与城中村是两种并存的不同治理主体，但也是两种相互依赖的权力和利益主体。基层政府的社会管理和公共服务与村民自治及农村公共事务有着重要的联系，双方关系应该是基于权力分割的相互依赖、相互合作关系。客观上必然促使二者之间产生一定的对接和互动。况且中国农民有着浓厚的"政府情结"，"有事找政府"，许多事务是村民自治无力也无法做到的，具有要求政府管理和支持的强烈内在需求。政府需要农民参与，农民希望政府管理。基层政府职能的转变和村民自治机制的创新，为二者的衔接与互动奠定了客观基础。事实上，基层政府管理与村民自治有机衔接与良性互动的新型乡村关系正在形成中。充分认识和把握基层政府管理与村民自治发生的新变化及其对未来乡村关系走向的影响。审视当前我国乡镇街道办事处管理和村民自治的状况，以揭示基层政府管理与村民自治衔接与互动的内在契机和机理，在此基础上构建足以支持二者衔接互动的制度平台和机制保障。

第一节　基层政府管理与村民自治的内在关联

按照一般的理解，社会互动是指社会上人与人、群体与群体之间通过信息的传播而发生的相互依赖性的社会活动，又称为社会相互作用。[①] 在城中村治理的具体实践中，作为城中村治理的两个重要主体，基层政府管理与村民自治虽然在客观上有一定的冲突，但也存在着一定的契合。从理论层面上来说，行使国家权力的基层管理与行使社会权力的村民自治是有可能实现良性衔接与互动。实践层面，基层政府在进行城中村社会管理和公共服务过程中都将与村民自治及城中村公共事务发生重要的联系，客观上必然促使二者之间产生对接与互动。

一　基层政府管理与村民自治的内在契合

基层政府管理与村民自治实行有效衔接和良性互动并非出于一种简单的理想追求，而是有其主客观的需求与基础，即基层政府管理和村民自治之间存在一种内在的契合和必然的联系，我们需要做的是要将这种内在契合，通过一定的理念、理论和制度、机制表现出来，并加以实现。这种契合首先表现在国家治理理念的变化，即由过去单向的政府管治转为构建现代国家治理体系，形成多元的社会治理结构，政府与包括村民自治组织在内的多种治理主体共同治理社会，同属国家治理体系的组成部分，其治理目标和价值取向是一致的。基层治理现代化离不开村两委会的协助和农民群众的支持，村委会作为群众性自治组织，是基层政府完成其各项任务的重要助手，是基层政府加强与群众联系的桥梁和纽带，双向互动共治成为基层社会管理创新的必然选择。城中村社会管理让城市基层政府面临巨大挑战。伴随着我国的改革开放和城市化进程，城中村形态各异，其种种问题与发展变迁密切相关，不同形态的城中村社会管理的对象、内容、特点存在很大差异。城中村各类社会群体聚合，外来人口多、刑事案件多、治安问题多、矛盾纠纷多，社会矛盾最突出、

[①] 郑杭生：《社会学概论新修》，中国人民大学出版社1994年版，第163页。

最集中、最复杂，是基层社会治理的难点和重点。习惯于包揽一切的政府，社会管理能力受到严峻挑战，明显力不从心。如此，基层政府行政管理与村民自治的衔接互动就显得尤为重要。

其次，政府职能转变，政府由主要进行行政管理转向更多地提供公共产品和公共服务。从逻辑上来说，"政府职能是指政府在一定时期内根据国家和社会发展的需要应该承担的职责和功能"。[①] 也就是国家行政机关，依法对国家和社会公共事务进行管理时应承担的职责和所具有的功能，它规定着政府活动的基本方向和根本任务。社会需要是政府职能存在的理由，政府职能的实现与村民自治重要内容的社区公共事务的完成是一致的、统一的。

再次，基于国家治理理念的变化和政府职能的转变，基层政府管理的内容和方式都与村民自治的需求具有较大的符合度。国家和政府产生于人类社会发展的需要，政府职能就是适应这种需要的产物。

最后，基层政府职能的实现必须获得村民自治组织的配合和支持，否则无以达至目标。国家权力在乡村社会的有效行使需要村民自治的配合。工作关系上，每年基层政府都有大量的行政管理事务需要具体落实到城中村基层社会，如计划生育、城管、民政、治安等，由于政府工作具有一定的强制性，只有城中村社区的协助和支持，才能得到更好的实行。

二 村民自治与政府管理的内在契合

基层政府与村民自治之间存在一定的契合，反之，村民自治同样与政府管理特别是基层政府管理之间存在高度的契合。农民有句话非常形象地而且深刻地揭示了这种关系，叫作"车马不离桥"。如果说村民自治是满载负荷的车马，要顺利行进，就离不开路和桥，而政府管理正是保障村民自治"车马"顺利前行的路和桥。可见，村民自治对政府管理并不都是冲突和排斥，而是处处离不得，具有深刻的内在需求和契合，其主要表现为：

---

① 金太军：《政府职能与政府能力》，《中国行政管理》1998 年第 12 期。

（一）村民自治是在国家政策法律框架内实施

任何组织和个人的活动须在宪法和法律的框架内进行，包括遵守国家的方针和政策，村民自治也不例外。村民自治不可以独立于政策和法律之外，尽管在现实中时常会发生"村民只认村规民约不认法律"或村民自治组织以村规民约为由不服从政府管理指导，甚至侵害村民合法权益的情况，这或许正是发生"过度自治"的思想和认识根源，但这些不正确的认识或违法行为将为政策和法律所匡正。基层政府作为国家政策和法律的执行者，依法行政是落实国家政策和法律的重要方式，依法行政依法管理与村民自治在本质上是一致的。可见，国家政策和法律是政府管理和村民自治共同遵循的准则。

（二）村民自治组织是国家治理体系的组成部分

一种传统的思维定式将政府和村民自治组织割裂乃至对立起来，要么政府是管理者，村民自治组织是被管理者，二者是管理与被管理的命令与服从关系，要么是政府对村民自治是指导关系，政府既不领导也不指导，全然从农村事务中退却出来，二者变成了隔岸相观的关系。党的十八大提出构建现代国家治理体系，提高国家治理能力。现代国家治理体系要求治理主体应是开放的、多元的，形成多主体共同治理社会的格局。据此，村民自治组织理应和政府同是国家治理主体，其社会治理的目标与价值取向从根本上讲是一致的。所以，村民自治与政府管理不仅不对立，而且应是协调统一的。

（三）村社公共事务执行与政府公共服务目标一致

基层政府与村民自治组织虽然所行使权力的性质不同，分别为国家权力和社会权力，但就其权力行使和职能履行的内容而言有类似之处。村民自治组织通过在特定区域和组织体内社会权力的行使，以实现村社公共事务的执行，而基层政府则通过国家权力的行使在一定区域内提供公共产品和公共服务。村社组织和成员本身就是政府公共服务的对象，村社公共事务许多内容与政府公共服务的内容是一致的。其实村社公共事务的执行在很大程度上有赖于政府管理和公共服务的覆盖与落实。城中村是人口高度密集的区域，人口结构异质化程度非常高，农民对公共产品和服务的需求也有其自身的特点，城中村对公共产品供给、公共服务和集体福利的需求期望大，内容丰富，对民生类基本公共产品和服务有较高需求，同时对公共安全、环境卫生和文化娱乐等的需求也日益增强，许多事务是村民自治无力也无法做到的，必须依赖政府。政府在文化、教育、就业、医疗、卫生、交通、社会救助、基础设施建设、修路排水、建设项目、土地资源优化、文体器材配发等方面的公共服务，使得村社公共事务有所依托和保障。就连新旧村委会班子的权力交接也离不开政府，"摘牌子、收章子、交本子（账目）"，若没有政府积极干预，很容易引起新旧村委会班子的正面冲突。

（四）村民自治的健康运行有赖于政府的指导和支持

我国社会体制及其社会治理模式造就了大政府小社会的格局，一方面是威严的"全能政府"，另一方面则是浓厚的"政府情结"，尽管我们今天提出要建立国家现代治理体系，形成多元共治的治理结构，但包括基层自治组织在内的各类社会组织发育很不成熟，其治理意识和治理能力非常有限，还需要一个相当长的时期发育成长。我国村民自治制度实行已经三十余年，但村民自治远未成熟，仍然离不开政府的指导和支持。政府不仅需要对村民自治进行政策输入，还需要具体的指导、帮助和支持。

在组织关系上，城中村在城市基层组织序列中属于街道的下级，在法律上与区、街政府是指导与被指导的关系。其中城中村党组织与街道党工委是领导与被领导关系，党组织的产生，须由街道党工委提名，选举后并经党工委批准。村委会与街道是指导型关系，村（居）委会由村居民代表选举产生，但是在实际选举的过程中街道办事处仍然具有一定的建议权。正如一些城中村干部认为的，政府在选举中的干预有时是隐形的，虽不能直接干预村民投票，但街道办事处支持谁，不支持谁对选举结果往往是有很大影响的。同时，由于很多城中村改制以后成立的股份公司董事、监事也是原村党支部书记，街道党政对股份公司组织上的影响就会更大。

工作关系上，村民自治在基层社会的运作需要有国家权力的保障和支持。村委会的活动离不开政府的指导、支持和帮助。没有这种指导、支持和帮助，村里的工作就难以搞好，村民自治就难以实现。以城中村改造为例，其从街道开始申报，逐级批复。重点工作在城改办，城改的工作程序为：市城改办制订城中村改造计划，区城改办根据市城改计划和市规划部门控规图编制城改方案（方案包括改造的必要性、可行性、建设方案、拆迁安置方案、无形改造方案、资金来源及保障，经济效益分析等）→报市城改办审批→根据市城改办批复→在市城改办办理拆迁手续→动迁宣传、评估→与村民、村委会等签订拆迁补偿安置协议（开发商、街道办事处、城改办共同参与）→城改办审核拆迁补偿安置协议。这期间，城中村与土地局、规划局、建设局、城改办、民政局、人社局等职能部门都得打交道。每个工作都需要取得政府及有关部门的支持。除此之外，很多的政策支持，如城中村社会管理和基础设施建设方面的一些项目等，都需要得到政府部门的支持。

马克思说："没有需要，就没有生产。"[1] "人们奋斗所争取的一切都与他们的物质利益有关。"[2] 村民自治的动力来自城中村村居民的需要，来自于村居民表达利益、维护利益、改善生活的需要。城中村具有要求政府管理和支持的强烈内在需求；基层政府仍存有一种特殊的"慈父"情怀，"村民组织就像咱自己的娃一样，还没长大呢，咋能撒手不管？"调研中，我们就撤销街道办事处问题征询街道办事处干部，他们异口同声"不行，他们离不开我们""村委会没有能力自治，农村干部素质达不到，必须依赖政府"不是撤销而是要加强。而农民亦认为，农村是政府的，农民也是政府的，政府不管谁管？城中村，无论是未改造的，还是正在改造中的，甚至改造完成村转社区后，其对政府的企求、依赖、信任丝毫未减，而政府也一路陪伴着城中村的发展、变迁直至走向终结，期间关联难解难分。正如徐勇教授所说，"政府权威与社会自治的合作应该是建立在民主基础上，是互动性合作。政府的治理需要通过社会参与加以改善，社会参与治理需要政府的引导。"[3]

乡镇（街道办事处）干部认为，村干部必须有"下级服从上级"的意识，这是担任村干部的"首要素质"，也就是调研中经常听到的村干部要"靠得住，听招呼"。

Y村是一个典型的城中村，辖5个村民小组，8个自然村，4500多

---

[1] 《马克思恩格斯选集》第2卷，人民出版社1972年版，第94页。
[2] 《马克思恩格斯选集》第1卷，人民出版社1972年版，第82页。
[3] 徐勇："治理转型与竞争—合作主义"，《开放时代》2001年第7期。

人，流动人口20余万，土地3700多亩，该村从1968年起就实行两级核算，土地属村集体所有（非村民小组所有）。1998年，村里已不再种地，除栽种少量花卉苗木外，大部分土地用于非农，或出租或自办企业。兴盛时期曾有外来企业十七八家，20世纪80年代该村享有"西北第一村"的美誉，是全国的亮点村。

早在2004年，西安市城改办就发文《关于2004年第二批城中村改造村的批复》（市村改办发〔2004〕6号）将Y村列为西安市2004年度第二批城中村改造村。Y村城改走的是"三自"路线，也就是自主改造模式，即"自筹资金、自我改造、自我发展"。实行先安置后拆迁。为此，村上成立了城改公司，外聘了一位民营企业家全权负责城改事宜。2008年左右开始做拆迁准备，将在村上租地办厂的十七八个企业给予赔偿，并限期迁走，赔付额高达1.8亿元。村上自己的两个自办企业，旧车交易市场和闲置设备交易市场，前者卖掉了，后者撤办了。期间，村城改公司先后与几家开发商签约投资改造，并拿了开发商的部分预付款。但出乎意料的是村民不愿改造，不愿拆迁，包括部分村干部也不愿意。因为村民的主要收入来自出租房，村民楼房已平均建到六层，有的高达九层，年租金收入少则几十万元，多则上百万元，大部分村民在外购置了商品房居住，房屋全部用于出租。一旦改造，可观的房租收入就没有了，利益会受到很大的损害。由于村民不愿拆迁，加之受前期签约开发商的制约，鱼化寨村城改陷入僵局，无法推进。村干部希望得到政府的帮助，但政府不愿管，一直怪罪村干部不听话，搞自主改造，现在弄成了个烂摊子，要求村上自己解决和开发商的事。村干部积极表态愿实行政府主导下的改造。"政府主导"的城改方式，要求城改必须是整村拆迁，改制改造并重。整村拆除是城中村改造的标志，没有整村拆除的项目不算城中村改造。区政府要求鱼化寨必须先进行整村拆迁后再进行改造和改制。双方僵持中，城改举步维艰。

由此可以看到，政府和村级组织微妙的关系。村级组织在重大利益面前，总想自主，实现利益最大化，故力图摆脱政府的干预，而政府却要把村级组织牢牢置于自己的掌控之中。所以政府对村干部的要求不仅是能不能干，还有听不听话，政府对村干部的"犯上"行为会耿耿于怀。X村就是搞的自主改造，撇开了区政府，但回迁后一系列问题自己难以解决，比如气、暖的碰口问题，土地转性问题，社区管理的经费问题等，政府则均以村上是自主改造为由而不予支持，政府的"胸怀"不够大。村级组织由于自身能力和资源的局限，有些问题没有政府的支持是办不成的，所以反过来又得求助于政府，依赖政府。也就是说，地方政府自身资源的不足表现出其治理的限度，村民自治能力不够表现出其治理的难度，因而政府管理与村民自治需要双向互动，是政府与公众基于共同的需要。

三　基层政府与城中村关系的动态观察

我们从观念、理论和制度层面论及政府管理与村民自治之间存在一定的联系与契合，具有实现有效衔接和良性互动的主客观条件和一定的社会基础，如果说这样还有些抽象或缺乏说服力的话。我们再通过基层政府和不同形态城中村之关系，动态地观察政府管理与村民自治的实践表现，以此支持我们的认识。

（一）尚未改造的城中村村民的需求

尚未改造的城中村，即建成区范围内没有进行整村拆迁安置，仍保留和实行农村集体所有制经营体制的农村社区。这些村庄村民的需求主要表现在两个方面：

一是需要政府加强对城中村的管理。据北京市流动人口管理办公室统计，北京有88.5%的流动人口居住在城乡接合部；居住在上海郊区的外来人口占来沪外来人口总数的比重近八成，城乡接合部管理比较混乱。[①] 当城市扩展到城乡接合部的农村时，由于拆迁成本过高，政府和开发商往往会只征收耕地，未征收农村集体建设用地，所谓"要地不要人"。农民失地以后，为了生计，利用自家的宅基地建房屋出租，其低廉的房租吸引了大量外来人口租住。大量流动人口涌入之后，原有乡村管理体制远远不能适应人口巨幅增长的压力，有的村本地人口不足3000人却接纳了近5万人的流动人口，相当于一个县城的人口规模。有的原本基础设施按2万居民建设的城中村，现在却一下子涌进了20万人。城中

[①] 董振国等："城乡接合部：城市化快速发展期的'一团麻'"，《经济参考报》，2010年1月28日。

村的道路、供水、供电、电讯、排水、垃圾处理一般都没有纳入城市管理的范围，电力不足，供水吃紧，下水不畅，污水横流，脏、乱、差现象非常严重。处在西安市最繁华闹市的吉祥村，村民代表向我们描述了他们的生活状态：自来水太贵，全村人用水来自村里自己打的机井；村里没有通气，到了冬天大家买煤做土暖气取暖，平时做饭主要靠蜂窝煤和煤气罐；垃圾清理有村委会专门雇用本村村民做清洁人员。每年村委会光贴补水电都要达到二三百万元，每天支付给环卫部门运垃圾的钱就有2000多元。因此，每年村上大部分集体支出都用在水电以及排污上。城中村卫生、安全、治安严重影响着城中村村民的基本生活。按照一位政府官员的话说，不改造城中村，村民的生命都得不到保障！加大政府对城中村的公共管理，尤其是创新流动人口管理办法是未改造城中村村民的迫切需要之一。

二是城中村村民对拆迁改造充满着期盼与无奈。西安是中国最早开展城中村改造的城市之一，但是，西安现有的城中村数量之多仍居全国前列。[①] 目前，尚未改造的城中村主要分为两种情况：一种是位于城市中心区，地理位置优越、村集体经济强大，这些村庄有的已经有过一次或数次的征地，耕地几乎全无，大都以三产服务为业，特别是"房租经济"尤为突出；另一种则是地理位置和集体经济一般化的村庄。这两类村庄的村民对城中村改造的态度和政府的期待不甚相同。

新家坡村地理位置优越，毗邻小寨商圈、大兴善寺旅游景区、西安音乐学院等消费圈内，街面房出租不仅市场好，而且租金高，村办经济实体"新家实业"实力雄厚。新家坡村在改造的时候就有底气搞"自筹资金，自主改造"，改造后新家坡村村民的生活更加富裕。因而该村村民对政府主导的城改方案持消极态度。位于高新区的茶张村也同样对城改的抵触情绪比较大。茶张村紧邻陕西宾馆，被称为高新开发区西门户，是陕西乃至全国的窗口和脸面。高新区在2000年就征去茶张村耕地400多亩，但当时未予拆迁安置，产生了很多问题。这个村在20世纪80年代中期形成户均4分宅基地的状况，有的更大，户均房屋800平方米以上。这些住户主要以房屋出租为业，年房租收入户均10万元左右。调研中，

[①] 冯武斌："对西安市城中村改造工作的几点建议"，《西安发展研究》2005年第8期。

农民讲道"开发商要利润,开发区要土地,剩下我们农民怎么办?"所以农民对即将要进行的城改抵触情绪很大,认为高新区是"挖了白菜心丢下烂菜叶"。"我们农民不反对征地拆迁,不会阻挡西安和开发区的发展,但政府也要考虑农民的利益呀!特别是今后的生存和发展问题。没有了地,没有了房,我们还能做什么?"这类村庄改造中,干部和村民讨价还价,寸步不让。"我们最希望的政策是,让我们拿土地入股,能长远发展。"

而稍微偏远的村庄则恰恰相反,村民最大的期待就是城中村改造。红庙村是丈八地区28个村中仅有的两个未改造的村庄之一,其左邻右舍的村子地都被征完了,村子也改造了,只剩下红庙村夹在中间。虽然地没征,但红庙村已列入市政府的城改计划之中,只是具体什么时候改造还不知道。"下一步说不定还是个好事呢!"村民只能如此安慰自己。

拆迁改造是这里每个村民最憧憬也是最担心的事。希望拆迁可得到巨额赔偿,但同时害怕拆迁影响到他们未来的生活;而对于大多数的城中村居民来说,希望通过拆迁改变居住环境,提高生活品质。红庙村梁老先生讲道,自己的孙子在外地上大学,有时候都不好意思把女朋友带到家里来,"人家嫌我们住在村子里",老先生不好意思地说。不过即使在同一个村里,村民对"城改"的态度也不一样。红庙村有3个村民小组,三个组的收入差距比较大,一组户均年收入在5万—10万,三组3万—5万,村上还有几十户吃"低保",每月270元。一组因地理位置优越,房租收入高,村民满足于现有的生活状况,害怕改造会影响自己的收入水平,因此,对改造的态度并不积极;二、三组位置较偏,房租收入低,希望早点改造,以改善生活水平,提高生活质量。

无论是支持还是反对,城中村的改造已成必然。村支书告诉我们,改造是大趋势,一旦提上议事日程谁也挡不住。何况红庙村周边相继被拆迁改造,大量流动人口涌入,村内治安状况和公共安全存在较大隐患;同时部分村民加盖、抢建的房屋存在倒塌的危险。已经改造的城中村所呈现的新面貌,刺激着村民的内心。"群众不反对征地拆迁,谁不想过上好日子?!""我们村旁边是高新区,人家是高收入高消费,我们却是低收入高消费,消费环境一样嘛。"但征地拆迁是事关村民及子孙后代的大事,群众最关心的是如何安置,如何最大限度地保护他们的利益。村民说，我们已经为城市及开发区发展做出了很大的贡献，我们只希望城市和开发区也能给我们带来发展机会，希望政府关注失地农民的养老问题，希望征地补偿尽量公平合理。尤其是地理位置优越，房租收入高的城中村对于改造的期望值很高，期待改造后能够获得比原来更高的收入。

对于那些位置更为偏远的郊区村，如东郊等驾坡街道的月登阁村，周围都是农村，交通不便，只有一路小中巴车。前几年部分土地被征收后，村民利用补偿款和一部分贷款建造了新房，规划统一，村容整齐，因此大部分村民不同意拆迁。两年来要拆迁的传闻时常兴起，但村民不断上访，至今未能动迁。新领导班子竞选时提出鼓舞人心的十件好事，其中最吸引人的是"新领导班子上任后，任期内不拆迁，给村民谋福利，引进一路大公交"。2014年该村被列入Y区拆迁计划，村民说既然挡不住城市化步伐，我们就只希望拆迁时能把属于村民的都给村民。

拆迁改造是城市化发展的必然，与村、街道办事处干部的座谈可以发现，在干部们的思想中还是认为城中村改造是一件造福城中村、造福村民的事情，城中村的脏乱差阻碍了城市的发展，影响了市容。他们同时也清楚地认识到城中村改造将要或正在面临的问题，比如村民认为拆迁补偿款的不合理问题、拆迁后集体经济转型中面临的经营难问题等。农民对城改最大的期待就是能够有足够的房源，以继续其房租经济。农民的后顾之忧不除，阻力自然就会很大。

(二) 改造过程中城中村村民的需求

征地拆迁是工业化和城市化进程中的一个不可避免的问题。城中村既是城市化的副产品，又要在城市化进程中终结，因此，城中村改造同样是不可避免的。由于征地拆迁既关系到地方经济社会的发展，又涉及拆迁人、被拆迁人等多方面复杂的利益关系，各种矛盾纠纷会大量发生，甚至严重影响到社会稳定。

城中村改造核心问题是补偿安置，包括补偿标准和安置方式。改造过程中城中村村民的需求也莫过于现实利益的合理补偿，也即拆迁补偿政策、安置方案是否令其满意。

到目前为止，国家没有一部关于指导城中村拆迁补偿的政策法规文件，就连省级层面的政府文件也鲜有出台。目前城中村改造拆迁补偿政策都是各地根据自己的实际参照其他城市的做法而制定，在不同阶段，针对不同对象，执行不同的政策标准。由于城中村情况复杂，集体经济实力不尽相同，村与村之间补偿标准也不相同，基本上是"一村一策"，导致攀比成风，纠纷不断。

《西安市城中村改造管理办法》仅规定了产权调换和货币安置两种安置方式，其安置补偿方式比较单一，不能很好地解决改造后农户的长期生计问题。"产权调换以转户前城中村在册户籍人口为依据，人均建筑安置面积原则上不少于65平方米，并结合原住房产权建筑面积进行安置。"但在实践中，往往有所变通，并形成不同的模式，如经开区创造的"经开模式"以"高补偿高速度"而闻名。《西安日报》曾报道，中营村执行的未央区城中村改造拆迁补偿安置方案，"被拆迁户除可获得房屋残值、过渡费、拆迁奖励等现金补偿外，人均住宅安置面积65平方米市值20余万元，人均经济保障用房20平方米市值10万余元。加上拆迁安置中的货币补偿，按每户3.5人计算，城中村改造后，户均资产近150万元。"笔者在雁塔丈八街道办事处农村调研时，农民评价西安市各开发区拆迁补偿政策时就认为"经开区的政策最开明"。

西安高新区制定出台的拆迁安置政策主要有"四方案一细则"即《村庄拆迁安置细则》《村庄上楼安置方案》《村庄拆迁统规自建方案》《货币安置办法》四种安置方案。安置方案多样化，便于被改造村庄根据自己实际情况，选择安置方案。拆迁补偿安置模式主要有：一户一宅模式；上楼安置模式；统规自建模式；货币安置模式等；具体安置方式主要包括住房安置、货币安置、留地安置以及招工安置。补偿方案的实施，能否使村民真正受益，能否保障村民的合法权益至关重要。今天我们回过头来反思以上主要安置方案，就会发现一些问题，货币补偿即是征地或拆迁部门按照法律规定给被征地或被拆迁农民一次或多次发放一笔土地补偿款或房屋拆迁补偿费。2003年7月起，西安市高新区推出拆迁货币安置办法，直接用货币一次性买断农民所拥有的土地房屋，农民自己买房，自行安置，村民转居民。然而，根据我们近年调查，农民反映货币安置是"一脚踢"的办法，不可取。这种安置方式至少目前在西安农村、农民现有发展条件下不具有普适性，其只适合于一小部分善于经营者。对大多数村民来说，其风险很大。首先，经济陷入困境。收入低、住房差，未来可忧。当初虽然一户人家一下拿到了七八十万元的补偿费，但物价、房价不断上升,就业困难;有的投资失误,有的经营不善,有的赌博挥霍,几年后所剩无几。其次,心理失衡。特别是看到非货币安置户有房住、有房租、有集体收益分配、有组织依靠,而自己似乎什么都没有了。一户一宅安置的人家每月房租收入一般都在2000元—4000元,村里还有预留生活用地经营收入分红,自己再找份工作又有收入。最后,失落感加剧。没有了组织,脱离了集体,失去了熟人社会生活的氛围,难以融入城市社会。住的是出租房或没有法律保障的小产权房,孩子入学,医疗社保等都有问题,面对的现实就像是卡夫卡《城堡》中所描绘的荒诞意象:农民既不是城堡(城市)里的人,也不是本村(农村)人,他们居无定所,像无根的浮萍,漂荡在城乡之间,成为城市不安定因素。

出台货币安置政策在当时的确满足了部分群众的意愿。2005年11月,华商报与陕西省社会科学院民意调查中心、陕西省统计信息咨询中心推出民意调查——"城中村改造您最希望的安置方式是啥?"1307名参与者中46.3%的参与者的回答是"货币补偿"。[①] 但政府对货币安置政策的负面效应缺乏充分的预测,在当时的社会背景下没有充分考虑到被拆迁安置农民的市场适应能力、市场风险承受能力以及可持续发展能力。城改部门为了简单省事,货币安置后一推了之,以致后患无穷。这些虽是发展中的问题,但也反映着政府的决策水平和管理能力。

传统拆迁补偿安置方式已显滞后,探索新的征地拆迁模式刻不容缓。基于当前很多地方经济社会发展水平不高和农村农民发展条件有限的实际情况,应以"住房是基础,发展是根本"为主旨,以生活用房和经营用房安置为基础,在市场化程度比较高的区域和人群可适当提高货币化安置比例,实行多种补偿安置方式合理组合。具体拆迁补偿安置方式可以有货币补偿;房屋产权调换以及住房+就业、住房+股份、住房+股份+就业等多种组合方式,以避免"钞票用光,集体上访"的情形反复出现。

与货币补偿安置不同的是,留地安置深得群众拥护。预留国有土地由村委会自主经营,独立或联合开发。预留国有土地使用权及收益权归

---

① 刘燕:"拆迁安置 货币补偿最受青睐",《华商报》,2005年11月13日。

集体经济组织所有。留地安置可使失地农民长久受益，符合十八届三中全会提出的"提高农民在土地增值收益分配比例"精神，并为广大农民所认可。然而，近年来，有的开发区为最大限度地获取土地而将原来实施的留地安置转变为被拆迁户每人 5 万元左右的货币补偿，在补偿安置中一次性给付了农民。这种做法使农民无法持久享受土地增值收益。

其次，农民希望补偿政策落实到位，正如农民自己说的，"把欠我的给我"。

应当看到，城改中的许多矛盾纠纷，往往是由于国家政策贯彻不到位，甚至没有贯彻落实引起的。在我国，社会政策所遇到的一个重大挑战是其执行过程中被扭曲。地方政府虽然出台了一系列的政策措施，但一到基层就变了样。我们调查中，城中村村民说得最多的话是"中央到地方对农村的政策非常优惠，执行时省市区街道办事处都好，就是一到村里就一塌糊涂"。村民委员会作为基层群众性自治组织，应代表农民利益，与社会强势集团进行协商谈判，维护农民的合法权益，为农民提供一个畅通、便捷的利益表达渠道，但实际运作中，村委会并未像预想的那样成为农民利益的组织化代言人。[①] 有的村干部受能力限制，不学政策，不懂法律，城中村改造项目下来后既不组织村民学习政府相关文件，也不宣传上面的政策，开村民大会时直接将合作意向拿来，合作方情况村民一无所知。有的干部受利益驱动，利用职权侵害群众利益，导致有的政策执行"卡壳"，有的政策半途"缩水"。一些村干部与开发商相勾结，侵害村民的利益，将本属于群众的实惠，变成了一些小集团甚至个别人的实惠。开发商只需要给个别干部好处就行了，因为谈判只有村主任、书记参加，村民代表吃饭领补助就签字同意。村组与开发商签订的协议不公开、不透明，群众自然认为干部在改造中"吃饱了""捞足了"，由此产生干群对立，引发上访。对于城中村改造中，村干部腐败，一夜暴富，几乎是路人皆知，西安就发生村干部在网上自曝其黑的事件。然而，基层政府在抑制贪腐方面少有作为，只求改造工作顺利推进。

城中村改造中，村民上访，尤其是群体访、重复访、越级访不断增多。城中村改造信访形势严峻的根本原因就在于改造中的城中村村民的

---

① 吴毅："农地征用中基层政府的角色"，《读书》2004 年第 7 期。

合理要求没有得到充分满足，利益遭受损失，基层政府正向作用发挥不够。

（三）改造过渡期中城中村村民的需求

城中村改造过渡期指的是从拆迁动员到回迁安置的期间，全国各地对此期限长短的规定不尽相同。西安市城中村改造被拆迁农民回迁时间是按照从整村拆除时签订协议时开始计算。依据《西安市城中村改造管理办法》第四十条规定：城中村改造主体安排被拆迁人在外自行过渡的过渡期限不得超过 30 个月。超过拆迁安置协议规定过渡期限的，从逾期之月起按不低于原过渡补助费标准的二倍向被拆迁人支付过渡补助费，超过 6 个月的，从第 7 个月起按不低于原过渡补助费标准的 3 倍支付过渡补助费。

可见，过渡期不仅时间跨度大，而且涉及人群广，利益影响大。2008 年是西安市大拆迁之年，2009 年是大建设之年，2010 年是大回迁安置之年。截至 2012 年，西安市城中村改造被拆迁群众在外过渡达 10 万余人。过渡期农民生活问题是一个不容忽视的社会问题，处理不好很容易引发上访，甚至群体性事件发生。城中村改造村民过渡期间如何进行管理？是否存在管理空档？这也是我们所关注的一个问题。调研发现，过渡期无论是政府管理，村民自治，还是农民生活都城中村很多问题值得关注，人们往往关注城改工作的两头，而忽视了中间，即重视拆迁和回迁，轻视过渡。许多问题恰恰是这个阶段发生的，政府管理和村民自治都失之履责。

1. 回迁楼建设严重超期，寄希望于政府干预

过渡期间，村民最关心的问题是：能否按时回迁？安置房的质量是否有保证？实践中，因拆迁遇阻、办理各种审批手续时间过长等方面的原因，造成许多回迁项目不能按时交付使用。已开工的回迁楼项目，普遍存在超期现象。有的村过渡长达 5 年回迁不了，一些老人在外过渡时去世，村民抱怨老人活着住不上新家，死后回不去旧村，抱憾而终；有的家庭子女已成大龄青年，仍因无房结不了婚，心生怨恨。西安市莲湖区三民村的村民就面临这样的遭遇，2010 年 8 月，他们开始外出过渡，按照规划，30 个月后，也就是 2013 年 2 月便可回迁。然而，令他们没有想到的是，过渡快三年了，旧址上原本应该盖起的 28 层回迁楼，现在仅

盖了不到一半。眼看着回迁无望，村民们就想到找村干部讨要延期赔偿，村干部却玩起"躲猫猫"，电话关机，家中无人。村主任和村书记始终没有给村民一个说法或者一个答复。村里没人管，只有找政府。为了讨要说法，2013年6月15日，百余村民拉起横幅，"我们要生存，还我们土地""罢免村主任，清查账务，公开村务，求党和政府为我们主持公道，坚决拥护政府领导"，连续10多天在原三民村旧址静坐。可是静坐了近半个月，除了当地派出所担心群众"聚众闹事"来静坐现场巡查一番外，再没有任何相关部门出面。[①] 2015年以来，安置楼建设进度缓慢、延期过渡现象普遍存在、在外过渡村民数量众多，时间最长的已达7年之久，拆迁户面临诸多的不便和困难，能否按时回迁是他们最关心的事，也是最希望政府能关注的事。问题如果长期得不到有效解决，不仅严重影响待安置群众的正常生活、容易形成新的社会不稳定因素，政府隐性的财政成本压力也将越来越大，影响干群关系和政府公信力，对城市发展和新型城镇化的推进更是遗患无穷。

2. 过渡期村民理财投资消费需要政府教育引导

拆迁补偿后，每户村民都能获得几十万元甚至上百万元的补偿款，面对大笔资产，如何管理、使用、投资等成为一个非常重要的问题。从拆迁过渡到回迁入住，各种诈骗、黄赌毒、投资陷阱等都涌向这些毫无市场风险抵御能力的农民。以高额回报为诱饵的民间借贷，各种名目的集资活动开始在村民中悄然兴起。在曲江一带的城中村里，几乎每天都有一些企业单位进村宣传"融资项目"。村民在获得大笔补偿款后，缺乏理财知识和经验，村级组织和政府部门对其管理基本处于"真空"状态，更缺乏投资理财和理性消费方面的正确引导帮助。村民投资被骗比比皆是，有的从百万富翁到"负债上访"。西安市丈八街道办事处28个城中村中，非法集资受害农户301户，仅投资10万元以上的就有149户。东村有10多户投资山川林业受骗，有100多位村民被非法集资所骗，几乎倾家荡产。还有一部分人炒股赔钱，有的挥霍式消费，有的斗富比奢。还有一部分人喜欢在网吧、台球厅、歌厅、迪厅、酒吧等场所扎堆逗留，选

[①] 赵崇霖：《西安三民村拆迁近3年难回迁 数十村民静坐半个月》，腾讯大秦网，2013年6月17日。

择不健康的方式宣泄，甚至出现如低俗娱乐、酗酒、赌博、吸毒、包二奶等违法犯罪行为。

2013年1月，西安市防范和打击非法集资工作会议披露，仅2012年，警方就查处各种非法集资案件17起，涉案金额超过10亿元人民币。受害者相当一部分为城中村村民，主要资金来源为"城改"拆迁补偿款。警方调查材料显示许多已改造过的城中村里，很多村民用拆迁补偿款参与了各种名目的非法集资或民间借贷。近年来，随着各种集资主体的溃败，这些村民的投资几乎都化为乌有。一夜之间，因拆迁而一夜暴富的许多城中村人又"归零"甚至成为"负翁"。

西安南郊庙坡头村曾是当地有名的富裕村。2007年城中村改造，补偿标准是每人15万元。一时间，全村大兴宴请、购车、旅游之风。许多村民把补偿款的部分甚至全部投入到了所谓的高回报的民办院校、文化项目、能源项目及农业养殖项目。2011年3月，某民办院校以"扩建校舍"为名义的非法集资诈骗案案发，主要受骗对象为城中村村民，多达7000多人次，金额3.7亿元。除案发前兑付了6000余万元外，5300多人的集资款均打了水漂。"都说俺村人有钱，有时间你来看看，每天早上都有日子过不下去，在菜市场捡菜叶的。"①

回迁安置期无疑是一个"敏感期"，一切变化就发生在拆迁后的头三年，"学好三年，学坏三天"，这三年恰恰是引导失地农民步入发展正轨的关键时期，然而遗憾的是，政府引导缺位。由于政府对回迁安置存在的问题和可能出现的状况缺乏研判，对出现的问题缺乏协调解决的组织和机制，导致"敏感期"变成了"空档期"，各类矛盾和问题被搁置，直至村民以上访等方式表达诉求时，才被动地通过信访机制应对，其往往错过了解决问题的最佳时期。如今，城中村村民因挥霍拆迁补偿款和不理智投资返贫的农户不在少数，许多家庭因此"打架吵架"，矛盾不断，有的连生活都成了问题。一些人认为，投资理财、消费选择完全是个人行为，政府和村组织无权也无义务过问。其实，恰恰相反，当政府将这些对市场一无所知的人群推向市场时，就有责任引导和帮助他们认识和适应市场，而不能放任不管。当问题发展成事件时，还得政府面对。

---

① 李勇钢："城中村'负翁'贪图高息百万家财打水漂"，《华商报》，2013年11月2日。

3. 过渡期被拆迁农民生活和精神困境

调研发现，从拆迁动员到回迁期间也是城改村民上访的高峰期，其原因在于：一是农民故土难离的情结较浓，不愿拆迁，反对异地安置。二是拆迁影响房租收入，城中村和城郊村农民有大量的房屋出租，租金可观，拆迁会直接影响其这部分收入。三是村民担心开发商的承诺难以兑现，不能按时回迁，心理压力大。四是对补偿不满意。根据合同的规定，拆迁过渡期间村民可获得原居住面积每月每平方米 7 块钱的拆迁补助和每人每月 400 元钱的生活补助，三口之家也不过千把元钱，但房租每月就 1000 元左右。有的群众为节省过渡费，只好到比较偏远的区县租房过渡，有的村民投亲靠友寄人篱下，生活全靠过渡补助苦苦支撑。五是被拆迁户心理失落严重。城中村改造将农民正常的经营和生活秩序彻底打乱，他们一夜之间没有了组织，脱离了集体，失去了熟人社会的生活环境。村民们在外过渡，还要担心开发商和村干部的承诺不予兑现，担心不能按时回迁。他们由昔日的房东变成了房客，由收租者变成缴租者，过渡期间，农民就业困难，收入有限，生活质量大幅下降。孩子上学老人就医面临诸多不便和困难，如果不能按时回迁，生活就更苦了。特别是生老病死，逢年过节往往使其心理失衡精神失落，变得情绪躁动，极易诱发非正常上访等事件。调研中，有件事情深深地刺激着我们的神经，在一个处于过渡期的城中村村委会临时办公地，我们见到了一位 70 多岁的老年妇女，向村干部哭诉，她已经搬了三次家，因年老体弱没人愿意租房给她，担心病死在出租屋惹麻烦。她说她实在没办法了，不知该到哪里去，但人们对她的哭诉似乎无动于衷。

4. 过渡期社会管理"断档"

按规定过渡期一般为 30 个月（二年半），但实际上大部分不能按时回迁，有的甚至长达数年回迁不了。过渡期原有的社会管理服务网络被打破，出现"联系断线、管理断档、服务断人"现象。有的村民与政府及村组织完全脱节，沦为"流民"。尽管街道办事处干部告诉我们，改造村庄都设有固定办公场所，村干部要坐班，有联系方式，工作正常进行，但事实上从拆迁到回迁的过渡期间，街村管理缺位现象严重。

一是拆迁开始后，村民大多数租房居住或投亲靠友，村民居住形式由原来的集中居住变为四处分散居住，人户分离现象突出，给社会管理工作带来了很多问题。

二是原有的管理服务手段不再适用，服务管理难度加大，工作力量投入不足。过渡期间村民户口办理、上学、当兵、就业、社保、计划生育等事宜无人负责或不能及时办理。即便改造回迁入住新社区，还有数年由村到居的过渡期。村委会撤了，但社区居委却未建立起来，处于一个无组织、无机构、无场所的"空档期"，同样造成居民办事无人负责。尤其是计划生育管理服务工作面临严峻挑战，育龄妇女生殖健康检查、随访等经常性措施难以正常实施，底子掌握不清，很容易造成育龄妇女脱管、漏管，为违法生育打开方便之门。

三是村居民公共文化生活不复存在。社区的文化活动由于拆迁，居民分散，要找到人都很困难，更不要说组织公共文化活动。村干部拆迁前配合政府和开发商催村民拆迁，回迁后忙着通大路、建商铺，无暇过问村民精神生活，社区文化活动也自然乏人张罗。干部告诉我们"搞文化建设也要等完全安置后才有精力，起码三年后才能考虑"。

（四）回迁安置后城中村社区居民的新需求

回迁是城中村改造中至关重要的一环，回迁意味着城中村有形改造的结束。城改拆迁难，但改造后的安置社区基础设施建设、劳动力就业、居民社会保障和社会管理等方面都会让政府面临更大的挑战和压力。城中村空间结构转型和人的转型是农村社会向城市社会转换的动态过程，拆迁安置社区不仅仅是一个单纯的过渡性空间，而是一种特殊的"社会样态"。[①] 村落终结过程中的裂变与新生以及因拆迁而引发的种种利益博弈，更是蕴含着激烈的矛盾、排斥和冲突。农民在失去土地转变为市民后，管理体制、债权债务、产权关系、分配方式问题丛生，村民们身份转换、角色冲突引发的心理震荡异常剧烈。此类社区的多样性、复杂性致使社区管理成为目前城市社会管理中的一个十分重要而又棘手的问题。安置社区管理的许多重大问题从理论、制度和机制等方面都远远落后于现实需求，将会成为我国城市管理与城市建设日益沉重的负担和障碍，亟须引起学界和政策研究者的关注。

2012年5月，我们深入高新区和曲江新区回迁安置区，调研西安市

[①] 田毅鹏、韩丹：《城市化与"村落终结"》，《吉林大学社会科学学报》2011年第2期。

Y区回迁农（居）民生活发展状况。选取丈八街道安置点和大雁塔街道安置点为调查样本，先后走访了丈八街道办事处、大雁塔街道办事处等单位的相关人员，走访了高新开发区拆迁安置的丈八南村、东村、闸口村、东付村、西付村，曲江开发区安置的大雁塔村的部分村干部和村民。通过发放问卷和深度访谈等形式，对两区回迁安置村（居）民的收支、就业、闲暇生活、居住、交通、社会交往、福利、教育、养老、医疗、村政管理、环境设施与公共服务等影响生活质量的多方面问题进行了详细的调查与分析。调研发现，村民回迁后，对安置区基础设施与生活环境普遍认同，认为回迁后最大的感受是居住空间内的基础设施建设明显改善，其中卫生、绿化、道路等生态环境和治安等社会环境的改善最鲜明，生活环境和条件比以前都好了。"房子好、交通便利，吃的自来水，烧的天然气，走的干净路，用的太阳能"，基本接近城里人的生活。村（居）民回答问卷时最满意的方面依次是环境干净卫生、生活方便、安全。付村花园居民对回迁后交通出行方便满意度最高。宽阔的柏油马路，便捷的公共交通，多条公交线路可直达安置小区。"从小区到钟楼、火车站只需一元钱，进城吃顿饭回来也只需2元钱的路费。"每个家庭都有较为稳定的房租收入，农民开始注重文化娱乐、身体锻炼，以及自身形象的改善，精神面貌发生了很大的变化。

村改居之后，村庄管理事务的方式还在延续，城市社区的管理需求已经凸显，并且呈现出复杂多样的特点。涉及村居民就业、基础设施建设、环境卫生维护、社区服务、物业管理、治安调解等社区公共事务明显增多。对自治主体来说，新增的公共服务主要有居民低保、老年生活补助、居民医保、失业登记、就业信息等事宜的申请、登记与办理；综合治理、各种创建活动的落实、帮扶弱势工作的开展等。村居民民生需求凸显，最需要政府提供的公共服务，排第一位的是就业，第二位是养老、医疗等社会保险；还有城中村青少年教育、治安管理等问题也较为突出。

调研中，安置区村民回答"您最关注的问题是什么？"时，86%的人关注个人增收，其次是环境卫生、治安状况、集体收入和村务公开。回迁村民普遍家底较薄，买房、装修掏了老本，或略有节余。回迁后务工与房租收入有限，村民普遍有了生存紧迫感。比如，曲江管委会的拆迁安置方案是：每人15万元，安置房子155平方米内互不找差价，超出部分每平方米650元购买。全村160多户人，有20多户选择了货币安置，其余选择了住房安置。房型有75平方米、100平方米等。选择住房安置一户一般可有四套房，货币安置的一般有155平方米（二套75平方米）。村民们大部分希望多要房，面积尽量上靠。有位村民讲，他家五口人，选择货币安置，每人15万元，即75万元。装修房花了二十多万元，剩余的钱存银行，这是保命钱，利息再少也不能动。

1. 回迁村民贫富差距较大

改造后村（居）民主要支出是基本生活支出和医疗、教育支出。基本生活费：水、电、气、米、面、油、菜、交通、通信等费用，人均月生活费按400元计，5口之家户基本生活费24000/年。2. 教育支出：大学生1.5万/年；中学生1万/年；小学生500元/学期，加上各类学习班，1000元/月；幼儿园500元/月（大雁塔村幼儿园费用700—800元/月）户均年教育支出1万—1.5万元。两项相加，户均年开支近4万元。教育和医疗开支各家不一，因人而异。得小病村医疗站或合疗可解决问题，得大病或慢性病则负担沉重，甚至主要收入都会用于此项开支。

村居民对收支的评价有明显差异。高新安置区15个村回收298份问卷中村民认为家庭年收入1万元以下的占44%，1万—5万元占42%，5万—10万元占4%，10万元以上的有6人，占2%。8人未选择；对"与拆迁前比较，您的收入是否增加"问题，回答收入减少的有79人占27%，认为变化不大的有123人，占41%，认为收入有所增加的56人占19%，认为收入明显增加的11人占3.7%，13人未做选择。问及"您家的收入能满足生活所需吗？"回答"略欠"的有140人占47%，回答"基本满足略有节余"的有131人占44%，回答"收入较为丰厚"2人占7%，9人未选择。

实例1

张××，男，60岁，丈八南村人。家中三代六口人。其与老伴都60岁，在家照看孙子，儿子在一家商店打工，儿媳干保洁，两人月收入2000元左右；大孙子八岁，上小学二年级，小孙子一岁半。房租收入1400元/月。总收入房租1400元+工资2000元+分红250

元=3650元/月。老张说他三个月抽两条烟，抽的是每条25元的延安烟，他每个月的零花钱超不过10元，小孙子每天的奶粉钱就要30元。开支：生活费2400元/月+子女教育费10元/月+奶粉钱900/元月+抽烟零花钱20元/月共计3340元/月，月结余310元。

实例2

云×，丈八南村人，男41岁，妻子39岁，儿子18岁，参军，女儿11岁，上小学。云×在高新当保安（工地看大门）800元/月，每天工作12个小时。房租收入1400元/月，分红250元/月，总收入2450元/月。三人消费，这在村里属中上水平，这部分人占村人口30%。主要支出除基本生活费外，为女儿教育支出一年约一万元（主要是课外辅导班费用，古筝班课时费每周一次，80元/次），月结余400元左右。

实例3

杨××，西付村人，家中6口人。本人55岁，妻子同岁，夫妻俩均无工作，在家照看孙子。儿子29岁无业，在家闲着，儿媳当网管，月收入800元，女儿24岁，在蒙牛乳业做推销，月工资800元，孙子5岁，在本村私办幼儿园上学。月房租收入2300元，土地分红1800元，总收入5700元，人均收入950元。主要开支：①基本生活费，按人均500元计，需3000元/月；②孙子幼儿园费用500元/月。月结余2200元。

实例4

杨×，东付村人，家中4口人，夫妻都53岁，杨×通过熟人找了份保洁工作（保洁员要求50岁以下，所以杨一再声称自己的工作是临时的，朝不保夕），月工资800元，儿子上大学三年级，女儿无工作，女婿南窑头村民，月收入1000元，外孙一岁多。因女儿已转为居民户口，不能随夫转入南窑头，现住娘家。房租收入1800元/月，土地分红1200元/月。杨×家总收入3800元/月。4个人人均月收入950元。主要支出：①杨×患有肾病，每月药费800—1000元。妻子患有心脏病，每月医药费需500元。仅医药费需1300元/月。②供儿子上学，每年1.5万—2万元（1500元/月）。③基本生活费2000—2500元/月。合计支出5500元/月，尚欠1700元。加之家底较薄，全家拆迁补偿费28万元左右，补房差价支出近10万元，装修后所剩无几，病都看不起了。

2. 回迁村民就业困难

客观而言，失地农民就业问题并不是政府大包大揽就可以解决的。一方面，政府不可能创造足以解决回迁村所有农民就业的机会；另一方面，长期从事农业生产的农民并不是都能适应政府提供的就业岗位。

因此，相当一部分回迁村民处于失业或者半失业状态。通过问卷的分析，回迁村家庭成员结构90%是4—6口人，其中有1—2人就业的占62%。对于年龄在40—50岁间的回迁村民来说，就业变得极其困难。回迁村民中40岁以上的人员超过半数，由于长期在土地上劳作，文化水平较低，劳动技能单一，在竞争激烈的劳动力市场中处于不利地位，就业比较困难。在调研村，该年龄段在外打工的只有6人。有的看大门，月收入800元—1000元；有的打点零工，勉强维持生计，大部分人则是在家闲着，或锻炼身体，或接送孩子上学或整日无所事事打牌消遣。这些村民一脸的茫然和无奈："想干活，但是找不到活，没人要我们。"如此的生活状态也对不少人的身体造成了不好的影响，过于清闲导致这个群体的高血压者甚多，村民称"在高血压公司上班"，虽是玩笑话却多少让人有些无奈。

文化水平是影响就业能力的重要因素之一。城中村青年期望在社会分层中向上流动，得到别人的尊重，但由于技能低、学历低、就业竞争能力差，获取就业资源的能力就变得十分有限，在就业市场基本处于边缘地位。调研发现有20%的回迁村青年处于失业半失业状态，在东村中30岁以下的村民中只有10%的人有固定工作，而其他的人则在家待业，即使就业，其在职业分层结构中也处于较低层次，主要集中在服务业、餐饮业、制造业、零售业等劳动密集技术水平低的行业。某回迁村40%左右的青年月收入在1200元以下，一半以上的人月收入在1700元以下。村上的男性青年当保安，有的一个村就有十几个干保安的，月收入在1000元—1200元；妇女们一般做的是保洁工作，每月收入800元—1000元；年轻女子在酒店、超市当服务员、营业员或收银员，每月工资1200元左右。很多回迁村青年在就业中就是人们常说的"非正规就业"人员。

他们绝大多数没有签订正式的劳动合同，基本上未被城镇社会保险体系所覆盖，虽然就业但极不稳定。其衣食住行、娱乐等物质和精神需求满足程度明显偏低，距离青年们所期望的体面劳动和体面生活相差甚远。

失地农民就业难的原因很多，随着经济发展，劳动力市场逐步由单纯的体力型向专业型、技能型转变，回迁村农民中大多数文化素质和劳动技能不高，掌握新技术难度较大，参与市场的竞争力差，不知道如何获得城市就业机会，更不知道如何推介自己。客观上，城市的就业压力已经很大，下岗职工、大中专毕业生、外来务工经商人员等大量群体都需要政府提供就业机会。值得注意的是，村改居让原来的"村民"就业更加困难，因为转居民后，居民的身份已经不再是农民工的身份了，如果录用他们，就得按城镇居民的身份来对待，那么企业为他们付出的保险等福利费用将会是农民工的三倍以上，从降低企业生产经营成本来考虑，企业当然会毫不犹豫地拒绝聘用村转居居民。

3. 回迁村社会保障体系建设需要政府指导

公民对国家的第一需要即基本生活的保障，而国家合理存在的前提条件之一就在于它能够向公民提供基本生活的安全保障。[①] 城中村形成之前，村民长期以农业为生，土地是村民的最基本生存保障资料。被征地农民的核心要求是现实利益的合理补偿，未来就业和社会保障的及时跟进。调查中，农（居）民对社会保障满意度最低，座谈会上无论是村干部还是村民，普遍反映的一个问题是社会保障问题。当问及"您希望政府在哪些方面为您做工作"，回答问卷中村民回答首选"养老"，其次是"政府帮助增收""医疗""政府促进就业"。可见，解决好城中村农民的医疗养老、经济补偿、住房安置、就业安排是未来发展的重要问题。

现代社会保障制度具有强制性和公共物品的特点，建设城乡社会保障体系是政府理所应当的责任，政府的参与应具有不可或缺性和主导性。政府应是农村社会保障体系建设的组织领导者、制度建设者、资金保障者、运行监管者和服务提供者，农村社会保障体系建设中的政府角

---

① 杨紫绶、阎中兴：《政府与社会保障——关于政府社会保障责任的思考》，中国劳动社会保障出版社2007年版。

色及其实现的法制保障。① 但不可否认的是，在我国许多地区，城中村社会保障体系仍然不够健全，城改后村民的社会保障工作也并不十分到位。

首先，政府与开发区、开发商之间协调困难，导致城中村社会保障工作严重脱离其原有的方向。调研发现，西安市2000年之前拆除的城中村，失地农民变为城市居民，大多人出现了生活窘境的情况。2008年，西安市人民政府颁发的《西安市人民政府关于新征地农民养老保险有关问题的通知》中提到，2008年1月1日以后，对因城市改造扩建的城中村农民和因兴建大型企业和其他生产项目，建设发展小城镇，道路扩建、延伸等原因而被征地的农民，均列入新征地农民养老保险范围。就是说，城中村被征地的农民只要按基数缴纳养老保险，到退休年龄既可以领取退休金。村民自己去缴纳养老保险，这在经济上无形也增加了这些人的负担。

其次，农村合作医疗制度存在明显缺陷。调查村村民100%参加新合疗，新合疗每人每年缴费30元，村民对政府利民政策非常赞同。我们就新合疗征询农民意见时，最突出的意见是报销比例太低，报销手续复杂；首诊医院设施条件差，医生水平低；转院手续繁杂，很容易耽误病情。丈八西村、西付村、里花水村等村民居住地距指定社区医院的距离在3—6公里以上，就医很不方便。"一般的小病我们都扛过去了，一得病往往就是大病，农民的命也是命呀！"

再次，城市社会保障高额保费难以承受。根据西安市政发〔2007〕157号《西安市人民政府关于城中村无形改造工作若干问题的通知》规定：城中村"农转居"人员统一纳入城市就业和社会保障管理范围。据了解，新征地农民应按本人所处的不同年龄段，一次性分别缴纳10186.2—54600元的养老保险费。近六七年来，西安农民征地人均赔款额大多在1万—7万元。农民若缴了养老保险，就剩不下多少余钱了，农民不愿把装到口袋的钱再拿出来，所以，大多数农民没有办理。政府号召回迁村办理城镇居民医疗保险，村民反映收费较高，成人每年缴180

---

① 葛庆敏、许明月："农村社会保障体系建设中的政府角色及其实现的法制保障"，《现代法学》2011年第6期。

元，小孩每人 30 元，回迁村民普遍家底较薄，大部分村民负担不起。如大雁塔村城镇医保办理 190 多人，不足人口总数的 30%。回迁社区村（居）民的医疗保险，有的享受城镇待遇，有的享受失地农民待遇，有的还是新农合待遇，政策不统一，基层管理者无所适从。

第四，城乡社会保障制度不接轨，影响农民利益。在城市化的进程中，城中村大多数被排斥在城市社会保障制度体系和利益共同体之外。村民转居民以后既不能享受原有的惠农政策，也不能享受与城市原居民一样的社会保障待遇。进城非但没有给他们带来什么好处，反而使他们陷入了一种窘境。原先的种粮种菜补贴、购买农机补贴、汽车家电下乡补贴、村干工资和村级组织运转经费转移支付等国家惠农政策不能再享受，老市民们享有的失业保险、就业扶助、下岗生活补助、最低生活保障、退休金等社会保障政策又没有他们的份儿。一些村子回迁转变为社区后，村民们说，我们现在虽然住得好了，生活环境好了，基本不干活了，但收入少了，花费大了。过去我们心里是踏实的，现在心里不踏实呀！我们老了怎么办？下一代人怎么办？

4. 基础设施和公共服务亟待加强

大多数的农村基础设施属于公共物品范畴，其主要投资供给主体应该是各级政府，农村基础设施建设是各级政府共同承担的责任。尚未改造的城中村环境较差、公共服务配套设施不完善，改造回迁安置社区同样存在类似问题。

一是交通不便。丈八安置一区有 5 个村，村（居）民感觉最为不便的是公共交通。该安置区有村民 3000 人左右，房客等流动人口约 1.5 万人，但仅有两路公交（中巴）。通往市区繁华地段，起点站车就被挤满了，严重影响着居住区人们的出行，同时也影响了该区的房屋出租和回迁户的收入。

二是居住环境差。许多安置社区建筑密度大，建筑景观单一，小街小巷，狭街窄道。路灯、供电、给排水、垃圾处理等设施配套不够，有的小区竟无垃圾台。小区内楼间距小，主要通道狭窄，沿街商铺、餐饮、摊贩占道经营严重，无停车场。有的小区农民乱搭乱建，饮食摊点就像农村庙会，与周边高档楼盘混杂在一起，很是难看，好似"贫民窟"。小区生活环境与围墙外漂亮的高楼、干净的马路、井然有序的商品房小区形成较大反差。有的回迁小区村民加房客总人数已超过5000多人，却没有统一的购物市场，买菜要跑到七八里之外。我们在安置区内走动观察，有很多村民将房前屋后的公共草坪变成了自家菜地。一位老太说："村上不让种，可菜太贵还要跑很远的路，种一点自己吃，总能省点钱，省点腿。"

三是市政基础设施和公共服务设施残缺不全。回迁安置区缺乏统一规划，学校、医院、幼儿园、商店以及电力、供水、供气、公厕、暖气、天然气、电视、网络、书店、影院等市政基础设施和公共服务设施残缺不全，既不利于城市协调发展，又给群众生活带来诸多不便。有的社区卫生室与村委会办公室混用，公共活动空间仅有一个篮球场大小。有的小区对社区办公用房和公共设施预留不足，公共绿地、村委会办公、医疗、学校、幼儿园、市场、公共娱乐及体育锻炼设施等均未予充分考虑和合理规划，致使回迁后的村民生活很不便利。社区没有幼儿园，私立幼儿园每月1500元的费用，村民根本承受不了。有的村改造前周边有很好的中、小学，但回迁小区，既无幼儿园、又无中小学，最近的幼儿园和学校，一般也要走七八里路，甚至更远，给学生家长造成很大的负担。

四是市政基础设施和服务设施管理混乱。针对社区环卫工作，区政府实行市容保洁向农村延伸，社区保洁员工资由政府支付。这原本很受村民欢迎，但一段时间后，村民反映政府花了钱却没人打扫，因为政府管理鞭长莫及，因此建议将保洁员管理权限下放村上。按照城市管理办法，村改居后市政基础设施如道路、路灯、环境、卫生、绿化、水电等应纳入市政管理统一范畴，经费应由政府参与解决。然而，目前改制的社区从基础设施建设到管理经费支出几乎还是由社区自行承担，集体无力支付只好向村民转嫁，原来村民有线电视费和合疗费由集体承担，现在已经改为个人支付，村民反应强烈。传统农村社区的公共服务对象是本村村民，服务对象比较固定。城中村居住人员复杂、除了本村村民，还有大量外来人员以及外来单位，服务对象的开放性带来很多问题。有些基础设施建成后，相应的管理服务却没有跟上，如休闲广场无人管理，健身器材、花草树木破坏严重，房屋租赁缺乏有效管理，隐藏着较大安全隐患。

5. 城中村青少年问题不容忽视。

青年应该是社会中最积极最有朝气的力量，是能动的社会群体。城中村青年和其他青年群体一样，他们的基本需求包括：获得基本生活、学习和就业条件，家庭生活、婚恋辅导，文明健康的休闲娱乐方式，社会群体的社会生活能力，以及社会适应、价值观、心理发展、权益保护等。但令人担忧的是，城乡之间的社群隔离从根本上限制了城中村青年的发展，甚至导致其陷入新的"贫困"状态。许多学者专家、媒体对他们进行了各式各样的研究与报道，他们也被带上各式各样负面标签："食利阶层""二世祖""四不青年"（不读书，不经商，不干活，不务正业），许多人也表示了对这种现象的担忧。究其原因：

（1）接受教育权利的隐性缺失。目前大部分大都市城中村存在优质教育资源缺乏问题，农民很难享有与市民相同的受教育的环境与条件，回迁村周边教育机构布局不合理，城市学校通过高额收费或者其他硬性要求将城中村子女排除在校门之外，城中村农民子女读书往往遭遇"就学难、交费高、学校歧视"等不公平待遇。比如西安高新开发区征了周边农村土地，距回迁小区近在咫尺的高新中学却拒收村民子女上学，村民堵门上访都未能解决问题。

孩子上学问题是城中村村民们非常关心的问题，让下一代人享受到良好的教育是每个家长最大的心愿。村民们最在乎的是孩子能否进入一个好的幼儿园和好的中小学，他们甚至认为村民之间的贫富差别并不重要，主要的差异在于孩子是否受到良好的教育。在红庙村，村幼儿园（私立）月费用为600元，学区小学红庙小学，属义务教育，只收杂费，支出不多，但多数家长却选择走择校之路，力求让孩子享受优质教育。村附近好一点的幼儿园月费用是1600，村民难以承受。村民们反映，好一点的小学需要花5万—10万元还得托关系才能进得去，没有关系的即使拿再多钱都进不去。当村民们说到孩子上个好学校要花大价钱还非常难时，个个情绪激动。年轻人称，我们的收入维持小家的日常生活还行，但小孩的上学费用就得靠老人帮助了。一位年纪大一点的村民讲道，现在村上30来岁的年轻人压力最大，包括经济压力和思想压力。一是收入不高；二是家中房租收入由老人掌控，为了孩子的教育得向老人伸手。

（2）"环境教育"问题。城中村青年面临诱惑多，尤其是网络对于青年影响很大。村子一拆迁，村民一夜"暴富"，周边电玩网吧闻风而至，仅付村花园周边就有20多家。付村花园村民刚回迁时，村里一下子开了四五家电玩城，搞得鸡飞狗跳，年轻人都泡在电玩城里。在村民们强烈反对之下，公安部门才进行了清理整顿，街面上是没有了，但又搬到了村子附近的地方。

（3）家庭教育明显不当。其突出表现就是家庭教育方式滞后于城中村自身的经济社会发展。相对稳定的房租经济刺激、高昂的教育费用制约、大学毕业生就业困难现象的影响，以及优质教育资源的缺乏，安置区部分村民放松了对子女的教育，减少了教育投资，有的家长对于孩子的学习与未来持顺其自然，甚至"放任自流"的态度。回迁村民普遍就业难，赋闲在家的多，赌博成风，对子女负面影响很大。他们认同父辈现有的生计模式，大都初中辍学，能上到高中的不到50%。调研发现，这些区域的高考升学率普遍很低，上千人口的村子，一年只能考上两三个大学生。

（4）精神生活贫乏。有学者将城市化过程中因土地征用、房屋拆迁补偿而富足起来的青年群体称为"被动富足青年"。他们中间有不少人游手好闲、斗富比奢，好逸恶劳。在调查过程中，笔者还发现城中村存在相当数量的自愿失业者，而且不乏青壮年。例如政府安置200多青年到易初莲花商场就业，但由于吃不了军训之苦，受不了岗前培训的纪律约束，大部分人上岗不到两天自愿选择失业，最终只有30多人坚持了下来。不少家长也觉得每月挣千把元，去掉路上奔波，吃饭，落不了几个钱，最终选择了放弃。他们吃不了苦，受不得约束，趿着拖鞋、端着茶缸，打牌赌博，睡懒觉看电视成为他们的生活方式。此外，他们的消费观也逐渐发生变化，更多地表现出了盲目和从众心态，成为"有钱有闲"一族。每天不是在棋牌室泡着，就在村里闲逛，闲人多了就会形成一个圈子。付村花园有20来个年轻人在外大赌，输赢上百万元，有的倾家荡产，没钱赌了就借高利贷，逼急了就去偷抢。

可见，回迁村民子女的成长环境和未来发展实在令人担忧。但目前，这个问题的危害性还没有被充分地认识，尤其是那些不肯就学拒绝就业的闲散青年对社会的危害，还没有引起社会及政府的足够重视。

6. 集体经济改制问题政府应予高度重视

集体经济改制，即集体经济转为股份制经济，是城中村改造中的"四个转变"之一，由于经济改制涉及原集体经济组织和村民的重大经济权益，是一项极为严肃和重要的工作。目前，Y 区 120 个城中村，已有大量村庄进行了改造，包括集体经济改制，还有大量村庄即将进行改造和改制。城中村改造中集体经济改制直接关系民生，改制中的清产核资，资产评估，股民基准日确定，股份量化，股民确定，股权配置等不仅会涉及原集体经济组织和村民得重大经济权益，也将对其未来生存发展和长远生计具有重大影响。调研发现：城中村改造中，集体经济改制及改制后新公司的运营、监管方面存在诸多问题，政府应予高度重视。

（1）集体经济改制工作管理体制不顺。城中村改造中集体经济改制工作管理体制缺乏明确具体的规定，导致责任主体不明、职责不清、监管缺位。如改制工作通常委托专业公司组织实施，包括清产核资，资产评估，股民基准日确定，股份量化，股民确定，股权配置等工作，但委托方则不确定。在实行政府主导改造之前，委托方可以是城改办，也可以是街道办事处，也有的是村委会。实行政府主导改造后，一般由城改办或街道办事处委托专业公司，村委会不再委托。改制中没有明确的组织机构负责对专业公司的工作进行监督、检查、评价。通常是专业公司自行写一个总结性材料报街道办事处和城改办，改制工作即告结束。城改办认为：城改办没有对专业公司改制工作下达批复或做出结论的职能，城改办只对汇编成册的资料进行形式审查，只要材料齐全，街道办事处认可，即视为改制工作完结。如此，专业公司的工作如果出了问题，谁来追查？谁来担责？是街道办事处、城改办？还是其他政府部门？调查发现，改制中存在违反计划生育政策法规超生子女被确定为股民的问题；独生子女、"双女户"奖励股权争议问题；原集体资产不转入新注册公司，仍由原村委会掌控的问题等等。对此，专业公司认为，只要他们按程序公示，村民不提出异议，即使违反政策法律也不影响改制方案的施行。改制后，新成立的公司同样问题重重，却没有相应的部门指导、监管。

（2）改制后公司和股东权益保护存在风险。根据《西安市人民政府关于无形改造工作有关问题的补充通知》规定，改制后集体经济转为股份制经济，并注册为有限责任公司，由股东代表申请注册有限公司（股东代表为两委干部和村民代表）。由于股东人数远远超出《公司法》所规定的有限责任公司股东法定人数的上限，故在城改实践中股东出资全部划在各股东代表名下。这种公司的法律性质究竟是什么？将公司资产划在股东代表名下的风险如何预防和规避？股东的权益如何保障？由于改制所采用的公司组织形式明显违反公司法规定，故在操作中不得不以"阴阳合同"在工商部门注册，村民们也认为这种公司是虚假的，或认为把公司卖给了村干部（股东代表），并据此上访。

（3）原集体资产虚假转入。据城中村改制专业公司介绍，西安地区城改后的村集体资产大部分未转入新成立的公司，一是原村干部为了便于掌控和使用；二是为了避税。但这种做法一方面存在抽逃出资的风险，同时也会造成这部分资产难以监管，易生贪腐，损害股民利益。

（4）改制后公司注册资本不实。改制后新注册的公司，注册资本往往很大，但原评估的一些资产未作价补偿，如村庄道路、水塔、机井等，村庄拆迁后就不复存在，导致注册资本与出资不符，存在虚假出资的风险。

（5）新成立公司组织架构和管理人员产生方式不合理。新成立公司组织架构实行原班子简单平移：村民代表→股东代表会议、村委会→董事会、党支部→监事会（吸收部分村民代表进入监事会）。由此可见，公司实际仍由原"两委"掌控，有限责任公司作为现代企业制度的产物在这里徒具形式。

（6）新成立公司监督机制不完善。这类公司的组织架构与管理人员的产生方式决定了监督机制的先天缺陷：既缺乏内部监督，又缺乏外部监督。在公司制下，股东大会是权力机构，拥有公司重大问题决策权，而在这里股东大会演变成为股东代表大会，而其成员主要为"两委"干部和部分村民代表，其董事会、监事会成员也主要是原"两委"干部。公司几乎是村干部的公司，广大股东（股民）无以行使决策权和监督权，公司内部监督几乎不存在。另则，公司未建立起诸如独立董事等外部监督机制，加之经济体制改革后，新成立公司不再执行"村财街管"和"双签制"等监管制度，致使这类公司形成监督"真空"，很容易出问题。实践中，一些街道办事处试图改变这种现象，如曲江街道办事处设想在公司监事会中设立特别监事，由街道办事处委派干部担任，以实现政府对新公司运营的监管。但问题是，这种做法有违现行公司法律制度。

（7）原村民（股东）个人财产和新公司财产容易混淆。如何界定原村民个人财产和新成立的公司财产？如《西安市Y区城中村改造拆迁安置办法》规定："分配给纳入股份制改造的村民人均10—15平方米商业面积，统一由改造村改制后的新经济组织经营管理。"商业面积的产权归村民（股民）个人，新经济组织仅有经营管理权，而无产权。特别应注意的是，该财产并未作价入股，不是股民的出资，应与公司财产严格区分，防止财产混淆带来对村民利益的损害。早先实行划拨生活依托地村庄的改制同样存在此类问题，有的村庄（社区）对生活依托地进行自主开发或联合开发，其产权和收益归属也应严格界定。

（8）改制后新成立公司"空壳"化问题严重。调研发现，改制后新成立的公司大部分没有实质性经营活动，有名无实。一方面是没有资金、没有项目；另一方面是缺乏经营管理人才，如一些改制后的公司将股民的安置商业房进行了托管，交由专业公司运作；一些公司将划拨的生活依托地进行了联合开发，对分成的商业房出租，只收取租金。这种状况导致许多人认为集体经济改制没有什么意义。改制后新成立公司虽然大多没有实质性经营活动，但新成立的公司绝非没有实际意义。如辛家坡村改制后成立的陕西新家实业有限公司拥有街面房两万多平方米，年租金收入约700万元，按目前街面房市值每平方米两万元计算，新家实业的固定资产高达4.5亿元。一些城中村集体经济薄弱，但改制后新成立的公司却掌控着大量的安置商业房。实践中，一些城中村改造方案规定，在农户安置面积中包含人均10~20平方米的营业用房，交由改制后的股份公司统一经营，通常一个村子都会有几千平方米的商业房面积。如东村应有3000m²的商业房面积。高新区早先整村征地拆迁安置的村子都留有几十亩甚至成百亩的生活依托地，改制后成为新经济体经营管理的重要资产。这些产业的管理、运营与村（股）民的利益直接相关。运营得好了，村（股）民因此而收益颇丰；管理经营不善，会使村（股）民蒙受重大损失，甚至影响到社会稳定。

（9）政府对改制后新成立的公司缺乏必要的指导与监管。西安市城三区的无形改造工作由农工局负责，Y区未设农工局，城改工作主要由城改办负责。另根据Y区与辖区内各开发区的约定,划入各开发区规划区内的城中村的有形改造由各开发区城改办负责,而无形改造工作则由Y区城改办统一负责。Y区城改办在无形改造工作中发挥的作用是有限的,许多无形改造的后续工作由相关职能部门对接,如"农转居"的户口办理由公安机关负责办理,"撤村建社区"由民政部门负责指导与管理,但集体经济改制工作城改办只负责前期委托和书面审查,对公司成立后的运营不再进行指导和监管。新公司成立后,与原集体组织关系的处理,如"摘牌子、换章子、交本子(账)"以及公司成立后,股东大会的召集、公司换届选举等工作的启动,若没有政府干预就无法推进。目前,Y区对改制后公司的监管尚属空白,"没文件、没制度,职能、机构、人员无从谈起"。

  总之,城中村改居社区的治理需求主要表现为"村—城"过渡的治理特色。无论在空间区位上,还是在管理体制方面,城中村社区都处于"乡—城"过渡区间。这些社区虽然来源于农村社区,但已经基本丧失了农村社区的内部联结,农村社区曾经拥有的治理资源和治理传统虽然还有部分在延续,同时也在快速消逝之中;虽然已经在外观形态上初步具备了城市社区的外形,但不具有城市社区的内涵,依然处于城市社区管理体制之外。因此,这类社区有着兼具城乡的独特的治理需求和治理方式。

  "为人民服务"是党和政府的根本宗旨。"有事找政府"既是政府的承诺,也是中国民众难以消解的情结。我国绝大多数农民对乡村干部和政府都有较为浓重的依赖情结。较之于传统农村,城中村农民对政府的依赖心理更为强烈,政府情结更加浓厚。在遇到问题时,往往会直接跨过自治组织寻求政府解决,甚至不管什么样的问题,即使涉法涉讼也要找政府,企业破产了要找政府,法院判案不公了也要找政府,村干部腐败了要找政府,出嫁女土地权益受损了还要找政府。以至于让人无法判断这究竟是好事还是坏事,但这至少可以表明老百姓对政府的信任与依赖。城中村干部和村民一样,过多地把目光盯住地方政府,而不是关注本村村民,对政府的依赖性也非常大。比如城中村股份公司的经营管理问题上政府欲罢不能,对于改制公司究竟是由《公司法》管还是政府管,街道办事处干部说:公司成立了,政府不应管了,应由公司法管。村民说,"谁让你改造的,我们压根儿就不同意改造。所以,出了问题你政府就得管","驻区企业你政府都服务呢,我们原来就是你的村,你咋能不管呢!""我们和社会上的公司不同,他们命背不能怪社会,命苦不能怪政府。我们这个公司你就得管起来,还要一直管下去。"问题是双向的,政府也认为自己应该管,不管不行,不管农村就会乱,就要出问题。

这些充分说明我国长期的中央集权式的"全能政府"直接治理模式,压缩了基层群众的自由空间,破坏了公民社会发育的土壤,带给人们一种政府可以解决一切问题的错觉,形成了"有事找政府"的惯性思维。[①] 这种认识只看到了问题的一个方面,因为,国家现代治理体系的构建与政府职能的转变,与村民自治形成了契合与连接。

第二节 基层政府管理与自治衔接互动的外部条件

把握地方政府与自治组织的衔接互动机制,首先要分析互动的动力及其现实背景。地方政府与基层自治衔接与互动不仅要具有内在契机,而且需要一定的制度基础和社会基础。当前,基层政府职能正朝着社会管理和公共服务的方向转变,提供农村公共服务构成农村社会管理的重要基础,并会极大地改善乡村关系;村民自治机制的不断创新,其组织建设和能力建设的加强,自治主体多元化的发展,政治参与范围和层次的制度性提高,促进了村民自治与基层政府的协作。实践中,无论是基层政府还是自治组织,基于双方衔接互动的实际需求,因而,在主观上积极努力,认真探索衔接互动的具体方式和制度机制。基层政府管理与村民自治的关系正在不断地调适中,这些变化构成了衔接互动的重要基础和条件。

一 基层政府职能逐步转变

政府职能涉及的是政府应该做什么、不应该做什么的问题,而政府能力则指政府实际能够履行这种职责和功能的程度,它要解决的是政府

[①] 刘东杰:"政府管理与基层自治的困境与协调",《理论学习》2012 年第 6 期。

如何去做、通过什么方式去做的问题。① 政府职能转变是政府与基层衔接互动的重要保障。完善的公共服务既是现代社会的重要标志之一，也是政府的核心职能之一。

改革开放以来，我国政府的职能定位不断发生变化，从 20 世纪 80 年代提出转变政府职能的要求，90 年代初期的直接组织经济建设和实施社会管理，到 90 年代末期的经济调节、社会管理、公共服务，再到 21 世纪初党的十六大报告中的经济调节、市场监管、社会管理、公共服务四大功能。党的十八大首次提出经济建设、政治建设、文化建设、社会建设、生态文明建设的"五位一体"的战略布局，十八届三中全会首次提出政府的职能是：宏观调控、公共服务、市场监督、社会管理、环境保护，把"环境保护"与其他四项职能相提并论、并驾齐驱地作为政府的"第五职能"，体现了政府职能观的与时俱进。②

党中央在提出以经济建设为中心的同时，并没有忽视社会保障、医疗卫生、教育科技等公共服务建设，特别是十四届三中全会通过的《关于建立社会主义市场经济体制若干问题的决定》，首次在党的重要文件中明确提出加强政府社会管理职能及其重要作用。进入 21 世纪后，经济社会的快速发展对政府公共服务职能建设提出了新的要求，党中央对加强和改善公共服务职能作了更为明确和深刻的阐述，对政府公共服务职能的认识和相应改革的部署逐步走向系统化。十六大报告指出，要"完善政府的经济调节、市场监管、社会管理和公共服务的职能，减少和规范行政审批"。十六届三中全会《关于完善社会主义市场经济体制若干问题的决定》明确提出，"完善政府社会管理和公共服务职能，为全面建设小康社会提供强有力的体制保障"，首次将"政府社会管理和公共服务"上升到全面建设小康社会重要体制保障的高度。十六届五中全会《关于制定国民经济和社会发展第十一个五年规划的建议》，细化了对政府公共服务的要求，提出，"各级政府要加强社会管理和公共服务职能"，"建立健全与城镇化健康发展相适应的财税、征地、行政管理和公共服务等制

---

① 金太军："政府职能与政府能力"，《中国行政管理》1998 年第 12 期。
② 顾杰、张述怡："我国地方政府的第五大职能——生态职能"，《中国行政管理》2015 年第 10 期。

度"，"强化政府对农村的公共服务，建立以工促农、以城带乡的长效机制"，"强化政府促进就业的公共服务职能"。十六届六中全会进一步强调"建设服务型政府，强化社会管理和公共服务职能"，要求"创新公共服务体制，改进公共服务方式，加强公共设施建设"，"按照转变职能、权责一致、强化服务、改进管理、提高效能的要求，深化行政管理体制改革，优化机构设置，更加注重履行社会管理和公共服务职能。以发展社会事业和解决民生问题为重点，优化公共资源配置……逐步形成惠及全民的基本公共服务体系"。明确提出将"基本公共服务体系更加完备，政府管理和服务水平有较大提高"作为到2020年构建社会主义和谐社会的目标和主要任务之一。党的十七大报告中强调，要"加快行政管理体制改革，建设服务型政府"，"健全政府职责体系，完善公共服务体系……强化社会管理和公共服务"，并将基本公共服务高度凝练为"学有所教、劳有所得、病有所医、老有所养、住有所居"。这一系列重要论述，在强调公共服务重要性的同时，也指出了转变政府职能的必要性。

政府职能转变在我国已经进行了近30年，但是由于对政府改革方向和改革路径的不明晰，我国各级政府的职能转变一直不到位，影响到经济社会的进一步发展。党的十八大提出我国政府的改革目标是要深化行政体制改革。深入推进政企分开、政资分开、政事分开、政社分开，建设职能科学、结构优化、廉洁高效、人民满意的服务型政府。十八届三中全会又从全面深化改革的高度，对政府职能定位、政府与市场的关系作了新的探索和界定，为下一步转变政府职能指明了方向。

由上我们可以看出，我国政府职能转变，目标越来越明确，功能越来越具体，基层政府主要职能开始从资源汲取转向社会管理和公共服务，乡镇（街道办事处）与农民联系的渠道和方也由原来的管制相应地转为服务，公共物品的提供成为乡镇（街道办事处）与农民之间的联结点，正如徐勇教授所指出的，经济社会发展使农民对政府服务的要求也越来越高。如果政府不能有效提供农民所需要的服务，就无法建立新的权威。[①] 党和政府的方针政策为政府管理与基层自治的衔接互动指

[①] 陈荣卓、杨正喜："乡镇治理中的政府与民众互动机制建构"，《当代世界与社会主义》2010年第3期。

明了方向，提供了政策依据，并不断转化为具体的制度和机制，一种新型的乡村关系正在形成中。

二　网格化治理显现互动成效

新中国成立以来，我国城市管理采用"国家—单位—个人"三个层级的管理模式。在"单位制"和"街居制"的双轨体制下，以政府机关和企事业组织为核心的"单位"始终居于社会的中心地位，大量的社会事务基本上都由单位自己办理。20世纪80年代以来，在以经济建设为中心的主导思想支配下，在单位之外出现了庞大的"自由职业者"和"非正规就业群体"，导致单位制度开始发生变革，特别是近年来，在快速城市化大量流动人口的出现，单位制度走向消解，由单位分解出来越来越多的社会事务无以承接，地方政府城市管理面临空前挑战，政府必须寻找新的管理手段和管理模式。政府社会管理改革有两个特点非常明显，一是现代政府引入新技术特别是信息技术来改造传统的管理手段，使政府能够更好地提高自己的公共服务效率，提升公共管理能力。二是国家在实现自己管理目标的同时，管理技术和治理手段也正在不断的"技术化"。[1] 网格化管理应运而生。

网格化管理模式是指建立在数字技术基础之上的，以单元网格管理为特征的一整套城市管理思路、手段、组织、流程的总称。[2] 有学者认为，长期以来，我国基层治理模式沿袭的是上下隔离的"板块式治理"模式，即上层政府管理与基层社会自治各行其道、互不相干，呈板块式结构。随着农村社会的变迁和现代国家的建构，中国基层治理模式将由上下隔离的"板块式治理"向上下衔接的网格化治理转变。网格化治理除了需要从国家行政权力的角度打通政府管理与群众自治联结的途径以外，还必须从政治的层面打通政府管理与群众自治联结的渠道。[3] 可见，

---

[1] 渠敬东等："从总体支配到技术治理：基于中国30年改革经验的社会学分析"，《中国社会科学》2009年第6期。

[2] 姜爱林、任志儒："网格化：现代城市管理新模式——网格化城市管理模式若干问题初探"，《城市》2007年第2期。

[3] 徐勇、王元成："政府管理与群众自治的衔接机制研究"，《河南大学学报》（社会科学版）2011年第5期。

网格化管理动员公众参与社会管理，而不是政府直接管理，其基本要求是实现政府行政管理与基层群众自治的有效衔接和良性互动，这是网格化管理的真正价值所在。

2007年以来，全国各地开始运用网格化管理提高社会管理服务水平。北京市、云南省楚雄市、山东省泰安市、湖北省宜昌市等地积极探索推进社区网格化建设，科学划分管理单元网格，科学整合配备社会服务管理力，建立"网格管理员"队伍，综合履行信息采集、综合治理、劳动保障、民政服务、计划生育、城市管理等基本职能。2011年，成都市武侯区簧门街社区将区域内街面和4000余套房屋划分成8个管理网格，将社区综合服务管理员下沉到网格中，负责联系每个院落的门卫、楼幢长、居民骨干等，形成"网中有格，按格定岗，人在格中，事在网中"的服务管理新格局。总之，近年来，各地通过加强社会管理创新，运用网格化管理提高社会管理和服务水平，寓管理于服务之中，在完善服务中提高管理效能，在加强管理中提高服务水平。

网格化在城市社会管理方面具有以下五个方面的显著特征：

第一，形成了以政府主导，基层党组织、包村管片干部、专职网格员、网格志愿者等多主体参与的治理网络，强化基层服务管理力量。在网格化管理实践中，以政府为主导，同时动员公众参与社会管理，形成权责清晰的政府与社会协调治理的社会管理互动机制。

第二，以街道、社区等管理单元为基础，以标准化的方式合理地划分出城市社会管理的若干网格，一般以一万平方米左右区域为基准划分单元网格。单元较小，居民之间可以面对面协调。正如罗伯特·达尔所说："民主的单位越小，公民参与的可能性也就越大，公民把政府决策权力移交给代表的必要性就越小；而单位越大，处理各种事务的能力就越强，公民把决策权力交给代表的必要性也就越大。"[①] 未改造的城中村以及改造后回迁安置社区同样被纳入网格化管理之中。

第三，以信息技术为基础，实现区、街道办事处、村社、网格单位四级联动的管理模式和信息资源共享系统，将信息分流、交办督办、通报反馈等工作机制融入信息系统中，实现对社会管理事项的全程掌控，

---

① [美]罗伯特·达尔：《论民主》，商务印书馆1999年版，第111页。

以达到多主体间服务速递、行动协同的治理目标。

第四，以村社居民需求和城市管理需要为导向，建立统一的资源调度和协调机制，以制度化方式整合各部门原先分散的管理和服务资源，实现社会服务"零距离"、社会管理"全覆盖"、居民诉求"全响应"。改变过去"坐着车子转、透着玻璃看、隔着马路喊"的粗放式管理，以实现城市管理的精细化和高效化。

第五，以党建促进社会管理。在每个网格内建立党支部或党小组，基层党组织的参与充分发挥多主体的资源互补优势，搭建了基层政府与党政机关、社会组织互联互补互动的治理网络，实现了党建工作与社会管理的有机结合。

网格化管理，不能错误地理解为以维稳为目的的精细化管控，而是政府职能转变的具体表现，是政府社会管理和公共服务向基层社会延伸与基层社会衔接互动的积极探索和实践。对此，我们从社区"一厅式办公"和社区治理上下联动中可窥一斑。

有的地方政府将"网格化管理"理解为严密的社会控制，很大程度上将网格化管理简单等同于维稳手段的加强或下沉政务的创新载体，将网格化中的网格管理员或信息员等作用发挥到极致，把网格化视为解决矛盾、化解纠纷以及落实政策任务的万能钥匙。从实践效果上看，滥用网格化管理不仅加重了城中村、社区及工作人员负担，且助长了基层政府和街道办事处官僚主义、形式主义等不良作风，严重影响党群干群关系和社区和谐。有的地方变相增加行政编制、扩大行政人员，这与建设"小政府、大社会"的目标是矛盾的。

必须正视网格化管理的利和弊，在社会管理创新过程中，充分认识和领会网格化管理的实质和核心要义是推动服务均等化，加快公共服务递送速率，降低中间环节的影响，减少误解，通达服务，通过管理网格化，实现服务零距离。各级政府要搞清楚网格化管理的目的不是稳控是服务。因此，我们应以理性客观的态度来看待城市管理的网格化模式，尽量避免以此过度下沉政务、过多干涉自治、过分使用人员等现象。处理好"网格管理"与"政府治理"、"网格管理"与"社区自治"之间的关系，寻找政府"社会治理"与"社区自治"之间有效的联结点，调适好"国家"与"社会"的距离，使之获得良性持久的发展，以实现政府行政管理与基层群众自治的有效衔接和良性互动。

三 村民自治机制不断创新

20世纪80年代以后，农村基层管理体制发生了重大变革，确立了"乡政村治"的治理体制。在"乡政村治"格局下，村基层管理领域存在两种不同性质的组织体系和权力形式，即乡镇政府的行政管理权和农村社区的自治权。"乡政村治"体制为村民自治制度的确立和农村基层民主的推进提供了前提性和基础性的外部体制环境。"乡政"是指以国家的强制力为后盾，强调高度的行政和一定程度的集权，是国家政权下沉到最基层之所在，属于国家行政权力体系；"村治"是指以村规民约以及村民意愿为后盾，强调高度的自治和一定程度的民主，事关村民自身利益的社会公共事务由村民自己处理。[①] 农村社会控制从由上而下的高强态势单向度管理向村民自治方向转变。

中国共产党在坚持和完善人民代表大会制度的基础上，注重加强基层民主政治建设，不断拓宽民主渠道，丰富民主形式，保证人民群众直接行使民主权利。十三大把推动基层民主生活的制度化看作保证工人阶级和广大群众当家做主，调动各方面积极性，维护全社会安定团结的基础。十四大认为，扩大基层民主，保证人民群众直接行使民主权利，依法管理自己的事情，创造自己的幸福生活，是社会主义民主最广泛的实践。十六大进一步强调，扩大基层民主是发展社会主义民主的基础性工作，必须完善村民自治，健全村党组织领导的充满活力的村民自治机制。中共十七大认为基层群众自治是人民当家做主最有效、最广泛的途径，必须作为发展社会主义民主政治的基础性工程重点推进。"要加强基层政权建设，完善政务公开、村务公开等制度，实现政府行政管理与基层群众自治有效衔接和良性互动。"十七届三中全会报告明确支持"扩大村民自治范围，保障农民享有更多更切实的民主权利"，要求乡镇政府"着力增强乡镇政府的社会管理和公共服务职能"。在建设服务型政府的背景下，由于政府职能逐步转变，乡镇开始松动对农村村民自治行政控制，农村村民自治的组织机构——村委会也开始由服从乡镇上级完成各项行

[①] 张厚安：《中国农村基层政权研究》，四川人民出版社1996年版，第196页。

政任务转为开始转入致力于本村经济社会政治社会服务领域之中。党的十八大报告指出，完善基层民主制度。在城乡社区治理、基层公共事务和公益事业中实行群众自我管理、自我服务、自我教育、自我监督，是人民依法直接行使民主权利的重要方式。

经过 30 多年的探索和发展，农村村民自治制度已逐步形成了以竞争性选举产生的村民委员会为工作机构，以村民会议和村民代表会议为议事决策机构，以村民监督委员会和民主理财小组等为监督机构，以村民小组为联系村民的联络机构的民主自治体系。在自治体内，全体村民采用"民主选举、民主决策、民主管理、民主监督"等民主方式，共同讨论决定村内重大事务，实现村里的事务村民自己决策，村里的事情由村民自己来管理。围绕城乡统筹农村生产生活资源配置的不同，全国各地探索了多种治理模式，如广东云安"三级理事会"模式、湖北建始"农协模式"、江苏太仓"政社互动"和山东诸城"农村社区化"模式就是一些全新的实践探索。通过民主政治建设和政府自身改革，促进村民自治与基层政府的协作，已成为当前政治领域的重要主题。

党的十八届三中全会通过的《中共中央关于全面深化改革若干重大问题的决定》提出推进协商民主广泛多层制度化发展，发展基层民主。并将"推进国家治理体系和治理能力现代化"列为全面深化改革的总目标，中央提出国家治理体系现代化，落实到基层，就是村居治理体系的现代化。2014 年中央"一号文件"提出"探索不同情况下村民自治的有效实现形式"为我国村民自治制度的完善与深化开拓了新的视野，也为各地进行村民自治实践探索指明了方向。随着经济社会的不断转型和快速发展，城中村单一村级治理模式已经很难适应现实发展的需要。将城中村内生力量与政府外力介入相结合，才能实现政府行政管理与基层群众自治有效衔接和良性互动。

四　城中村村民自治环境宽松

首先，区街政府对村委会民主选举介入逐渐弱化。城中村村委会选举中区街政府的角色问题，一直是理论界关注的一个热点。基层民主选举是靠政府自上而下强力推动的结果，如果没有基层政府的介入，农村基层民主选举将无法推进。大量的实证研究表明，在压力型体制下，乡镇（街道办事处）政府对村民委员会选举中存在过度介入、不当干预情况。甚至采取行政手段操纵和干预选举工作，在选举中画圈圈、定调子，搞指选、派选、暗箱操作，借民主选举之名，行上级任命之实。随着村民自治的不断发展，村民民主意识不断提高，基层政府已经不会也不可能直接操纵或过度干预选举，而更加强调正当性和适度性。

当然，选举中政府所扮演的角色转换是个艰难的过程。1997年起主政Y区8年的一位领导讲述了Y区城中村村民自治的探索与实践。

1997年以来，中国农村政治体制大变革，以村民直选为基本特征的村民自治真正进入实践阶段，中国城市化也进入快速发展时期。Y区从最初的不到20平方公里扩展到60平方公里，人口从67万增加到108万。这是一个巨大的变化，是城市化进程最快的时期，由此产生了大量的利益矛盾。形成了"土地征迁与农村换届相交织，闹事与闹人相结合"这样一种前所未有复杂的局面，发生了一系列剧烈的冲突，构成了Y区来农村工作的基本特点。在这个动荡变革的时代，处于一个动荡变革剧烈的地区，麻烦事多、复杂棘手的事多，而政府的权威和可以利用的资源却由于市场经济的发育和民主的发展而在"衰减"。逼得区委领导不得不进行探索。

Y村是陕西省远近闻名的先进村，村上的带头人郭书记也是陕西农村干部的一面旗帜。当时有一种说法，说Y村就是西安的大邱庄或华西村。村里形成了"三驾马车"：村党委、村委会、公司。"三驾马车"的"一把手"都是郭书记，党、政、企三位一体，形成了绝对权威，没有人可以向他挑战。郭书记原本计划安排其子任总经理，然后过渡为董事长，最后当上村党委书记，全面接班。1997年6月郭书记因病过世，村民推举当时的副书记兼副董事长薛霞当了书记兼董事长。薛也是Y区委认为合适的人选，为人正派，也能干。郭书记去世不久，村里过去潜在的矛盾逐渐表面化，至1998年换届时已经"天下大乱"。村上出现了对立面，过去受压的两位村干部挑头出来竞选村主任。如果按现在的观点，这太正常不过了，但是在当时，区乡两级的想法是保证现任村主任李明连任，希望该村平稳换届，红旗不倒。如果让"造反派"夺位，各级干部接受不了。因为大家当时的思维定式是，选举就应该是安排好的选举，村民投票只是走个"过场"，必须保证区委和乡党委的意图顺利实现。所以，区、乡、村三级都支持李明。这就和部分村民意见不一致,加上多数群众对郭书记长期的家族统治早已心怀不满,村民不断闹事,与区政府进行对抗。当时情况非常复杂,矛盾非常激烈。区委政府在街道办事处连续开了 5 次书记办公会,专门研究 Y 村的问题,这种情况前所未有。在第五次会上,这位主要领导发言讲了两点意见:第一,对村上的事情,区上不会比乡上了解的情况多。书记办公会、区委常委会以后不再研究村里的事情了,应该充分尊重乡党委在这些问题上的绝对发言权。如果他们出现大的偏差,区委再开会研究。第二,打破原来的框框,按照选举程序,让村民放开选,选上谁是谁。结果这样一来,群众和政府不对抗了,顺利完成了换届。[①] 从这件事可以总结很多经验教训,一是要充分尊重群众的意愿;二是作为地方党委或政府只能当裁判员,不要当运动员;三是要依法按程序办事,这里的依法不是单向的,不仅要教育群众依法,更要教育领导干部学会在法治思维和法治方式框架下开展工作。

西安市农村换届选举在 2002 年矛盾最为突出,但至 2005 年已逐步平稳,至今已经历了九届。村委会选举经过几届的演练实践,选民的选举经验不断丰富,法律意识不断增强,政治技术不断完善,对选举和选举结果的认同感越来越强。已有了一套比较成熟的做法,包括制度和经验。调研中民政部门和街道办事处工作人员感慨道:"现在农民的法律意识真是越来越强,他们对一些政策和法律的条文可以倒背如流,甚至比我们都熟悉。他们随时都会用法律对照你的工作,指出你的问题。错综复杂的矛盾也变得好解决了。所以选举工作比起以前要顺当多了,好做多了。"农民都学会用法来说话办事了,村民的权利意识在不断增强,并能通过各种途径来抵制选举中的违规操作,以捍卫自身的权利。

其次,《村组法》把乡村关系由过去的上下级关系规定为指导关系,这符合村民自治原则。村干部认为,指导关系说实在一点就是乡上说的,我既可以听,也可以不听,主动权在我村上。过去的村干部大多由上面指定,因而对上负责多,现在的村干部选择的制度安排变成了由村民选举产生,由此决定村干部的行为必然变成不得不对下负责。区民政局长告诉我们,现在政府非常尊重民意,基本没有早期选举中利用手中掌握

---

① 王书磊等:《雁塔乡村治理》,中共中央党校出版社 2008 年版。

的信息资源优势和农民对选举方法和规则的无知,来操纵选举的情况,选民选出谁就是谁,政府的引导不一定管用。比如西安市第七届村委会换届选举,对选举工作的依法程度、规范程度和选举效果都提出了很高的要求。工作目标也有了新要求。建设社会主义新农村、构建和谐社会,对村干部的素质能力提出了更高的要求。Y区组织部和民政局《关于全区村级党组织领导班子和第七次村民委员会换届选举工作的安排意见》提出不断优化村级干部队伍结构,积极推行村党组织书记、村委会主任"一肩挑"和村"两委会"成员交叉任职,力争通过换届,全区"一肩挑"比例和村民委员会中党员所占比例分别达到30%和60%左右。力争通过换届使全区村级班子中40周岁以下和高中以上文化程度的干部分别达到总数的60%和50%以上。大力推进农村基层干部年轻化知识化,切实做好年轻干部的选配工作,力争每个街道30%以上的行政村至少要有一名30岁左右、大专以上文化程度的"两委会"干部;每个街道3%以上的行政村至少要有一名35岁左右、大专以上文化程度的村级党组织书记。调研中大家普遍认为,村干部现在都是"拿票说话",是票选出来的,政府引导归引导,但要看最终的选举结果。现在想当干部的人不会去找办事处,候选人只需要去找选民,做选民的工作,政府想干预也干预不了。选举中几乎没有砸票箱、冲击选举会场的事发生。一个很重要的原因是各村都有街道办事处科室包村干部,有驻村指导员,有维稳队员,他们做了大量深入细致的工作;另外,候选人自己也会去做工作,候选人会对那些不满的人打招呼,甚至威胁,所以一般不会有砸票箱的事情发生。

此外,Y区还重视妇女参选参政工作建设,重视把农村符合条件的优秀年轻妇女选进村级领导班子,保证妇女的合法权益,力争新一届村"两委会"班子中各有1名妇女干部。但从全国范围来看,陕西省村级妇女参选参政工作与全国平均水平还存在较大差距。第六次村级换届之后,陕西省在全国的排名倒数第三。妇女参政要求本身就不高,加之参政能力有限,传统思想的影响较大,在当前竞争激烈、贿选成风的背景下,妇女很难胜出。尽管换届选举《安排意见》要求"两委"中,各有一名妇女干部,选票中设有"妇女委员专栏",但现实中依然困难重重,例如丈八街道办事处上届的女村支书在本届换届中全部落选。可见,为妇参政提供机会和打造平台依然需要做大量的工作。

政府在选举中所扮演的角色正在发生着转换,区街政府对村委会民主选举介入日益弱化。当然,政府还要积极作为,放权给村民,依法指导村委会选举,扮演"选举制度的提供者""选举过程的组织者""选举工作的指导者""选举运作的监督者"的角色,重点把握选举的程序公正,营造公开公平的选举竞争环境,推动选举工作平稳有序开展。基层政府放弃对选举的操纵,实现由选举的操纵者到选举公正实施的推动者、维护者的角色转变,是中国农村基层民主建设的重大进步,它对推动我国农村基层民主化进程有重大的意义。

五 公众政治参与意识越来越强

改革开放以来,农民的民主权利意识不断增强,参与诉求不断高涨,对于政治国家和公民社会而言,公民参与成为实现善治的必要条件。[1] 以往无论是城市建设还是城市管理,都是政府唱独角戏。随着公民民主诉求和权利意识的增强,公众开始有了参与城市治理的需求。基层群众自主管理和民主法制意识的不断增强,使城乡基层管理体制机制和工作方式方法存在诸多不适应、不符合的地方。城中村因其身居中心城市的地域性优势,受城市政治、经济、文化等各方面的辐射和影响,具有积极发展权利的空间。城中村具有"城"的功能,与纯粹的"乡村"有很大区别,农民的职业结构、生活方式、价值观念等都呈现出多元化的特征。城中村村民家家都有电脑,上网看政治,了解政治,关注政治。村民见多识广、信息灵通、思维活跃、异质性强,具有较强的自主性和独立性。随着城市化发展和社会的进步,农民整体素质已有很大的提高,维权意识强,利益诉求多,参与心理萌生,独立人格形成,谈判技术成熟。在征地拆迁中寸土必争、寸利必夺。例如2011年11月6日,西安市莲湖区桃园路街道办事处大土门村300多村民代表自发成立维权委员会。[2] 2012年,月登阁村村民得知政府将该村列入改造计划,在网上建群、通过微

---

[1] 俞可平:"公民参与的几个理论问题",《学习时报》,2006年12月18日第5版。
[2] 陈思存等:"土门一街道办事处自立'维权委员会'民政部称程序违法",《华商报》2011年11月10日。

博、微信、论坛帖，向村民发布西安市人民政府关于印发《西安市城市房屋拆迁估价暂行规定》《西安市城市房屋拆迁管理实施细则》《陕西省城市房屋拆迁补偿管理条例》等相关政策，与村民互动交流学习，争取最大利益。Y区三兆村村民5000人，参与村委会主任竞选的达400人之多。在东三爻村的调查中，我们看到村委会墙上贴着一份"村民建议书"，内容是关于2012年3月，村委会和村监委会决定上调用电价格，每度上调5分钱，用于解决电费收缴不齐带来的资金空缺和村上其他资金支出。一些村民反对村委会的决定，并提出质疑。建议书指出，《村民委员会组织法》第五章第32条规定，有关于讨论决定村务重要事项，应当充分发扬民主，认真听取村民意见和建议，村委会不征求村民意见擅自上调电价，侵犯了村民民主权利。《村组法》第33条规定，村民委员会实行村务公开，每季度公开一次，东三爻村村委会为什么没有公开？现在村里有代表，也有村民监督委员会，电改牵扯村民的切身利益，为什么不召开村民代表大会和村监会会议？

可以看出，城中村村民，尤其是青年村民中蕴藏着很高的政治热情，他们不仅在经济上渴望发展机会的公平，在政治上同样渴望政治参与机会的公平。他们希望竞选两委会成员，希望担任村民代表，希望入党，希望通过体制内参与政治，希望"对村上不合理的事有发言权"。他们迫切需要地方政府建立起与公众互动式的公共关系模式，以回应他们提出的问题。

六 新型乡村关系正在形成

随着社会结构性转型的加速，农村社会的政治、经济、文化、社会环境逐渐发生变化，村民自治模式赖以存在的农村经济与社会基础已经开始逐步瓦解，建立于地权基础与村籍身份基础上的封闭性、排外性治理的传统村民自治模式已经无法适应当前农村社会发展的要求。近年来，政府与社会的互动从单向"推力"更多地演变成双向"合力"，经历了从怀疑到信任、从被动到主动、从管控到治理的变迁过程。十八大将社会管理与民生并列为社会建设的重要内容。报告指出社会体制改革的"四个加快"：1.加快形成党委领导、政府负责、社会协同、公众参与、法治保障的社会管理体制；2.加快形成政府主导、覆盖城乡、可持续的基本公共服务体系；3. 加快形成政社分开、权责明确、依法自治的现代社会组织体制；4. 加快形成源头治理、动态管理、应急处置相结合的社会管理机制。党的十八届三中全会把握发展大势，明确提出创新社会治理体制、提高社会治理水平，改革社会领域体制机制、修订和完善相关法律法规，坚持党领导下多方参与、共同治理的理念和主张，加强党委领导，坚持政府负责，深化城乡居民自治，鼓励和支持人民群众和社会各方面更加积极、有效地参与社会治理，推进国家治理体系和治理能力现代化。我们调研中，有的村改居社区党支部书记非常感慨的谈到，自从十八大召开以后，能够明显地感受到政府派下来的任务少了很多，尤其是形式主义的摊派大为减少，社区的工作也轻松了很多，可以多考虑为群众服务的问题了。

　　总体上看，党的十六大之后，我国社会建设蓬勃发展，政府在社会管理和公共服务领域积极创新，以"民生"为重点，在就业、收入分配、社会保障、教育、医疗、社会管理和社区建设等领域作了很多积极的改革和尝试。在社会治理理念的引导下，社会管理实践中逐渐形成了多元参与和合作治理的格局，社会管理的互动性水平得以提高。"党委领导、政府负责、社会协同、公众参与"的社会管理格局逐渐成为政府与社会互动的基本体制，不仅政府应在社会管理中发挥主导作用，同时也应强调发挥社会组织和公民在社会管理中的作用，逐步建立起政府与公民社会在社会管理中的合作伙伴机制，由此，基层政府管理与村民自治的关系正在不断调适中。政府、社会与公民的共治格局已经初步形成，基层政府管理与村民自治有机衔接与良性互动的新型乡村关系正在形成中。

第三节　基层政府管理与村民自治衔接互动的制约因素

　　城市化加速发展和社会结构深刻变化，使城中村及村转居社区治理面临许多新挑战。一方面，该区域各种社会矛盾和社会问题呈集中多发态势；另一方面，城中村居民自主管理、民主法制意识和利益诉求在不断提升，而基层政府管理体制和工作方法却存在诸多不适应的地方，致使治理绩效难以达致理想状态。地方政府管理与村民自治缺乏衔接与互动既有其深刻的体制性和制度性原因,也有其复杂的社会制约条件。既受农村经济状况的制约,也受规范化法律制度供给短缺的影响;既受现行体制的制约,也受乡村既得利益群体的干扰;既受乡村干部素质的制约,也受基层思维与行为方式的左右。如城乡二元体制的制约与影响,基层政府职能转变的滞后与不到位,地方政府管理创新动力不足;村民自治机制不充分,自治能力有限,政治参与积极性不高等,这些问题的存在严重制约和影响着地方政府管理与村民自治的衔接与互动。

一 双方责权利边界存在制度性模糊

《村民委员会组织法》第四条规定:"乡、民族乡、镇的人民政府对村民委员会的工作给予指导、支持和帮助,但是不得干预依法属于村民自治范围的事项。""村民委员会协助乡、民族乡、镇的人民政府开展工作。"这一规定使得乡村两级的关系发生了实质性变化,即乡、村两级由过去的上下级行政从属关系变成了两个独立法律主体间的平等关系,传统体制下的领导与被领导的关系,被"指导、支持、帮助"与"协助"的关系所取代。这种关系的确认是乡镇政权与村民自治关系规范运作的基本前提和根本保障。《城市居民委员会组织法》第 20 条规定:"市、市辖区的人民政府有关部门,需要居民委员会或者它的下属委员会协助进行的工作,应当经市、市辖区的人民政府或者它的派出机关同意并统一安排。市、市辖区的人民政府的有关部门,可以对居民委员会有关的下属委员会进行业务指导。"但这些规定都过于原则粗略,既没有明确规定"指导、支持和帮助"的内容、方式与方法,也没有规定"协助"的范围和形式,如何"指导","指导到何种程度""指导不到位"或"越位"应该如何问责,法律却没有规定。村委会如何"协助",不协助而违反法定义务时,又应承担什么样的法律责任,实践中很难操作。

依据我国《村民委员会组织法》的规定和现实中存在的一些不成文的惯例,村委会的职能可以概括为五个方面:一是宣传国家法律和政策,发展农村文化教育事业,兴办公共事业;二是对农村人口的管理,并抓好计划生育工作;三是协助乡镇行政处理事务;四是为经济生产服务,推广农业科技知识,带领村民发展经济;五是维护社会治安,调解纠纷。在村委会五大职能方面,哪些是作为农民自治组织应当履行的职能,哪些是协助政府应履行的职能,仍是模糊不清的。由于村隶属于乡,由乡所管理的政务必然延伸到村。这样在村的范围同时存在着政务和村务。① 因此,凡法律、法规没有规定属于乡镇政府办理的事情,如果是村的共同事务,就属于村民自治范围的事项;如果不是村的共同事务,就属于村民个人事务。对自治领域的事务要给以指导和支持,要尊重农民群众的选择,不加干预;对非自治领域的事务要通过引导和监督的方式进行管理,以保证国家任务的完成和农村社会的稳定。"基层政府的诸多行为,特别是政府与社会之间的互动行为,缺乏具有操作性的制度规范,基层政府'无法无天',大量的矛盾冲突也由此滋生;另一方面,已有的诸多制度规范被搁置,并没有得到贯彻和执行。"②

法律规定的条款自然是乡街村居各项工作的依据和规范,模糊不清的法律规定客观上使乡镇(街道办事处)政府能够以指导为名对村委会的正常工作加以干涉,损害村居民自治权益。基层自治组织同样可以法律规定不明确或自治的名义拒绝"协助"。这势必使乡镇(街道办事处)政府的"政务"与村委会的"村务"之间的衔接出现制度的"真空地带"或胶着状态。致使农村民主管理出现"附属行政化"及"过度自治化"等极端现象。二者无法有效衔接,更谈不上良性互动了。

二 治理主体利益博弈及其影响

乡镇(街道办事处)行政管理与村民自治在互动中,涉及区街政府、开发区、村民委员会、村民等多个利益主体间的博弈。在权力和利益角逐下,这些主体间必然会产生摩擦、矛盾和冲突,因此影响乡镇行政管理与村民自治的衔接互动。

1. 地方政府和村民之间的博弈及其影响

区街政府是国家最基层的政权组织,开发区作为"准政府",所代表的是国家意志和利益。村民委员会作为村民自治组织行使的是自治权,所代表的是村民的意愿和利益。按理说,实现国家意志和利益与维护农民意愿和利益根本上不矛盾,但在现实中,地方政府因为政府与村民委

---

① 徐勇:《中国农村村民自治》,华中师范大学出版社1997年版,第212页。
② 赵树凯:《乡镇治理与政府制度化》,商务印书馆2010年版,第5页。

会两大主体之间客观上存在不同的价值取向和利益追求，部分基层政权的运作表现出极强的自利性，因而发生摩擦和冲突。如征地拆迁、补偿安置以及无形改造造成的利益调整和重新分配，就会引发不同利益主体之间的矛盾，包括基层政府与开发区之间的矛盾、地方政府与农村集体之间的矛盾、开发区与村民的矛盾，村委会与村民之间的矛盾。四对矛盾往往在征地拆迁的过程中集中爆发。地方政府和开发区是城中村改造改制的发起者、相关制度的制定者和执行者、各利益主体的协调者、拆迁行为的监管者，甚至操办者。政府既当运动员，又当裁判员，其行为往往会错位或和越位。政府希望通过城中村改造，彻底改变城中村的脏乱差现象，提升城市整体形象，同时盘活存量土地，以拓展城市发展空间；而开发商需要土地，村民需要补偿到位。这样，地方政府利益的实现和村民利益的维护构成张力，摩擦、排斥与冲突就在政府管理与村民自治互动的过程中凸显出来，有时甚至以很激烈的方式表现出来。地方政府与开发区，行政管理与村民自治都是基于自身的价值取向和利益追求，他们甚至已成为利益的角逐者乃至对立面，这样的管理与自治不仅难以实施良性互动，如果处理不好，还会引发激烈的矛盾冲突，甚至导致大规模群体性事件，影响社会和谐稳定。

2. 私人利益与公共利益之间的博弈及其影响

依据《村民委员会组织法》的规定，村民委员会办理本村的公共事务。在拆迁或城中村改造过程中，地方政府往往需要与村委会谈判确定征地拆迁和补偿安置方案。村委会掌握着主动权和垄断权，并力图在这个过程中为村集体，甚至是个人谋取更大的经济利益。实际上征地补偿与安置的相关事宜一般是由政府确定方案后交由村委会来执行的。村干部在征地拆迁过程中"往往会扮演两面的角色，一方面村干部会鼓励农民团结起来以获取更多的土地补偿及更优惠的征地条件，另一方面城市政府往往希望村干部来说服村民，并可能通过村干部好处来收买村干部服务大局"[①]。

村民委员会作为基层群众性自治组织，其设置的根本目的是代表农

[①] 贺雪峰：《地权的逻辑——中国农村土地制度向何处去》，中国政法大学出版社2010年版，第57页。

民的利益，与社会强势集团进行协商谈判，维护农民的合法权益，为农民提供一个畅通、便捷的利益表达渠道，但实际运作中，村委会并未像预想的那样成为农民利益的组织化代言人。[①] 在乡政村治格局下，乡村干部的私人利益与城中村农民公共利益是不可兼得的。许多乡村干部往往会在私人利益与公共利益之间进行选择，受自身利益驱使，他们往往会置公共利益于不顾，化公为私，损公肥私，在拆迁安置中中饱私囊，截留、挪用、侵占村民的各种应得利益。乡村干部在追逐私人利益的过程中，必然会损害农民群众的公共利益。私人利益与公共利益之间的这种博弈，实质是乡村干部与农民之间的博弈。博弈的结果是农民群众的利益受损，在得不到有效救济的情况下，必然导致乡村关系、干群关系紧张，影响到了乡镇行政管理与村民自治之间的良性互动。

村干部在征地拆迁或城中村改造过程中可能会得到巨额好处，由此引发村民强烈不满，进而导致村干部与村民的矛盾和冲突。有的村拆迁时干群高度对立，政府干部根本不敢到村里去，村干部也不敢在村里住，怕农民打骂。这种既让村委会（村干部）负责征地拆迁，又要他们监督自己行为的制度安排本身就是个悖论。

在现实中，即使基层政权的运作也会表现出极强的自利性。在土地问题的利益博弈中，基层政府与农民之间的力量并不均等，农民不但缺乏赢得博弈的实体化手段，甚至缺乏他们本应知晓的关于土地补偿的相关信息。在信息不对称的基础上，基层政府可以通过对土地征用补偿款与国家惠农资源的掌握而决定分配多少、如何分配、何时分配等问题，从而变相地占用一定数量的资源而获利。[②]

3. 经济发展与社会责任不平衡造成的影响

城市开发区作为经济功能区来讲，担负着重要的经济职能，也是城市经济发展的重要支撑点，但开发区往往注重成本与效率，一味强调其特殊性，片面追求经济效益，追求利益最大化，而忽视了社会公共事务和社会责任的担当。在政策制定上，高新区更多的是考虑加快实施项目

[①] 吴毅：“农地征用中基层政府的角色”，《读书》2004 年第 7 期。
[②] 于建嵘：“我国农村基层政权建设亟须解决的几个问题”，《行政管理改革》2013 年第 9 期。

建设和产业增长，许多社会问题特别是农村地区的实际情况和复杂因素考虑得不全面。在社会事务管理上，开发区缺乏管理农村的经验，在征地补偿拆迁安置过程中，容易引发和激化与当地群众的矛盾。

高新区与相关街道办事处、村级组织、农民缺乏沟通和信任，存在明显的情感隔阂和认知偏差。加之，由于体制因素，高新区没有自己的农村事务管理机构协调关系，征地拆迁部门单兵突进，也没有相应的纠纷解决机制（专门的机构、队伍和程序），使问题得不到很好的解决。在征地补偿拆迁安置过程中开发区和农民的冲突最激烈，这两个利益群体冲突的核心和矛盾焦点是补偿安置标准问题，村民的高补偿预期与开发区希望以低成本获得土地开发权之间产生了矛盾，成为引发强烈不满的直接原因。

有的村民认为，开发区就是"刮金板"，是掠夺式经营，廉价拿去土地，只要地不管人，只管自己多赚钱，不承担社会责任。导致农民失地，生活无着落，甚至生计无保障。街道办事处干部将开发区与城中村的关系概括为："征地改造时开发区和村民是父子关系（为顺利征地，有求于村干部和村民）；征地改造过程中是'夫妻关系'，（以金钱为媒介，有钱什么都可以干，各自可以结婚离婚）；回迁安置后，就成了'敌人关系'"（开发区和村干部，村干部和村民）。安置回迁后，村民因为拆迁遗留问题找开发区要钱，开发区答复"银行钱多你咋不去抢"。无奈，村民只有不停地找地方政府的麻烦。村民认为"拆迁安置的许多遗留问题政府解决不了，因为问题是开发区造成的，但开发区征地改造是政府同意了的，政府要督促开发区逐步解决我们实际存在的问题，不能把问题越积越多"。

三 行政区、开发区、街道办事处、村社关系未理顺

政府行政管理与群众自我管理都是不可或缺的，衔接互动关系的内涵体现为在"行政归行政，自治归自治"的前提下，分工协作，相互配合，相互支持，共同实现和谐善治。实践中，行政区—开发区—街道—村社之间的关系不清，职能不明是阻滞行政性权力和自治性权利良性互动的重要原因之一。

1. 行政区—开发区衔接不畅

行政区和开发区在村（社区）社会事务管理责任问题上含混不清，相互抱怨，衔接不畅，甚至完全隔断，是城中村建设和管理工作的体制性障碍。西安划归开发区的城中村，目前只有西咸新区沣东新城是唯一一个走"行政区＋开发区"道路的城市新区，在农村管理方面实行行政托管模式，其他七个开发区城中村无论改造与否均未实行托管。按目前政策，城中村改造征地拆迁实行开发区管事，行政区管人。回迁安置后的社会管理工作由行政区政府统一负责，管委会提供协助。行政区和开发区社会管理体制不同，队伍分立、职能交叉。行政区和开发区社会管理职责上的含混不清，甚至完全隔断，造成管理空挡或相互推诿，客观上形成了一种交叉混合型管理模式。"街道办事处尽干的是给开发区'擦屁股'的活"，街道办事处干部认为自己成了"深入敌占区的游击队员"。"要么他们管，要么我们管，谁管就把钱给谁。这一问题不解决，其他一切都是空谈。"

蒋村原有人口1200多人、耕地1400亩，3个村办企业，村民有汽车、拖拉机，有的做生意，有的种蔬菜，住的是二层小楼，用的自来水，走的水泥路，浇地不花钱，是远近有名的富裕村。1991年高新区以每亩4.5万元征收了蒋家寨村的全部土地，1995年村庄整体改造，每户村民分得155平方米的安置房（一般为每户两套）。一家几代人，房子不够住，更失去了赖以依靠的房租经济，而村民的就业和社会保障问题始终没有得到解决。20年来，个访集访不断。村民去区信访办，接待人员说："高新拆迁的你们，你们找高新区。"村民跑到高新区信访办，得到的回答是："你们的行政属于哪里管，哪里就给你办理，这是政府规定的。"村民来到市信访办反映情况，市信访接待人员让高新区、行政区与村民三方协商，要求区政府、高新区两部门在两星期内按解决问题的复函和回函予以办理。两周之后，村民跑到高新区和区政府的信访办，双方都是将复函和回函读一遍，村民要求复印一份函件，双方都不给。村民又跑到了市信访办，市信访办责成高新区解决问题。高新区说："区政府没有将报表送过来。"村民又跑到区政府，接待人员回答说："具体实施方案由高新区制订，我们只是协助办理。""你们村的实际情况政府了解，你们是西部开发的龙头村，征地早、地价低、房屋面积少，老百姓现在确实没有收入，因此，政府想给你们用新的政策办理就业和社会保障，可高新区给不给我们就不知道了。"过了几日，村民又来到Y区信访办，接待人员说："复函的具体内容为高新区内的参保问题、人员就业和社会保障，由高新区负责办理实施。请村民再等一下，看高新区给你们怎么办。"高新区信访办接待人员说："政策怎么定，我们就怎么办。"村民说："政策出台了这么多年，你们为何不给村民办理？"干部说："区政府没报过来。"就这样，推来推去，村民希望政府和开发区合理解决遗留问题，不要再推脱了，否则，只好寻求更高层级的政府解决问题。

2013年4月18日早上七点半蒋家寨村民堵住了高新区的主干道——高新路。

正是因为行政区和开发区在村社社会事务管理责任问题上的含混不清，还导致城中村加盖现象屡禁不止，已经成为严重社会问题。城中村违章加盖疯狂蔓延引起西安市政府高度重视，成立了治违领导小组，发布了《西安市人民政府关于整治集体土地乱搭乱建违法建设专项整治工作方案的通知》（市政办发〔2010〕5号）、《关于印发西安市城市规划区内集体土地乱搭乱建违法建设专项整治工作方案的通知》（市政办发〔2010〕59号），确定了"市区联动、以区为主"的整治原则，明确了各个部门的职责和监管范围。同时，为了规范农村宅基地自建住宅建设秩序及拆迁补偿标准，西安市人民政府办公厅颁发了《关于进一步加强农村宅基地建设及拆迁补偿管理工作的若干意见（试行）》（市政办发〔2010〕192号），市规划局下发了《关于村民宅基地自建住宅规划审批管理办法的通知》（市规发〔2010〕58号），其中规定，村民在原有宅基地上新建、改建、扩建住宅应严格履行规划审批手续，未办理审批手续或手续不全的房屋，在拆迁过程中，一律不予赔偿。

尽管政府三令五申出台政策，但在实际操作中却又变了样。开发区没有行政执法权，需要行政区行政部门配合，然而由于这些城中村的拆迁安置工作已经划拨给了开发区，行政部门便不愿配合。于是，村干部疯狂加盖，村民见此效仿，完全无视制度规定，最终致使城中村加盖现象屡禁不止、蔚然成风。开发区为了快速拆迁，对"抢栽抢种""乱搭乱建""强揽工程"等非法利益进行"认可"性补偿，动用制度内和制度外各种可能的补偿方式来换取"和谐拆迁"。有的村民突击加盖，把建筑面积增加到500平方米，就要多拿几万元的赔偿款。实践中，制度规范得不到贯彻和落实，有制定无执行的"制度悬置"使得农民乱搭乱建缺乏法律管制。学者赵树凯将这种情况视为制度异化，即制度运作中出现反常现象。"直观地看，这是制度设计的目标与制度运作的结果发生背离；内在地看则是制度与社会需求之间的关系被倒置。"[①] 规范性制度供给的缺失和制度落实的虚化导致开发区与村民、基层政府与城中村之间的衔接互动同样发生异化。

2. 城中村社区组织关系不协调

社区管理必然要依托一定的组织和人员，社区组织有其存在的现实价值。城中村社区治理的多元主体至少包括：基层政府、党的基层组织、居民委员会、社区居民、社区社会组织、物业公司等。调研中，我们看到"村转居"社区内的各类组织既有体制内的，又有体制外的；既有社区内生的，也有外部嵌入的；包括以区街公务员为主体的"政府行政力量"、以村（社）区工作者为主体的社区自治力量以及社区党员和一般志愿者。涉及开发区、街道办事处、社区党支部、居委会、社区工作站、物业公司、业委会、改制后的公司等。此外，"一厅式服务站"使计生、就业、社保、法律援助等政务性工作进入社区；还有群众工作室、便民服务站、人民调解室、警务室；等等。社区组织是我国基层社区工作的重要参与者，近年来，社区组织作为社区居民的生活提供了诸多服务于便利，正逐步形成了越来越区别于政府行政职能的社会职能。社区居民的计生、福利、社保等越来越多的功能被政府通过购买服务而由专门化的各种社区组织承担。社区组织的出现，不仅对政府管理工作起到了辅助作用，同时也提高了社区居民的生活质量，为居民提供了生活便利。

管理主体多元化，固然有其积极效应，但同时也暴露出发展初期的一些问题，如，各类组织的关系含混不清，职能交叉。在人员配备、职

---

① 赵树凯：《乡镇治理与政府制度化》，商务印书馆2010年版，第281页。

能分工等方面都存在明显重合性，以致就连置身于这些组织中的工作人员也难以说清楚这些组织之间的区别与联系，导致经常出现谁也管、谁也不管的状态。凡涉及利益较大的领域和事务，就容易出现多头管理的现象；凡涉及利益较小的领域和事务，容易出现无人管理的现象；组织之间相互掣肘，影响管理效率。如曲江开发区改造的 14 个村，仅就一个村的道路清扫问题就显得非常复杂，村内道路的清扫归村管，村外的归开发区管。又分别由不同的部门负责，有街道办事处负责的路，有村里负责的路。为了以示区别，有些地方甚至把不同路段的墙分别涂成不同的颜色。

村转居社区干部（原村干部）与改制后新成立公司管理人员具有高度重合性，社区建设和管理费用也高度依赖改制后的新公司，致使这类社区的内生机构在职能上无法区分，乃至财产边界不清。

四　基层政府职能转变滞后

1. 村社公共服务严重匮乏

城中村的公共服务主要有公共设施、卫生环境、安全治理、失地农民就业服务、社会保障、流动人口管理等方面。城中村因其地理位置、管理体制等方面的交叉性，成为城乡政府管理的边缘地带，乃至"城乡两头不靠"。既无缘于国家的各种惠农政策，也享受不到城市居民所拥有的各种公共服务，从而丧失了与地方政府管理的互动基础，成为城乡差异矛盾的集中表现。远郊村虽然有惠农项目，往往是由区县级政府职能部门以"直通车"的方式直接组织实施，乡镇（街道办事处）成为旁观者，无缘这些资源的支配。国家和地方政府关于社区建设、社区公共服务政策，专门针对城市社区或农村社区，也根本没有涉及城中村社区这一特殊社区类型。公共服务供给有时按照城市社区操作，有时按照农村社区操作，呈现为明显的二元性结构。由于村委会或者社区居委会自身的管理服务能力有限，政府公共投入不足，使得城中村的公共品供给水平较低，导致城中村公共服务出现边缘化倾向。充分认识现阶段地方政府职能转变不彻底，社会管理和公共服务水平不高以及村民自治能力欠缺的现实，发挥政府主导作用，在着力提高公共服务水平的基础上进行社会管理，才能真正形成二者的有机结合和良性互动。

2. 政府购买服务投资不足

对于政务性工作进入村转居社区，本质上是政府工作的延伸，一种便民措施，理当由政府通过设置公益性岗位或通过合约等方式"购买服务"。然而实际情况则是政府很少设置公益性岗位或提供合约购买服务，而是以行政管理、行政命令的方式让基层自治组织义务承担，或以摊派方式将政府责任范围内的事项分解到村转居社区，混淆了政府组织和村转居社区职能，实质上是对社区自治权的剥夺和经济利益的侵害。这种状况导致居委会角色错位，职能异化，影响社区自治功能的充分发挥。

五　村民自治制度功能发挥不够

著名制度经济学家道格拉斯·诺斯认为"制度是社会的博弈规则，或更严格地说，是人类设计的制约人们相互行为的约束条件……用经济学的术语说，制度定义和限制了个人的决策集合。"[①] 政社能否良性互动，制度是决定性的。村民自治的良性发展是衔接互动的根本。1987年至今，村民自治制度在我国农村的实施已有30多年，最初是以均质同构性社会为基础。随着改革的深入，中国农村发生了急剧的变化，逐渐向异质多样性社会转变。村庄的"分枝化"逐渐形成了非农化水平不同、方式多样的农村社会格局。[②] 从实践来看，经过30多年的实践，农村社会从静止、封闭向开放和流动转变，基层民主自治制度从"村民自治"向"居民自治"转变。陈剩勇认为，目前村民自治的制度安排还存在诸多的制度缺陷，包括村民自治相关法律和制度的不够周延，村委会与村党支部的关系、村庄与乡镇政府关系欲理还乱。村民自治的现有制度，包括村民代表会议制度，村民大会制度，财务监督小组制度，等等。实际上大多都难以发挥其应有的制度功能。当前村民自治中，一方面村民的自治权利得不到落实，另一方面又出现自治无序行为增多。[③]

民主监督滞后与不到位，导致互动不足。民主监督是村民自治的重

[①] 道格拉斯·诺斯：《制度、制度变迁与经济绩效》，上海三联书店1994年版。
[②] 卢福营："村民自治发展面临的矛盾与问题"，《天津社会科学》2009年第6期。
[③] 陈剩勇："村民自治何去何从——对中国农村基层民主发展现状的观察和思考"，《学术界》2009年1期。

要环节,是促使相互互动的重要保障。但在推进村民自治过程中,"四大民主"发展不均衡,只重视民主选举环节,忽视了民主管理和民主监督。比如,西安城中村换届选举时,省、市、区、街都成立了专门领导机构,每个村都有五六名包村干部驻村指导以保证选举顺利进行,但在指导村民行使其他民主权利时,重视程度明显不够,尤其是对村干部缺乏有效监督,城中村因财务不公开、决策不民主、管理无规章引发的村民上访事件不断发生。

2010年新修订的《村民委员会组织法》明确规定了"村应当建立村务监督委员会或者其他形式的财务监督机构",同时明确了其职责、产生方式、要求等。按照法律规定,村民自治主要权利应当体现在村民代表大会或村民大会,村民委员会组织法规定了八个方面的事项应该由村民会议决策,村委会向村民会议、村民代表会议负责并报告工作,接受村民监督。相关法律法规规定,在村干部日常权力运行中,民政部门管选举、农委管集体资产和离任审计、违法违纪归纪检监察、土地征用由国土部门管……可谓方方面面都有监督者。各地通过财务制度、村务公开、联席会议、民主理财监督小组等设置,来约束村干部的权力。但是,看上去有不少部门管理,其实是"多家管理谁都没有管理"。比如,调研发现,城中村重大村务决策一般只召开村民代表大会,很少召开村民大会。有位村民告诉我们,他村1966年以来就没开过全体村民大会,村干部借口村民太忙太散开不起来,村民认为是干部不敢开,自己不干净不敢面对群众,怕群众揭老底。

村级选举之后缺乏相应的民主决策、民主管理和民主监督,当选的村干部并不能保证权力为民所用,村民自治有可能异化为少数村干部甚至某个村霸自治。

根据我国现行行政体制,村民委员会是一个自治组织,地方政府与村委会是指导与被指导的关系;村干部是一级组织的"干部",但不是公务员和党政干部,纪委的纪律和监察部门的规矩都无法约束,缺乏实际有效的监管机制与机构,自上而下的监督也就缺了位。尤其在对公共事务建设与公共资源配置方面,对村干部不好监管,对村级村务公开不督促不要求。有些乡镇干部出于人情、利益的考虑,对村干部监管往往"睁一只眼,闭一只眼",约束村干部权力的制度流于形式。村里的大小事完全由村干部说了算，尤其是城中村的干部一般都长期任职，形成了盘根错节的利益关系。他们中间许多人不是人大代表就是政协委员，对各种信息了解得比较全面、透彻，信息的披露也是经过自己筛选的，使村民难以及时、完整地掌握信息；村干部集事务决策权与资金支配于一身，监督失控，监管缺失，尤其是"农村征地补偿款发放使用缺少必要的监管，有时仅凭村干部一枚公章，就办理了拨付手续。同时，村级组织职能繁多，公务、村务、党务难分，造成主体难分、罪名难定、管辖权无法明确的境况。于是一些"村干部"变成了"硕鼠"。[①] 有一些乡镇领导怕查了案子伤了感情，影响工作积极性；有的怕查了案子乱了班子，影响稳定，于是能拖则拖。小村庄大腐败现象令人震惊，城中村由此陷入放任自流的治理危机。[②] 近年来，城中村村干部贪腐案件增多，且影响大、危害大，一定程度地造成了村集体和村民群众整体利益的损害，破坏了农村正常的治理秩序和有效的村务管理。而城中村的自治组织发展滞后，乡规民约评理会、房屋租赁、股份公司等机构成员基本由村干部组成，严重制约了社区居民参与管理和监督的积极性。

农村政治资源被乡村精英垄断。听证会、座谈会等协商民主形式正在我国公民有序的政治参与中发挥着重要的作用，城中村村（居民）通过村（居）民议事制度、乡规民约评理会、信访听证会等多种正式或非正式的渠道，广泛地参与村庄事务，但是听证会、座谈会等民主协商形式需要遵循严格的程序安排以及一定的参政议事技术。从当前的基层民主实践来看民主恳谈会、评理会、听证会往往是面向少数精英的，主要是体制精英掌控协商的话语权，普通村民难以真正进行参与，自身利益的诉求很难得到表达，更缺乏实质性监督。听证会、座谈会的形式在很多时候未能发挥其应有的功能而正逐渐流于形式，成了摆设。

村民自治功能发挥不够，甚至某些方面出现异化，导致城中村形成一个相对独立、封闭的"小社会"，与基层政府形成一定的"阻隔"，难以相互衔接，更缺乏互动。

[①] 周立权："新型城镇化需谨防'村干部'变成'硕鼠'"，《京华时报》2014年2月17日。
[②] 陈晓莉："城中村治理中基层政府管理与村民自治关系探究"，《社会主义研究》2010年第5期。

六 基层干部的素质和管理能力难以推动良性互动

制度是决定性的,但在乡村关系中,人的因素也是至关重要的。人们的文化水平、思维方式、素质能力等都会影响对乡村关系的认识,从而出现认识和行为上的差异,在处理乡村矛盾和问题上的态度和方法就会有所不同,有时甚至还会因认识上的偏激而使矛盾激化。

"郡县治天下安",地方官员是地方治理中的主要力量,是整个社会关注的对象和各种矛盾聚集的焦点。"作为中国官员队伍的主体,省以下各级官员,尤其是县乡官员不仅是国家法律政策的具体执行者和解释者,也是所生活区域中具有很大影响的群体。他们的能力素质、操守追求、言谈举止等既决定着各地政治的运行和治理的绩效,也影响着当地社会的发育、社会关系的调整、社会风气的提升以及社会与国家关系的协调。"[1] 多年来,基层政府始终把公务员队伍建设作为加强政府自身建设的重中之重来抓,公务员队伍整体素质有了前所未有的大提高。但实事求是地讲,基层干部的素质和管理水平管理能力还不能够完全适应和满足城中村城市化发展需要,其工作方式基本按政府指令行事,把农村社区当政府机构的延伸,缺乏组织动员群众开展自治的能力。

1. 理念转变滞后难以应对新问题

乡村关系变革以来,村委会干部都是"拿票说话",街道办事处对于各村村委会干部的自利行为失去了制度上的有效约束。街道办事处感到失去了抓手,说话不如过去那么灵了,对村干部失去了控制权。如果还是过去的老一套,命令村上,指挥村上,甚至觉得村民选出的村主任不合政府的意,就想强行改变村上依法选举的结果,不仅行不通,更重要的是违法了。街道办事处干部感到既困惑又茫然,直呼没法干了。用他们的话说是"一下子找不到北"了。习惯于领导的街道办事处,对"指导"关系把握不准,不知怎样去指导,指导人家不听怎么办? 以致有的街道办事处干部干脆采取放任不管的态度,我既然指挥不动你了也就不管你了,看你能弄成什么样子! 乡村关系上出现了"真空",甚至在一些

---

[1] 杨雪冬等:"地方政治的能动者:一个比较地方治理的分析路径",《东南学术》2013 年第 4 期。

地方成了无政府状态。

2. 政策执行能力和决策水平不高

城市化的推进必然涉及利益格局的调整，其中大量问题需要依靠政府制定相关公共政策予以调整。由于政府有关部门的工作缺乏协调统一，相关政策不到位、不配套，不具有可操作性，使部分村民利益受损，或者预期利益得不到实现，加之社会保障体系不完善，造成部分群众心理浮躁、失衡，甚至产生对立情绪，容易受人挑动利用，出现集体上访甚至聚众闹事等事件。比如丈八街道办事处部分村庄货币安置户旷日持久的上访问题，虽然是发展中的问题，但也反映出基层政府执政能力和决策水平存在问题。近年来，在西安地区颇具影响的电子城街道办事处齐王村、丈八地区货币安置户、"双女户"等信访案件都与政策法律缺乏连续性、前瞻性、合理性有直接关系。再如鱼化街道办事处双旗寨一村民长期上访，原因是其子2001年大学毕业至今没有工作，要求将户口转回本村落户。但是，按照《西安市人事局、西安市公安局关于Y区部分农村籍大中专毕业生落户农村问题的批复》市人发〔2004〕4号文件的规定，农村籍大学毕业四年内将户口迁转回村方视为有效，超过四年不予迁转。不知这种制度的合法性和合理性何在？村民不服，上访不休自在预料之中。如果不进行制度自身的完善就难以解决问题，除非抛开政策法律而不顾，拿钱去买平安。所以，只要存在制度上的诱因，制度一日不改，信访就会一天不息。

3. 处理问题缺乏法治思维

城中村改造和回迁安置工作中出现一些争议和矛盾纠纷是正常的，也是难免的。问题在于是否以积极的态度、适当的方式和机制予以化解。事实上，在回迁安置中，地方政府的确存在一些问题，甚至是很严重的问题，严重损害了被拆迁人的权益。当出现问题时，一方面，政府缺乏相应的组织和机制及时疏导化解，致使回迁安置人员诉求无门。另一方面令城中村群众无法容忍的是，我们的一些政府部门和工作人员的冷漠、推诿、敷衍、不解决实际问题的工作作风，还有一些人员的简单粗暴，蛮横无理，一味对立；有的干部为了保证政令畅通和对城中村的控制，往往利用手中的行政权力，包揽包办，迫使村民接受，直接"为民做主"。我们参与旁听的一起信访听证会案例中政府和开发区断然用"两个不可能"、严词"三个忠告"来震慑因对征地补偿政策不满而上访的城中村村民。运用行政权力，强势压服，严重影响了村民利益的诉求。这种低水平的问题处置能力往往会将小问题变成大问题，小矛盾激化成大矛盾，个别问题演化成群体事件。

4. 民主治理理念缺失

随着互联网等信息技术的发展，民众政治参与的渠道有所拓宽。但是，就总体而言，民众仍然缺乏有效参与社会管理的平台，参与渠道仍然较为狭窄。公共信息披露不及时、不充分，村民虽有参与的主动意愿，但由于缺少政策决策的基本信息和参与渠道而无法参与。按照国家土地管理相关法律条例规定，在土地征收之前和征收过程中，农民拥有对土地征用面积、补偿标准、土地收益分配方案、就业安置计划、社会保障等与被征地农民利益密切关联的信息的知情权，实践中，这些权利经常被征地行为主体所侵犯，农民在信息获取中处于弱势位置。在整个拆迁安置过程中，政府、开发商主要是和村干部进行对接沟通，而与利益直接相关者的村民们对接沟通严重不足，决策性参与成为少数精英和利益集团的专利。村民的知情权、参与权和监督权被虚化弱化，许多问题被掩盖、致使各类矛盾被积聚在了最后的回迁安置阶段。这种做法既不利于发现问题，更不利于解决问题，反而加剧了村民与村干部，村民与政府、开发商的矛盾和对立，加大了解决问题的难度。"权力性政治"的强大和"权利性公民"的孱弱，导致地方政府与公众双向互动不足。

5. 工作因循守旧

城中村改造完成，回迁安置村转居，但干部的工作思路、方式方法和人员分工上没有明显的调整和创新，主要工作仍是配合政府维稳、创城、创卫、治安管理、普查人口、计划生育，小区管理以及与开发区协调关系，村（居）民矛盾纠纷还是主要找村干部。村（社）干部没有正确地转换好自己在基层自治中的角色，缺乏责任意识和创新意识。

6. 沟通和解决问题能力差。

一些基层干部不善于与群众打交道，已经成为执政能力的"硬伤"。一些干部从家门到校门到机关门，开大会可以鸿篇大论滔滔不绝，但不会与群众面对面、人对人地谈心对话。沟通能力和解决问题能力有限。

有的不按程序办事，工作方法简单，其工作作风和处置问题能力都存在不足。如果我们的基层干部连与群众沟通交流的基本功都不具备，又何谈有效衔接互动？

七 城中村自治缺乏集体经济支撑

政治体制和行政体系中出现的问题往往可以在经济领域中找到原因，目前乡村关系失衡出现的原因与农村集体经济薄弱有很大的关系。一个村庄只有具有强大的经济实力，才有可能为村庄治理提供相应的物质基础，如村级组织日常运行开支、其成员的报酬、公共事业和公共服务所需资金。然而，村民委员会为主的自治组织却面临着资源缺乏和任务过重的双重困境。2012年我们调研西安市某区部分城中村，所有村庄均无集体企业，除生活依托地联合开发所获租金收益外，再无其他任何集体收入。15个村庄近300份问卷中，回答"您村是否有集体资产及收入"时，选择"无集体资产、无收入分配"的村占80%以上，城中村集体空壳化是普遍现象。

以尚未进行城中村改造的贾村为例。贾村集体经济的主要收入只有三项：一是征地协调费。贾村每被征收1亩土地，可以得到征地款10%的协调费，但这部分资金由贾村和街道办事处三七或四六分成。二是租地收入。村面粉厂、砖厂和神禾公墓出租或承包给了个人，每年分别获得2万元、6万元和4万元左右的租金或承包费收入，总计10多万元。三是政府专项资金。政府的专项资金是针对专项活动而拨付的，而且这项资金往往只是承担实际费用的一部分，通常由村集体先行垫付，事后政府再给付。而贾村集体开支却极为庞大，主要有四项：一是环卫保洁费用。其中保洁员共14人，街道办事处承担6人工资，村上承担8人工资。月工资700元，这项支出每月达5600元。此外村上有两辆拖拉机负责运送生活垃圾，其成本为每年8万元。二是电费。水泵抽水所花电费1.2万元/月，路灯电费4000—5000元/月，月电费将近两万元。三是维修费。维修费主要是指村道路、自来水管网的维修费用，一年将近20万元左右。四是村干部工资费用。固定工资费用主要包括村委会7人、党委会共5人，正职工资600元，副职和委员工资531元。监委会5人，村上只固定承担监委会1人工资，每月531元，其余4名成员每人每年给予

3000元工资。村民小组组长每月100元。此外，村上还要承担几十名其他工作人员的工资或补助，如保安、水工（7人）、电工（1人）、老协（11人）、妇联（5人）。共承担60—70人的工资；还有创卫、迎复审人工费用；街道办事处等部门摊派的报刊费1.5万元/年；年终给每个村民发放价值50元—300元礼品，给60岁以上的老人发放的油、面。对考上本科大学生2000元奖励等各项开支，村上年总支出上百万元。很明显，贾村的收支难以平衡，入不敷出情况严重。

红庙村村集体除土地之外，再无其他任何产业和资产，就连村委会的办公楼都是租用农户的，问及原因，称历史上该村就无集体办公场所，一直是租借。第一轮土地承包时，村上没留一点机动地，也未进行集体办公场所的建设。村集体唯一的收入来源是政府（街道办事处）每年向村子划拨二十多万元的资金。村支书称村集体每年需支出20万—30万元。村里所有大小干部从2000年始到现在因村集体无钱而一直没有工资。村集体现有60万元的债务，是前些年硬化村庄道路的银行贷款，村支书说，"等村庄改造时，有了钱就可处理掉。"村民自治丧失经济基础，村委会变成了维持会。

还有一些村庄预留国有土地已成为拆迁后村庄集体资产的主要部分或全部。在早期拆迁安置政策中，为了解决土地征用后，农民长远生活出路问题，赋予农民选择留地安置的形式分享土地升值收益的权利。留地安置是开发区早期普遍使用的安置补偿政策之一。是解决村庄长远发展的优惠政策。西安市各开发区对被征用土地的村庄按每个劳动力0.1亩预留一定比例的国有土地，即生活依托地配置，是解决村庄长远发展的优惠政策。土地配置数量不一，被征地村庄可获得少则十几亩，多则几十亩、上百亩的生活依托地。预留国有土地由村委会自主经营，独立开发，预留国有土地使用权及收益权归集体经济组织所有。政策明确规定生活依托地为国有土地，所属村庄可自行开发或与他人联合开发，但绝对不得转让。但我们调查的高新产业开发区2002年开始征地拆迁的丈八地区16个村中，截至2013年，只有7个村的生活依托地实行联合开发，实行联合开发的租金收入中集体占20%的股份，如南村在200万元的租金收入中可提取40万元。西村国有生活依托地联合开发所获租金每年村集体留10万元。其余村已将生活预留地使用权一次性转让（卖掉）。除集体留存少部分外，大部分分光吃尽。村集体入不敷出，集体经济再次被瓦解，空壳化趋势严重。

按照城市管理办法，村改居后市政基础设施，如道路、路灯、环境、卫生、绿化、水电等应纳入市政管理统一范畴，经费应由政府解决，然而目前改制的社区从基础设施建设到管理经费支出几乎还是由社区自行承担，年总支出接近20万元。集体无力支付只好向村民转嫁。近年来安置回迁的城中村，村内集体经济结构发生了变化，集体收入主要是征地中对集体土地的补偿和统一营运商业用房收益的提留，所以拆迁后土地或商业房补偿较少的村，集体经济就更加薄弱。

村改居社区是特殊的过渡性社区，由于尚未转型为城市社区，国家不拨付任何办公经费，公共管理、社会事业都需要集体支出，农村干部国家还有补贴，城中村干部国家不发给工资，也需要集体支出，群众吃水、路灯照明、打扫卫生、绿化硬化、传染病防治等都需要集体支出。由于村改居社区承接的外来人口越来越多，需要提供的公共服务也在不断增加，这些成本都需要靠城中村自己消化。以城中村改造回迁的东村为例，开支主要来源为征地补偿款的集体提留共计300万元，这是唯一的集体收入，但"一样收入百样支出"，回迁一年来村集体已经支出160多万元，其中主要包括：水、电、气、暖气等设施建设、维护费用均由转居后的社区承担，环卫、绿化、治安、订报刊、便民服务站、卫生站，残疾人活动室、乒乓球台、垃圾桶、休闲凳子、门禁刷卡系统等公共设施配套建设和管护维修费用；包括社区干部、物业公司、基建后勤人员的工资全部由社区承担，保安保洁工资、村民福利以及各种检查摊派等临时性支出，实在不堪重负；仅市区在该村举办统筹城乡发展观摩会一项就花费6万余元，全部由社区承担。该村已经建好的门面房至今没有交付，而且门面房附近的路还没有打通，仍然是一片烂草地。村改居社区工作头绪越来越多，所需费用越来越大，村集体后续发展没有空间，给社区公共组织造成了巨大的经济压力。从目前情况看，大多数回迁社区都是坐吃山空。

"经济实力尤其是村委会可支配的经济收入是村委会履行好职责、增强凝聚力的基础。"① 村委会（居委会）可支配资源和收入来源少，缺少提供公共服务的经济实力，不能为村居民提供实质性的帮助和保障，甚至无法完成自己的职责。集体经济的薄弱化导致的直接后果是不能保证村居组织的正常运转，严重制约村居组织职能的充分发挥，其最终后果是，社区精英依附于政府的经济资源、政治资源，角色日趋行政化。同时，"由于广大的村民维系其家庭生计与发展的物质条件与所在的村庄事务没有过多的牵连，因此也就缺乏足够的动机去关心村务以及参政议政，包括对村域公共权力的监督与制约"。② 当前，大多数城中村或回迁社区集体经济基础薄弱，无力影响村民的生活，因此也就失去了把村民联系在一起的坚实纽带。

八 官民信任瓦解隔阂严重

有学者认为，当下社会不稳定源于"两个不足"：一是各阶层之间互信不足，二是民众与公权力之间良性互动不足。两个不足复杂地交织在一起，不可能不影响到全社会的政治稳定。③ 城中村出现的诸多问题，归结起来都是由于官民之间形成难以化解的隔阂和不信任导致。在那些具有深厚的社会资本的地区，人们遵循互惠规范，建立了活跃的公民参与网络，促进信任与合作，从而具有良好的制度绩效（帕特南，2001）。

首先，基层政府对村民的自治能力缺乏信任。

土地征收、城中村拆迁改造，政府往往撇开村民只与干部商议。一是征地拆迁时，村民对于征地拆迁补偿政策只知大概。"政府和开发区都是和干部谈呢！老百姓能知道个啥？"农民告诉我们："拆迁安置那么大个事，可我们村民手上连一份协议都没有。既然是协议，就应是一式几份嘛，我们手上应该有一份，可开发区和村干部只让我们签字，连个二指条子（纸条）都不给我们。"另一村拆迁安置合同原本一式四份，却没有村民的份。村民向开发区要合同，开发区回答怕村民把合同搞丢了，

---

① 李伟南："村委会服务功能研究"，《武汉科技大学学报》（社会科学版）2009年第3期。
② 张敏："自治还是他治——村民自治权异变及其治理"，《中共浙江省委党校学报》2011年第6期。
③ 高新民："政治共识与中国政党制度"，《中国党政干部论坛》2009年第8期。

所以没给。村民哭笑不得："每人15万元的补偿款你都给我了，你就不怕我搞丢了?!"

2013年，陕西省咸阳市渭城区窑店街道办事处，以加强基层工作监管，保护各村的集体财产，防止村干部违规迁转户口为由，将所辖10个村的公章全部收回管理，村民要盖章，就必须去镇上找领导。作为基层自治组织，由村民选举产生的村民委员会有权管理本村的公共事务，收取村委会公章的行为，无疑剥夺了村民依法享有的自治权利[①]

其次，村民对基层政府的信任程度下降。

村民对基层政府的不信任表现在两个方面，一是政府缺乏公信力。政府说话不算数，经常不兑现承诺，激发公民的怀疑和不信任。比如2006年闸口等六个村新农村建设达标，为此村上搞绿化、买监控、改善办公设施，增加健身器械，花去30多万元。按政策，对达标者每村给80万元，可一直未兑现。村干部找市上新农办，新农办答复款早已拨到区上了，被区上截留了，这样做直接影响政府的公信力和形象。如果政府能够正确履行基本职能，践行事先的承诺，满足群众期望，则可为自身积累可信性，就能够激起公民对政府的信任；二是政府和村干部相互庇护。村民反映村干部有侵吞村集体资产行为时各级政府部门相互推脱，政府对村干部损害村民利益行为的置之不理同样让村民倍感失望，这不仅有损村民对政府的信任，同时更加加深了村民与村干部之间的信任危机。三是由于群众对政府部门的信任程度下降，政府部门与社会大众沟通中，群众对政府心存抵触。只要是政府倡导的、政府发布的信息、政府做出的规划或事项，部分群众总是怀疑或不相信。当前比较普遍存在的干群矛盾，许多都是源自于对政府部门的不信任。诚如有人戏言，如今，老百姓成了"老不信"。

有学者指出："我们处在一个信任危机的时代，信任作为一种资源从来没有像今天这么稀缺过。恰恰是由于信任这一资源的缺失，导致了人类在其他资源方面的浪费……由于这些原因，政府赖以实现行政目标的某些行政行为以及政策工具经常面对的是公众的冷漠甚至怀疑。"[②] 政府

[①] 张晨俊、薛天："公章去哪儿了，都被收走了"，《解放日报》，2014年2月22日。
[②] 程倩："论政府信任关系的历史类型"，光明日报出版社2009年版，第2—3页。

信任危机一旦形成，就会产生严重的政治后果，引发民众对政府合法性和政府执政的质疑，使民众对政治产生厌恶、冷漠和疏离之感。

第三，村民与村民委员会渐行渐远。

在村民与村干部的关系中，相互间的信任起到了关键性的作用。官民相互提防、互不信任甚至疏远对立的问题，几乎都与拆迁改造有关系，村民普遍产生不满情绪，称改造不改造村民说了不算，村干部说了算，改造工作不透明，有的从不召开全体村民会议，村干部私下里跟开发商谈条件，全然不顾村民和集体利益。村庄的土地"被征收"，住房"被拆迁"经济利益"被剥夺"、村民身份"被居民"回迁导致的收支失衡更强化了村民的心理落差，严重降低了村集体以及政府在村民中的公信度。

东村对村干部的评价涉及上届和现任干部，其实主要是对书记和村主任的评价。提到上届班子，基本都是负面评价。因为征地拆迁补偿都是上届班子手上的事，村民们认为干部为了自己的私利，背着大家和曲江新区签协议，出卖了大家的利益。许多涉及村民利益的问题都未落实，如门面房问题，道路问题，征地补偿补差问题，等等。对上届干部评价的一个最直接的回应就是在2012年的换届选举中，全部被"拿下"。"两委会"干部几乎都是新人，如当选的书记王某，甚至不是本村人，而是"招女婿"，如今已经成长为Y区社区明星党支部书记。

由于受城市商业化的影响，一些城中村村民和村干部对自己的认知和定位也随之发生变化。个别村干部高高在上，褪掉了以前那种质朴，不愿意与村民交流，不关心村民所需，不考虑村民所想。而村民见了村干部也不向过去那样随便，有了上下级的感觉，对村干部多了一些敬畏，少了一些乡里情结。村民反映，村干部总是和村民代表或者党员们有联系，普通村民根本沾不上边。西安某城中村村委会主任、村党支部书记、城改公司董事长刘某，曾先后召集村民代表和党员到香港、澳门、湖南、湖北、西安临潼区、长安区常宁宫等地游玩并商讨"城中村改造"问题。许多村干部不在村居住，干群之间在生活中出现区隔，心理上出现疏离，行为上也渐行渐远。

拿西安市信访局一名干部的话说"村民谁也不信了"。干部在公共管理过程中，即使完全秉持公心，不谋私利，仍然缺乏村民的支持，甚至遭受种种怀疑，从而使干部的进取精神和服务意识也难以充分发挥。① 在某村引资谈判中，村民聚集村委会，要求每户派代表参加谈判，就是不许村干部去，群众普遍认为干部一定会贪腐，农民信任的真空已经形成。调研中我们发现很多农民把村干部看作自己切身利益的直接侵犯者，认为"中央是恩人，省里是亲人，市里是好人，乡里是坏人，村里是仇人"。许多村干部觉得治理乡村比过去难多了，干部与干部的关系难处；干部与群众的关系更难处；尤其是夹在群众与政府之间，难以保持平衡。近年来城中村村民上访数量之大，也充分说明了村民对村委会和村干部信任度的下降。当村民有困难、有诉求时，首先应当想到的是代表自身利益、与自己最贴近的村民委员会，向村委会提出请求要求保护自身利益。但是，在实际农村基层治理中，当村民发现自身利益受损时，却极少求助于村委会，而是直接找各级政府，通过上访的方式祈求一次性解决。村民对乡、村干部的不信任，让我们真切感受到信任危机在乡村治理中的切肤之痛。②

十八大以来，党中央通过采取一系列有效措施全面从严治党、正风肃纪，党风政风明显好转，干群关系有了明显的改善和根本性的加强。然而，持之以恒转作风仍然任重道远。

九 农民权利意识与自治能力不平衡

1. 村居民参与意识薄弱

通常，村（居）民认为政府决策是政府自身的职责，公众不应质疑，因而缺乏参与的基本意愿。然而衔接互动需要一个强大的公民社会，需要积极参与的公民文化支持。但这两者在城中村恰恰都是欠缺的。有的村有参与意愿，但由于缺少政策决策的基本信息而无法参与；有的村民认为参与也是白参与，参与不会有什么实际效果，因此参与意愿低下。细察农村社会会发现，在市场经济大潮的冲击下，在利益机制的驱动下，

---

① 任中平："社区主导型发展与农村基层民主建设——四川嘉陵区 CDD 项目实施情况的调查与思考"，《政治学研究》2008 年第 6 期。

② 陈晓莉："乡村治理精英转型问题探讨——以苏村党支部为例"，《华南农业大学学报》（社会科学版）2009 年第 4 期。

在城市高消费的诱惑下，在社会分配不公现象的刺激下，城中村农民在价值目标上更趋向功利，并不是每个人都愿参与公共事务。很多人往往选择旁观，要么完全不参与，要么偶尔对村社干部提出批评意见。调研发现，有不少村社居民缺乏参与的基本意愿。当我们问及社区参与情况时，村民似乎对社区参与并不理解。村民们大多表示服从村里安排，自己就是个普通村民，一切听村委会安排就是了，有些事情说了也没有用，提意见对自己也没什么好处。还有一些村民则表示：管好自己的事情才是最重要的，其他事情他们不想也没那个能力管。"农民嘛，睁个眼闭个眼就叫过去，只要能说到心上一般不吵不闹。""维权似乎只是一种无用功的过程，这也从他们潜意识的言语表达中透露出来。"[①] 中老年妇女总结自己的生活："吃了睡，睡了吃，哄哄娃。"一位老大爷玩笑着说：我们不懂，只能跟着党走，你们也不要去管，只要好好打工，好好吃馍就行。在这平凡的话语背后，折射出一些农民的民主意识状况。

2. 村居民自治能力不平衡

与上述情况不同的是，在村居民参与村居事务的过程中，一部分城中村居民表现出空前高涨的参与热情。然而由于自身的教育知识水平和对政策本身掌握和判断能力有限，造成愿意参与却不知道该怎么参与的尴尬。街道办事处干部说，村民经常是遇事要商量就喊上几嗓子发泄一通不满，干部耐心解释过后，村民说："咱是农民么，胡说呢，你不要在意。""起哄"的方式背离了参与的应有目标，不但起不到积极的作用，而且还可能形成参与危机。有村民坦言："即使干部告诉你安置政策，真正能懂得安置政策的能有几个？还不都是干部让怎样做，跟着怎样做就行了。"某村村两委干部和开发区城改办协商该村门面房返还面积合同时，有一位支委是搞建筑的，能看懂图纸，发现道路标高超出门面房一米多，便对门面房的设计提出异议，并在会议纪要上写了"不同意"，而两委主要干部都签字同意。待回迁后发现小区道路高于楼门洞，下雨时，雨水倒流，楼房受淹。目前该小区安置房质量问题已经成为村民集体上访的重点。村居民的参与要求和参与能力发展的不均衡是一个非常突出

[①] 董海军、代红娟："农民维权抗争的无效表达：流于过程的情感行动——对西安Y区征地抗争事件的解读"，《人文杂志》2010年第5期。

的问题。博曼认为,缺乏能力有效参与民主过程的现象被称为政治贫困,这种贫困引发了两种后果:公开排斥和政治包容。① 公开排斥是指政治贫困者不能成功地开展联合的公共协商活动,被排除在协商之外;政治包容是因为协商能力较差的协商主体无法促进协商的进展,他们的沉默态度被无视或被能力较强者同化为强者的意见。这恰似对城中村村民参与公共事务的真实写照。

3. 村居民表达利益理性不足

从政治学的角度看,理性是公民处理社会政治生活、与他人相互沟通时所应有的社会认知和道德能力。② 城中村已非传统意义上的农村,不再是一个住着几十户人家和谐的小村庄。传统农民深受传统文化中的顺从和附庸观念影响,表达意识薄弱,表达能力欠缺,且其利益表达大都以个体化、分散化形式进行,处于散漫的无组织状态,缺少利益表达的组织依托。城中村农民则不同,一般都会具有强烈的表达意识和利益诉求,特别是涉及重大利益问题上,农民往往会采取多种方式来表达和维护自身利益。

依照现在的发展趋势来看,城中村民众理性表达越来越少,非理性和情绪化表达越来越多。从时间节点上看,农民的非理性表达集中方式在以下时间段:

一是村委会换届选举前后。换届选举前后,竞争者和胜利者都盯着村庄庞大集体资产特别是土地资源,主要特征表现为"征迁与换届相结合,闹人与闹事相结合",通过组织上访给竞争对手制造麻烦。有的千方百计阻挠和推迟村中的征地拆迁或改造项目,意在等他竞选上台后进行,以从中获取利益。闹事的主要是村子要拆迁的、有集体资产的或发展前景好的村子。一些想当干部的人找人或雇人去上访,(每人每天30—50元)上访的目的有二,一是找上届领导的事,说村务不公开了,分配不公了,干部贪污了。群众认为干部有利可图才争当干部,每次换届选举就闹。其实,换届不一定就要换人,但老百姓认为换届就要换人。反映

---

① 詹姆斯·博曼:《协商民主与有效社会自由:能力、资源和机会》,三联书店2004年版。
② 陈朋、洪波:"社区治理中协商民主的应用价值及开发路径",《中州学刊》2013年第6期。

的问题大部分没有证据，只是因受人操纵而来闹。操纵者不出面，不给话，上访的人就不回去。让他们选代表对话时，一个个却都往后躲。二是组织上访者为了增加自己的人气和号召力，给群众乱许愿，瞎承诺，真正选上去了又一个也兑现不了。

二是城中村改造前后。村民非理性信访所涉问题以土地征收补偿、拆迁安置、土地收益分配等为主。一部分信访问题是村干部借城中村改造实现个人利益而引发，比如，有的"准村干部"组织上访千方百计阻挠村子拆迁，为了要等自己选上去了再拆迁；有的村干部上任时承诺的十件好事没有落实，又马上到任了，下届当选无望，就伺机煽动村民上访要求尽快拆迁改造，以从中捞取巨额利益；还有一些村干部在城改项目施工、土地征迁等工作中向政府提要求、讲条件，一旦目的达不到就背后煽动组织群众上访、围堵国家机关、阻挠项目施工，制造事端。城中村改造问题是村民非理性表达的主要内容。如西安市甘家村13户村民因拆迁上访事件，Y区货币安置户赴京访事件、双女户上访事件，西北沙发辅料市场拆迁纠纷等都是颇有影响的拆迁补偿纠纷。

中国社科院发布的《社会蓝皮书》显示，"由于基层财政的薄弱，特别是改革开放30年的过程当中，在加速发展和转型的过程中，积累了很多历史上的矛盾和问题。其中，因房屋拆迁与征地补偿造成的民怨最深"[①]。城改涉及群众切身利益、他们往往寸土必争、寸利必夺，相同的利益还会使他们结成利益共同体，选择大规模的集体上访，组织化程度越来越高，对抗程度日趋激烈，牵扯范围广、涉及人数多，处理起来难度很大，严重影响社会稳定。并由此导致公民与政府间无法进行良性合作与理性对话。

三是安置回迁前后。回迁安置工作是城中村改造工作的最终环节，其安置方案、安置房源是否公开，安置过程、安置程序是否公平，安置资格、安置结果是否公正，尤其是安置房产权性质、设计品质、房屋质量、户型结构、小区环境、配套设施、公共服务等都是被拆迁人十分关注的重大民生问题，也是事关整个城中村改造工作能否圆满完成和回迁

[①] 转引自卢斌"从'牛钉'到自焚：当拆迁成为血与火的战争"，《南方都市报》2009年12月26日。

安置村民今后生活发展能否持续稳定的大问题。由于拆迁安置中多重利益交集，利益诉求多样，利益关系复杂，致使各类矛盾叠加。特别是回迁安置阶段要将整个拆迁安置工作的最终结果直接展现，各利益主体，特别是被拆迁人的希望与现实，承诺与兑现，协议与履行、过去与未来都全部交集于城中村改造回迁阶段，其一旦处理不好，就会爆发群体性事件。

调研中，某信访局局长告诉我们"小闹小解决，大闹大解决"有几方面的原因，一是依法维权的意识很淡漠。群众维权意识有了，但依法维权的意识没有形成，只考虑自己维权，不择手段，不计后果，甚至采用违法方式，对他人或社会造成损害。二是访民违法获利的心理作祟。有的信访人，你给他一百元，他想二百元，人心没底，没有满足的时候。三是缺乏法治思维和法治方式处理问题的能力。由于信访考核指标的压力，就会出现迁就信访者，花钱买平安，老百姓中就出现了信"访"，不信"法"，不愿走司法途径解决问题，一味信访甚至缠访和无理取闹。四是我们的一些制度和政府行为本身有问题，甚至违法。老百姓抓住这一点，上访不止。比如西安修三环路时，需要征地，省政府决定"先建后批"，没有征地手续，高管局不敢建，被占用的土地就闲置起来。当地农民上访要求政府收回土地交还农民。因为《土地管理法》有明文规定，被征用土地闲置二年以上者，政府应收回交还农民耕种。没办法，只好再给农民补偿。上半年给了，下半年闹，这批干部给了，下届村干部一上来就要闹，不给钱就上访。一边是省政府的红头文件，一边是农民拿的《土地法》，搞信访工作的犯难，那就只好拿钱买平安。

城中村居民由于缺乏有效的利益表达渠道和利益代言人，致使利益表达不畅，利益实现受阻，遂走向铤而走险，采用极端化、非理性的手段同政府抗争，强制性地进行利益表达。① 由于客观因素和传统观念的影响，农民整体素质离城市化提出的要求仍有不小的差距，理性、独立的政治品格尚未形成，"自我管理、自我教育、自我服务"的能力不强，自

---

① 储诚等："村改居社区邻避冲突的治理——以江苏南通十总居社区为例"，《江海学刊》2014 年第 2 期。

治意识单薄,自治能力不平衡,参与民主自治的行为尚未达到理性化的高度,阻滞了衔接互动的有效运作。

十 城中村干部腐化致使乡村职能异化

村干部生活在村庄,是与群众联系最密切的一个群体,是乡镇政府与广大农民之间的桥梁和纽带,国家与农民之间的重要"中介"。戴慕珍认为,在中国,农村领导人通过对集体资源的控制来建立个人忠诚网,通过庇护主义,地方干部能够成功地斡旋于党、国家和村民之间,最后在国家意志、农民的要求和自己的利益之间达成某种平衡。他们一方面要执行上级的指令,另一方面又不得不同上一级政府讨价还价为村民争取利益,所以说地方干部扮演着双重角色,他们既是国家的代理人,又是当地利益的代表[①]。特别是村干部的腐化,使村民自治功能走向异化,政府与村民自治衔接互动受挫。

村民普遍认为村干部在征地拆迁过程中中饱私囊,牟取私利,贪污受贿。认为自己被剥夺的利益掉进了政府和村干部的口袋里。实践中,确有大量村干部利用职务之便,贪污、侵占集体资产、挪用集体资金、非法转让土地使用权,尤其在城改项目中为拆迁和项目开发提供帮助所得的"好处费"。据佛山中院透露,在2011年和2012年这两年,村干部犯罪分别在金额和数量上出现了井喷式增长。而究其原因,无非是城市化进程加速,许多项目相关资金管理、发放、使用不规范。来自浙江省人民检察院的数据表明,村干部利用职务便利贪污受贿案件层出不穷,2012年以来,共立案查办发生在群众身边职务犯罪案件770件,共979人,其中贪污贿赂类犯罪526件668人,渎职侵权类犯罪244件311人。[②]自2000年至2005年9月西安市未央区检察院反贪局共初查农村基层干部职务犯罪案件线索97件110人,共立农村基层干部职务犯罪案件9案10人。来自广水市检察院的一份调查报告显示,2007年1月至2011年12月,该院先后立案查处了8个社区干部职务犯罪案件10件31人,占查办

[①] 谢丽丽:"我国基层自治组织中村干部角色研究综述",《科学发展》2011年第9期。
[②] "温州曝出村干部集体腐败案 村主任涉嫌受贿3000万", http://news.hsw.cn, 2013-08-30。

职务犯罪案件总人数的 67%，是前 10 年的 3 倍。[①] 罪名主要为贪污罪、受贿罪、挪用公款罪。西安某村村委会委员网上曝自己受贿 10 万元的新闻，也曝出村委会委员受贿签字的过程。这件事在社会中产生了强烈反响，引发了各地城中村村民的极大不满。

城中村干部往往充当违法犯罪活动的组织者、策划者和雇佣者，存在严重的强买强卖、抢占工地、强揽工程等强迫交易的行为。2013 年 12 月 14 日，Y 区缪家寨村村委会主任，为强行承揽项目土方工程，召集大批持械人员到雁翔路工地现场，阻拦该项目土方承包商正常施工，并与工地人员发生械斗，造成 1 死 4 伤。

一些腐败与蜕化的村干部，包括一些暴富者花钱参选或贿选，跻身村庄精英之列者都很难得到广大村民的信任和认可，因其认同度不高而普遍遭遇信任危机。[②] 从另一方面严重影响村民参与村庄事务的积极性，丧失了村民自治的信念和信心。

以上，研究分析了衔接互动的制约因素，目的在于找寻出影响我国农村基层管理体制创新的障碍和问题，探求适合城中村稳定发展的基本管理模式及其改革完善的途径和措施方法，使转型期中的农村基层管理方式能够顺利地从传统方式转为现代方式，使政府行政管理与基层社会群众自治真正地衔接起来，以适应国内经济社会快速发展变化的趋势，为建立社会主义和谐社会奠定良好基础。

[①] 戴佳、曹永新、黄俊："城中村变社区，干部腐败案激增"，《检察日报》2012 年 1 月 31 日。

[②] 陈晓莉："城中村治理中基层政府管理与村民自治关系探究"，《社会主义研究》2010 年第 5 期。

第七章

基层政府管理与村民自治衔接互动的实践考察

本章以西安市 Y 区为样本，考察研究基层政府管理与村民自治有效衔接与良性互动的具体实践，从而发现问题，总结经验，为探索城市基层社会治理之道提供经验材料。西安市 Y 区是西安市人口最多，城中村最多，流动人口最为集中，行政区与开发区交集最广的区域。近年来 Y 区政府在城中村改造过程中，不断强化城中村社会管理理念及机制的建设与创新工作，取得了显著的成效，积累了丰富的经验。在基层民主建设方面，其以法治方式管理农村事务的独特方式，在陕西省甚至全国都具有典型意义。我们通过走访有关部门、查阅相关文件、收集典型案例等方式对 Y 区相关部门、街道办事处、城中村进行了长期深入的调研，在此基础上对 Y 区城中村社会管理创新实践的背景、内容、方式、成效、经验和存在问题进行系统分析，力求发现影响地方政府社会管理创新的重要因素，在政府职能转变、基层自治机制创新以及推进城市化进程背景下，思考和解决基层政府与村（居）民自治的有效衔接与良性互动的体制机制问题。为推动地方政府公共治理提供决策支持。

第一节 调研样本概况

（一）西安市城中村概况

西安，古称长安，是中华民族的起源地之一，西安地处黄河流域中部的关中盆地，东以零河和灞源山地为界，与华县、渭南市、商州区、洛南县相接；西以太白山地及青化黄土台塬为界，与眉县、太白县相接；南依秦岭主脊，与佛坪县、宁陕县、柞水县；北临渭河，与咸阳市区、杨凌区和三原、泾阳、兴平、武功、扶风、富平等县（市）相邻。辖境东西长约204公里，南北宽约116公里。面积9983平方公里，其中市区面积1066平方公里。

西安历史悠久，是世界四大文明古都之一，居中国古都之首，先后有十三个王朝在此建都，曾是中国的政治、经济、文化中心。1981年联合国教科文组织把西安确定为"世界历史名城"。现今，西安作为陕西省省会城市，陕西省政治、经济、科技、交通、教育和文化的中心，属于特大型城市。城市建成区面积已由1949年的13.2平方公里增加到现在的415平方公里，城区人口也由39.76万增加到现在的常住人口超过850万，户籍人口781.67万人，流动人口超过300万。

1. 西安市城中村的形成阶段

城中村首先出现在我国沿海和南部开放城市。西安的城中村在新中国成立初期规模很小，90年代后逐渐发展起来。由于地处经济欠发达地区和历史原因，西安市是全国省会城市和副省级城市中城中村和棚户区数量较多的城市之一。西安市城中村的形成主要经历了四个阶段：

第一阶段：萌芽阶段

1949年新中国成立时，西安市建成区面积仅13.2平方公里，全西安市约有227万人口，区人口39.6万人。这一时期西安工商经济主要分布在明城墙以内，及城墙外火车站周围、西稍门、南稍门、西北大学、东门外部分地区，当时的西安还是以农业经济为主。

1953年到1957年是中国第一个五年计划时期，西安被指定为西北地区重点工业的发展地，在这样的历史背景下为了满足工商经济对土地的需求，以及满足经济建设和政府机关事业单位的用地需求，国家大量征收城市近郊农村的耕地进行划拨。此时西安市的GDP从3.37亿元增长到8.02亿元，工业的投入也从2.35亿元增加到7.15亿元。50年代中后期国家部分重点企事业单位也由北京、上海逐渐转入西安，支援建设，此时西安城市建成区面积迅速扩大，已初步形成了合理的城市功能分区，东郊军工城和纺织城、西郊电工城、南郊文教城、北部文物保护及老城区内行政商业等五大功能区。1957年西安城市建成区面积已达到80平公里，人口达到 101 万人，由于城市用地向外扩张，城区边缘的一些村庄逐渐被包围在城市建成区内，西安的城中村逐步开始萌芽。

第二阶段：停滞阶段

1960 年到 1980 年，这一时期西安确立了重工业发展路线，建立了内陆地区的兵工厂。在这一阶段，我国经历了 1966—1976 年"文化大革命"，国民经济基本处于停滞状态，"破四旧"运动使西安的文物古迹遭到严重的破坏。期间由于运动不断，经济停滞，所以老城内旧格局基本保持原有状态，被包围村庄的数量，面积都没有大的变化。

第三阶段：飞速增长阶段

1981 年到 2000 年这一阶段，特别是在 1978 年十一届三中全会后，西安城市建设快速发展，1979 年重新编制了城市总体规划，按照"统一规划、合理布局、综合开发、配套建设"的原则进行城市建设，从此之后，商业、办公、居住和高新产业用地迅速扩展，城市用地需求激增，主要向市区西南和城北两个方向发展，这一时期征地政策中，国家凭借行政权力直接将农民安排到工厂。1990 年西安城市核心区面积达到 133.6 平方公里，到 1995 年，西安出现了最早的一批城中村。城区周围的部分村庄被包围在城市内，外来人口进驻，形成了一批典型的城中村，如李家村、祭台村等。这些村落在产业结构、生活方式等多方面逐步趋同于城市特质，但由于我国城乡"二元"体制，其经济、社会建设却游离在体系外，始终不能融入城市的统一规划中。在这短短的十年间，西安市迅速产生了 60 多个城中村。

第四阶段：全面改造阶段

2000 年后，"西部大开发"战略的提出为西安加快发展经济、加快城市化进程提供了难得的机遇，使得西安城市建设进入全速发展阶段。南郊高新技术产业开发区的发展，郭杜大学城的建设，使西安建成区和长安区连在一起，一直到最南端的秦岭山麓的土地已基本都被征收开发；北郊经济技术开发区的快速成型和市政府北迁所带动的市中心转移；东郊的浐灞生态区和西郊的沣渭新区的迅速发展，使西安城市化大跨步地发展，造成大量的土地需求，从而产生更多的城中村。

2. 西安市城中村的区域分布

据统计，目前在西安市新城、碑林、莲湖、雁塔、灞桥、未央 6 个城区和四个开发区共有行政村 624 个，其中人均耕地在 0.3 亩以下的城中村 286 个，占总数 45.8% 以上。涉及 11.6 万户、人口 37 万人；其中 214 个城中村地处西安市区二环路以外的城乡接合部。加上长安、临潼、阎良三区 40 个城中村，共计 326 个，人口约 46 万，有各类土地 21.6 万亩，这些城中村均已纳入改造范围。其中，三环以内 187 个城中村，在未来 3—5 年将全部改造完毕。

西安市的城中村分布广泛且相对集中，在城市的各方位各区域均有分布，但主要集中在三环以内，东起十里铺，西至三桥镇，北起草滩镇，南至三艾村，其中碑林区 15 个、未央区 24 个、灞桥区 29 个、莲湖区 35 个、Y 区 71 个。由于新城区、碑林区和莲湖区地理位置优越，城市土地开发已经接近饱和，大部分土地用途是城市建设，因此，区域内城中村数量较少，面积较小。而距市中心比较远的 Y 区、灞桥区、未央区在城市建设中大量的远郊村逐渐失去耕地，一步步被城市包围，导致该区域成为西安市城中村分布最多、问题最大的地区，因此也就成了西安市城中村改造的重点区域。

3. 西安市城中村的改造

为了更好地规范城中村建设，改变长期以来西安市城中村居住环境差，公共设施少，社区管理服务滞后，流动人口多，安全隐患大等问题，自 2002 年开始，在一系列城改政策的指引下，西安市城中村改造全面启动。

（1）西安市城中村改造历程

西安市城中村的改造经历了起步、探索和全面推进三个阶段。

2002 年到 2005 年是西安市城中村改造起步阶段。2002 年西安市政府将城中村改造工作交予市建委，相关业务处室，研究制定出台城中村改造规划，计划利用 10 年到 15 年时间，将全市 326 个城中村全部改造完毕。西安市按照"自筹资金，自我改造，自我发展"的"三自"方针进行城中村改造，但由于自我改造，缺乏完善的配套政策，加之建新不拆旧和资金匮乏等问题，造成城改工作进展缓慢。

2005 年到 2007 年西安市城中村改造进入探索阶段。2005 年 3 月，西安市成立了城中村改造工作领导小组，明确了城中村改造坚持"政府主导，以区为主，市场运作，改制先行，改建跟进，尊重民意，利民益民"

的基本原则，体现了安置先行的基本理念，在此后的城中村改造工作打下了基础，积累了经验。政府主导的主要目的是把好开发商准入关，主动招商，积极引进实力雄厚信誉良好的开发商实施整村拆除，从而使西安市城中村改造在拆迁、建设、回迁、安置等方面逐步迈入良性循环的轨道。西安市政府2005年8月下发《西安市人民政府关于加快城中村改造工作的意见》，鼓励国内外资金投资参与城中村改造项目。2006年，西安市成立全国首个正局级市直管的西安市城中村改造办公室，开展全市城中村改造工作。2007年8月，市城改办成立，在不断总结完善的基础上，西安市全面启动城中村改造工作，进一步加强了对城改工作的组织领导，出台了全国首个有关城中村改造的地方性法规——《西安市城中村改造管理办法》，并研究制定了一系列城改配套政策。经过试验示范、由点到面、全面推开，城中村改造工作进入了平稳快速推进的新阶段，取得了显著成效。

2012年，西安城中村改造要完成18个整村的回迁安置，涉及0.86万户、2.9万人、212万平方米；同时确保安置房新开工面积180万平方米；确保完成二环路以内17个村约2.8万人、280万平方米的整村拆除搬迁工作；确保完成6个村的农转居、8个村的经济体制改革以及8个村的撤村建社区工作。西安城中村改造取得了阶段性的成功。

（2）西安市城中村改造基本原则

西安市在制定城中村改造政策时，坚持深入基层调研，广泛听取社会各界意见，确保各项政策措施的科学性、系统性和可操作性。在制定《西安市城中村改造管理办法》时，先后召开听证会、座谈会40余次。按照"村民得利、政府让利、开发商有利"的改造原则，相继出台了《西安市人民政府关于城中村无形改造工作有关问题的通知》等20多个政策法规文件，逐步形成了较为科学系统的惠民政策体系。在拆迁补偿政策上，规定征收房屋补偿不得低于市价。在选择产权调换时，按村民人均安置建筑面积不小于65平方米，并结合原房屋产权建筑面积实行"拆一还一、互不找差价"进行安置。在安置住宅的同时，分配每个村民一定比例的商业房，以解决村民长远生计问题。在回迁安置上，大多采用就地安置的办法，保证改造群众享受优势地段。在项目监管上，实行"四不准"原则：即改造项目没有经过区政府常务会确定投资企业或改造主体的不准改造；改造方案没有征得2/3以上户代表同意的不准改造；改造方案没有召开专家论证会研究讨论通过的项目不准改造；没有纳入年度改造计划的项目不准改造，以确保改造项目有计划、有步骤地进行。这个政策得到群众的理解支持和配合。西安市政府针对城中村改造工作，提出深入宣传政策，坚持做到依法办事文明拆迁；畅通信访渠道，认真解决拆迁群众的合理诉求；切实兑现政策，确保拆迁群众按时回迁安置等基本办事原则。

在这些基本原则的指导下，西安市城中村改造工作取得了明显的社会效益和综合经济效益。第一，改革极大地改善了城中村村民的居住条件，大幅提高了城中村村民的收入水平，保障了城中村村民的长远生计，切实保障了城中村村民的基本利益。第二，西安市城中村改造将昔日城市的"牛皮癣"变成了一个个高楼林立、基础设施完善、人居环境优雅的现代化社区，提升了城市形象。第三，城中村改造有效解决了西安城市发展中存在的一些突出问题，消除了社会不稳定因素，促进了社会和谐稳定。第四，大规模进行城中村改造，不仅极大地提高了群众生活水平和质量，而且推动了全市经济社会又好又快发展，同时也推动了科学发展。第五，在城中村和造中，各级干部通过面对面做群众工作，思想境界、工作标准、工作作风明显改进，进一步强化了以人为本、执政为民的理念。

（二）Y区城中村概况

Y区位于西安市城南，揽秦岭而倚长安，是西安的"城南板块"，因辖区内拥有闻名世界的历史文化遗产大雁塔而得名。1949年5月20日，西安解放，27日西安市第九区人民政府成立，辖区范围未变，废保甲，设乡、村，第九区辖六乡，69个行政村。1954年12月，西安市人民政府将第九区更名为Y区。1955年4月，Y区将10个乡合并为8个乡，辖101个行政村。1956年3月23日，Y区将8个乡合并为5个乡，改顺序排列为以乡机关驻地名，仍辖101个行政村。1957年11月，撤销李家村、张家村乡建制，设4个街道办事处，即雁塔路街道办事处、永宁村街道办事处、张家村街道办事处、边家村街道办事处，全区辖3个乡，4个街道办事处。1958年7月，撤销永宁村街道办事处，辖区并入雁塔路街道办事处；撤销边家村街道办事处，辖区并入张家村街道办事处；成立东风、曲江池、东方红3个人民公社，全区有政社合一的4个人民公社，辖48个生产大队。1960年5月，人民公社由政社合一扩展为城乡一体。撤销东风人民公社建制，将西大街、和平路、柏树林、南院门、南大街、雁塔路、张家村7个街道办事处和永宁、曲江池、东方红3个农村人民公社按地区划编为4个人民公社，即南院、碑林、曲江、小寨，辖8个分社，110个居民委员会，53个生产大队。1965年10月，撤销Y区建制，与灞桥、阿房、未央3区组建西安市郊区。1980年4月，Y区建制恢复，辖永宁、鱼化寨、兴庆、潘家村、丈八沟、山门口、小寨、曲江、等驾坡等9个人民公社、165个生产大队、570个生产队。1982年1月，撤销永宁、潘家村、兴庆3个人民公社建制。1983年5月，撤销曲江人民公社建制，成立曲江乡人民政府。1984年5月，撤销等驾坡、丈八沟、长延堡、山门口、鱼化寨5个人民公社建制，相应设5个乡人民政府。同时该生产大队、生产队建制为村民委员会、村民小组。1988年5月，撤销鱼化寨、山门口、长延堡、等驾坡4个乡建制，相应设4个街道办事处。至1993年末，Y区辖6个街道办事处，两个乡政府，120个村民委员会，138个居民（家属）委员会，519个村民小组。截至2008年底，全区总面积152平方公里，人口117.85万，辖8个街道办事处，97个城市社区，120个行政村。Y区目前是西北五省区人口最多的区，全区常住人口120万，其中户籍人口78.94万人，占69.45%，2009年仍有农业户籍人口161629人，占全区户籍人口的21.5%。2014年农村人口14万。Y区经济综合实力位居西安市第一，文化、教育、科技机构众多，区内设有西安高新技术产业开发区、曲江新区、浐灞生态区3个开发区，经济发展和城市化进程非常迅猛。

1. Y区城中村的区域分布

Y区是目前西安市城中村最多，流动人口最为集中的区域，流动人口就有50余万人。全区120个行政村全部位于西安市城市建成区范围内，其中91个村的人均耕地面积已少于0.3亩，需要进行城中村改造。截至2010年6月底，开发区规划区域内已经完成拆迁任务（整拆）的村共33个，涉及6个乡镇（街道），拆迁总面积近795.81万平方米，拆迁总人口45709人，其中高新区已拆迁21村，涉及3个乡镇（街道），拆迁总面积约22442.978亩，拆迁总人口7112户，23190人，其中已回迁16村，4777户，村庄面积16210.799亩。曲江新区已拆迁12村，涉及3个乡镇（街道），拆迁总面积约3725.749亩，拆迁总人口8803户，17765人，其中已回迁3村，1403户，村庄面积621.884亩。

表7—1　　　　　　Y区各街道办事处所辖城中村数量

项目	大雁塔街道办事处	丈八街道办事处	鱼化寨街道办事处	电子城街道办事处	等驾坡街道办事处	长延堡街道办事处	曲江街道办事处	小寨街道办事处	合计
城中村数	7个	28个	20个	15个	9个	19个	17个	5个	120

近年来，随着Y区东部浐灞生态区和曲江新区，以及西部高新区的形成，Y区实现了"一区多制"的独特格局。坚持"优势互补，共建共赢"的指导思想，举全区之力支持三个开发区的建设，互惠合作的格局基本形成。同时随着城中村改造工作的不断进行，Y区城中村的分布也发生了变化。120个城中村中有67个在三区规划区域内，其中高新区39个村，曲江新区23个村，浐灞生态区5个村，行政区直管的只有53个村。

2. Y区城中村改造

随着城市化的不断发展，在近30年的时间里，Y区城中村的耕地面积锐减。从1985年拥有13万亩耕地，到1990年减少至9万多亩，据2007年统计，所剩耕地面积为36800亩，而到今天，Y区也只有等驾坡和鱼化两个街道办事处的城中村农民还种少量耕地。从产业结构发生巨大变化，从事农业和种植业的农民已所剩无几，未征地已经基本非农化，大多数农民也非城非农。由于城中村杂居着市民与农民、户籍人口与非户籍人口、本地人与外来工，村内公共服务和基础设施薄弱，成为社会治安问题的多发地，城中村改造工作是解决这一问题的重要途径。截至2013年11月，Y区120个城中村中有70个村完成了经济体制改革，34个村完成了撤村建社区工作，同时有57个村已经完成了农转居，但仍有63个村尚未完成改造，它们将在三年内全部农转居。

Y区城中村改造先后经历了三种改造方式：即自主改造方式（村委

会主导），市场主导方式（开发商主导）和政府主导改造方式。

第一阶段：的起步探索阶段，采取村民自我改造模式。

在2007年之前，Y区主要采用以"三个自我"（自筹资金、自我改造、自我安置）为主的村民自主改造模式，1996年，Y区先后以长延堡、西三爻、西三爻堡、辛家坡等村为试点，从置换土地、发展经济入手，启动了旧村改造工作。村民自我改造模式，即政府无须投入财政资金，仅以优惠的改造政策指导城中村改造活动，由城中村村民通过民主协商、集体讨论的形式决定有关本村改造的所有方案，并通过自筹资金、自行补偿、自我安置的原则完成自我改造任务。但实践当中这种模式显然过分尊重了村民的自治权，由于城中村改造所需资金数额巨大，一般的村集体是很难承担这笔费用的。而且各村具体的改造方案因为补偿标准的不统一而容易引发村民之间的矛盾，最终导致城中村改造难以具体的实施。

第二阶段：以政府主导为主的规范推进阶段。2003年以来，为了理顺程序，规范行为，强化监管，Y区成立了城中村改造办公室和城改工作领导小组，组长由区政府主要领导担任，建立了城中村改造联席会议制度，制定出台了《Y区城中村改造监管规定》等规范性文件。2007年9月，《西安市城中村改造管理办法》正式实施，在此期间的城中村改造实践中，实行开发商主导的房屋拆迁模式，即开发商在获得政府出让的土地使用权以后，委托拆迁公司拆除地上建筑物，导致政府、开发商、村民三者矛盾丛生。在吸收多元治理的理念基础上，明确提出了"政府主导、市场运作、利民益民、科学规划、综合改造"的工作原则。2008年8月下发了《关于加强政府主导推进城中村改造工作有关问题的通知》，进一步确立了政府在城中村改造过程中的主导地位。政府主导就是由政府全程主导，严把开发商准入关，在认真调研、广听民意的基础上，为城中村改造准确定位，统一策划招商，编制规划和改造方案，实施拆迁，负责回迁安置和无形改造工作。政府主导的城中村改造主要优势在便于全程监管，避免城改中的无序状态和村级组织资金不足、缺乏管理经验、开发商损害农民权益的行为，也便于整村拆迁工作的推动。政府主导的城中村改造主要优势在便于全程监管，避免城改中的无序状态和村级组织资金不足、缺乏管理经验、开发商损害农民权益的行为，也便于整村拆迁工作的推动。但是政府主导导致政府对城中村改造的政策介入太多，容易侵害村民的合法自治权。

第三阶段：将前两个阶段结合，采取半市场化改造模式：即在村民自我改造模式的基础上，通过市场机制引入有实力的房地产开发企业，借助其雄厚的资金、技术实力和建设经验，通过签订合作协议的方式明确彼此的权利义务，合作完成城中村改造的模式。这种模式既可以弥补政府改造模式当中的资金的局限性，使财政资金可以投入到更多的基础设施及公益事业上，同时既可以制约政府的介入，又保障村民自治权的实现。开发商可以根据不同的城中村制订不同的改造方案，尽可能地减少社会问题[①]。

Y 区实行政府主导改造以来，首先，科学制定规划设计条件，编制改造项目控制性规划，并对其进行专业审核，保障了城中村改造规划的科学性。其次，通过协商方式，与被拆迁户达成拆迁补偿协议，保障了被拆迁户的意志和利益。再次，严把开发商准入关，保障了开发商选择的正确性。最后，以高起点、高要求，保障了城市拆迁改造后的良好效果。

综上所述，我们可以看到，城中村从产生、存续到改造，直至最后走向终结是一个漫长的历史过程，而且，城中村的产生和终结也是一个动态变化的过程，即在一定时期内不断产生又不断终结的过程。城中村作为城市化的产物，一种客观存在，与其他社会组织一样，成为社会管理（治理）的重要组成部分，而且是非常特殊的一部分。在城乡一体化发展背景下，西安市加快了城乡一体化建设的步骤，要在全省率先建成城乡一体化发展先导区，为此，西安市委、市政府研究制定了《西安市关于加强和创新社会管理工作的指导意见》《西安市社会管理创新工作总体方案》等文件（草案），明确了社会管理创新综合试点工作的指导思想、目标任务、基本原则，力争用 2—3 年时间，在全市建立形成与社会主义市场经济体制相适应的社会管理体系，实现"西部领先、全国一流"，努力成为全国首批社会管理创新示范城市。城中村无疑是社会管理的重要对象，城中村问题也无疑是社会管理的重要内容。Y 区对城中村

---

① 王涛："开发与城中村改造共舞"，《城市开发》2006 年第 9 期。

社会管理（治理）进行了大量有益探索和实践，为我们提供了许多可资借鉴的经验和教训。

第二节 城中村社会管理体制创新：制度与机制

Y区目前正处于全面城市化的加速期，城中村改造引发了农村到社区、农民到居民、集体经济到股份制经济的全面转型，转型过程中出现的基层组织建设、社会保障、社区管理、公共服务等社会管理问题，需要认真探索、大胆创新。Y区在"十二五"发展规划中提出"让雁塔百姓生活得更富裕、更方便、更安全、更丰富、更幸福"，努力实现"学有优教、劳有丰获、病有良医、居有佳境、老有颐养、暇有美乐"的目标。"五更六有"的目的就是给辖区群众构筑乐居的生活环境，不断提升百姓幸福指数。Y区"十三五"目标是在全省率先全面建成小康社会。围绕这个目标，Y区出台《关于加强和创新社会管理工作的指导意见》和《社会管理创新工作实施方案》，成立由主要领导任组长的社会管理创新工作领导小组，进一步加强对社会管理创新工作的组织领导，把加强和创新社会管理作为一项重大而紧迫的战略任务来抓。围绕多元协同治理机制的构建、社会权利导向制度环境的营造，以及政府社会管理能力的提升，立足理念创新，实践创新，方法创新，制度创新，基层政府进行了一系列积极探索。从我国目前的情况来看，政府的创新性主要体现在四个维度：政治改革、行政改革、公共服务、社会管理。Y区基层政府创新重点体现在社会管理维度，但同时也涉及行政改革与公共服务。在农村治理方面，从解决乡村民主选举带来的政府和村民自治的新型关系入手，厘清基层政府与村委会的关系，化解村委会与党支部的对立，解决村民与村民之间的疏离，对乡村秩序进行重新规划和建设，逐渐形成了一套系统化的制度和操作模式，使得基层政府管理与村民自治逐步走向有效衔接和良性互动轨道，为推动基层社会治理达致"善治"奠定了扎实基础。

一 资源整合：基层治理的核心力量

（一）创新农村党员发展机制

在农村党员干部选任方面，由于现阶段 Y 区城中村党组织地位削弱、党员发展缓慢，党员干部队伍老化、素质偏低，一些党支部出现家族化倾向。"书记选配难、党员发展难、干部管理难、素质提高难"已经成为城中村党组织普遍存在的问题，并已严重影响了农村基层治理。鉴于此，鱼化寨街道办事处建立起全国首家"农村后备干部党校"，通过街道党校发展农村党员、培养农村后备干部。这是面对农村基层组织建设出现的新问题而提出的新思路、新举措。

街道党校的主要工作包括三个方面，即：开设课程，培训教育；择优考察，发展党员；搭建平台，服务群众。首先，街道党校针对农村工作实际和学员特点，制定了两学年四个学期的学制制度，每周授课两次，实行半脱产式学习。第一学期以理论学习为主，包括法律、党建、行政管理、历史、科技、公共关系等课程；第二学期在街道办事处各科室实习，体验办事处各科室的具体工作；第三学期回到村组调研，撰写调研文章；第四学期主要以农村实践为主。其次，在街道党工委直接领导下，成立街道党校党支部，负责学员组织发展工作，建立培养发展党员的新平台。最后，街道党校为每位学员建立档案，成绩优秀、表现突出的学员，毕业后由街道党工委作为村两委会后备干部安排到本村挂职锻炼。对比较成熟的优秀党校学员，在村委会换届时，以党支部名义推出，参加村职竞选，通过平等竞争进入两委会班子，改善农村党员干部结构。

经过六年三期的实践，目前，Y 区依托街道党校发展农村党员培养后备干部工作已摸索出了一些经验，取得了明显成效。

首先，工作成效在村民委员会换届选举中已经显现出来。街道党校自开办以来，已培训学员 1240 名，发展党员 249 名，100 余人进入村两委会等村级组织。2002 年换届后村委会班子中党员所占的比例为 31%，村主任中党员比例为 33%，新近一届党员所占的比例分别提高为 40.2% 和 47.4%，分别提高了 9.2 个百分点和 14.4 个百分点。2008 年村民委员会换届中，全区有 93 名街道党校学员进入村两委会、妇联、共青团、村民小组等村级组织，其中担任党组织书记 7 人，担任村委会主任 10 人。

鱼化办事处有 5 名学员被选进村委会，其中 1 名当选村主任，1 名当选副主任，还有 12 名学员分别担任村团支部书记、村委会委员、计生专干或报账员、妇联主任等职。Y 区 2005 年农村党员 3899 人，只占全区近 15 万农村人口的 2.6%，远低于全国 5.7% 的平均水平。2009 年有农村基层党组织 119 个，农村党员 4900 多名。2015 年 Y 区农村党员人数达到 5219 人，占全区近 14 万农村人口的 3.7%。

其次，街道党校实现了与农村党支部发展党员的互动，成为发展农村党员的新平台。据统计，全区第一期街道党校招收学员 400 名，5 月份毕业时，已发展党员 154 名（其中预备党员 59 名），新培养积极分子 124 名，所发展党员年龄均在 18—35 岁，文化程度都在初中以上，女性积极分子占 1/3 以上。通过上下互动，街道党校与村党支部发展党员工作实现了有机结合，互相促进、互为补充，双平台作用得到了充分发挥。

党校女学员中有不少是"外来的媳妇"，按照惯例，这些妇女在城中村选举竞争激烈，贿选成风的干部选举背景下，很难入党或当干部。经过上党校，实现了平时连做梦也不敢想的入党愿望，并且有的当上了村妇女主任，有的参与到了村级组织或村务当中。她们有的为充实自己而放弃了自己的美容美发厅；有的好学上进、热爱集体、关心村务、"想竞选村民代表"；有的是婆婆包揽了家务，有的是公公帮着带孩子，一个个都感到找到了自己的社会定位，并为实现自身的价值和理想而努力，邻里乡亲们也对她们投来羡慕和赞许的眼光。充分展示了一代充满自信、充满朝气、追求知识、追求理想的新型农村妇女形象。

再次，街道党校培养了一批农村工作骨干力量，成为政府与村民衔接互动的桥梁纽带。党校安排学员参与村上的征地、拆迁、卫生整治、档案整理、经济普查、计划生育等重点工作进行学习锻炼。群众认为上了党校的青年，是村上的后备干部，是苗子，所以大多数人都愿意选举他们进入村两委班子，让这些农村优秀青年能在村上发挥作用。

最后，街道党校调动了农村青年积极向上的自觉性，成为培养新型农民的学校。街道党校把农村一大批优秀青年凝聚到了党组织的周围，吸引到了农村发展的正路子上，在农村形成了重学习、求上进的良好氛围。2008 年，全区 8 个街道第三期党校在招收学员时，吸引了 790 名农村青年报名，经过考核，共招收学员 365 名，其中许多在任村组干部和农村年轻党员也都纷纷报考街道党校，回炉学习，希望通过系统学习，提高农村工作能力。

依托街道党校，由过去党支部发展本村党员的唯一模式变为街道和村级的双平台，公开、公平招考党校学员，有效解决了农村党员发展缓慢和后备干部不足问题，不但为基层党组织输入了新鲜血液，而且培养了一批致富带头人和精神文明传播者，为发掘党在农村的执政资源开辟了一条新途径。

（二）建立乡（街）村衔接机制

Y区经过不断的探索实践再探索，摸着石头过河，终于总结出了独具雁塔特色的"指导员，工作队，多开会，办实事"的十二字工作方法，逐步推行并不断完善驻村指导员工作制度，探索出了一种基层政府管理和村民自治有效衔接的方式和途径。指导员从街道办选拔，选拔对象为朝气蓬勃、开拓创新的年轻干部。指导员作为街道办的驻村代表，主要工作是"参与党务、指导村务"，即被选拔的若为党员，则担任村里的党支部副书记，参与党务；若非党员，则作村主任助理，辅助村务。做到"指导不指令，到位不越位，帮办不包办，助民不扰民"。全区120个行政村，共派驻指导员163名，其中23人担任村党支部副书记，25人担任村委会主任助理。确保了各项政策在农村的贯彻落实。在驻村指导员的指导、帮助下，全区农村共发展党员137名，有效地改善了农村党员结构。加强了农村基层组织建设。驻村指导员"联系信箱"和"联系卡"很好地发挥了信息通道的作用。驻村指导员及时把群众反映的问题向街道党工委、办事处汇报，使街道党工委、办事处能够把矛盾及时化解在基层，有效解决了群众的上访、集访问题。Y区在矛盾最多、发展最快、征地拆迁压力最大、最容易引发矛盾的情况下保持了稳定。

Y区鱼化寨街道办事处干部小崔，在完成街道办事处本职工作的同时，还兼任宋村的指导员。他说包村队员不得用强迫命令、包办代替的方法开展工作，街道办事处选拔基层干部担任指导员，目的是为了了解掌握村里的情况，落实上面的相关政策，同时沟通村里与政府的联系，促进乡村的社区化进程。虽然是上面派来的，然而并不戴着"钦差大臣"的帽子，手里没有权力，如果两委会比较和睦，工作推动还容易一些，但大部分村子里两委会都存在对峙局面，这就需要我们做大量的沟通协调工作。小王曾经是金呼村的驻村指导员,他遇到过类似情况:村主任说,我干实的,你搞虚的。书记说,我没钱,只能搞虚的。村主任又对指导员说,你把办事处的精神传达给我,我完成就行。关系你协调不了,也不用你协调。村主任和书记的对峙让指导员处于被动局面,此时协商和说服变得很重要。小王通过协商说服,成功解决了金呼村两委会不和的窘局。同时,经过几年的努力,协助街道办事处成功解决了防汛问题和吃水问题,而自己也从中学了很多东西,被评为优秀指导员。目前 Y 区 120 个行政村有指导员,指导员制度成功地实现了农村和街道办事处的有效衔接与互动。

工作队来自区里相关部门,如土地局、财政局等相关局所,由区里局级领导担任队长,到问题较多的村里解决实际问题。各个工作队与街道党工委签署目标责任书,明确责任,能更有效地解决"老大难"问题。工作队的理念是切实解决了老百姓切身利益相关的事情,提高农民社区化建设的积极性,具有务实性和可操作性。裴家峒村的工作队来自建设局,为村里修建了村委会办公场所。曲江街道办春临村在工作队的帮助下解决了吃水难的问题,同时完成了有线电视的安装。自 2001 年起 Y 区向 17 个先进村、24 个问题村派遣了工作队,区政府坚持每年从全区抽调 100 多名能力突出、责任心强的干部驻村指导。畅通政府与农民的联系渠道,同时采取"主要领导亲自抓、相关领导具体抓、包村干部抓具体"的方针,对农村社区化建设进行帮扶、协助、指导,促进农村社区化发展。

多开会,听民声,解民怨。农村多年不开会或者常开形式主义的会议,解决不了涉及民生的相关问题。为此,需要完善会议制度:村两委联席会议每季度一次,村民代表会议每季度一次,村民会议每半年一次,而与村民利益相关的大事必须通过村民代表会议或者村民会议决定。同时针对农村各类矛盾纠纷较多,除了集体会议制度外,将村规民约评理会日常化,遇到村民上门求助便随时召开,由长者、教师、退休干部评理,双方表达诉求,村干部作裁定。裴家峒的村规民约评理会解决了多起民事纠纷与村民切身利益相关的问题。集体会议制度和村规民约评理会共同协调了邻里关系,促进了农村社区化的内在凝和力。

(三) 提升村级组织发展能力

农村基层党组织在村民自治中的积极作用发挥得很不充分，要么务虚，要么和村委会对峙，2009 年 3 月，Y 区根据陕西省委做出的《关于在全省村级党组织开展"升级晋档、科学发展"活动的决定》，扎实开展"升级晋档、科学发展""双评晋级、科学发展"等活动，形成区、街、社区（村）三级齐抓共管、统筹谋划、推进有力的工作格局。从生产发展、生活宽裕、村容整洁、乡风文明、管理民主五个方面设置 15 项指标，对各街道办事处城中村的经济发展、基础设施、社会事业、村容村貌、基层组织建设等几个方面进行综合评估打分，将村级党组织依次评定为"好""较好""一般""较差"四类，并通过分类定位、强化帮扶，激励村级党组织晋档升级。各街道办事处出台《关于开展村级党组织"升级晋档、科学发展"活动的实施意见》，明确领导责任、确定科室责任，定升级村组，强化街村共建，推动自主发展，将"升级晋档、科学发展"的考核指标全部纳入农村工作年度考核，并最终与村干部待遇相挂钩。同时加强月例会、季检查以及年度总结会，对工作开展情况的通报，确保整体工作稳步推进。

村级组织升级晋档科学发展活动创新了农村党建工作服务农民群众的方式和途径，实现了党建工作与农村经济发展的互动双赢。这种创新性工作受到中央的充分肯定："陕西升级晋档让农村党建由虚变实的做法很好。"

（四）拓展基层党组织建设外延

Y 区将辖区 199 个社区（包括城中村）合理划分成 698 个管理单元，在所有单元建立党组织，让党员进入单元中，并发动工、青、妇、行业协会、志愿者队伍等人民团体及社会组织参与社会服务管理，将社会管理创新向更加广泛地社会领域覆盖。建立"纵向到户"的社区、单元、党员责任区三级党群服务平台，依托单元化管理模式，在每个单元下确定党员责任区，将社会管理的责任落实到每个党员身上。电子城街道西京社区探索实施社区党建"项目制"建设，分党建基础工作、和谐社区创建、党员服务创新、社区文化创新、社区服务创新、社区党建工作创新等门类，形成"共建共赢"的社区服务管理模式。

此外，Y 区在全市率先推行了"两推一选""两述两评两公开"制度，使党员群众的知情权、参与权、表达权、监督权得到进一步落实和保障。率先完成村级组织活动场所建设，率先落实农村党组织书记任职待遇，提高退职两委会主要干部生活补贴标准，在全省率先开展农村党员档案集中管理工作；通过集中培训、专题讲座，编印学习资料，开通雁塔党建网站等形式，进一步加强党员队伍建设。同时，全面开展农村不合格党员和违纪党员组织处理和纪律处分工作，树立党员良好形象。

近年来，Y 区进一步修订完善《基层党支部书记、村委会主任例会制度》《集体三资管理制度》等制度，加大"三会一课""四会两公开"、党务村务公开等制度的落实监督力度，从严管理干部、监督干部。

通过这种机制创新，有效地整合了基层治理资源，达到了以党建促治理，以党建带社建的目的。

二　建章立制：基层治理的制度供给

乡村关系的协调是一项系统工程，最根本的还是制度建设，把乡村关系真正纳入制度化的轨道，使乡镇街道办事处行政管理与村民自治在制度规范上有机衔接起来，有助于克服或缓解由行政化所带来的问题。众所周知，社会治理创新需要地方政府管理与村民自治在共同的目标价值引领下进行管理和自治，在政府管理与村民自治之间客观上存在着内在的衔接契机和互动需求的情况下，必须提供实现这种衔接互动的制度平台和机制保障，也就是要实现制度化的规则体系进行管理。Y 区在乡村关系的工作制度衔接方面进行了有益探索。

（一）城中村人、财、物管理制度

Y 区政府针对城中村的特点和城中村改造、征地拆迁，财物分配极易引发矛盾纠纷的实际，相继出台了关于农村工作的四个文件，即《Y 区关于农村集体财物分配若干问题的规定》《Y 区农村财务管理办法》《Y 区农村干部管理办法》《Y 区农村财务"村账街管"制度》，使农村管理工作特别是人财物管理方面有章可循，有法可依，明确了基层干部的职责、权利、义务及应该遵循的工作规范。Y 区将这四个文件汇集成册，做成蓝皮书，下发给辖区城中村的农民群众，强化村民对村干部的民主监督，以规范性制度对村干部行为进行约束。这四个文件从源头上遏制了村组财务管理中存在的干部说了算、随便透支、白条进账的现象，对村干部该做什么，不该做什么作了具体规定，有效减少了农村的矛盾和争议，防止村干部违纪违法行为的发生，进一步规范了农村事务管理和村干部行为。

（二）两委会联席会议制度

为加强村两委班子沟通协调，共同研究决定村级事务管理中的重大问题，形成工作合力，提高工作效率，推进党和政府农村方针政策的贯彻落实，Y 区 2007 年出台了《Y 区农村两委会联席会议事制度（实行）》，创设了农村党支部领导下的两委会联席会议制度。会议由村党支部书记主持，村两委会成员参加，每季度至少召开一次工作会议，对村上的大事先由联席会议提出意见，再由村民大会或村民代表大会讨论决定，村委会具体负责实施。制度规定，联席会议之前必须征求村民或村民代表意见，保障村民充分参与村级治理。两委会联席会议制度既保证了党组织在农村的领导核心地位，又体现了村级自治组织共同研究、协商治理的新理念。

（三）"一会两课"制度

"一会两课"制度，即：由街道办事处每月召开一次由各村党组织书记和村委会主任参加的工作例会；每月举办一次科技课和政策课。针对农村干部自由松散，政策水平不高，管理能力有限的实际，以及管理与自治两张皮的现实，把干部组织起来，加强学习与沟通。这一制度确保城中村主要干部与政府的联系和沟通，及时反映农村工作中的动向与问题，同时着力于农村干部政治素质、政策水平和管理能力的提高，全面提升村民自治水平，为政府管理与村民自治的衔接互动奠定基础。

（四）"村财街管"和"双签"制度

经费使用不透明，财务管理不规范是农村干群关系紧张，引发社会矛盾的重要因素。村干部违规报销费用，村财务人员管不了，街道办事处因是指导关系，也无法制约。2002 年以前每遇村委会换届选举，都会出现大字报、小字报满天飞，村民强烈要求村务公开和查办村干部贪腐问题的情况。一些村民总认为村干部有经济问题，不断到街道办事处和区政府上访，甚至堵门封路，影响政府正常工作，也干扰了换届工作的正常进行。针对这些情况，地方政府开始探索新的管理模式。

2002 年初 Y 区在借鉴浙江上虞市开展会计委托代理制的基础上，在鱼化办事处选取试点村进行试点，代理了4个村的财务，取得了不错的成效。2003年Y区在此基础上，先后推出了村组财务"村财街管"和"双签"制度。努力对村级财务制度本身进行完善，从源头上预防和解决村干部的经济犯罪问题，收到了显著效果。

"村财街管"制度，即村组两级财务由村组委托街道办事处农村财务核算中心统一代管，村组在指定的信用社或银行开设一个账户。村组不设会计出纳，设一名报账员负责报账，并向村民公开。全区八个街道办事处全部成立了农村财务服务中心，3—5人组成，或向社会公开招聘，或在办事处懂财务的人员中选调，工资由办事处解决。财务记账中心实行全天坐班制，每个村每周报账两次。城中村凡是入了账的钱都由街道办事处统一管理。

农村财务"双签制"制度，即由村党组织书记兼任村民主理财小组组长，根据村组大小确定不同的开支标准，一般在标准以下的由村委会主任签字；标准以上的由村委会主任和村民主理财小组组长两人签字；数额更大的，召开村两委会或村民代表会、村民大会审查通过。办事处对各村的权限规定不一样，有的村500元以下的由村主任直接审批，500元以上的实行主任书记双签制（党支部书记和村主任在同一张发票上签字），有的村1000元以上才实行"双签"。

Y区经过广泛修改和讨论之后，制定下发了《农村集体经济组织会计委托代理记账实施办法》，区农水局及相关部门也制定了具体严格的报账、管理、审查办法，使农村资产管理形成"一项委托、二级审核、三权不变、四层监督、五个统一"的主体流程框架。目前全区8个街道办都成立了农村财务记账中心，120个村有119个进入了记账中心，512个村民小组中484个进入了记账中心。

实行两项制度，客观上推进了农村财务管理的规范化、透明化，给群众一个明白，还干部一个清白，受到广大群众的拥护，出现了"三个下降一个增加"：一是因财务问题上访的明显下降，2002年因财务问题引发的上访占80%以上，实行村财街管，财务实行双签制度，村组有民主理财小组以来，近几年几乎没有因村组财务管理问题引发的群众上访；二是非生产性开支明显下降；三是农民负担明显下降了，集体经营性收入增加。

(五) 村民监督委员会制度

根据村民意愿和要求，2009年初，Y区在长延堡村等15个村先行建立了民主选举产生的群众自治性民主监督组织——村民监督委员会，对城中村村务决策、执行、管理等环节进行全方位的监督。村民监督委员会的成立与运行由农村法律专家、农村党建专家、农村选举专家全程领导和指导，同时还形成了由区委干部负责的组织机构。整个民主监督过程科学有序。

监委会的成立，完善了村级民主监督机制。比如，近年来部分城中村在经济体制改革中成立了股份制公司，由村委会成员平行移动，兼任股份制公司要职，既当裁判员又当运动员，群众反应强烈。西安市Y区通过召开专题研讨会，组织高校、法院等社会各界法学学者或法律工作者，结合《村民委员会组织法》和《公司法》的相关规定，就村改公司监管问题进行反复研究、集思广益，形成了11条职能对接指导意见，确立了由村民监督委员会负责监管村改公司的村民自治监管模式。例如Y区长延堡村，在村办公司成立之初，全村拥有村民1400名左右，其中800人在村办公司兼职，导致村办公司机构臃肿，经济负担沉重，每月工资开支高达42万。2009年该村认识到其经营管理弊端，进行了管理体制改革，将村办公司人员减少至208人。面对由此而引发的村民不满，村民监督委员会起到了重要作用，一方面积极进行宣传引导，化解官民矛盾，争取村民理解支持；另一方面监督管理体制改革全过程，杜绝村委滥用职权，确保改革的公平公正，保证改革高质完成，提升村级民主管理水平。

村务监督制度作为自治组织的新要素，既减轻了政府工作压力，保持地方政治稳定，又促进政府与社会的互动。Y区已有98个村成立了村民监督委员会，向其村两委会反馈各种意见和建议共计201条，其中173条被采纳。对促使村级管理走上民主化、科学化轨道成效显著；对村级组织在村务公开、财务管理、基础建设、治安环境以及村容村貌等诸多基层建设方面突显的内容不翔实、落实不到位、拖到质低等问题起到了督促整改的效果；对村级组织出现的贪污腐败、铺张浪费、白条保障、贿选横行等违纪现象进行遏制，有效地规范了村干部的权力，更有力地维护了村民和村集体的利益。

（六）村务公开制度

村务公开是实现民主管理、民主决策和民主监督的重要保障，也是防止决策失误和干部贪腐的重要措施。其历来是村民自治中的重点问题和难点问题。为此，Y区成立了以区委书记为组长的村务公开领导小组，8个街道办事处党工委书记为村务公开第一责任人，实行了"区委统一领导，政府部署实施，组织部门协调，纪检监察部门监督检查，民政部门牵头负责，农业部门参与配合"的工作机制。研究出台了《关于进一步加强村务公开规范化管理工作的决定》，明确要求各村定期召开村务、财务公开会，并对公开的内容、形式和程序做出具体规定。并从宣传教育、建章立制、明确标准、督查落实四个环节入手，实现规范化和制度化的村务公开机制。

首先，将村务公开工作纳入全区综合目标考评范畴。区级政府与街道办事处、街道办事处与其所辖各村签订目标责任书，进一步细化村务公开内容，监督村务公开工作的落实。

其次，加大村务公开宣传力度。将村务公开工作的具体内容、程序以及村民监督机制等及时向村民宣讲。西安市Y区为更好的解决村务公开过程中出现的诸多问题，针对农村政权建设，财务管理，常用法律、法规、政策三个主要内容，在全区农村巡回宣讲，广泛宣传村务公开。

再次，健全村务公开规章制度。按照"两议事、两报告、十公开"的要求，制定村务公开规范管理的"六化"标准，即"监督组织网络化、公开内容具体化、公开形式标准化、公开程序规范化、管理考核制度化、公开结果群众满意化"。针对城中村、改居村、城郊村等不同类型的村庄，实行不同的公开政策。各村成立"村民代表议事会""民主理财小组"和"村务公开监督小组"，对村务公开的内容事项经监督小组审查后向村民张榜公布，对涉及群众利益的重大问题及热点难点问题及时向村民公开通报。村务公开监督小组，对涉及村民切身利益的公共事业经费、重大工程项目、城中村改造、集体资产处置等重要事项，广泛征求群众意见，让群众参与决策。对建设中的项目应当事前、事中、事后随时公开。

最后，进一步督查落实村务公开内容、形式时间和程序。Y区定期对全区村务公开情况进行重点抽查，通过听汇报、现场查看村务公开的内容和形式、查阅有关档案资料等方法，详细了解全区村务公开落实情况，推动村务公开工作的常态化。2009年，Y区被评为全国村务公开民主管理示范区。

（七）农村干部廉政谈话和离任审计制度。

农村干部监督管理机制，是Y区推进社会管理创新面临的突出问题，也是推进社会管理创新的关键环节。对此Y区结合城中村多、干部财权大、群众民主和法制意识强的现实情况，对农村干部监督、管理工作中的重点环节进行制度建制和制度创新，以此规范农村干部的监督与管理。

Y区120个村，农村两委会干部共有847人。随着城市化进程的加快，村干部参与城市建设和管理中，经受着种种诱惑和考验，有的干部工作方法简单，处置关系群众切身利益的征地拆迁、村务公开、财物分配问题中存在的作风不实，民主评议群众满意率低。有的村干部不严格按照财务程序办事，利用职务之便谋取私利。2010年10月，Y区纪委出台了《农村干部约谈制度》，也就是农村干部廉政谈话制度，访谈对象主要是面临拆迁改造的城中村干部，针对在征地、拆迁等村民重大利益调整时期，农村出现的影响经济发展、社会稳定等苗头问题。由街道纪工委与农村两委会主要干部签订《廉政责任承诺书》，每年由纪工委书记与两委会主要干部进行一次廉政谈话，谈话内容包括严格财务制度、不准非法占有或占用集体或群众财物、不准收受群众的礼金和物品、不准乱批宅基地等。敲警钟、亮红灯，提高村干部拒腐防变的免疫力。

街道基层干部廉政责任承诺书

为切实加强党风廉政建设，在实际工作中全面落实党员干部廉洁自律要求，提高依法行政能力、拒腐防变能力和服务群众能力，特向组织承诺如下：

一、坚决执行党的路线、方针、政策，始终同党中央保持高度一致，全面贯彻科学发展观，认真学习党中央、中纪委关于党风廉政建设一系列方针政策，熟知《农村基层干部廉洁履行职责若干规定（试行）》的规定要求，自觉规范和约束自己的言行。

二、加强党性锻炼和道德修养，正确处理做人、做官、做事三者之间的关系，做到自尊、自省、自警、自励。认真落实《廉政准则》，以身作则，防微杜渐。

三、严格执行中央关于改进工作作风、密切联系群众的八项规定要求，做到令行禁止，遵纪守法，廉洁从政。

四、切实履行党风廉政职责，抓好本村、本社区的党风廉政建设工作，真正做到勤政廉洁，立党为公、执政为民。牢固树立为民服务的理念，多为群众办实事、办好事，做到"为民、务实、清廉"。

五、坚决服从街道党工委、办事处的正确领导，政令畅通，努力完成上级下达的各项工作任务。

六、开展批评与自我批评，自觉接受组织监督、群众监督和舆论监督，切实抓好经常性的党风廉政教育。对本村、本社区党员干部发生的问题，及时查纠，认真整改，并勇于承担领导责任。坚决支持纪检执法机关严肃查办违纪违法案件。

以上承诺，请全街道各党（总）支部、党员、干部群众和社会各方面进行监督。

授诺方：　　　　　　　　　　承诺人：

　年　月　日　　　　　　　　年　月　日

制度实施以来，针对征地拆迁、村务公开、财物分配等因作风不实、措施不力引起的集访、越级访事件，对 9 个村 62 名村委会干部进行了集中约谈。对纵容、参与甚至煽动群众上访的个别村组干部，在警示提醒谈话、纠正错误行为的同时，联合政法系统加大打击和查处力度，促使广大基层村组干部正确行使权力，带头维护城中村稳定。

为了进一步规范村级组织运行体系，建立村民参与和监督的常态化机制，Y 区在充分调研和试点的基础上，出台了《Y 区村组干部任期和离任经济责任审计办法》，成立了由区级主要领导任组长，区内多部门联合参与的农村财务管理改革领导小组。各街道办事处也成立了相应的领导机构，组织协调落实。审计监督的对象是村委会主任或村级党组织负责人，主要是对城中村集体经济和村干部监督制约，内容包括经济活动、集体资产管理等多个方面。最后，通过召开村民代表会议或张榜公布的形式向村民公布审计结果。对审查出的问题严格按照相关法律法规严肃处理。截至目前，辖区农村已全部实现村组干部届满必审计、年度必审计、群众反映必审计。切实保障了农民权益，维护了社会公平正义。正是得益于这种审计制度，Y 区因城中村财务问题上访量下降了 80%，全区农村非生产性开支节约了数千万元。Y 区还通过审计发现制度运行中的问题，相继出台了《会计委托代理记账制度》《农村集体经济事项监督管理办法》等 20 多项配套制度，进一步规范了农村财务管理。

（八）农村干部年度考评制度

农村干部年度考评制度，即借鉴公务员管理办法，Y 区 2010 年在全区启动了农村党组织书记"双述双评"年度考评制度，年终由街道党工委对村两委会主要干部进行考核评议。考评时，召开党员、村民代表会议，党支部书记、村委会主任分别进行述职，发放民主评议表，走访谈话，听取群众意见。考评结束后，由考评组写出考评报告，对村干部的思想工作情况做出客观公正的评价，将"述评"结果纳入到农村基层干部的管理考核中，对确定为优秀等次的村党组织书记，所在村综合考核予以加分，并加发至少 10% 的奖金；对确定为合格等次的，不得评为综合性先进；对虽未确定为不合格等次，但不满意票较高的村干部，街道党工委还进行提醒或诫勉谈话。为街道党工委加强村干部管理、指导农村工作提供依据。

这几项制度的推行，使民主监督有了"载体"，从程序上保证了监督的落实，对杜绝腐败现象的滋生和蔓延起到了很好的预防作用。

（九）农村干部教育培训制度

加强对村干部的教育培训工作，提高他们的综合素质。Y 区始终把培训村干部作为推进村民自治的重要环节，坚持不懈、紧抓不放。通过培训，提高他们的政策理论水平，增强民主意识和法制观念，树立群众观点，澄清各种模糊认识，学会在村民自治机制下开展工作的方式方法，增强他们搞好村民自治、落实好"四个民主"的自觉性和主动性。

Y 区委按照"分级负责、分层培训、注重实效"的原则，建立区、街、村三级培训网络。区委党校成立农村基层干部培训中心，把培训农村基层干部作为教育教学工作的重点内容，对农村干部分批轮训，区级领导和有关部门负责同志亲自担任主讲老师，同时邀请省、市委党校有关专家作专题报告，对培训人员进行党的知识、法律、科技、管理以及反腐倡廉等方面的教育,保证每年培训两期,每期培训不少于 7 天。街道党工委主要负责农村两委会委员和其他基层干部(包括街道站所干部)的培训,保证每年集中培训不少于 5 天。农村党组织结合自身特点,对党员、入党积极分子和农村后备干部进行培训。在定期培训的同时,重视农村基层干部的学历教育。通过区农广校的培训学习,全区目前已有 420 名村干部获得中专以上学历证书,还有 178 名干部在读。同时 Y 区还有针对性地定期举办"预防村干部职务犯罪"研讨班,均收到了明显效果。

三 协商民主:基层治理的机制创新

城市化加速,政府与村冲突加剧,衔接互动艰难,达成共识和维持秩序成为化解矛盾、推动发展的客观要求。在协商民主的创新实践中凝聚治理共识成为基层治理创新的主要内容。

1. 信访听证会

为了维持社会稳定,Y 区进行了信访机制改革创新,将听证制度引入信访工作就是其中最有意义的创新。Y 区在区、街、村三级建立了信访听证会制度。信访听证会由街道办事处和区信访局主持,上访群众代表、涉事单位的主要领导、信访调解员、信访评议员和相关职能部门领导参加,信访评议员由人大代表、政协委员、法律顾问等构成。听证会采取公开方式进行,在情、理、法交融的开放平台中,针对上访当事人所阐明的问题、提出的要求,信访部门会同涉事单位或部门及时做出解释,其中涉法问题由法律顾问给予法律解释或援助。整个听证过程由人大代表和政协委员进行监督评议。通过质询、辩论、评议、合议等方式,把问题摆在明处,把观点亮在桌面,落实责任,解决问题。这一制度的推行,既减轻了信访部门从前独立处理的工作压力,更提高了具体上访问题的解决效率。使村民与政府走向双向交流和平等参与,扩大了群众的知情权和参与权,提高了政府的公信力,同时引导教育群众依法维权,有利于将信访疑难问题解决在基层,也有利于缓解信访人与政府之间的紧张关系。

丈八地区原货币安置户集体上访问题听证会就非常典型。2004 年该地区 12 个村庄进行城中村改造,共安置村民 4406 户,其中选择货币安置的 374 户,1108 人,全部转为非农业户口,成为居民。到 2008 年下半年，部分货币安置户生活出现了问题，开始后悔当初货币安置的选择，并试图改变现状。有335户原货币安置户授权委托代表在省、市、区不断上访，他们起初的诉求仅是恢复村民资格，享受村民待遇。因此，在2008年陕西省第七届村委会换届选举中，他们要求享有选举权，希望通过获取政治权利，进而争取经济权利，但遭到村民们的强烈反对和坚决抵制。2008年12月16日，货币安置户人员出具《委托书》，授权委托张少鄂等七人全权代表依法维权。2009年4月17日赴京集访。2010年8月28日，西安市信访局对此举行"货币安置户信访听证会"，收到了良好的效果，对于问题的彻底解决发挥了重要作用。

2. 乡规民约评理会

村规民约是传统中国乡土社会生活中自发形成的成文规则和不成文的生活习惯，是维系乡村秩序的准则。2005年5月，Y区在部分村组自发实行的基础上，制定了《Y区乡规民约指导意见》，在全区120个村推行乡规民约评理会制度。乡规民约评理会是西安市Y区利用自身社会资源进行自我教育和自我管理的一项新型农民自组织和纠纷解决方式。乡规民约是乡村群众自发制定和自愿执行的守则和公约，村组在不违反法律法规的前提下，制定村民公约或道德规范，经村民集体讨论共同遵守。村民之间发生矛盾纠纷，组织公开评理会裁断，使矛盾纠纷在乡规民约的约束下自我化解。乡规民约是达成共识的社会公德要求，对解决一些日常生活中的矛盾纠纷和一般民事纠纷能发挥很好的作用。不仅为村民的道德行为提供了具体的准则，也为村民的道德监督和评价提供了褒善贬恶的标准，成为村民自治的一种积极形式。

从组织形式上看，Y区农村的乡规民约评理会实行常务理事制，设常务理事5—7人，其中会长1人，副会长1人，且至少有一名女性。通常情况下村党支部书记或村委会主任担任会长，副会长、常务理事则是由村民代表推选候选人，后经村民会议或村民代表会议确定。评理会会员根据人口状况一般由10—15人组成。根据规定，评理会中普通群众不少于50%，女会员不少于20%。一般来说，乡规民约评理会的成员由村党支部提名，村民代表会议推选村组德高望重、群众信任的有威望、口碑好、素质高的老党员、老干部和退休职工、教师组成。体现群众自己教育自己，自己管理自己。熟悉本村村情，熟悉纠纷的各方当事人，对于所要解决的矛盾纠纷清楚其来龙去脉。同时，他们通晓风俗习惯和人情世故。对于某些特定的矛盾纠纷，相比于村委会、调委会等组织和机制，乡规民约评理会参与解决更加具有人缘优势。例如：根据《Y区长延堡街道办事处东三爻堡村乡规民约评理会章程》，该村乡规民约评理会会员应具备如下条件：（1）认真贯彻党的各项路线、方针、政策，自觉遵守法纪法规；（2）知事明理、公道正派；（3）德高望重、村民拥戴。

从纠纷解决程序上看，乡规民约评理会一般每月定期召开，如果遇到村民上门请求解决问题则随时召开。乡规民约评理会一般按下列程序解决矛盾纠纷：由评理会理事长担任主持人。先有矛盾双方就其矛盾进行陈述；随后由评理会理事针对矛盾事实进行评理和说理，并在此基础上提出处理意见；进而矛盾双方基于对理事评理和说理的理解，并结合自身诉求，双方协商合理解决办法；评理会的评理和调处依据，既包括法律、政策，也包括农村社会的情理和习惯等。

乡规民约评理会为村民提供具体的道德行为准则，将提倡与反对、引导与约束、鼓励与惩罚有机结合，形成有效的制度支持和机制保障。城中村的问题多且繁杂，这些问题的数量和性质决定了无法一应由村委会解决，有不少属于道德范畴、家庭邻里的问题，法律管不上，行政也不好管。乡规民约评理会制度的实施，既降低了解决问题的成本，也缓解了当事双方的激烈冲突，为矛盾双方提供了解决问题的平台。

3. "五位一体"民主议事

城中村变迁过程中出现了新的权力关系，在村改居社区，以社区党支部、村（居）居委会、社区工作站、物业公司、业委会、改制后新设公司、群众工作室、便民服务站、人民调解室、警务室等为主体的多元互动权力结构。面对不同群体的利益诉求，习惯于包揽一切的政府，其社会管理能力受到严峻挑战，明显力不从心，自上而下的治理格局难以为继，构建以增加群众的参与感为目标，以社区党委为领导核心，以规范社区居委会、社区居民会议、社区代表会议为手段，动员社区党组织、居委会、驻地单位、民间组织和社区居民等社会管理重要力量，共同参与社区建设的新型社区自治模式的建设势在必行。以理顺社区管理体制为切入点，明晰各方职责划分，以社区党支部为领导核心，协调好社区居委会、服务站、业委会、物业企业四者之间的关系，形成居委会社区管理、服务站政务办理、业委会自治管理、物业企业专业服务相结合的社区管理服务格局。以信任、平等、协商为理念,重点推广"五位一体"民主议事制度,即社区党组织、村（居）委会、业主委员会、物业服务企业、社区民警五方代表共同组成民主议事委员会,形成"五位一体"的民主议事制度。议事会作为一种组织和机制,它能将党支部、村居委会、社区单位和社区居民有效地整合起来。议事会遵循协商原则,议事会成员也能运用各自的资源、能力和影响力将协商结果付诸实施。依托民主议事会,研究讨论与社区居民切身利益密切相关的热点难点问题并进行民主协商解决。如,困扰社区的安全卫生、宠物管理、乱搭乱建等老大难问题得到妥善解决。通过共同研究、探讨和协商解决与社区居民切身利益密切相关的热点和难点问题,搭建起相互沟通、平等对话的社区工作平台。以搭建广泛参与的社区治理平台为载体,以议事协商、民主决策为方式,发动社区代表及社区成员参与社区内各项服务管理工作,不断增强社区群众的社会责任感和归属感,有效实现了政府管理和群众自治的良性互动。

调研发现,Y区的乡村治理是在借助乡村的内部力量,特别是体制外的自组织来解决乡村的内部问题,而内部问题的缓解在一定程度上减少了村民与政府的正面对立。城中村农民自组织是政府对城中村有效管理的重要组织途径。"把自己组织起来,进行自主治理,从而能在所有人都面对搭便车、规避责任或其他机会主义的诱惑下,取得持久的共同收益。"[①] 新型社区自治模式体现了政府协商治理的新思路,推行村社居民面对面协调机制和自我治理机制,体现罗伯特·达尔所说的:"民主的单位越小,公民参与的可能性也就越大,公民把政府决策权力移交给代表的必要性就越小;而单位越大,处理各种事务的能力就越强,公民把决策权力交给代表的必要性也就越大。"[②] 在充分尊重基层利益主体多元化的客观实际的基础上,积极推动利益主体间的协商互动,有效地突破了利益主体内的狭隘性和自利性,促进社会公益,增强基层的凝聚力和认

[①] [美]埃莉诺·奥斯特罗姆:《公共事务的治理之道》,余逊达、陈旭东译,上海译文出版社2012年版,第35页。

[②] [美]罗伯特·达尔:《论民主》,商务印书馆1999年版,第111页。

同感。

四 法治思维：基层治理走向法制化

有效化解各类矛盾纠纷是基层治理的重要内容，同时也直接反映出基层治理的成效如何。近些年来，Y区基于其独特的经济社会发展环境，涉及了诸如"三区建设"大规模征地拆迁，市政道路建设、"城中村"改造等多项大项目、大拆建。这些工作的进行，必然折射出征地拆迁、补偿安置、农村分配、社区管理和基层干部作风等一系列问题。尤其是面临整村拆迁、大项目征地等极易引发社会矛盾的不稳定因素和政策法律不健全所引发的问题，造成区域内信访问题矛盾尖锐、协调处置困难。其中，征地补偿安置、城中村改造、集体收益分配、村务公开等方面的矛盾，一直是近几年上访的重要方面。在这样一个既是加快发展，也是各类矛盾凸显的时期，特殊的区情和发展过程决定了雁塔稳定工作面临严峻形势。Y区积极探索，以法治思维统领基层治理和矛盾纠纷化解，从信访机制创新，利用资质资源和引导群众依法维权等方面解决矛盾纠纷，形成安定有序的社会局面。

（一）创新信访维稳机制

调研发现Y区维稳工作，特别是信访维稳工作的许多探索和实践颇具启发意义，Y区各级领导高度重视信访维稳工作、对维稳形势分析全面透彻，对发展与稳定的关系把握准确到位，工作思路清晰，勇于探索，敢于创新，形成了一套行之有效的维稳工作制度和矛盾纠纷化解机制，并取得了显著成效，如村财街管、双签制、信访听证会、乡规民约评理会、首问负责制、零报告制度、信访代理制度和矛盾纠纷排查预警制度等。好的制度的制定与贯彻对于预防和解决各类社会矛盾纠纷，维护社会稳定发挥了极其重要的作用。Y区各类上访事件较过去有大幅度下降，得到了省市及中央的充分肯定。信访实现"事要解决"，必须要有一定的组织载体为依托。Y区在实践中逐步形成了区、街道办事处、村组（社区）三级信访工作机构，具体组织实施排查、化解矛盾纠纷工作。这些组织和机构包括信访联席会议、信访接待中心、街道办事处信访办公室、区街村三级群众工作机构和群众工作室。

1. 信访联席会议

信访联席会议，即 Y 区处理信访突出问题及群体性事件联席会议。我国于 2004 年建立处理信访突出问题及群体性事件联席会议制度，各级政府都相应成立了处理信访突出问题及群体性事件联席会议。区联席会议代表区委和区政府对信访稳定工作行使组织领导和协调指挥职能，定期研究解决信访突出问题及群体性事件，形成"决策、指挥、协调"三位一体的信访工作领导体制。同时成立区信访接待中心（与区信访局合署办公）作为区联席会议的办公室，承担处理信访突出问题及群体性事件联席会议日常工作。Y 区一些街道办事处根据需要建立实施信访问题处理联席会议制度，如丈八街道率先建立和实施这一制度。这一制度针对辖区内涉及面广、难度较大的信访问题进行集中研判解决，前移了处置关口，取得了较好的效果。信访问题处理联席会议以街道办事处分管领导、包村领导、包村科室、驻村干部等为主要参会对象，通过会议制定解决办法，规定解决时限，街道信访办督导。同时将研判结果告知信访当事人，把问题消化在村组、消化在街道办事处。

2. 区信访接待中心

按照市、区关于各区县建立信访接待中心的工作要求，借鉴沈阳信访工作成功经验，Y 区在原先信访综合楼的基础上，投入 130 万元，改扩建为 Y 区信访接待中心。中心与区信访局合署办公。区信访接待中心配备 1 正 7 副共 8 名中心主任，有 10 名在编人员、10 名信访代理员，除区信访局原有 3 名领导外，其余副主任由区纪委、区法院、区维稳办、区司法局、公安雁塔分局分管信访工作领导兼任。中心设有 2 个候访大厅、1 个登记分流室、1 个警备室、2 个会议室和 1 个活动室，17 间办公用房、5 个接访室、1 个综合接访室。其中接访室分设综合接待接访室、农村村务接访室、社会事务接访室、人事社保接访室、拆迁安置接访室、城建执法接访室和涉法涉诉接访室。中心从信访任务较重的区级 8 个部门各调派 1 名后备干部入驻区信访接待中心，集中接待本部门、本系统来访群众，办理相关信访事项。按照全市"一站式接待、一条龙办理、一揽子解决"的"三个一"工作要求，区接待中心努力探索、不断健全联合接访的运行机制和管理机制，以机制体制创新促进信访工作的深入开展。

3. 街道办事处信访办公室

Y 区注重基层信访队伍建设，不断充实基层信访队伍。2010 年区委、区政府批准，由区编委下发《关于在街道办事处设立信访办的通知》（雁编发〔2010〕1 号），在 8 个街道均设立了信访办，明确由 1 名正科级领导干部负责，信访办有 3—5 名专职信访干部。

4. 街道综治中心

西安首个街道综治工作中心 2010 年 4 月在 Y 区电子城街道办事处挂牌成立。根据 Y 区电子城街道流动暂住人口和公共复杂场所较多，治安形势相对复杂的情况，将综治、公安、司法、信访、安监、工商、劳动保障所、社会事务科等部门联合起来成立的。作为以平安建设为统揽，解决纠纷、接待信访、维护稳定、为民服务的综合性协调办事机构。中心设置有综治办、司法所、信访办、安监办、接待受理室、中心警务室、应急处置室、特派法官室、法律服务室和矛盾纠纷调解庭。综治工作中心对矛盾纠纷将统一受理，统一分流，统一督办，统一归档，实行"五联"机制，形成党政领导、中心牵头、部门协调、村居联动、群众参与的大综治工作格局。

（二）整合资源化解矛盾纠纷

1. 设立群众工作机构

为了切实贯彻落实全国用群众工作统揽信访工作会议精神，2012 年 2 月，按照西安市委、市政府和市信访接待中心的要求，区信访局向区委常委会提交了关于开展用群众工作统揽信访工作、在区、街、村三级分别成立群众工作机构的请示，即在区一级成立群众工作室，作为同级党委工作部门，与区信访局合署办公，两块牌子，一套人马；在街道一级成立群众工作站，设群众工作站办公室，与街道信访办合署办公；在村组、社区成立群众工作室，由村委书记担任工作室负责人，同时由街道派驻村组的维稳工作队员（街道办事处派驻村干部）、村信访信息员（本村村民）、信访公益性岗位人员以及在村组较有威信的老党员等作为群众工作室的工作人员，开展日常工作。Y 区在全区 120 个村组挑选了 240 名德高望重的村民担任信访信息员，积极向群众宣传相关法律法规，有效促进村组各类矛盾的及时化解。三级群众工作机构统一模式、统一管理，形成了以群众工作部为龙头，以群众工作站为纽带，以群众工作室为基础，以村组、社区群众工作信息员为前哨的四级群众工作网络。

2. 社区人民调解

目前，8个街道均已成立街道群众工作站，平均有专职工作人员4人。在街道办事处的督导下，除涉及城改或征地拆迁等工作的村组以外，其他73个村和101个社区全部挂牌成立了群众工作室，分别占到总数的69%和98%以上。长延堡街道涌现出"党员志愿者陈绪水群众工作室""副军级退休干部冯广廷群众工作室"等特色群众工作室。2012年5月，丈八街道袁旗寨社区"张兴无调解工作室"正式挂牌成立，至今，已成功调处各类矛盾纠纷500多起，仅2014年一年，经张兴无调解工作室调处的各类矛盾纠纷129起，成功调解率达100%。被省司法厅评为"省级标准化人民调解委员会"，被司法部授予"全国模范人民调解委员会"。这些特色工作室面对面与群众沟通，赢得了群众的信任与支持，有效地化解了社区内的矛盾纠纷。

（三）引导群众依法维权

Y区建立了区、街、村三级信访听证会和乡规民约评理会等制度，积极引导群众依法理性表达诉求，依法维护权益。大力推行"三官一律"进村社制度，为每个村社派驻一名法官、警官、检察官、司法助理员或律师，常年进驻村组，警官在村社工作时间每周不少于8小时；法官、检察官、律师每周在村社工作时间不少于4小时。为群众提供法律咨询、法律援助和司法救助，开展法律宣传，举办职务犯罪讲座，积极引导群众正确辨别利益诉求的合理性和合法性，帮助群众通过法律方式反映问题、解决纠纷。Y区还通过实施"进农村问需"，"进社区问政"等行政方式，与城中村群众零距离接触，倾听基层群众诉求，排查调处矛盾纠纷，促进社会和谐。

第三节　社会管理方式创新：服务与协商

《中华人民共和国国民经济和社会发展第十二个五年规划纲要》提出社会管理方式创新"要从偏重管制控制向更加重视服务、重视协商协调转变，更多地运用群众路线的方式、民主的方式、服务的方式，教育、协商、疏导的方式，化解社会矛盾，解决社会问题"。Y区严格践行"十二五"纲要精神，自2010年起，在创新城中村社会服务管理方面大胆实践，探索了一条富有特色创新管理之路。形成了城中村社会服务管理"四化引领、三整并举、两手齐抓"的"四三二模式"，即：推进城乡一体化、农村社区化、服务均等化、管理精细化；坚持抓好治安整治、环境整治、组织整建；做到一手抓城市建设、一手抓治安管理。在"四三二模式"的大框架下，Y区成功建成了区、街、社区（农村）三级服务管理平台，划分了区、街、社区（农村）、单元的四级社会管理责任，促进服务管理体制由分散向融合、由粗放向精细化转变。

以创新管理机制、提高服务水平为重点，推进管理服务体系建设、信息化平台建设和便民服务工程建设，在加强和创新社会管理工作上进行了积极探索。提出了"以服务管理体系建设为基础，创新工作机制；以信息化平台为载体，创新管理手段；以为人民服务为重点，创新服务模式；以促进多方参与为抓手，营造共建共治共享管理格局"的"三创新、一共建"社会管理模式。在实践中体现了"精细化管理、人性化服务、多元化参与、信息化支撑"的理念。其积极意义在于，积极转变政府职能，建立能促型政府，既能通过行政力量推动并完善公共服务的专业化、多样化和均等化，又能够有效调动社会力量，以参与促管理，实现政府与社会的相互增权。

一 村社管理网格化

西安是全国社会管理创新综合试点城市。2011年5月全市全面启动网格化管理试点，以精细化服务为要求，以信息化为支撑，实现了社会管理服务的全覆盖。乡镇（街道）、社区（村）行政区划不变，把乡镇（街道）划分成若干个单元网格，每个网格组建相应管理服务团队，形成区、乡镇（街道）、村（社区）以及网格单元四级责任体系，利用综合信息平台，开展网格化服务，将村（社区）划分若干个单元网格，使基层社会管理延伸化，公共服务速递化。西安市城中村为及时了解社情民意和群众诉求，努力将服务切实带到群众身边，在每个网格设1名管理服务人员，专门负责解决特定网格内的一切具体事务。信息化是网格化管理服务的支撑，网格管理员可以通过电子信息平台将相关信息迅速直接地反映到街道社会管理综合指挥中心，指挥中心可以根据实际情况分派职能部门办理，建立起社会管理的110、便民服务的直通车，实现联系群众、掌握民情、解决矛盾、维护稳定、促进发展的社会管理职能，为辖区村居民提供多元化、全方位服务。比如，鱼化寨街道办事处成立了以街道党工委书记、办事处主任为组长的城市精细化管理工作领导小组，建立"城市精细化管理工作检查与督查"通报登记制度，明晰职责，夯实责任，突出重点，结合辖区内"一区四制"，区情比较复杂的实际，有针对性地采取"城市管理网格化、城村管理一体化、管理重点精品化"等做法，收到实效。

Y区"网格化管理"的网格服务团队以街道办事处干部和村干部为主要生力军，同时吸收了诸如教师、医生、社区大学生等社会各领域优秀人才参与。网格服务团队的核心成员是街道办事处驻村干部和村干部，驻村干部的主要工作是"参与党务，指导村务"，具体职责在于了解村里的情况，沟通村子和街道与区里的联系，包括相关政策、法规以及帮助村里在发展和建设上出主意、想办法。网格服务团队对网格内村民进行管理的过程，体现了街道办事处干部与村干部的合作，体现了政府公共管理与乡村社区自我管理的有机结合。使城市管理从传统粗放型、被动反应型、刚性执法型转变为集约精细型、主动防范型和柔性服务型。通过"网格化管理"，能够深入村社每个家庭，以网格为单位收集社情民意，化解矛盾纠纷，为网格内居民提供惠民便民服务，有利于实现和维护社区居民的社会权利。

二 村庄管理社区化

随着城市化的快速推进，城中村涌入了大量的外来人口，给村级自治管理带来了极大的压力，Y区顺应我国城镇化发展大趋势，借鉴城市社区管理经验，对城中村进行大规模城中村改造。这一改造多按照城市社区标准，组建自治组织、实行社区化社会管理、完善社区基础设施建设、加强社区治安卫生管理，以此促进城乡一体化迅速发展。也就是把城市社区的服务管理内容和工作运行模式引入城乡接合部村庄，实现趋同式发展。[1]

---

[1] 马晓燕："北京市城乡接合部社会管理的新路径"，《发展》2013年第1期。

目前，在Y区城中村内居住的暂住人口近50万，多以周边院校的学生和外来打工者居多，城中村内的小旅馆、小网吧、小发廊、小游戏厅等"四小场所"由于投资的成本偏低，为这些外来人口提供了价格低廉的服务。入住这种小旅馆的人往往都是无业人员，社会治安隐患巨大。侵财性案件频发，刑事案件居高不下，更甚者这些地方成为藏污纳垢的场所。对此Y区坚持"以降发案为目标，运用传统工作方式与现代科技手段推进城中村治安综合治理，创新社会面打防机制，切实维护Y区治安大局稳定，坚决打赢提升群众安全感和满意率的翻身仗"的工作思路，将村民自治与信息化、智能化管理相结合，按照服务和管理需求，将现有的村社区合理划分为若干个服务管理单元，在"缩小管理范围、增加管理内容、提高管理效率"的精细化管理目标引导下，构建区、街、村社区三级管理服务平台，落实区、街、村社、单元四级社会管理责任，充分发挥现有的群众工作站、综治中心、警务室等各类街道和村社区工作机构的作用，发挥工、青、妇、行业协会等人民团体以及社会组织的作用，积极整合街道办事处和村社资源，创新管理模式和管理程序，将社会管理创新向社会领域覆盖，提升村居民居住安全感和满意度。

比如，Y区集中开展了以小旅馆整治为重点的城中村"四小场所"专项整治行动，行动中Y区对50张床位以上的小旅馆全部安装旅馆业信息管理系统，并纳入行业管理。对不具备安装信息管理系统的，一次性投资78万元，购置了旅馆业信息系统，通过录入旅客信息进行对比、实时关联、自动比对、自动报警等实战功能。目前该系统正在全区逐步推广。此外区公安分局还在城中村中推广电子门锁，并且创新总结出"五个一"管理模式：一名管理员（房东）、一套电子锁、一本登记簿、一块提示牌、一份3方责任书。以"五个一"模式为抓手，实现了对流动人口的实名管理，以往治安混乱的城中村变得管理有序。

农村社区化管理是社会管理创新的重要内容，实施村庄社区化管理后，村民住户的生活安全感明显得到了提高。城中村的刑事案件发案率明显下降。居住安全的保障和生活环境的改善还产生了经济效益。村内生活环境得到了明显改善，企业入住率明显上升，由此而带动的房屋租赁业也显著发展，不仅客源广进，房屋租金也有了大幅度的提升。

农村社区化管理在短时间内能够取得如此明显的社会效果的直接原因在于趋同化是这一模式的长效性保证。也就是基本实现了农民和市民同待遇、流动人口和本村居民同服务。流动人口对于社会管理的影响不仅仅体现在城中村中，但其作用程度却是在城中村中最为明显。流动人口为所在城市的建设做出了巨大贡献，正是在他们的辛勤付出，我国才可以大力推动城市化发展，并且也取得了令人惊叹的发展速度和效果。但是不可否认的是，流动人口的不稳定性，以及他们参差不齐的自身素质，也给接纳他们的城市带来了诸多治安、环卫等不稳定因素。农村社区化管理模式正式清楚地认识到流动人口在社会管理服务中的重要地位，因而对流动人口的社会管理、生活保障等均做出了更为完善的规定，使他们与城市原住居民逐步趋同。正是这种更为人性化的趋同管理，使得农村社会化管理模式具有一定的长效性。

三　社区服务人性化

社区服务进单元，建立单元工作机制。坚持完整性、便利性、均衡性、差异性原则，按照不同区域、不同类型、不同标准，将辖区社区（农村）划分成若干个社会服务管理工作单元，进一步整合基层工作力量。以单元为单位建立起基础管理系统，分类收集流动人口、房屋租赁、矛盾纠纷、重点人群帮教、社区矫正等工作信息，强化管理措施，做到信息到户、管理到人、五种力量（治安信息员、维稳工作队员、巡防队员、人民调解员、信访代理员）到单元。合理配置单元工作力量，建立"多员参与、一员多能，一岗多责"的"X+Y"工作机制。"X"指单元督导员、单元长、单元治安员、单元信息员、人民调解员等专职人员；"Y"指单元内人大代表、政协委员、楼长、义务治安巡逻队员、居民自助互助志愿者服务队伍等。通过单元工作力量，对村庄实行24小时动态管理，小到邻里纠纷，环境卫生；大到安全隐患、突发事件都有单元管理作为，真正实现在单元内排忧解难、服务民生。长延堡街道依托单元化管理模式，通过议事机制、"民情日记""楼长信息""百姓信箱"等多种方式收集民情诉求，有针对性地解决了村庄各类矛盾纠纷和居民热点、难点问题。

通过单元化的有效管理，努力实现身边事不出单元，小事不出社区、村,大事不出街道,矛盾不上交,发案数下降的社会管理目标。在Y区,创新社会管理的核心就是为辖区群众提供优质、高效的服务,通过服务加强对人的管理,以建立人性化的社会服务体系作为社会管理创新工作的重点。

四 工作流程科学化

在社会服务管理内容不断增加拓展的背景下,对现有社会服务管理工作机制、工作流程进行规范和再造,以提高服务管理效率的重要性就起显突出。确定街道的工作职能、职责,实现以"条线"管理为主向以"切块"为主综合服务管理的转变。在街道,建立社会服务管理综合指挥分中心,实行"一厅式办公",下设"一办六组",即中心办公室、社会服务组、治安防控组、矛盾调解组、综合执法组、特殊人群服务管理组和应急处置组,负责各类事件的分流和有效处置。在村社成立社会服务管理工作站,开展"一站式服务",以村社党组织负责人为站长,居委会、村委会主任为副站长,居委会委员、村委会委员、街道维稳工作队员、包片干部、村社民警以及治保会、调委会、治安巡逻队负责人为成员,并将治安管理、矛盾化解、流动人口管理、重点人群帮教服务、社区矫正等工作纳入工作范畴,形成"一张管理网络、一套运行机制、一个指挥系统、一个服务平台、一支综合力量"的以块为主的社会服务管理新格局。其不仅为提高政府行政效率创造了可行的制度空间,同时也进一步推动了政府社会管理服务能力的提升。人不分尊卑,事不分大小,等尽可能地保证在第一时间得到有效解决。无论是重点人、重点部位、突出事件的管控,还是社情民意、群众需求的反映,都能在第一时间得到合理的、有效的解决。强化政府行政整合力度,打破条块分割的治理困局,不仅为提高政府行政效率创造了可行的制度空间,同时也进一步推动了政府社会管理服务能力的提升。

五 农村管理信息化

信息化是社会管理的先进手段和支撑体系,可以有效提高社会管理效率和质量。此外,以技术促服务,通过管理信息化建设不仅有效解决了治理主体间信息不对称的问题,同时也增强了政府实时管理、危机管理的能力。

　　Y区充分运用电子信息化，建立了覆盖全区、快速应急的"社会管理信息管理系统"，利用电子信息的动态特性，将原本的静态社会管理转变为动态管理，将原本的事后弥补性管理模式转变为事前预防性管理模式，剔除掉复杂的中间程序，是农村管理实现高度一体化。从信息化硬件来看，近年来，Y区还在社区、村庄、学校等公共区域的要害部位安装视频监控设备达10000多个，彻底实现视频监控全面覆盖。此外该区还制定了流动人口基础信息采集制度，组建了集社会基本职能于一体的流动人口服务管理新机制。

　　从信息化软件来看，经过多年的信息化社会管理，Y区在日常工作中认识到信息化对社区管理服务的重大作用。基于已有信息网络，成功研制开发了Y区社会管理工作软件。这一软件囊括全区地理信息和社会管理基础信息两大数据库，将多种基本社会管理职能融为一体，明确不同时间的分级标准、处置流程和管理制度。

　　从信息化管理机构设置来看，Y区设置了社会服务管理综合指挥中心、街道社会服务管理综合指挥分中心、社会服务管理工作站三级管理平台。明确各机构的工作权限和工作机制，夯实区、街、社区及单元四级管理责任。通过提交、受理、派遣、处理、评价、归档"六步闭环流程"，对辖区人、地、事、物、房屋、组织等实施综合管理，实现了动态和立体化的服务和管理。以技术促服务，通过管理信息化建设不仅有效解决了治理主体间信息不对称的问题，同时也增强了政府实时管理、危机管理的能力。

本章小结

　　以上我们通过极具代表性的Y区城中村政府管理与村民自治衔接互动具体实践的考察，我们可以发现一些颇具启发意义的东西。

　　1. 整合资源构建村社治理体系

　　调动党组织、政府力量、民间社会三方资源，以治理为核心，各司其职，协同建设。具体而言，通过党组织制衡和纠正农村自治权力有可能出现的偏离，解决的是自治权力的监督问题；充分发挥政府力量，为农村基础建设提供帮助；通过乡规民约评理会等社会组织建设，找到协商治理的衔接点，使之成为政府和农民之间的桥梁纽带，借助乡村的外部力量来解决乡村的内部问题，一定程度上减少了村民与政府的正面对立。

2. 综合性与一体性相结合的治理模式

综合治理以治理的综合性导向为本质特征，其主要表现为：治理主体由单纯重视政府作用向推动政府、社会调协共治的转变；治理目标突出为民服务主题，由偏重行政管制、控制向强调综合运用民主、服务、教育、协商、疏导等方式的转变，始终把保障和改善民生作为创新社会管理的着力点；治理管道由部门分立向综治、安监、信访、公安、司法统筹协作的转变，形成多方参与的管理格局；治理手段向信息化、网络化转变。综合性治理推动了基层治理网络的建设，而一体化机制则支撑着基层治理网络的有效运作。在政府主导下，通过联动、服务和保障机制的多方运作，形成自上而下的一体化推进管理模式，治理网络具有通达、便捷、高效和稳定的特点，从而使基层治理出现了服务到基层、管理在一线，资源合理用，治理见实效的良好局面。

3. 政府管理与社会自治相促进

Y区模式并非政府对社会的全面管制，而是政府主导下的社会自治、社会善治。一方面，自上而下形成的管理网络能够有效地规范和引导公民参与社会管理活动，沟通和协调政府与社会之间的权利义务关系，通过政府的制度建设、组织建设不仅激活和完善了基层的治理结构，更为社会自治提供了稳定、合理的制度空间和制度保障。另一方面，自下而上形成的协作，使社会自治组织能够承接和履行政府的管理要求，降低并分散政府管理的成本与风险，通过"以民管民、为民便民"等群防群治的举措，切实提高了社会自组织的能力，并将逐步培养生成社会内生秩序，是政府管理与社会自治实现良性互动的有益探索。

在政府引导下的基层社会治理的制度体系，面向群众、基层社会组织以及政府自身，它赋能于群众，强化于社会，同时也转变了政府在社会基层基础领域中的管理和服务方式。基层政府职能正朝着社会管理和公共服务的方向转变。基层民主与行政执法已经成为一种基本的工作方法和手段，开始以政府推动向政府与人民群众互动转变，在加强沟通、强化服务、转变作风、化解矛盾和促进和谐等方面发挥出了积极、有效的作用。政府管理的下沉和基层群众自治的兴起，是国家基层治理模式的转变，基层政府管理与村民自治有机衔接与良性互动的新型乡村关系正在形成中。

尽管 Y 区社会管理创新做出了一系列富有成效的探索，但通过审视和研究，不难发现社会管理的价值理念滞后仍然是制约社会管理体制创新的瓶颈，体现为旨在压制公共利益表达的维稳控制理念和主导价值取向。地方治理的逻辑和思路偏硬，主要治理方式仍然沿用旧式的命令、指示、政策、惩罚以及控制资源分配等对社会进行全面直线型管理和控制，缺乏包容性认同性管理。治理格局中相较于当前党委与政府之间的协同性，社会协同、公众参却还差得很远，群众参与热情很高，但如何组织成为难题。"面对经济社会发展深层次全面转型，传统控制思维下社会管理思路与新形势下价值体系诉求日趋相背离，甚至陷入难以逾越的困境。"① 在这一过程中，政府与社会从最初的自上而下的命令式单向垂直管理，逐步转变为双向或者多向合力共同治理，村民经历了从被动到主动，从不安到坦然，从怀疑到信任的过程，政府行政权力经历了从管控到治理的变迁过程。但是我们也要看到，在某些地区，政府仍然在社会管理服务中唱着"独角戏"。"各级地方政府在进行社会管理时，将社会管理创新片面化理解，认为是单方面的政府公共权力的扩展与放大。社会协同和公众参与不足，如何组织和动员社会力量参与社会管理和公共服务，目前仍然缺乏一个总体性的政策思路和顶层设计，更缺乏适合社会组织和公民参与的项目设计。因此，官民共治仍有很长的路要走。"②

---

① 潘加军、蔡小慎："从社会管制转向社会权利：新时期社会管理创新的价值走向"，《当代世界与社会主义》2013 年第 2 期。
② 周红云等："政府与社会互动"，《瞭望》2011 年第 49 期。

第八章

政府管理与村社自治有机结合的有效途径

在前面几章中我们着重考察了政府管理与基层自治的对接必要，对接困难，需要对接的问题，这一章我们重点论述如何对接问题，解决问题的思路立足于现实和发展。在正视现实和问题的基础上，立足于动态发展的眼光分析和解决问题。要在政府职能转变、村民自治机制创新以及推进城市化进程背景下，思考和解决基层政府管理与村民自治衔接与互动的问题。政府行政管理与村民自治有效衔接和良性互动状态的达成，最终都取决于一系列具有操作性的实现形式和机制的探寻和建立。以城中村随时变化着的人们的不同需求为导向，并思考解决这些需求的手段，目的是在政府与自治组织之间建立一种"优势互补、分工协作、良性互动"的关系。以实现"党委领导、政府负责、社会协同、公众参与，法制保障"的社会管理格局。加强衔接互动需要解决价值、制度与机制等难题。涉及价值基础、政府角色、行动逻辑、目标与手段、基本原则等方面的建构与重建，是一项牵一发而动全身的系统性社会工程。城中村社区治理中的各种矛盾和现实问题已经成为我国城市发展的瓶颈，构建适应时代发展要求的城市社区治理机制已经成为时代发展的要求。笔者试图以实证调查和理论研究为基础，找准管理与自治衔接与互动的结合点，着力制度的完善、组织创新和能力培养，让政府管理与村民自治衔接与互动制度化、常态化，以保证城中村社会转型的顺利进行。

第一节　基层政府城中村管理的价值取向

价值取向，指的是一定主体基于自己的价值观在面对或处理各种矛盾、冲突、关系时所持的基本价值立场、价值态度以及所表现出来的基本价值倾向。价值取向是人们行动的指南，社会管理作为管理国家和社会的活动，总是要遵循一定的价值观来进行。任何一种管理制度都有与之相适应的价值理念。人们的行为过程，实际上是遵循价值观念的活动过程。价值观念决定着人们的行为目标和行为取向。[1] 基层政府城中村管理的行为方式是社会管理理念的具体体现。在不同价值取向的指引下，国家行政管理对社会的治理是一种有意识的目的性治理行为，而基层群众自治同样是一种有其价值追求的治理行为。在不同的价值指引下，必然导出不同的行为方式。因此，其也必将会致使国家行政管理与基层群众自治陷入协调的困境。[2] 随着经济体制深刻变革、社会结构深刻变动、利益格局深刻调整、思想观念深刻变化，人们思想活动的独立性、选择性、多变性、差异性日趋增强，社会意识和价值取向日益多样化，使得社会管理的价值功能越发彰显。无论是基层政府还是基层自治组织都要树立正确的价值取向，才能正确地评价事物，从而懂得该不该做、能不能做、怎么去做。价值取向为治理体系现代化以及地方政府社会管理与基层民众有效衔接和良性互动指明了方向。地方政府城中村管理价值取向和治理观念是决定双方良性互动的主观条件，直接影响和决定着管理方式方法的创新。只有搞清价值基础，才能真正把握衔接互动的目的、方向、目标和行动策略。治理追求的价值取向不同，衔接互动的模式也就有所不同。

（一）基层政府农村社会管理的价值核心

根据马克思主义基本原理，农民在基层政府农村管理中应处于的价值核心地位。马克思主义认为，在所有的价值体系中，人是价值的起点。这是价值归宿的命题，人们的惯常思维是忽略人在社会发展中的核心地

---

[1]　黎永泰：《企业管理的文化阶梯》，四川人民出版 2003 年版，第 108 页。
[2]　刘东杰："政府管理与基层自治的困境与协调"，《理论学习》2012 年第 6 期。

位，把人仅仅当作社会发展的手段和社会管理的对象，马克思、恩格斯则注重从社会发展来看人的发展，提出了"人的自由发展"的重要思想，在《共产党宣言》中指出："每个人的自由发展是一切人的自由发展的条件。"①。马克思认为他所处的那个时代影响和限制着人的自由发展，为了人的自由发展应当去改造社会、变革社会，让社会满足人的发展需要。因为人是社会的主体，是生产力和各项社会活动中唯一的能动要素，发挥人的主动性、积极性与创造性是推动社会生产力进步的决定性条件。可见，在马克思眼里，社会理想是以人的发展为核心、人的发展与生产发展相协调，因此，提高劳动者的素质，推进人的全面发展是整个社会活动的主旨。

在农村，推动农民自由而全面的发展就是农村发展的最终目标，也是农村社会管理的价值归宿。坚持农民本位的价值取向，就是以农民为社会管理的核心，就是坚持以人为本，以此出发才能实现政府管理与城中村（社区）自治的良性互动。传统社会管理理念是"整治"和"管"，其所要求的就是要服从，缺乏沟通交流，（1）以"权"为本，重权不重人；（2）以"管"为本，重管不重人；（3）以"物"为本，见物不见人；（4）以服从为本，重命令而忽视人的主观能动性，过分强调某个方面而忽略或否定另一方面。作为管理对象的社会成员难有主体意识，也缺乏合作意识，许多矛盾和问题被掩盖，抑制了社会应有的生机和活力。多年来政绩考核指挥棒更多地追求GDP的持续增长、财政收入的攀升、投资拉动力度的增加，只强调"发展是硬道理"，忽视社会和人的全面发展。现代政治中的政府与公民是一种平等交换和平等制约的关系，政府管理模式强调以合法、透明、责任、法治、回应、有效为核心理念，由官到民、由统治到治理、由物到人的过程，以人为本成为一种新的政府管理理念。十六届三中全会首次在中央文件中提出"以人为本"的科学发展观。2003年总理温家宝在国家行政学院省部级干部专题研究班讲话时，又提出要树立"以人为本"的政府管理思想，实现政府运行机制创新和管理方式创新。以人为本的思想，强调一切为了人，一切依靠人，促进人的全面发展和人的价值的全面实现。以人为本政府管理的价值回归，

---

① 马克思、恩格斯：《马克思恩格斯选集》第1卷，人民出版社1995年版，第294页。

意味着政府行为将更加依靠人、为了人,协调经济、政治、文化、自然以及其他社会要素的关系,推动社会的可持续发展,并最终实现人的全面发展。2011年,胡锦涛在讲话中指出,社会管理,说到底是对人的管理和服务,涉及广大人民群众的切身利益,必须始终坚持以人为本、执政为民,切实贯彻党的全心全意为人民服务的根本宗旨,不断实现好、维护好、发展好最广大人民根本利益。习近平总书记也强调,一切社会管理部门都是为群众服务的部门,一切社会管理工作都是为群众谋利益的工作,一切社会管理过程都是做群众工作的过程,时时处处、切切实实关心群众生活,紧抓民生之本,解决民生之急,排除民生之忧。

以人为本的政府管理模式强调,政府的对象是人,政府作为的出发点和归宿也是人。因此对于村民自治中的村民而言,政府不能一味持质疑态度,不能将农民素质不高成为不搞民主或者把民主层次压得很低的借口,更不能以农民自治能力不足为政府的微观干预作合理性辩解。政府的责任是通过提供法治规范和制度保证,以确保村民自治能够在法治的轨道上进行。[①] 治理方式上,更多地采用心理疏导、人文关怀等"柔性"执法手段,治理的对象从有形的"物"与制度向无形的"人心"转变。

实践已经反复揭示,要改善政府治理能力,提升城中村治理决策效度,根本问题是要解决政府决策的价值导向。必须尽快走出片面经济追求和片面维稳导向的误区,坚守以人为本民生为本的价值取向。简单地说,以人为本的政府管理是一种尊重人、关心人、信任人、造就人、成全人和发展人的管理模式。[②] 它要求政府应根据社会发展变化的需要不断调整自身的职能,转变职能的内容和方式;要求政府职能的界定或供给要体现以人为本的原则和理念,促进人的自由和全面的发展。把以人为本作为政府职能调整的原则和理念是政府服务于社会的终极目的,社会成员之间就易于理解和沟通,社会成员就有平等及尊重感,有主体意识和社会责任感,社会矛盾就会大大减少并利于化解,社会就会和谐。因

[①] 赵树凯:"政府不宜过度干涉村民自治事务",《农村工作通讯》2010年第21期。

[②] 汪大海、唐德龙:"以人为本的政府管理的价值回归及其模式选择",《教学与研究》2005年第3期。

此，相信群众、依靠群众，广泛动员和组织群众参与社会管理，发挥社会组织的积极作用，是我们加强社会建设和管理，推进政府管理与城中村（社区）自治的良性互动的前提条件和基础。

(二) 从传统的社会管理到公共治理的转变

我们过去讲国家与社会的关系、国家和基层群众的关系，最早说的是"国家统治"，后来讲"国家管理"，这种传统社会管理的特征之一是简单地强调社会控制和政府单一地分配社会资源。面对深层次全面转型的经济社会，传统管控思维下社会管理思路与新形势下社会治理现代化的要求日趋背离，甚至陷入难以解脱的困境。从社会管制走向社会治理将是创新社会管理的必然趋势。"治理是一个上下互动的管理过程，它主要通过合作、协商、伙伴关系、确立认同和共同的目标等方式实施对公共事务的管理。"①

2012年召开的国际行政科学学会 (IIAS) 第30届国际行政科学大会的主题是"社会经济重点与公共管理"，会议达成共识："治理"是应对各国经济社会危机的关键。治理意味着行政体系内部各层级政府的合作，也意味着政府与多元主体的合作，多元主体既包括私营企业、公民，也包括社区、民间组织。影响治理效果的主要因素是提高政府的执行力，提高治理质量的源泉是推动公民的参与。②

十八届三中全会公报多次用到"治理"这个词，如"推进国家治理体系和治理能力现代化""创新社会治理体制""改进社会治理方法""加快形成科学有效的社会治理体制""提高社会治理水平"等。从"管理"到"治理"一词之变，体现了中国共产党执政理念的根本转变。③该公报确立了"国家治理"理念和基本价值诉求，这一价值诉求下，"管理"变成"治理"，最核心的变化是治理主体的多元化。管理的主体只是政府，而治理的主体还包括社会组织乃至个人。治理是强调国家与社会或者政府与公民之间能良好合作，共同管理社会公共事务。社会治理的

---

① 俞可平：《治理与善治》，社会科学文献出版社2000年版，第6页。
② 吴江、孙锐、吕芳、乔立娜："重构公共治理机制"，《公共管理与政策评论》2012年第1期。
③ 向春玲："从'管理'到'治理'体现执政理念的根本转变"，人民网—理论频道，2013年11月14日。

特点是强调常规性的、基础性的服务和管理；强调社会组织、公民积极参与社会公共事务；强调社区建设的自我服务和自治管理。社会治理需要政府和社会组织更多地做好日常的、基础性的服务和管理工作。管理的运作模式是单向的、强制的、刚性的，治理的运作模式是复合的、合作的、包容的。因此要改进社会治理方式，治理主体要多元化，方式要法治化，不再是简单命令式和完全行政化的管理。可以说，管理国家向治理国家转变是一个重大的突破。

治理根本上不同于管制，管制必须要向治理过渡。在乡村治理转型过程中，需要更新治理理念，转换治理范式，然而，现阶段的政府在管理乡村社会时，仍然深陷传统管控泥沼。政府行政性管控乡村社会的现状必须改变，让乡村内部的自主性力量在公共服务供给、社会秩序维系、冲突矛盾化解等多个领域充分发挥基础性作用。这样做，既可以降低政府行政成本，减少政府管不胜管所导致的管理失效，也使得乡村社会内部充满了活力。这种新的治理范式的基本目标是让乡村问题尽可能地内部化和社会化，减少普通问题被政治化的过程，这是改善乡村治理的着力点。①

实现由管理国家向治理国家的转变，即实现国家治理体系和治理能力的现代化，须在多元主体与政府处于平等地位的基础上，以民主法治为核心，以规则制度为关键，加大解放思想与改革的力度，从基层社区开始，推进一个国家制度体系和制度执行能力的现代化，最终增加政府活动透明度，实现真正的社会公平正义。为实现社会公平，须以公共利益作为政府行为的出发点。从追求自身利益最大化转变到追求公共利益最大化，需要规范政府行为，弱化政府与公共利益不一致的政府利益。在政府治理过程中，要明确自身的角色地位，坚决遏制违法越权行为，加强权力监督。

（三）从命令服从向互动合作转变

传统社会管理强调社会管制，管理社会就是政府管制民众，权力运行方式总是自上而下，依靠政府的政治权威，通过强制的行政命令，对社会事务进行单一向度的管理。治理理论认为，治理的实质在于建立在

---

① 赵树凯：“多中心治理激活乡村民间力量”，《社会科学报》2006年6月22日。

市场原则、公共利益和认同之上的合作。它所拥有的管理机制主要不是依靠政府的权威,而是合作网络的权威。其权力向度是多元的、相互的,而不是单一的和自上而下的。① 强调通过合作、协商、参与等方式实现对社会事务的管理。

社会互动是指社会上人与人、群体与群体之间通过信息的传播而发生的相互依赖性的社会活动,又称为社会相互作用。② 互动的方式一般分为:交换、合作、竞争、冲突、调适等。良性互动应该是个人与个人之间,群体与群体之间相互作用而产生积极改变的过程。基层政府管理与群众自治的良性互动就是指区街政府的管理能在乡村政治、经济、社会、文化等方面切实发挥指导作用和服务作用,而村民自治能积极回应区街政府管理,能够很好地协助区街政府完成国家政务,促进行政管理有序高效运行。要真正实现这目标,各行动主体之间的交流和沟通,尤其是政府和公民之间的互动不可或缺,而且这种沟通与协商应该是二者之间的良性互动。互动需要两个(或多个)对象都做出主动沟通和积极回应。互动是制度变迁的灵魂。缺乏对象间的互动,制度调适就难以成功。所谓"上下互动式"结构是指国家行政管理,特别是公共服务一直延伸到乡村社会,而乡村社会的自我管理,特别是自我服务与政府相互衔接并良性互动,以保障乡村社会成为国家治理的有机组成部分,内化于国家治理体系之中。③ 合作是多元主体理性自觉的结果,是一种建立在市场原则、公共利益和认同之上的合作,其权力运行的向度是多元的、双向互动的。城市社区治理要求在平等基础上,公民与政府的良性沟通与互动,倡导公民与政府间的协商对话与正常回应。

在现实生活中,政府与公民的良性互动对中国来说基本上是空白的,新中国成立以来国家基本上把社会空间变成了权力的附属空间。近年来,在社会治理理念的引导下,社会管理实践中逐渐形成了多元参与和合作治理的格局,社会管理的互动性水平得以提高。党的十七大强调要实现

---

① 俞可平:《治理与善治》,社会科学文献出版社2000年版,第6页。
② 郑杭生:《社会学概论》,中国人民大学出版社1994年版,第163页。
③ 徐勇、周青年:"村民自治运行的长效机制——广东省云浮市探索的背景与价值",《河北学刊》2011年第5期。

政府行政管理与基层群众自治有效衔接和良性互动，十八大指出要实现政府管理和基层民主有机结合，基层社会治理的制度体系开始面向基层社会组织和民众，在政府引导下，强化社会，赋能群众，推动社会提升自我管理能力，形成了政府与社会功能互补、力量互动的社会治理格局。比如，浙江省宁波市海曙区向社会组织购买服务，政府依靠社会组织的力量购买居家养老服务项目，实现了政府为老年人提供养老服务的目标；上海普陀区长寿路街道改革民间组织管理体制，在街道办事处建立民间组织服务中心，让民间组织成为政府与社会之间的桥梁，为社区居民提供社会服务，实现社区治理的目标；浙江省义乌总工会依靠社会化力量为外来农民工维权，创立了"工会社会化维权模式"。这些改革都体现了基层政府与村居民及村居自组织的合作互动已经成为管理与自治政府与群众和谐关系的价值取向。改变了过去管、控、压、罚等行政手段管理方式，更多地学会民主的方式和服务的方式，尽可能通过平等地对话、沟通、协商、协调等办法，解决问题化解矛盾，使政府行政管理与基层群众自治之间从怀疑到信任、从被动到主动、从管控到治理。有利于增强基层群众的主体性和基层政府的行政效能，也有利于促进基层行政关系的和谐发展。

（四）从选择性治理向制度自觉型治理转变

当前，中国的地方政府仍然具有明显的压力型体制的特征，上级下达的政策大多采取数量化任务分解的管理方式。这就导致下级政府在执行上级工作任务时，还是延续了以往以数量化作为基本的考核指标。为了完成或者超额完成指标，为了追求政绩，即使政策要求尊重农民的自主性和自愿性，但实际上却仍然规定了任务和目标，从而形成某种强制性特征，不得不经常采取一些突击性或者强制性的执行方式。特别是，政府管理如果是基于不正确的价值观、错误的政绩观和不正当的利益追求，就难免会陷入选择性和非常态化的社会治理。与非常态下的社会危机管理相比，一个常态社会的社会管理应该是以制度规范、社会理性、政局稳定为主要特征，旨在维护科学合理的公共政策及常规性的、程序化的公共管理。随着城中村社会利益矛盾的复杂多元，村居民的社会治理需求进一步增加，社会管理需要突破传统的路径依赖，重在要通过一系列体制机制建设、法制建设、社会政策建设、基层社会建设等制度化路径。在地方政府对城中村的管理中,地方政府对于城中村管理工作的宏观框架和参与者的行为规则进行制定,同时运用经济、法律、政策等多种手段为公共物品的提供和公共事务的处理提供依据和便利。在这样的管理方式之下,地方政府在一定的程度上下放部分权力于城中村,初步落实城中村的自治权利,将原本自上而下、行政命令式的政府权威管理方式转变为政府指导,群众参与的政府间接管理方式。不断健全和完善让民主有序运转的规则和程序,提高基层自治组织的自我组织、自我管理水平,最终促进从应急运动型管理向制度自觉型管理转变,实现社会管理的制度化、科学化和长效化。

(五)从"指令为导向"向"以需求为导向"转变

社会管理的实质是服务人,满足人的需求。政府与基层的衔接互动是以农民需求为出发点的。要把实现和维护最广大人民群众的利益作为政府工作的出发点和落脚点,积极转变职能,才能将执政为民的核心思想落到实处。在长期计划经济体制影响下,只要说到"社会管理",绝大多数人就认为是管理者依靠权力或威慑力去约束、限制被管理者,把"相关人""管住、管好",往往是政府提要求,一级一级往下执行,一直到基层民众都是被动的,众多的需求包括参与社会的需求被忽略了。农村社会管理更深层的含义是向农民提供优质的社会服务。随着经济发展,基层社会服务管理的任务日益繁重。城中村居民生活水平的提升、居住方式的变化、服务需求的增加、对进一步深化村(居)民自治、增强城乡社区自治和服务功能和强化政府公共服务、改进公共服务提供方式提出了新要求。为了满足农民全面而自由发展的需要,农村社会管理必须解决农民的政治地位、权利与义务、社会保障与公共事务决策等众多领域的价值诉求,并通过农民主体地位的全面提升,来促进农村的全面发展。[①]从这个层面看,"以需求为导向"不同于以往的"以指令为导向"和"以市场为导向"的公共服务模式,创新社会管理就是要求基层政府尊重农民的主体性地位,将农民视为主体,把农民的生存权、发展权、就业权、教育权、社会福利权置于基层社会管理的重心,将农民的根本

[①] 吴新叶:"农村社会管理的动力机制与实现路径",《河南师范大学学报》(哲学社会科学版)2010年第2期。

利益和民生大计置于工作重心,依照农民之所思、所想、所愿,依据农民在就业、教育、医疗、养老等方面的实际需求,向其提供优质、便捷和高效的社会服务,以满足农民的主体性需求。

(六)从社会排斥向实现社会融合转变

社会权利就是国家通过建立制度化的社会政策,向弱势群体提供基本的医疗、住房、失业、教育和救济的社会保障。强化、保障和实现社会权利首先需要消除社会排斥,因为在排斥性的社会,强势社会群体的生活品质的提高或者维持,必须依赖于弱势社会群体的贡献,同时强势社会群体又排斥弱势社会群体的进入和分享其生活品质。近年来世界各国城市社会治理的公共话语由从关注贫困逐渐转向关注社会权利和社会融合。一个公平正义的社会不会是完全平均的社会,但肯定是包容性和非排斥性的社会。①。因此,现代社会管理强调社会融合,社会权利是社会管理所要保障的核心价值之一,社会管理的目的就是实现、维护和发展好公民的社会权利。在现代国家和市场经济背景下,社会管理有两个基本内容:一是实现和维护公民的社会权利;二是把多元化的社会有效地组织起来,实现国家与社会互动的结构化。但是,后者是以前者为前提的,前者的实现则以后者为条件。②强调通过社会政策来改善能力,实现弱势群体不受空间限制,均有机会和能力与社会中的其他人完全融入,在教育、生活、工作等方面相互依赖。"或者避免威胁社会稳定的巨大差异出现,保障贫穷人口享有受教育、医疗以及基本生活所需,即能够参与、决策自身的生活。达到社会的机会均等、全面参与,以及高质量的生产生活状态。"③

英国社会学家马歇尔将公民权利划分为法律(民事)权利、政治权利和社会权利,马歇尔将社会权利归纳为四个方面:一是最基本的经济福利与安全;二是完全享有社会遗产;三是普遍标准的市民生活与文明

---

① 陈爱蓓:"西方国家依法推进社会管理的理念、路径及其借鉴",《江海学刊》2011年第5期。

② 杨雪冬:"走向社会权利导向的社会管理体制",《华中师范大学学报》(人文社会科学版)2010年第1期。

③ 林闽钢:《社会政策:全球本地化视角的研究》,中国劳动社会保障出版社2007年版,第103页。

条件；四是年金保险保障健康生活。可见，社会权利是人的社会价值得以积极肯定和充分发展的权利，包括生存权、劳动权、健康权、受教育权等。[①] 在这个意义上，社会权利本质上就是社会福利权。并认为18世纪是法律权利的时代，19世纪是政治权利的时代，20世纪则是社会权利的时代。从1919年德国《魏玛宪法》开始，各国宪法逐渐把社会权利确认为公民的基本权利。社会权利是指从少量的经济福利与保障权利到分享社会发展成果，以及拥有按照当时社会普遍生活标准的文明生活的权利。[②] 国家和政府不仅仅是对这些权利作消极的承认和不侵犯，还要采取积极的行动为这些权利的实现创设社会条件，确保每一位公民平等享受社会发展成果的资格，这一共识被认为是20世纪人权发展的重要内容。

进入"十二五"以后，中国的城市化正经历着从"注重生存型"城市化向"民生福祉型"的重要转型。党的十八大强调，要坚持走中国特色新型城镇化道路，实现发展成果更多更公平惠及全体人民，必须加快社会事业改革，解决好人民最关心最直接最现实的利益问题，更好满足人民需求。而最基本意义上的生存权、就业权、受教育权及社会保障权等是每个公民包括发展中国家的每个公民必须拥有的权利。城中村变迁必须以民生改善为根本目的，让农民们享受到与城市居民同等的就业、社会保障、医疗、教育等权利，不单纯追求城镇化的速度，更关注社会权利和人们的生活品质。社会权利是经济待遇的根本，也是政治民主的起点。

在解决各种社会问题的基础上，以社会权利为导向，向国民提供基本的社会保障，通过在收入分配、就业、治安保障等方面的作为，消除或降低公民可能受到的风险，这是现代国家的一个重要标志。社会权利是在一定的经济发展水平上形成的。马歇尔谈到的公共教育、医疗保健以及充分就业是市场经济条件下的社会需要，而且也只有在现代经济发展水平下才能够得到实现，成为全体社会成员可以享受到的普遍权利。

[①] 吴强："社会权利的由来：读马歇尔'的公民权与社会阶级'"，《21世纪经济报道》，2007年4月16日。

[②] T. H. Marshall. Citizenship and Social Class [A]. In Sociology at the Crossroads and Other Essays [C]. London: Heinemann Educational Books Ltd., 1963. 74.

社会排斥与隔离会给社会发展带来巨大成本，最终影响到社会可持续发展。一个公平正义的社会应该是包容和融合的社会。农民的社会权利不是他们自下而上"争来"的，而是决策者面对来自农民"社会斗争"的隐形压力，基于"平等"的价值观念和政治经济风险的权衡，自上而下"给予"的，换言之，它是一种自觉的国家治理策略。①

城中村农民为国家建设和发展做出了重大的贡献和牺牲，失去了他们赖以生存和发展的土地。他们付出很多回报很少，又因体制和制度性的缺陷将之阻隔在现代化之外，使其陷入城中村的"孤岛"，很容易滑入社会弱势群体的队伍。如果我们的社会政策不惠及这一群体，任其社会权利贫乏，公共服务边缘，我们的社会治理必然失于狭隘，败于不公。

（七）从政府官治向社会自治转变

社会管理主要包括社会政府管理和社会自治管理两个层面，政府管理是社会管理的一部分，而非全部，但基于历史原因，人们过分强调和依赖政府管理而忽视社会自治管理。诚如学者批评："目前我国政府管理的扭曲是把社会管理当作政治控制，不承认社会的自治逻辑。"②

社会管理创新的实质是社会自治。社会自治与他治相对立，在他治的情况下，社会的每一个成员是被动的，其沟通交流也是非理性的，或狂热或冷漠。在自治的情况下，每一个成员的参与都是主动的，交流的话题也是社会成员关心的话题，所做的决策也是与每一个人利益息息相关。自治的过程也就是大家共同参与的过程，理性讨论和交流的过程，决策民主化、科学化的过程。③

良好的社会治理的实现，既需要强有力的社会管理，更需要高水平的社会自治。善治是政府与公民对社会生活的共同治理，是社会治理的最佳状态。善治意味着，即使政府不在场，或政府治理失效，社会政治生活也依旧井然有序。从这个意义上说，没有高度发达的社会自治，就

---

① 楚成亚："农民社会权利的发展及其政治意蕴"，《当代世界与社会主义》2011年第5期。
② 任剑涛："社会管理应还社会以自治秩序"，《南方都市报评论周刊》2011年3月27日。
③ 宋利："社会管理创新的本质是社会自治"，《人民代表报》2011年6月21日第7版。

难有作为理想政治状态的善治。[1] 社会自治可以降低政府社会管理的成本，减少政府包揽一切社会事务的压力。

政府治理体系和治理能力现代化的最终目标就是还权于民，社会的事最终由社会来管。党的十七大提出，"要健全基层党组织领导的充满活力的基层群众自治机制，扩大基层群众自治范围，完善民主管理制度，把城乡社区建设成为管理有序、服务完善、文明祥和的社会生活共同体"。党的十八大报告指出，要健全基层党组织领导的充满活力的基层群众自治机制，拓宽范围和途径，丰富内容和形式，保障人民享有更多更切实的民主权利。地方政府要改变社会控制的观念、方式和手段，不断探索和创新社会管理理念、机制和方式。实现从自上而下单向的社会管理，向以政府为主导、多方参与、具有"公共治理"特征的新型社会管理模式转变。[2]

徐勇教授认为，城市和谐发展的基础在于社区自治。城中村治理需要解决的一个重要问题是坚持自治方向。由村社居民直接选举产生村社区自治组织，应当是今后城中村民主治理实质性的发展。直接选举不应当随着城中村的终结而消失，应当在实践中不断坚持和完善，并以此来推动中国城市社区乃至整个国家的民主进程。推进基层民主，积极稳妥地探索区街的直接民主选举，赋予村社区居民直选这个最基本的民主权利，从根本上实现中国基层民主政治的渐进式远景。

第二节 城中村治理中基层政府的角色调适与职能转化

城中村社会管理过程中，政府角色和职能的转变在一定程度上是政府针对城中村发展不同阶段做出的行为策略改变的结果。城中村的改造、重建和发展是一个连续不断的过程，无论是学界还是政界，对城中村的拆迁、建设和管理问题的考察应当有一种渐进动态不间断的思维，我们称之为"连续性关联"，也就是村庄到社区的"连续性关联"与全覆盖治

---

[1] 俞可平："社会自治是社会治理的基本形式之一"，《青年时报》2011年3月14日。
[2] 周光辉："如何实现社会管理创新"，《理论视野》2011年第3期。

理。这个复杂过程急需国家的引导与帮助，国家行政权在城中村治理中仍然具有不可替代性。政府应该根据城中村治理进程适时转变自己的定位，在城中村治理的不同阶段中找准自己的位置，优化社会管理中政府的行为策略，尤其是与城中村"四个转变"相匹配的工作理念、管理体制、管理方式和运行机制要及时跟进。针对城中村公共事务的复杂性和特殊性，以及不同时期的治理需求和问题的轻重缓急采取相应的治理方式和治理策略。根据突出重点、分类指导的原则，对不同类型的村居进行治理，促进城中村治理由政府单向管理向政府主导、社会多元主体共同治理转变。管理和自治既有边界又有协作，互为支撑衔接互动。城中村任何发展阶段的治理断裂都将造成治理上的缺陷，都会给新型城镇化及社会安定埋下隐患。因此，相关的社会管理和公共服务政策既要以公众需求为导向，又不能搞一刀切。政策要有连续性，以保障城市化过程的持续发展。

一 尚未改造改制的城中村治理

尚未改造城中村虽然名义上依旧是个村落，一个熟人社会，村民委员会由村民选举产生，保留下来的土地归村集体所有，村集体仍然负有为村民提供生活保障和公共服务等方面的义务，但实质上它早已不是传统意义上的乡土社会。随着城市化的快速发展，城市建设已将城中村改造的面目全非。城中村居住的人员纷繁复杂，冲淡着村民之间的关系，原有的管理体制和经济组织已经难以适应村庄内外部的变化，无法支持村庄各方面的发展，改革管理内容和方式势在必行。

（一）选择改造和整治相结合的治理模式

据统计，西安市人均耕地在0.3亩以下的326个城中村，截至2012年底，累计完成151个村的拆迁工作，Y区目前尚有有63个城中村尚未完成改造。2012年以来，房地产市场大幅波动，城中村开发项目也因周期长、资金需求大、村民安置成本越来越高、利润空间越来越小，导致开发商涉足改造的积极性不高。也就是说，城中村不会在短期内被全部改造"终结"，而将长期存在。另外，还有大量的已经纳入城市发展规划、耕地尚未完全被征收，但不远的将来即将由城市建成区所包围的村落，不断地加入城中村行列。因此要做好基层政府社会管理创新工作，就要首先彻底转变政府重改造轻建设的工作理念，做到改造与建设协调发展。量力而行、因势利导，要遵循可持续发展的整体性原则和效益原则，依据经济实力科学合理地安排城中村治理的工程规模。政府必须发挥主导作用，加大投入，以改善原村民居住环境为核心，加快城中村的基础设施建设，根据实际情况，因地制宜，按照城市发展的整体规划，结合城中村具体情况和固有特色，把道路、排污、环卫、改厕、供水、供电、路灯照明等纳入市政统一管理。逐步完善服务、卫生、教育、公建配套等各项保障工作，把改善市政基础设施和居住环境质量作为城中村治理的核心。

为加强社会服务管理，让城乡居民共享改革发展的成果，北京市明确了在城乡接合部地区推广以"自治管理规范化、安全秩序标准化、基层服务组织化、建设规划科学化、城乡文明一体化"为工作目标的村庄社区化管理，把城市社区的服务管理内容和工作运行模式引入城乡接合部村庄，实现趋同式发展。[1]

（二）监督和制约村民自治权力乱作为和不作为

基层党组织和政府工作一定要落地，该管的要管到底，不该管的别介入。充分发挥基层党组织的领导与监督作用，发挥政府的规范指导作用，以制衡农村自治权力有可能出现的偏离，村委会可能发生的权力滥用和不公，比如Y区财务报销"双签制"，"指导员、工作队、办实事、多开会"的工作方针，就起到了较好的领导与监督作用。另外，村规民约评理会、村民代表议事会、村民监督委员会等自治方式和机制，就充分发挥了自治的功能，其目的就在于防止村委会异化，防止村民自治走向极端。与此同时，需要注意的另外一个倾向就是，尚未改造的城中村通常都已纳入政府的改造计划，改造只是时间问题。对此，城中村干部已经不再谋划村庄发展，村委会沦为"维持会"，整个村庄在"维持中等待，在等待中维持"，村民自治陷入瘫痪状态。特别是那些即将改造的城中村停止了村委会换届选举，村干部忙于私利最大化的运作，而无暇于村庄公共事务的管理，问题是有些村庄的这种局面旷日持久。此时，如果基层政府不履行或不认真履行管理之责，放任这种消极等待，其必将

---

[1] 马晓燕："北京市城乡结合部社会管理的新路径"，《发展》2013年第1期。

积累诸多矛盾和问题，影响当下的治理和日后的改造。

（三）支持和保障村民开展自治

改造前的城中村最能引起上访的问题就是村民委员会选举，直接表现为"闹人与闹事相结合"。基层党组织具有"支持和保障村民开展自治"的权力和责任。《村民委员会组织法》明确规定农村的选举是在党的领导下完成的，《村民委员会组织法》第十一条规定："村民委员会主任、副主任和委员，由村民直接选举产生"。第十四条规定："选举村民委员会，由本村有选举权的村民直接提名候选人"。第四条规定："乡、民族乡、镇的人民政府对村民委员会的工作给予指导、支持和帮助，但是不得干预属于村民自治范围内的事项。"面对两个"直接"和一个"不得干预"的选举办法，区街党和政府如何指导、支持和帮助村委会换届选举工作，如何在政府转换角色、退出选举操纵之后，进一步推进农村民主选举和农村基层民主的健康发展，如何由以往选举的操纵者、不当干预者转变为公正选举的组织者、指导者、监督者，仍需广大理论工作者和基层管理工作者们的认真思考和探索。[①]

1. 政策引领机制推进。选民选票所产生的结果固然要尊重，但老百姓的意愿需要通过合法的方式表达。制定并执行规则，排除外在强力或者其他因素干扰，这是党和政府的责任。首先，引导干部群众认真学习提高认识，提高区街村干部的政策法律水平，消除基层街道办事处干部思想中存在的"两怕"情绪（一是怕选上来的干部不听话，今后的工作不好开展；二是怕完不成选举任务，出什么乱子），在具体组织村委会选举过程中做到不越位、不错位，严按程序办事。其次，强化对选民的教育引导，引导积极参与和引导正确参与。只有加强党的农村基层组织对村民自治的引导，才能使村民自治沿着正确健康的路线行进。

有的学者和地方政府认为，在当下就得靠村民自治，村委会选举是农民自己的事情，让村民自己选，选出什么样的干部，就是什么样，毕竟是村民自己选出来的。街道办事处干部则认为依靠选民自行选举和罢免存在较大缺陷。究竟会选一个什么样的人上来，完全取决于选票，没

[①] 吴萍、卢福营："村委会选举中乡镇政府的角色转换——以浙江省昌镇村委会选举为个案"，《浙江师范大学学报》（社会科学版）2003 年第 6 期。

有任何监督和平衡机制是有问题的。城中村选举中普遍存在一个现象，一些政府长期培养，长期依靠的老干部被选掉了，一些恶人、歪人通过抢票箱、拉选票、贿选等不正当手段选上来了。村民出于利益驱动，认为谁给钱就选谁，不看人只认钱。群众公选出来的往往素质不高，既不服从政府管理又不为群众办事，群众意见大，就去上访找政府。对此，干部希望街道办事处对合适的人选要支持，争取选出选准带头人。可见，基层党政不能对农村选举放手不管，而应在法律的框架内予以正确的引导和帮助，尤其要强化对选民的教育和引导。应当制定《候选人应具备的基本素质》和《村民委员会任职条件》，利用召开村民代表会，举办培训、宣传栏、广播、墙报、标语口号等形式对村委会选举工作进行正确引导。

2. 支持群众的实践创新。健全的法律制度体系是村民自治健康发展的基本条件之一。当前，村民自治制度建设已经基本完备。在宏观层面，1998年《村民委员会组织法》正式颁布实施之后，各地都有《村民委员会组织法》实施办法，《村务公开工作条例》；在微观层面，全国80%以上的村建立了村民会议、村民代表会议和村务公开制度，制定了村民自治章程和村规民约。但是，城中村因其特殊性，制度建设总是落后于城镇化实践的发展，比如，贿选问题，干部腐败问题，选民资格问题（货币安置户、外来人口的选举权问题），村改居社区村居民自治问题，这些问题都是村民自治发展中的新问题，目前，还没有得到很好的解决。因此，党的农村基层组织应当创造性地解决村民自治中出现的问题，提高规范村民自治的能力，建章立制，保障村民依法自治。同时，要支持和鼓励村民自治中的各种实践创新，探索不同条件下村民自治的有效实现方式。

3. 严把"当家人"入口关。认真贯彻落实党的十八届六中全会审议通过的《关于新形势下党内政治生活的若干准则》中提出的"坚持德才兼备、以德为先"的用人标准，把公道正派作为干部工作核心理念贯穿选人用人全过程。对村干部候选人的确定，坚持"德才兼备、以德为先、以廉为基"的用人导向，在村民自治选举中倡导"德""廉"为先的价值原则，引导群众注重选举理想信念坚定、对党忠诚的干部，注重选拔求真务实、真抓实干、执政为公、勤政为民的干部。制定候选人任职资格条件，实行候选人政审制，明确规定因劳教、判刑回乡未满3年的；违反国家法律、法规正在被立案侦查或服刑的；违反计划生育条例受处理后未满3年的；近3年内，因黄、赌、毒被处以治安拘留以上处罚的；一年外出时间在半年以上，难以履行岗位职责的；超过任职年龄条件的等"八类人员"不得参与竞选和确认为正式候选人。这些规定应在各村党员大会或村民选委会和村民代表大会通过，加入选举实施细则。对村委的自荐人和党组织的正式候选人，经各村党员大会或村民选举委员会和村民代表大会，对照选举实施细则所规定的资格要求进行严格审查，把好人选的政审关。各街道办事处要专门组织力量，配合各村做好候选人的政治审查，通过设立举报箱，开通热线举报电话等方式，发动广大群众参与政治审查。凡审查出不符合任职资格条件的人，由各村村民选举委员会和街道办事处选举工作指导小组负责人找其谈话，动员他们自动退出。对不自动退出的，经村党员大会或村民代表会议讨论通过，不将其列入正式候选人或竞选人名单。为防止出现候选人"许空愿""空许愿"和违法许愿的现象，区街对所有候选人的演说材料都按有关程序对其内容进行合法性审查，确保当选后能够带头执行党和政府的有关政策，真正为老百姓办实事。

4. 坚决遏制城中村贿选。政府必须组织力量，及时处理好选举中出现的非正常情况，以保证选民独立行使民主权利，不受贿选、宗族、帮派等因素干扰。在城中村，贿选现象已成为妨碍城中村基层民主政治建设的首要问题。但贿选问题屡禁不止，并且难以追究法律责任。究其原因：一是政策法律规定不明确。陕西省2011年新修订的《选举办法》第四十一条明确规定："以暴力、威胁、欺骗、贿赂、伪造选票、虚报选举票数等不正当手段或者未经村民会议依法选举，成为村民委员会成员的，由乡镇人民政府或者县级人民政府民政部门宣布其任职无效，并视情节，由有关机关对违法行为人依法处理。"但对"有关机关"未做进一步的界定，责任主体不清，致使客观上"有关机关"推诿扯皮，使选举中的一些违法行为无法得到应有处置。二是基层干部报以宽容的心态，甚至存在一些不正确的认识。调研发现，基层政府干部对贿选问题在正式场合讳莫如深，在非正式场合则津津乐道，了如指掌。对于贿选的态度闪烁暧昧，在正式场合，论及贿选时，欲说又止，只能意会，不可言传，但大家都心知肚明。尽管贿选的危害性不言而喻,但在现实中人们对此还是报以宽容的心态,甚至存在一些不正确的认识,诸如不加限制地认为"贿选是一种进步的表现","是和国际接轨",等等,或以"难界定、没证据、难查处"等理由任其发展。我们从乡镇街道办事处政府官员和村干部选民对贿选的心态看到,对于农村贿选现象的放纵甚至怂恿、助长,固然有其无奈的一面和各种现实利益考虑的因素,但一种更为深层次的观念形态和文化心理的生成和能量释放,发挥着重大的支撑作用。① 大部分基层政府干部认为贿选拉票不要搞得太过火了,太明目张胆就行。政府不能不管,但管又缺乏依据和证据,实践中也鲜有处理贿选的情况。我们认为,对于贿选拉票问题,必须抱以正确的态度,应严肃治理、坚决遏制。对于贿选,中央有关部门的文件中都有明确的概念和界定原则,不是无法界定无法把握的。另则,贿选拉票行为往往是公开或半公开进行,且涉及人员多,时间又相对集中,不是没线索、没证据、无法查处的。关键在于我们的政府及其工作人员的态度和工作。因此,应通过典型案例和多种形式宣传贿选的危害性,教育和引导竞选人及选民正确行使权利;对于不听劝阻着,严肃查处,按有关规定处理。依法坚决打击贿选行为,防止出现拉帮结派现象,杜绝农村宗族、黑恶势力操纵选举,在防腐、反腐中净化基层政治生态。

5. 培养后备干部队伍。加强村级组织建设,改善村干部队伍结构,增强村级班子活力,抓好农村后备干部"储备、培育、选用、管理"各个环节是基层党组织重要职责。《村民委员会组织法》规定,村委会主任由村民自己选,选的这个过程政府是不能干涉的,应完全按村民意愿办,但是,选举的客观现实是,村干部普遍年龄偏大,学历偏低。我们应当看到城中村青年是城中村的未来,青年中孕育着很高的政治热情。农村青年文化程度较高,民主意识竞争意识较强,对村务和公共事业的关注度和参与热情也很高,实现个人价值的愿望更为强烈,但苦于缺乏进入主流政治系统的有效途径。城中村一些先富群体中的经济能人,想入党,却苦于不是村干部的亲戚朋友;对村上有些事情看不惯,想发表意见,但身份不行人微言轻,提的一些好建议干部也不采纳。于是他们纷纷寻

---

① 陈晓莉:《新时期乡村治理主体及行为关系研究》,中国社会科学出版社 2012 年版。

求政治归属，谋取政治权利，入党愿望强烈，意欲通过党员身份获得选举支部书记的权利，利用选票影响农村基层党组织。然而，这些年纪轻、文化程度高的农村青年会因多年读书在外，不在村里居住，缺乏群众基础，同时也缺乏较为强大的经济实力而难以被选出来。因此，农村干部年轻化、知识化难以实现。基层党组织创新党员发展模式，由过去村党支部发展本村党员的唯一模式变成街道办事处（乡镇）和村级双平台，街道党工委依托党校开通发展党员的第二通道，以选拔培养农村后备干部。

二 城中村改造过程中的政府责任

当今各地城中村改造大多实行政府主导模式，在政府主导的城中村改造模式中，地方政府作为改造主体和责任人负责改造政策、拆迁补偿及村民安置方案的制定和实施。政府主要是改造政策的制定者，各方利益的协调者、各种资源的整合者和政策方案实施的监督者。城中村改造不仅仅是拆迁补偿和安置，其涉及土地、规划、融资、建设以及无形改造方面的农转居、村转社区、集体经济改制等一系列复杂而系统的问题，政府应针对改造各个环节，制定相应的政策文件，规范和引导改造工作顺利进行。所以，政府主导和政府责任是一体的。要防止政府主导变成政府大包大揽，或者有选择性的只主导开发商的选择、拆迁安置方案的制定和改造剩余地块的招拍挂。

（一）政府主导与政策供给

根据城市发展趋势和新型城镇化发展要求，有必要对政府主导模式做出的重大调整。政府的职能或者角色应该是服务指导和监督，应发挥主导、引导、指导、督导四个方面的作用，突出政策保障、规划引领和全程监管作用，政府监督开发商，村民主导建设，让群众根本利益得到保障才是政府首要任务。

城中村转制要政策先行，针对城中村改制当中需要解决的问题，分别制定或统一制定有关城中村改造改制的地方性法规和政府规章。这些政策法规要涵盖城中村改造全过程的各个环节：包括原房屋和土地的确权、违法建筑的处理、集体经济改制、拆迁补偿安置、安置房屋建设标准等。一定要使城中村改造改制有法可依。配套政策的核心和关键是要以农民利益为导向，处理好村民的现实利益和最终出路，平衡好政府、村民、村集体和开发商等各方的利益关系。

（二）区域性改造与"合村并社"

走新型城镇化道路，必须重视城市空间的科学规划和土地资源的高效利用。按照新型城镇化"合理布局、集约用地"要求，将村属集体用地转化为国有用地，不受就地安置局限，以统一的城市规划体系为基础，对各个安置区进行专门规划；按照规划控制要求明确还建安置用地、开发用地和产业用地；对安置区用地的功能、界限、建筑物风貌等重新明确划分。在未来改造的城中村规划中，着眼于集约发展，适度集中，尽量避免城中村就地安置和一村一社区。采取"统一规划、分步实施"的方式，将拆迁的几个自然村进行合并就近连片集中安置，并与普通商品房配套建设，形成一定规模的新的城市社区，使社会整体的异质居住区与局部的同质居住小区相融合。在一个大的社区范围内形成数个小规模的不同阶层居住的同质小区，使各个阶层的人混居于一个大的城市公共空间之中，让不同社会群体在居住空间上融合，多方位促进不同社会阶层群体间的沟通与理解，克服失地农民社会交往的空间障碍，消除彼此误解、隔阂与歧视，促进农民市民化转型。

（三）村民"三权"与实现机制

城中村改造涉及村民重大经济利益和今后的长远生计，其关注度极高，但在实践中，政府和开发商为了改造效率，往往撇开村民，仅与干部和可控的村民代表进行"民主协商"，严重侵犯了村民的知情权、参与权和监督权。大量矛盾纠纷的发生也正是由于忽视村民的"三权"所致。更让人匪夷所思的是涉及村民重大财产权利的拆迁安置协议，竟以种种借口不交付被拆迁人一方。"拿了我的地，拆了我的房，连个二指条子都没有"，这不只是引发村民们强烈不满的问题，更是法治社会所无法容忍的做法。因此，城改中，应加大公开、透明力度，要树立程序优先的观念，应由政府组织召开由各部门、各专业领域专家组成的研讨会拿出总体规划。在形成方案后交由村委会讨论，村委会应形成一套决策机制，吸收和听取各类被拆迁人的利益表达，充分听取各方面意见，由大多数村民同意后，公开进行招标，以利于保障方案决策的科学性和执行无障碍。开发商在总体方案下拿出具体拆迁方案，报市政府和村委会讨论通过。同时吸收不同层面的村民代表全程参与城改工作,保证从测量评估、拆迁实施、安置房屋设计建设等方面均有村民参与。政府和开发商有责任定期向村民通报工作情况,特别是相关事项有重大变更时,必须及时通报,按有关程序办理。完善民主决策机制,引导利益相关方尽量在冲突和相互妥协中建设新家园。

(四) 规范引导集体经济改制

集体经济改制,是城中村改造中的"四个转变"之一,由于经济改制涉及原集体经济组织和村民的重大经济权益,是一项极为严肃和重要的工作。城中村改制的关键是利益问题,包括集体利益和村民利益,特别是村民利益极为突出,所以要力求做到合法、合情、合理。

城中村改造中集体经济改制直接关系民生,也将对其未来生存发展和长远生计具有重大影响。"政府不应该听之任之,不能因法律赋予农民自主决策权而不管,而是应该积极参与到城中村的各项改造方案制订过程中,将公共利益和政府利益置于其中,为城中村地域今后的改造、规划和发展奠定基础。"[1] 鉴于城中村改造中集体经济改制中存在的诸多问题,故政府有关部门应尽快出台相关政策,明确集体经济改制工作管理体制,成立专门机构或赋予相关职能部门相应职能负责城中村改造中的集体经济改制工作,严格规范集体经济改制工作,包括改制工作程序启动、清产核资、资产评估、股民基准日确定、股份量化、股民确定、股权配置;新经济体的组织形式、出资注册、组织架构、运营监管等。

三 城中村改造过渡期的政府治理

城中村改造大部分实行原住村民就地安置,所以一般都是先拆后建,这样村民自签订拆迁补偿协议,被拆迁人整村拆迁至安置楼建成回迁安置,村民有一个长达18—30个月的过渡期。如果安置楼不能如期完工,就会导致过渡期更长,甚至多达数年。拆迁人难以向被拆迁人提供过渡期住房,村民们只能领取过渡期补偿费自行过渡。在此期间,政府管理必须跟进防止形成"空档",具体有几个重要问题是政府管理和服务所必须跟进的:一是安置房的建设监管问题;二是过渡村民的社会保障问题;

---

[1] 刘金海:"城中村改造的四大转变及相关问题探讨",《东南学术》2007年第6期。

三是村民投资理财问题。

1. 严把安置房建设质量关。在安置房建设过程中，政府应加强监管，明确安置房建设标准，严把安置房建设质量关。建立由政府职能部门、街道办事处和村民代表组成的安置房建设施工监察小组，政府和村民联合参与项目监督，全程监控安置房的施工建设，直至验收交付。这样可以即时发现和纠正安置房施工建设中存在的问题，确保被拆迁人的合法权益。

2. 教育引导农民正确理财投资消费。村民在拿到大笔拆迁补偿款后，即进入过渡期。这期间，在对村民的投资理财方面，政府的引导是空白，村民希望政府和村组织应担负起应有的责任，采取切实可行的措施帮助村民正确理财。在被拆迁村民即将获得大笔补偿款之前，政府应未雨绸缪，做好前瞻性研究，成立专门临时机构，积极主动地对村民进行宣传、教育、引导，指导其正确投资。可以邀请理财专家到拆迁地为老百姓做专题讲座进行宣传，正确规划和使用财富，实现资产的保值增值，规避投资风险，防止各类投资诈骗，打击黄、赌、毒走进村民。

3. 关注过渡期村民生活问题。政府应全面掌握在外过渡农户数量、过渡时间、过渡状况、过渡费发放、安置房建设等情况，尽可能缩短村民在外过渡时间，早日实现农户回迁安置，并对过渡期农民实行动态管理和服务。切实关心拆迁户过渡期间的生活，及时帮助解决相关难题。这不仅是体现一种对农民群众负责任的态度，也是构建和谐社会之必需。

4. 适时调整拆迁过渡费补偿标准和支付期限。房租价格受市场影响，而过渡补助标准由政府制定，标准一旦出台多年不变，显然不符合实际情况。政府和开发商要本着以人为本和实事求是的原则，充分考虑老百姓的实际困难和承受能力，根据租房市场情况，适时提高过渡费标准。同时过渡费支付不应在交付钥匙之日截止，应给出一个合理的装修入住期，在规定的装修期内和合理的入住日之前都应支付过渡费。

四 回迁安置后村转居的政府治理

中国的城市化属于被动城市化，即政府通过行政力量，以制定法律法规、执行公共政策等手段，推动并引导城市化进程。如果我们把城中村改造变迁以及村改居社区的形成看作一个空间生产的过程,就会发现在社区的生成和治理中地方政府和城市开发区发挥了核心作用。离开了地方政府,安置社区就不可能生成。基层政府对城中村改造后的转型发展负有不可推卸的社会管理和公共服务责任。

村转居社区有其特殊性,不可能一步到位成为城市社区管理,客观上存在一个较长时间的过渡期。在此转型期间,政府对此类社区的治理责任尤为重要。如何治理,在治理和实践层面都在探索中。很多学者倾向于,"村转居"社区应实行以"自治"为主、其他主体进行支持的治理模式。① 也有学者从社会资本视角进行研究,认为"村转居"社区实现良好治理的途径,在于继承原有的社会资本,并着重培育和提升新的社会资本,从而建立起一种以良好社会资本为基础的"共治"型的治理模式。②,建立能够兼容"自治"传统的"共治"模式,可能是"村转居"社区实现有效治理的基本方向。③ 强化治理主体社会责任,政府、社会组织和村居民各就其位,各司其职,相互配合,协同一致,共同建设美好社区。其基本方向应是突破城乡二元体制的桎梏,理顺基层社区管理体制,完善社区治理结构,延伸社区公共服务,创新社区参与机制,促进社会协同,公众参与,促进多元主体参与共建共享。

安置社区建成后,"由于居民自治组织的不完善以及相当程度的'内卷化'",④ 村改居社区建设仍处于起步阶段,不能忽视政府的责任和义务,治理主体关系的理顺和善治目标的实现,需要政府的实质性支持,而实际担负社区管理工作的是直接与社区接触的区政府和其派出机构街道办事处。"社区管理就是在政府及其职能部门的指导和帮助下,动员和依靠社区各方面的力量,对社区的各项公共事务和公益事业进行规划、组织、指挥、控制和协调的过程。"⑤ 地方政府对于安置社区的管理主要

---

① 高灵芝、胡旭昌:"城市边缘地带村改居后的'村民自治'研究——基于济南市的调查",《重庆社会科学》2005年第9期。
② 丁煌、黄立敏:"从社会资本视角看村改居社区治理",《特区实践与理论》2010年第3期。
③ 徐琴:"村转居社区的治理模式",《江海学刊》2012年第2期。
④ 何艳玲、蔡禾:"中国城市基层自治组织的'内卷化'及其成因",《中山大学学报》2005年第5期。
⑤ 唐晓阳:《城市社区管理导论》,广东经济出版社2000年版,第10—11页。

包括对于社区人口、治安、组织、党建、服务、文教和环境等诸多方面，是一种综合性管理，涉及社区生活的方方面面。实施回迁安置后，村街将实现由管农村到管社区的转变，这是一个"破旧立新"的过程。在这个过程中，村街主要面临三大繁重任务，即农转非后解决就业担子重，集体资产经营管理风险大，教育引导新型居民任务重。在城改回迁及改制过程中，政府角色的合理定位和行为的规范性决定着社区治理的效率乃至成败。

政府履职应该以人民需求为导向，做好规划、规范引导、解决好农转居后的就业、社保、就医、入学等实际问题，为社区的可持续发展和村（居）民的社会权利实现与全面发展创造条件和提供机会。

（一）准确定位村转居社区的性质

村转居社区性质界定的准确与否，直接影响到管理方式和治理模式的选择。所以，不是一个简单的称谓问题。政府相关职能部门通常将城中村改造安置回迁社区称为"新型农村社区"或"农村回迁村""村转居新型城市社区"等，这种称谓未能准确概括此类社区的基本特征，应当改称"村改居社区""城改回迁社区"或"安置回迁社区"。村改居社区在城市化的基础上实现就地社区化、只有新型之名，却无新型之实，是一种处于发展中的"另类"社区。[①] 村改居社区与"新型农村社区"是完全不同的概念，有本质区别。"新型农村社区"指的是传统农村通过统一规划，统一建设新的居民住房和服务设施，形成农村新的居住模式、服务管理模式和产业格局。也称为"中心村"。各地回迁社区全部在城市建成区范围，其与农村社区大相径庭，不能冠以"农村"之名。规范称谓有利于准确定位村转居社区的归属，究竟是农村社区，还是城市社区，抑或介于二者之间的一种特殊类型的社区，由此选择适当的治理模式。

（二）加大村转居社区建设投入

城市社区，公共服务主要由政府提供，所需资金由财政预算安排。农村社区，公共服务则主要由村集体提供，并经常通过集资等方式由村

[①] 黄锐、文军："从传统村落到新型都市共同体：转型社区的形成及其基本特质"，《学习与实践》2012 年第 4 期。

民个人承担费用。村改居社区虽然村民变成了居民、村委会改成了居委会，日常运行按照城市社区的方式进行，例如物业管理和居民自治，但并没有被完全纳入城市建设和管理体系，实质上还是以原"村"为主的一种社区。社区的干部工资、办理公共事务和公益事业的支出几乎全部由集体经济承担，只在一些具体项目上可以根据社区实际情况向政府部门或街道办事处申请少量财政补助。村委会是主要的管理力量，而原村民也是其主要的服务对象。村改居社区村民、城市居民和外来人口混居，完全由村集体经济全部负担村改居社区公共经费的做法开始出现问题。大量外来人员的涌入挤占了村内原有公共资源，大大加重了村集体经济（村民）的负担。以"村"为主的服务定位出现变化，城市化的发展使村辖区内所有人员共享管理资源和服务资源已是大势所趋。因此，推行村改居势必要改革村内公共管理事务和公共服务、公共设施的资金投入机制。公共服务提供方式面临转变，由村集体经济组织负担村内公共费用逐渐转到由政府财政负担村改居社区公共经费，"财政投入为主，村（居）补贴为辅"。"许多农村地区转变为城市的管理体制，这不仅是基层政府管理方式的转变，而且涉及公共服务提供方式的转变问题，需要扩大公共财政的支出进行配合。"[1] Y 区某街道办事处每年拿出 120 万元专项资金，用于支持农村、社区的公共服务好公共设施建设，要求每个村、社区无论大小事，必须为群众办 10 件以上实事。现在，20 个村社全部新建了甲级卫生室、健身广场、百姓书屋。每年还向社区投入 100 万元以上资金，完善便民蔬菜市场、便民超市等服务设施，打造社区 15 分钟 "生活便利圈"。加大村转居社区的各种财政投入，加快基础设施建设，确保公共设施齐全，包括商场、学校、医院布局、小区水、电、气的供应、污水垃圾系统处理，交通就医，等等，最大限度地满足群众的生活需求和便利，提升回迁农民生活质量。当村改居社区不完全具备自治能力和条件时，政府应当在社区建设中承担更多的责任。政府不仅承担社区组织建设的初始成本，而且在组织运作上也给予资金扶持，为回迁村（居）民创造安居乐业的社会及发展环境，

---

[1] 陈瑞莲等：《破解城乡二元结构：基于广东的实证》，社会科学文献出版社 2008 年版，第 174 页。

使回迁区真正融入城市现代化发展中去。

(三) 切实满足居民保障型需求

城中村改造完成后，村居民的主要需求可以总结为保障型治理需求。保障型社会需求是社会需求的最低标准和最小范围，强调的是公民的基本权利和政府的基本责任。农民在其集体土地上拥有两项无可置疑道义权利，即生存权与发展权。因此，当政府从他们手中拿走土地时，就必须帮助他们重新获得生存和发展所需要的条件。改造后，如果就业和社会保障不能及时跟进，就会大大增加他们生存的风险。由于年龄越大，就业越难，所以对于养老和医疗保险的需求日益迫切。村民渴望享受城市基本社会保障、教育、医疗、交通等公共服务。面对分散的社会需求和问题，政府的刚性手段和自上而下的方式已经不能适应，和有限政府相对应的良好的社会保障则提供了一种可能解决的方案，有助于大量社会需求、社会问题的满足和缓解。政府定位于基本公共服务的供给者，不断提高基本公共服务的覆盖范围与质量。在职业培训、社会保障、权益维护等方面提供制度性支持，即激活社会，赋能社会，这是社会建设的重要课题。

首先，理性看待农民的医疗养老保险。医疗与养老保险已成为被征地农民社会保障体系中一个非常重要的制度安排。政府和开发区应将被征地农民纳入农民基本养老保险，一次性缴足应缴养老保险费用后，按月享受养老保险待遇。针对回迁农民存在保障标准较低、社保缴费能力弱的问题，在政府、集体、个人三者共同负担的原则下，建立以政府投入为主、个人投入为补充的社会保障机制。解决好合疗与城镇医疗保险的接轨问题。允许回迁村改居不满5年的社区居民根据自身经济状况自主选择农村合作医疗保险和城镇居民医疗保险，并进一步做好选择过程中政策上的衔接和转换工作。

其次，理性看待房租经济，加快就业的制度性安排。房租经济是城市化进程中农民的被动选择，城中村改造前后，大多村民还是主要依赖于房租经济。然而，房租是随着出租率的高低发生变化，且区域、地段、周边经济发展、公共设施等因素都会制约房租经济的发展。一是受交通、卫生、学校、购物、房屋条件、取暖设施等条件的制约，有可能导致房屋租不出去或租不上价；二是承租人群变数大。现在主要是出租给拆迁户（过渡期）、周边企业上班族等，但随着周边房地产的发展，房源的增多，其生活公共设施较之农民的房屋都比较完善，加之拆迁户的日益减少，房子可能不好出租或者价位较低。另外，一些拥有生活预留地或有商业安置面积的回迁小区村民对土地和门面房经营分红也都心存顾虑，一是担心开发商出了问题拿不回钱，二是担心村里人口在增加，分红会越来越少。目前在就业困难，房租和经营收入有限的情况下村民们对年老后及下一代人的生活忧心忡忡。

在此背景下，政府对回迁村民就业进行制度性安排，提供较为充分的就业平台和机会尤显重要。当然，城中村农民就业问题并不是政府可以大包大揽的，一方面，政府不可能创造足以解决回迁村众多居民就业的岗位；另一方面，长期从事农业生产或从未从事生产的村民不见得都能适应政府提供的职位。中国农民有很深的政府情结，农民认为失地失业是政府造成的，生活有了问题就得找政府。对此，政府必须承担更大的社会责任，加强就业促进方面的体制改革和机制创新。首先，通过培训等积极有效的措施提高自谋职业、竞争就业的自觉性和能力。培训要讲求实效并符合农民意愿，比如学习水电改造、贴瓷砖、喷漆等只需要力气，上手又快的项目。其次，创造和提供就业岗位。以安置区域特色产业为依托，发挥农民自身创业的热情和优势，如兴办相关产业或发展家庭手工编织与制作，形成"公司+小作坊+居民家庭"就业模式。对此，政府和开发区在考虑农民生活空间的同时考虑其生产空间，给被征地农民创业转业提供空间基础。

政府应该建立公平、公正的制度，维护和保障村民的社会权利。包括生存权、劳动权、健康权、受教育权等。[①] 通过社会政策增进和保护社会权利，在解决各种社会问题的基础上，向村（居）民提供基本的社会保障，承担起劳动力就业服务、职业技能培训以及劳动者权益保护等服务性职能，消除或降低村（居）民可能受到的风险。

（四）帮助改制公司规范管理与独立运营

对城中村经济体制改革中已注册的公司，固然由工商部门根据有关

[①] 吴强："社会权利的由来——读马歇尔的'公民权与社会阶级'"，《21世纪经济报道》2007年4月16日。

法规实施监督管理，但改制公司是在一种特殊背景下的一种特殊产物，并非典型的公司法意义上的有限责任公司，故仍需政府采取一定的措施规范引导。比如，可以同时由农业局对原农村集体资产跟进管理，具体措施是：保留集体经济组织并发挥其作用；继续健全和完善集体资产管理制度，包括财务收支、固定资产管理、流动资金管理、投资管理、财务公开与监督等管理制度；完善改制公司内部管理监督机制，健全财务管理制度；坚持财务公开制度，各公司应定期将公司的财务状况公布上墙，接受股东的监督；为保证农村集体经济组织改制后的良性运作，由区农业局和街道办事处对改制公司进行监管。

（五）多渠道为村社居民自治输送管理人才

村转居社区管理人才非常匮乏，现有村社干部普遍年龄偏大，学历偏低，选择余地不大。实施回迁安置后，农民转居民，集体经济改制为股份制经济，撤村建社区。虽然社区居民主要还是原来的村民，但身份变了，经济关系变了，社区的组织机构变了，社区的管理体制变了，管理对象和内容变了，管理的方式也随之发生了变化。这些巨大的变化对社区管理者提出了更高的要求。然而村转居社区干部大部分来自原村干部，还是"那拨人"，只是换了个称呼，缺乏专业的社区工作者。"他们大多数年龄较大、文化素质偏低、观念陈旧，工作方式方法简单，缺乏城市社区管理的知识和经验，工作方法和管理方式仍然停留在村委会的层面上，一时还难以适应城市社区管理。"街道办事处干部如此评价村转居社区干部。其实，村转居社区干部自己也不否认管理观念和管理水平的确跟不上实际需要的问题。管理人才严重匮乏的现实，制约着这类社区的建设和管理水平，故在着力培养现有社区干部的同时，政府宜采取多种方式为社区输送人才，并积极引入城市公共事务管理制度和机制。基于安置社区目前的特殊性，可求助于基层政府指导和帮助，挑选工作能力强、业务素质高的居委会成员到安置社区，帮助社区逐步形成强力有效的管理团队和运行机制。同时，招聘大学毕业生充实到社区居委会干部队伍当中，以城市精英代替乡村精英，逐步推行社区管理队伍职业化、专业化。在现有的社区公益性岗位设置、大学生进社区制度基础上，通过专家咨询制、志愿者辅助制等方式指导、帮助提高村改居社区管理水平。

（六）关注与改善青少年成长环境与未来发展

回迁社区子女教育问题必须引起高度重视。令人担忧的是，不少家长在相对优越的生活中消磨时光，并没有意识到家庭教育中所存在的问题。即便是有些家长意识到这些问题，也普遍感到束手无策。目前，无论是政府还是学界，对这个问题的危害性也没有充分的认识，更没有积极的应对措施。事实上，如果这个问题处理不好，现在的城中村或回迁社区很可能在不久的将来演变为城市的塌陷地——"贫民窟"。尤其是那些不肯就学拒绝就业的闲散青年对社会的危害和破坏不容忽视，应尽快采取综合措施，进行教育和转变。由于回迁村家庭教育问题与家长的文化素质较低有关系。由社区牵头，依托学校和社区的教育场所，举办"家长学校"，对家长进行教育和培训很有必要。同时要高度重视年轻人的培训、教育、引导，培养其健康的就业观、财富观和忧患意识。充分利用辖区内大学教育优势，创建社区教育体系。首先回迁社区与辖区大学共建活动基地。在大学教育改革背景下，许多大学苦于没有校外实践基地，学校和街道共建研究生或本科生实践教学基地，或"青年志愿者社区"，实现合作双赢。其次是建立高标准的社区学校，配备现代化的多媒体电教设备，使之成为街道开展社区教育的主阵地。第三，兴建社区文化活动中心。成为街道开展各种文化活动和社区居民休闲娱乐的场所。事实上，要提升青年农民竞争能力、学习能力，仅靠政府主办的专业技能培训还不够，应引导青年农民自主学习。青年农民可以通过小区文化活动中心、街道党校、培训学校、技术辅导班或指导站、自学考试、夜大函授等方式，运用网络、书籍、报刊、电视等学习平台，积极主动地去学习，使自己真正成为思想上走向开放，感情上富有理性，精神上积极进取的新市民。

（七）构建社区文化促进村社居民和谐共融

村（居）民是社区管理的主人。在政府安置政策主导下形成的农民集中居住区，人们的身份、谋生手段、居住条件、生活方式乃至价值思想层面都发生了很大的变化。社区原有的价值体系渐趋瓦解，而与现代社会相适应的以契约和公平为基础的普遍信任尚未建立。与原先的共同体相较，农民集中居住区呈现出的是一个"碎裂的社会",① 内部联结断裂，传统失落，"村转居"社区急需重建和整合。

村落的终结与农民的终结不是同一个过程，城中村改造不仅仅是非农化、工业化或户籍制度的变更过程，更是一个人的精神的改造过程，政府负有引导农民从观念上和行为上融入城市的重任。

从理论上讲，职业的转换、地域的转移、身份的转变都是外在的力量，而角色的转型是靠内在力量完成的，实际上农民市民化是真正难点。② 政府通过建立相应的机制，促使村民走向工作市场，矫正不良的懒惰行为，有所作为可以避免无事生非。同时在心理上，帮新居民重新建立起一种全新的生活理念。思想是行为的先导，有现代化的思想观念，才会有符合社会现代化的行为方式。准备和乐于接受从未经历过的新的生活经验、新的思想观念、新的行为方式是现代人特征中的首要因素。因此，政府组织投资理财教育、法律教育、文娱休闲活动引导村居民从思想上和行为上实现与城市生活的融合。城中村村民对"本村"有强烈的认同感，对外有强烈的排斥心理，对此，政府要加强文化引导，倡导社区文化，强化"居民"意识，摒弃传统的小农意识和逐渐形成的小市民意识，服从社会整体利益，培育全局观念，增强村居民对公共生活的参与度和公共利益的关注度，提高其参与社会管理的自觉性和主动性，顺利实现市民化转型。

总之，城中村将是农村城市化历史进程中一个相当长的阶段，由"村"到"城"的发展变化必将经历一个"阵痛"和"蜕变"的过程，并非一朝一夕可以完成。在漫长的城中村"连续性关联"的过程中，政府社会管理表现出从政府控制到政府主导再到政府支持的演进逻辑，不断改进社会管理技术，优化社会管理策略，让社会自我管理，自我服务，自我组织，自我监督，是政府社会管理创新的目的所在。传统村落的民主自治制度必须逐步实现向社区制度转型，传统的村民自治也就必须相应地转变为社区自治。制度变革可以引发但不可能代替社会变革，安置

---

① 孙远东："社区重建抑或国家重建——快速城镇化进程中农民集中居住区的公共治理"，《苏州大学学报》（哲学社会科学版）2011年第5期。

② 文军："农民市民化更需要角色再造"，《文汇报》2010年11月25日。

社区的形成或可算是制度变革的一个终点，但对于社会变革而言它仅仅是个起点。现实中的四个转变远非那么简单，其正以及其复杂的样态行进在艰难的转型中。

第三节　新型城镇化背景下城中村治理创新改革

新型城镇化是一种以科学发展观为指导，强调以人为本的城市化战略，是以"集约、和谐、公平、可持续"为特征的城市化发展道路。[①] 其实质是把农村经济与社会发展纳入整个国民经济与社会发展全局中通盘筹划，推动城乡一体化发展。中共十八届三中全会通过的《中共中央关于全面深化改革若干重大问题的决定》明确将"完善和发展中国特色社会主义制度，推进国家治理体系和治理能力现代化"作为全面深化改革的总目标。其实指的是一个国家的制度体系和制度执行能力。有效的国家治理涉及三个基本问题：谁治理、如何治理、治理得怎样。这三个问题实际上也就是国家治理体系的三大要素，即治理主体、治理机制和治理效果。现代国家治理体系是一个有机、协调、动态和整体的制度运行系统。[②] 通过对城中村特殊生态环境的考察，分析现行管理体制下的政府管理与村民自治现状，存在的问题和未来发展走向，在坚持"乡政村治"的制度框架下，努力寻求政府管理与村民自治的有机衔接和良性互动，找准二者衔接与互动的结合点，着力制度完善、机制创新、组织培育和能力培养，让政府管理与村民自治衔接与互动制度化、常态化，以保证中国不同区域乡村社会转型顺利进行。

一　城中村社会治理体系创新建构前提

现实中的城中村治理失效说明从理论、制度和机制等方面都远远落后于城中村发展变迁的实际需求。基于城中村改造及村改居社区管理存

---

① 王鹤、尹来盛、冯邦彦："从传统城市化到新型城镇化——我国城市化道路的未来选择"，《经济体制改革》2013年第1期。

② 俞可平："推进国家治理体系和治理能力现代化"，《前线》2014年第1期。

在的诸多问题皆因基层政府规划越位、社会管理缺位和政策支持乏力导致，秉持新型城镇化发展理念，重新审视城中村改造转型发展的推进路径，寻找城中村社会治理的总体目标指向，用新型城镇化引领城中村改造和村改居社区顺利转型并良性发展。

（一）树立"逐步推进、平稳过渡"的改造理念

政府主导下的被动城市化往往基于利益考量，希望通过行政命令一劳永逸地解决城中村改造问题的做法忽视了传统农村社会向城市转型的复杂性和渐进性。如果一味追求效率，忽视前瞻性、科学性和综合性规划，势必会出现城中村二次三次改造的问题。因此，城市化快速发展的同时基层政府社会管理的理念和方式必须同步跟进，将政府管理理念由激进式、运动式转变为衔接性和渐进性。激进、运动式的管理观念纵然可以立竿见影地实现城中村的改造预期，但其所带来的负面效应会通过城市化的迅速推进而被无限放大。"就实践可行性看，有意识地缓行城中村改造，把改造置于小规模与逐渐推进中，会有助于城市协调发展。"[①]

同样，村转居也要逐步推进、平稳过渡。应给农民多方式的选择，长时间的考虑，3—5年的过渡期不能少。一是让农民有一个心理准备和生活安排过程。二是使政府各项政策也有个城乡融合、相互衔接的过程。这是全国各地经验和教训总结所得。因地制宜、因时制宜、循序渐进地进行分类指导，将许多涉及村民利益的事情处理好，并积极创造条件，成熟一个改造一个，成熟一个转制一个。要坚持让利于民的原则，城中村村民在推进城市化发展中做出了重要贡献，政府在改造政策中，必须坚持让利于民，在转制中要确保转居居民享受附着在户籍上的各项福利。村转居并不是将户口一转了之，关键在于享受户籍背后的待遇。如果仅仅给了一张进城的门票，与户籍相关的待遇，包括社会保障、教育、计划生育，服兵役，集体资产改革，殡葬管理等政策没有同时跟进，户口是没有任何吸引力的。城改拆迁政策的制定与模式的设计并非取胜于技术的精湛，而取决于利益分配的恰当与否。因此，必须着手解决一些相关的制度性安排，尤其要加快建立健全城乡一体化社会保障机制，以制

---

① 蓝宇蕴："城中村生成与属性、改制与改造逻辑"，《人民论坛》2011年第8期。

度和机制保证转居后不失业,居住条件改善后收入不减少。① "逐步推进,平稳过渡"也是保证城中村改造村转居过程社会稳定的需要,社会政策要与社会变革相匹配。亨廷顿认为"稳定"在社会变迁和制度变迁之间要成比例。一方面社会在变,另一方面国家的各种管理制度也要变,只有管理制度的改革能够跟上社会改革的速度,这个社会就是稳定的,才能从根本上实现城中村向城市社区"社会"意义上的转变。

(二)实行"政府主导,农民自愿"的管理方式

随着个人主体性的觉醒与不断增强,安置社区社会管理所面对的不再是只知道支持与服从的传统农民,而是具有权利意识、利益诉求和自主性、独立性的城中村村民。原来社会管理中家长制、一刀切、统一规划、大包大揽、自上而下的简单、缺少弹性的传统管理模式显然已经难以为继了。在创新和加强社会管理的实践中,采取适应城市化发展的管理方式应该成为安置社区社会管理改革的基本理念。土地征收及拆迁补偿的被动性已经导致回迁社区陷入信任与认同危机,影响到社区居民的社会融合及对城市化的肯定程度,成为这一区域社会管理的最大障碍。如果随之而来的村转居和市民化同样不允许农民主动选择,也由行政力量直接推动,忽视甚至践踏转居村民主体性及合法权益,必将造成社区制度对接和运作层面上的断裂与不稳定,进而引发一系列社会矛盾。有学者认为,在"后改革时代",改革的途径由市场化转变为集聚化、渗透化与融合化。关键是实现城乡经济社会一体化和城乡之间及城市内部不同阶层之间的和谐。② 所以,一定要重视农民在市民化过程中的自主与选择。政府的重大决策必须尊重老百姓意愿,要依照"政府主导、农民自愿"的原则,让村民根据自身情况自愿作出判断和选择,走"主动城市化"之路。这样既显示政府改革二元城乡体制的决心,也符合开放社会追求个人自由的内在逻辑。如,村转居后,农民是否参加城镇居民医疗保险,不能搞强迫命令,应当允许村改居不满 5 年的社区居

---

① 陈晓莉、米永平:"城中村改造中的利益冲突与化解——来自西安市 Y 区的实证调研",《西北农林科技大学学报》(社会科学版) 2010 年第 6 期。

② 白永秀、王颂吉:"由'被动城市化'到'主动城市化'——兼论城乡经济社会一体化的演进",《江西社会科学》2011 年第 2 期。

民根据自身经济状况自主选择农村合作医疗保险，还是城镇居民医疗保险。如村改居居民选择居民基本医疗保险后，在政策上应予以衔接，不能影响其就诊和医疗费的报销。当然，城乡居民养老、医疗保险最终都会走向统一。

（三）优化村改居社区规划空间布局

城中村改造与安置的许多问题在城改规划，安置方案中就埋下了隐患，特别是在公共利益、商业利益和村民利益的配置和安排上存在一定的失误，如一村一社区、商住一体、一味就地安置，开发商用地优位安排等。走新型城镇化道路，必须重视城市空间的科学规划和土地资源的高效利用，避免村转居社区复制城中村，避免城中村二次三次改造的无序蔓延。在未来改造的城中村规划中，着眼于集约发展，适度集中，以科学的管理和规划推进城市化。[①] 政府以统一的城市整体规划体系为基础合理规划村改居社区建设，应提高社区规划的公众参与度，引导利益相关方在冲突和妥协中建设新家园。规划应最大限度地避免城中村就地安置和一村一社区，实行就近连片集中安置，以形成具有一定规模的新型城市社区。要尽可能地实行城中村村民商住分离，商业面积多于住房面积，商业房位置优于住房位置，以解决失地农民的长远生计问题。建设主管部门要把好社区办公和服务活动用房的规划、设计、建设审批以及工程验收关，民政部门和街道办事处要参与社区用房的规划、建设和验收，确保社区公益用房面积和社区公共设施建设空间，为今后社区建设和管理以及延伸新型城镇化公共服务提供必要的空间条件。

（四）从大拆大建向拆建管的城市化转变

中国城市化加速发展已有二十多年的历史了，但在城中村改造问题上没有充分的理论准备和足够的制度供给，多数情况下为功利主义所驱使，导致地方政府和开发区仅以单一的经济效益为价值取向，为达致此目标而不惜一切代价，因此引发和积累了大量社会问题。地方政府和开发区更多考量的是成本、效益、效率，追求政府利益最大化。在经济发展与社会责任、经济利益与社会效益、眼前利益与长远利益的关系处理上，往往牺牲了公平正义。将城中村改造理解为"推倒重来""拆旧建

---

① 马慧："推进城市化进程的路径探析"，《西安财经学院学报》2012年第6期。

新","拆除了"再"建起来"让村民"住进去",重拆迁轻安置,重拆迁轻管理,拆管不分现象普遍。城中村改造远非"政府拿地、农民上楼"那么简单。因此,近年来,随着新型城镇化战略的提出,城中村改造征地拆迁应充分关注社会责任、社会效益和长远利益,而且将这种关注融入具体的政策制定和实施当中。大城市已从大拆迁大建设逐渐进入拆建并举、建管并重、共同参与的新时期。地方政府应当从激进式、运动式、大拆大建式的城中村改造转变为衔接性渐进性社会管理和社会建设,尤其要重视城中村农转居过程中社会价值观念的整合。城中村改造的不仅仅是物质空间,还要改造人与人、心与心的关系;改变的不仅是区域景观,更应当改变特定人群的城市生存体系,特别是把城中村农民社会融合与发展摆在优先位置,实现完全意义上的城市化。2013年12月12日召开的中央城镇化工作会议强调,新型城镇化凝聚共识、科学论证、统筹兼顾,既要凝聚共识,以民之所望为施政所向,积极稳妥地加以推进,又要清醒认识这是一项长期的历史任务,不可能一蹴而就。① 正确处理城市建设发展与保护群众具体利益之间的关系,积极稳妥地加以推进城中村再城市化进程。

(五) 从权利义务失衡型向责权利分明型转变

厘清政府管理与村社自治边界,确保村社合法权益。政府应更好地把职能定位于公共管理与服务,村社自治组织定位于社区事务自治管理,合理界定村社各类组织的功能和职责,各司其职、各尽其责,做到协作不越界,指导不越位。村(居)委会则回归自治职能,处理社区公益事业,不再直接承担行政管理工作,即是负责协调村民之间的矛盾、大小事务的咨询②对于政府委托村社完成的政务性工作,应予明示,并通过设置"公益岗位"等"购买服务"的方式支付村社相关费用,严禁使用村社资产为政务性工作埋单,以确保村社自治权、村社财产权,特别是村社经济体及其成员的财产权益。

(六) 从"生存型"社区向"发展型"社区转变

地方政府和开发区在拆迁补偿安置中,对失地农民重生存轻发展,

---

① 张晓赫:"新型城镇化需促进城镇公共服务的均等化",《东方早报》2013年12月15日。

② 王伯乐:"政社分离试验:'自治导向'下的镇村互动",《南方日报》2010年7月8日。

重拥有轻共享,重物质补偿轻权利保障的做法已不符合新型城镇化的要求。近年来,世界各国城市社会治理的公共话语已由关注贫困逐渐转向关注社会权利和社会融合。新型城镇化必须以民生改善为根本目的,让农民们享受到与城市居民同等的就业、社会保障、医疗、教育等权利,中国的城市化正经历着从"注重生存型"到"民生福祉型"的重要转型,不再单纯追求城镇化的速度,而是更关注人们的社会权利和生活品质。

现在拆迁安置的普遍做法是采取产权调换与货币补偿的安置方式,或者二者的简单结合。从政府角度来看,这些安置方式最简单、最便利,也最少麻烦。我们在西安高新区调研发现,该开发区实际上设计有多种安置方案,有些方案真正体现了对农民长远利益的保护和政府社会责任的担当,但最终出于自身利益的考量和操作的简便而弃之不用。[①] 农民因受种种条件限制,往往要求就地集中安置,仍以房屋出租为业。于是,补偿安置后,新的"城中村"又产生了,农民只是由以前的"地主"变为现在的"房东";原来城中村的农民被集中安置,地缘联系依旧,而"族群隔离"形成了,农民还是难以融入城市。

因此,政府应秉持"可持续生计"的理念,认真考虑满足农转居村民公共服务需要均等化的意愿和需求,以维护其基本权利作为制定政策的出发点和归宿。建立制度化的社会政策,向转居居民提供医疗、失业、住房、教育和救济的保障,给社区的可持续发展和村(居)民的社会权利实现与全面发展创造条件和提供机会。

政府还应秉持"安置"与"发展"不可分离,生存与共享相一致的理念,将农转居居民短期生存质量与长期发展目标结合起来。建立合理的利益分享机制,遵循十八届三中全会提出的"要让广大农民平等参与现代化进程、共同分享现代化成果","促进城乡要素平等交换和公共资源均衡配置"。在补偿安置方式上,应当坚持"住房是基础,发展是根本;慎用单纯货币安置,以生活用房和经营用房安置为基础,实行多种补偿安置方式合理组合。应当根据经济发展水平,制定动态的补偿标准,

---

① 白呈明:"城中村改造中征地拆迁的法律规制——以西安市城中村改造中征地拆迁为例",《理论探索》2012年第6期。

以产权调换、货币安置为主，辅之以参股、就业、留地、项目、入股、纳入城市社会保障体系等多种方式实现安置补偿。从而使农民获得长远发展的机会和条件，让"权力驱动的城市化让位于权利主导下的城市化"①。

二 建构多元主体协同治理的共治格局

十八大报告强调，要发挥基层各类组织协同作用，实现政府管理和基层民主有机结合。城中村治理主体主要包括：村党支部、以村委会为代表的村民自治组织、村民、庞大外来人口、村级民间组织，以及区街基层政府尤其是代表政府对农村社区公共事务管理的镇（街）政府下派的驻村干部。村改居后，村社治理结构更为复杂：党的基层组织、村民自治组织与集体企业的管理组织等重合在一起。在村改居社区内部存在着街道、居委会以及股份公司三大治理主体。街道办事处是政府派出机构，仍然是村改居社区事务的领导者，是城中村社区重要的治理主体；社区居委会是在党的领导和政府的指导下，社区居民实行自我管理、自我教育、自我服务、自我监督的群众性自治组织，法定意义上的社区治理组织；股份公司是集体经济股份合作经济实体，承接了原村委会的人员、管理结构和由村委会管理的集体资产，同时继承了村委会的大部分职能。三者关系应该是政府派出机构跟群众自治组织以及企业之间的关系。因此，"为了实现和增进公共利益，政府部门和非政府部门（私营部门第三部门或公民个人）等众多公共行政主体彼此合作，在相互依存的环境中分享公共权力，共同管理公共事务的过程。"② 在这个过程中，权力的中心是多元、多层次、多类型的。2016 年我国《国民经济和社会发展第十三个五年规划纲要》提出，要完善社会治理体系，完善党委领导、政府主导、社会协同、公众参与、法治保障的社会治理体制，实现政府治理和社会调节、居民自治良性互动。据此，新型衔接互动关系的内涵体现为"行政归行政，自治归自治"基层党组织、政府、开发区、社会组织，人大、政协等多元主体各司其职、各尽其责，分工协作，相互配合，相互支

---

① 于建嵘："新型城镇化——从权力驱动走向权利主导"，《时代周报》2013 年 7 月 1 日。
② 陈振明：《公共管理学》，中国人民大学出版社 2003 年版，第 87 页。

持,不同层面的社会力量在协同合作基础上实现城中村自治与政府管理动态均衡的社会治理结构。

(一)坚持基层党组织的领导核心地位

城市基层党组织包括街道党工委和村(居)民党支部。基层是一切工作的落脚点。基层问题实质上是社会如何进行有效组织和良好治理。良好社会秩序的形成和维持,不是来自外部力量的强制,而是基层社会的合理组织与有效互动的结果。[①] 街道党工委在村社中处于领导核心地位,担负着统揽全局、协调各方的重任。《中国共产党章程》对村社党组织的领导地位有明确规定,"街道、乡、镇党的基层委员会和村、社区党组织,领导本地区的工作,支持和保证行政组织、经济组织和群众自治组织充分行使职权"。社区党支部既然是党的基层组织,从权力关系上来看,它与街道党组织存在隶属关系,在街道党组织的领导下开展工作。社区党支部的主要职责是:宣传贯彻党的路线、方针、政策和国家的法律法规,团结、组织党支部成员和居民群众完成本社区所担负的各项任务;支持和保证社区居民委员会依法自治,履行职责;加强党组织的自身建设,做好思想政治工作,发挥党员在社区建设中的先锋模范作用。2000年《民政部关于在全国推进城市社区建设的意见》加强村级基层组织建设,必须完善党领导的村级组织运行机制,逐步形成以村党组织为核心、村民自治组织为基础、村级社会组织为补充、村民广泛参与的协同共治工作格局,使各种基层组织协调有序地发挥作用,实现乡政和村治的良性互动。

(二)调适政府和自治组织的相互关系

1."权力清单"界定行为边界

基层各级政府首先要娴熟运用治理理念,不仅仅是理念的转变,更多的是要将治理理念付诸行动。伴随着理念转变的是角色的转变,以及政府职能的转变。其实在街道办事处层面,有很多职能需要梳理,到底哪些职能应保留在街道这个层面,哪些要下沉到村社去,基层政府要清楚自己的角色和定位,通过"权力清单"和"责任清单",解决该管的和不该管的问题。

---

① 杨雪冬:"基层再造中的治理空间重构",《探索与争鸣》2011年第7期。

2. 街道公共服务职能的制度化

城市街道办事处与社区居委会，均是一头连着政府行政管理，一头连着基层民主自治，要提倡平等、合作的交往理念，尤其是街道办事处作为政府的派出机构，不再是单纯地给社区布置工作任务，而是要通过合理的沟通和交往渠道，了解社区的实际需求和利益期盼。即便要社区完成一些工作任务，也应建立在积极沟通和友好协商的基础之上。二是需要站在整体治理的视角通盘考虑政社结构。[1]，政府管理和村民自治，核心问题是对人的管理和服务，满足公民直接需求是政府主要职责之一。温家宝指出，政府的公共服务职责，就是提供公共产品和服务，包括加强城乡公共设施建设，发展社会就业、社会保障服务和教育、科技、文化、卫生、体育等公共事业，发布信息等，为公众生活和参与经济、政治、文化等活动提供保障和创造条件[2]。建立城乡一体化的公共服务体系，将保障和改善民生作为加强和创新社会管理的突破口，想方设法为城中村群众提供全面、优质的公共服务。政府应根据城中村的特质，出台相应的政策，使城中村社区公共服务主体、公共服务内容、公共服务对象、公共服务方式落到实处。政府必须通过制度化的形式重定街道公共服务职能，取消街道一级 GDP 考核机制，上收经济发展职能，招商引资任务应明确到区招商局，不应强加在街道办事处头上，使街道办事处从经济管理繁忙任务中脱离出来，全身心做好管理和服务工作，行使好对辖区公共设施、公共服务、公共福利项目的管理职能。街道办事处的主要任务应体现在制定和执行社区发展规划、加强基础设施建设、搞好社会事务管理、创造良好的经济发展和社会发展环境上来。所以要优化项目，优化流程，实现最大程度的资源共享，把街道办事处和社区从繁杂的、无意义的事务中解放出来，将部分职能交予社会组织承担。

3. 村改居社区组织功能的区分

村改居后，社区各类组织并存，包括体制内的和民间的，管理类的

---

[1] 陈朋、洪波："社区治理中协商民主的应用价值及开发路径"，《中州学刊》2013 年第 6 期。

[2] "温家宝在树立和落实科学发展观专题研究班结业式上讲话"，青宣网，2004 年 3 月 2 日。

和服务类的，政治类的和经济类的，党务类的和行政类的，等等。其本来性质不同，功能不一，归属各异，但一个突出的问题是，各类组织的管理层主要来源于原村干部，使得这些组织"同质化"现象严重，致其功能错位、职责不清、资产混淆，有悖于社区组织的功能定位。目前的基层管理体制没有及时接纳新居民参与管理，已不适应城市化发展加速、人口流动频繁、社区关系不断组合与分离的状况。建议在社区管理中大量吸收社区居民参与，打破村干部一统社区的局面，使村改居社区各类组织的功能和职责回归常态，形成互相配合、分工协作、同管共治的局面。

4. 政府职能部门间的协调统一

基层政府职能主要是公共管理与服务。社区管理就是在政府及其职能部门的指导和帮助下，动员和依靠社区各方面的力量，对社区的各项公共事务和公益事业进行规划、组织、指挥、控制和协调的过程。[①] 社区治理所涉及公共事务内容纷繁复杂，需要政府文化、教育、科技、市政、环卫、治安等多个职能部门之间以及与街道、社区居委会、社区组织之间通力配合和协调。既不能推诿扯皮，也不能职责不明、职责不清，遇事一哄而上。比如，在处理城中村上访封门堵路问题时，往往是一旦出现，就要求公安、街道办事处一起上。看起来部门联动了，都去了，但"出工不出力"，相互扯皮，难以形成合力。我们认为，这类问题是治安案件，是公安的本职工作，没有必要把街道办事处等部门扯上。街道办事处人员无奈地说："一个街道办事处已经140多人了，都是穷于应付各种事务，如果这样下去，再增加140人还是忙不过来。"街道办事处几乎没有休息日，疲于奔命，政府应合理地进行职能分工，明确界定各部门责任，防止职能交叉；各部门应各司其职、各尽其责，协作而不越界；要加强部门间的协调与配合，在沟通协调中理顺关系。

5. 基层自治组织本质的复归

基层政府管理与群众自治两类组织系统应严格、明确地界分各自的职能、职责和权限，构筑起各自的行为边界和工作规范，建立有效、畅通的衔接和互动机制。2011年民政部下发了《关于加强和改进城市社区

---

① 唐晓阳：《城市社区管理导论》，广东经济出版社2000年版，第10—11页。

居民委员会建设工作的意见》,提出要着力理顺社区工作关系,厘清自治与指导,自治与协作的界限:"凡属于基层人民政府及其职能部门、街道办事处职责范围内的事项,不得转嫁给社区居民委员会",要"逐步清理和整合在社区设立的各种工作机构,规范政府部门面向社区居民委员会开展的检查评比达标活动……"构建行政管理以"条"为主,公共服务以"块"为主的管理模式。按照政社分开的原则对街道办事处与村社的职责进行清理、归位。对于一些需要村社协调、配合或者需要街道和职能部门支持的工作也要做出明确规定。①

在现阶段,政府在村社购买公共服务,是政府管理与村社自治衔接互动的具体实践。其意义是突破公办事业单位独揽公共服务的局面,公共服务向社会开放,以确保社区自治权、社区财产权,特别是社区经济体及其成员的财产权益。2014年5月《陕西省人民政府关于政府向社会力量购买服务的实施意见》和《陕西省政府向社会力量购买服务指导目录》两份文件初步拟定,《实施意见》提出"十二五"期间,首先在基本公共服务领域推开政府向社会力量购买服务,初步形成统一有效的购买服务平台和机制,相关制度法规初具雏形;到2020年,在全省基本建立比较完善的政府向社会力量购买服务制度,形成与经济社会发展相适应、高效合理的公共服务资源配置体系和供给体系。只要有能力承担服务的合法组织,都可以申请得到相应的财政经费,向社会提供相应的服务。从政府相关职能部门的"一把抓",变为由民间组织、社会力量承担。政府将部分权力让渡给社会,试图让社会进行自我管理,最终达到政府与社会共同治理。

推动基层群众自治组织回归到1982年宪法规定职能,居民委员会、村民委员会的任务是办理本居住地区的公共事务和公益事业,调解民间纠纷,协助维护社会治安,并且向人民政府反映人民群众的意见、要求和提出建议。"将农村基层社会与村民切身利益密切相关的事务,交由村民自己办理,国家只负责办理村民无法自己办,或者属于应由国家行政

---

① 杨寅:"城市社区行政体制改革:方向、要点与法律修改",《中国行政管理》2005年第3期。

办理的事务。"① 实践中各地一直在探索把专业社会工作服务提供作为塑造政府和社区双向互动的基层社会管理新体制的实现途径，形成政府管理不断优化和社区自治培育不断提升的双赢"格局。② 2014 年 8 月四川省出台《关于全面深化改革加强基层群众自治和创新社区治理的通知》，明确规定凡属于基层政府直接提供服务的项目，不得转嫁给村（居）委会办理；属村（社区）依法协助政府职责的事项，应由基层政府与村（社区）签订委托协议书，以政府购买服务的方式解决并实行"费随事转"；属村（居）委会依法履职的事项，应通过村（居）民自治的方式办理。这样，村（居）委会才能腾出时间精力为群众服务。

（三）平衡开发区经济发展与社会责任

1. 分工协作，共担"区域治理"之责

开发区管理体制模式多样，除"托管模式"和"一体化"之外，开发区与行政区各自独立并存，但工作内容多有交集，特别是对开发区建设征地拆迁或城中村改造所涉村庄的社会事务管理方面，双方难解难分，既有合作共赢的一面，也有利益冲突的一面；既有相互依存的一面，也有相互推诿扯皮的一面。但有一点是明确的，它们的政策和行为深刻影响着所涉村庄的治理绩效。因此，在新型城镇化背景下，处理好行政区与开发区关系，在充分发挥行政区与开发区各基本职能的同时要强化"区域治理"、淡化"行政区治理"，改变开发区强烈的"自我意识"。在强调"特殊性"的同时要兼顾一般性，在强化独立性的同时不能弱化约束性，在追求利益最大化的同时要增加社会担当，在突出可操作性的同时重视正当性。找到分歧点，探索平衡点，精诚合作、优势互补，确保和谐。按照十八届三中全会提出的系统治理、综合治理的理念，充分发挥行政区和开发区各自功能，合理分工与定位，促进区域的协调发展。行政区的发展要按照行政管理的要求，构建服务型的政府，为区内居民提供基本的公共服务和良好的生活环境。开发区作为政府派出机构，具有部分社会事务管理职能，

---

① 贺雪峰："当前农村治理模式的形成与面临的挑战"，《福建论坛》1998 年第 9 期。
② 刘玉蓉："困境与出路：城市基层社会管理创新的路径探索——以广东顺德容桂模式为例"，《党政干部论坛》2012 年第 5 期。

特别是对其所涉征地拆迁、整体改造的城中村，客观上已经成为社会管理的主要主体之一，其所作所为直接影响着村社治理的状况，故应与行政区、村社共担社会治理之责。

2. 平衡经济发展与社会责任之关系

开发区作为经济功能区来讲，担负着重要的经济职能，也是经济发展的重要支撑点，因此，在建设用地计划审批上享有充分的优惠政策。开发区注重成本与效率，追求利益最大化无可厚非，但开发区不仅仅是个经济功能区，更不是一个企业，其还承担着许多社会公共事务，具有重要的社会担当。因此，征地拆迁政策的制定与实施无疑要重视社会责任，这种社会责任应融入具体的征地拆迁政策和遗留问题解决当中，如依法拆迁，文明拆迁，预防和化解因征地拆迁引发的矛盾冲突，适当提高拆迁补偿标准，为被征地农民提供发展机会，确保被征地农民生活水平不下降。及时解决征地拆迁遗留问题，完善拆迁信访处理机制，及时化解矛盾。凡涉及征地拆迁的信访问题，要以高度的政治责任感，及时了解民情，充分考虑民意，组织专门力量，集中进行排查。对群众提出的合理要求，限期及时解决；对发生的群体上访，要以法治思维，在法律框架下努力化解矛盾。一味地强调开发区的特殊性，片面追求经济效益，不顾及社会责任，就会引发重大矛盾冲突，导致不稳定。

（四）基层群众自治与人大制度的有机衔接

将基层社会不断扩大的民主参与愿望和诉求与国家不同层次的民主制度建设有效联结起来，充分发挥基层群众自治制度在发展社会主义民主政治的大局中的基础性作用。村社自治与人大制度衔接起来，是促进村社与政府良性互动的重要途径。

1. 通过人大代表保障基层行政的合法性。

近几年，在我国的城中村改造建设中，农民的主体地位被政府的主导地位所代替，农民权益往往受到不法侵害，其中一个重要的原因就是政府管理缺乏民意机制，基层人大代表的作用未能有效地发挥。按照我国宪法的规定，人民代表大会是我国的权力机关，地方人大则是地方国家权力机关，有权决定地方经济社会发展等方面的重大问题。地方人大代表则是地方国家权力机关的组成人员，基层人大代表是经过选民选举产生的政治精英，他们对法律和政策有较多的了解和认知，他们参与审议政府管理的重大决策，监督政府的行政行为，特别是涉及征地、拆迁等与民众利益直接相关的事务，需要召开基层人大会议来审定。基层人大代表还要审议地方政府的财政、监督财政预算收支和重大事项决策，人大代表通过行使上述各项权利，保证基层政府行政权力的合法性。

2. 通过人大代表功能的发挥保证基层群众自治的实现

在区街一级，人大代表来自村社的比例比较大，他们是良性互动的实践者、参与者和受益者。他们有广泛的群众基础，对城中村民意有充分的了解和把握，在加强政府与群众的沟通方面能更好地发挥作用。《全国人民代表大会和地方各级人民代表大会代表法》第四条明确要求，代表应当"与原选区选民或者原选举单位和人民群众保持密切联系，听取和反映他们的意见和要求，努力为人民服务"；第三十条还专门规定："乡、民族乡、镇的人民代表大会代表在本级人民代表大会闭会期间，根据统一安排，开展调研等活动；组成代表小组，分工联系选民，反映人民群众的意见和要求。"基层人大代表的活动领域不仅仅限于村村，而且还可以达到基层政府层面。他们作为村社利益的代言人，意味着村社民意进入了正式的政府管理过程中，这相当于群众的自治权力从悬空状态落到了实处。[①] 区人大代表通过街道代表组这个平台在地方重大决策、预算控制和监督以及村居民利益的维护方面可以有效地发挥作用。基层政府管理的过程也是群众自治权力介入的过程，人大代表的介入，联结政府管理和群众自治的有机衔接更加便捷有效。

3. 充分调动基层人大代表的履职热情，积极投身衔接互动建设。

要充分发挥人大代表知民情、代民言、集民智、办民事的职能特点，在各自的选区内，广泛联系选民，深入了解民情，充分反映民意，依法维护民权。要搭建一批与选民之间的沟通平台，通过建立代表之家、网上 QQ 交流群等沟通交流渠道，让选民有事随时找得到代表，选民有困难愿意找代表，引导代表为良性互动多做实事和好事。

2007 年以来，西安市人大先后在 9 个区县开展了以街道、村组、社区为依托的活动，建立了 269 个代表工作室、工作站。西安市未央区设立

[①] 徐勇等："政府管理与群众自治的衔接机制研究"，《河南大学学报》（社会科学版）2011 年第 5 期。

的人大代表郭望立工作室就非常典型。2011年,西安市未央区红色村数十名村民因村上账务不清、土地承包费被贪污等问题多次上访,当地街道办协调处理未果,街道办和当事村民找到郭望立后,一场风波就这么平息了。城中村改造过程中,因拆迁引起的上访问题频发,郭望立工作室两年中协调处理了十几起因拆迁引发的上访事件。西安市长安区郭北村村主任刘海龙自2012年当选区人大代表,他家便成了"人大代表接待站"。人大代表比村主任工作还要忙。群众反映新农合报销难,刘海龙就在长安区人代会上提出"简化新农合报销程序"。目前长安区在25个卫生院、11个一级医院、492个定点村卫生室开展新农合门诊统筹补偿业务,基本实现群众就诊不出村就可以享受新农合政策。代表工作室的成立,把"社会利益主体—行政权力部门"直接的关系,变成了"社会利益主体—人大工作室—人大代表—行政权力部门"的新型关系,为发挥人大代表作用解决矛盾、帮扶群众打开了通道。[1]使人大代表与群众近距离经常性接触,解决了长期存在的"代表代表、会散就了"的问题。

目前,我国人大代表的组成上还存在着'官僚化'的特征,即很多人大代表由一府两院的官员充任。人大代表作为监督者,政府官员作为被监督者,两者在身份上是相互矛盾的,甚至是互不相容的。大量一府两院官员充任人大代表,导致人大会议在很大程度上成了干部会议[2]。区县人大代表中的农村代表基本上被村两委会干部,特别是被村主任或支部书记包揽,使村委会和基层政府产生利益关联成为可能,在特定时候,比如在农村集体土地征用时,经常不利于其作为人大代表代言失地农民的利益诉求。因此,需要进一步提高人大代表中的农民比例,以密切政府与农民关系。

(五)基层群众自治与人民政协制度的衔接

人民政协职能与官民衔接互动有着更高的契合度。人民政协具有团结凝聚、社会整合、沟通协商、统筹兼顾、求同存异、体谅包容等功能,通过平等细致的教育引导、真诚的帮助服务,协商、沟通、引导、服务等柔性方式联结政府与社会,化解乡村之间的矛盾,促成政府与社会的

---

[1] 陈钢:"建言献策'搜集站'化解矛盾连心桥",《西安晚报》2014年2月11日。
[2] 于建嵘:"县政运作的权力悖论及其改革探索",《探索与争鸣》2011年第7期。

衔接互动。

Y 区共有 271 名区政协委员，政协委员组成调研组、咨询组，深入各乡村进行调查研究，建立"委员进社区活动簿""政协委员民情联络站""政协委员民情信箱""政协委员民情专线电话""政协委员民情笔记""政协委员民情信息员""政协委员民情连心卡"等，积极建言献策，促进城中村问题解决。如，针对部分城中村安置住宅户型设计一梯 12 户以上，居住密度大，采光通风受限，舒适度及居住品质不高的问题，政协委员对此多次建言献策。2012 年 3 月 29 日，西安市城改办下发了《关于进一步规范城中村改造工作有关问题的通知》，明确了今后西安市城中村改造安置房建设标准、建设管理及回迁安置等问题，要求安置住宅户型设计原则上不能超过 1 梯 8 户。[①] 政协委员督促开发区城改办要提前编制《城中村改造项目回迁安置方案》，提前做好小区基础设施配套到位、前期物业管理、社区服务等各项回迁入住准备工作。由改造主体（投资商）提供的社区办公用房原则上不低于 300 平方米的建筑面积，应建立独立的社区办公、物业服务中心等建议，并已逐步落实。西安高新开发区征地时没有给村民解决养老保险和其他社会保障问题一直得不到解决。区政协委员多次提案呼吁，希望政府与高新政府不能互相推诿，让农民利益再次受损。2014 年 3 月 18 日，两区就高新区规划范围内 Y 区域被征地农民养老保险相关事宜达成共识，西安高新区管委会下发了《西安高新区规划范围内 Y 区域被征地农民养老保险工作实施方案（暂行）的通知》（西高新发〔2014〕36 号）等文件，使高新区规划范围内 Y 区域被征地农民养老保险经办工作有了政策依据，这项工作正在积极推进中，有望得到彻底解决。

2008 年以来，Y 区已完成撤村建居村 34 个，但绝大部分又暂不具备成立城市社区的必备条件，户数、办公活动用房面积、便民服务内容均达不到独立设立社区标准，因此社区办公经费、人员职数和工资补贴等均不能按区上社区现行标准执行，城改居社的建设和管理落实不到位，影响区域和谐稳定。2012 年和 2015 年，政协委员针对村改居社区建设迟

[①] "西安城中村改造安置房 1 梯不得超过 8 户"，2012 年 03 月 30 日，来源：www.loupan.com。

延化现象，两年两次提出"高度重视城改居社区建设，全面提升城市管理水平"的提案，区政府高度重视，加紧制定出台相关工作规范和建设意见，明确社区基础设施建设、资金来源、居委会建设等具体工作，拟将城改居社区基础设施建设规划纳入城市建设规划，按组建社区最低标准建制和实际规模分档次拨付社区办公经费和人员补贴，解决过渡期城改居社区建设经费问题，缩短过渡期的时长，过渡期结束后同城市社区换届同步进行城市社区居民委员会换届选举，建设、管理，确保城改居社区建设从制度供给到人力、财力、物力均得到有效保障。

以上事例，我们可以看出，政协委员以及工作机制，对于促进政府管理与村民自治的衔接互动具有不可替代的作用，政府管理能及时有效地和城中村居民利益对接，有效遏制和减少了村居民动辄以对抗和上访等非理性手段处理与政府的关系的做法。

(六) 激活村社社会组织参与治理

从理论上讲，社会组织是社会治理体系的主体之一。社会组织作为不同社会群体利益的代表者，能够通过理性化有序化的利益表达，降低城中村与政府之间的对话成本，使不同利益主体的诉求能通过秩序化的组织渠道得到表达。但是，当前我国城中村和村改居社区中，社会组织数量少、规模小、力量弱，难以担当缓冲矛盾、缓解政府与居民之间关系的重任。

十八届三中全会提出，要"正确处理政府和社会的关系，加快实施政社分开，推进社会组织明确权责、依法自治、发挥作用"。推进村社自治能力建设，就要积极培育城中村社会组织，这是构建城中村新型治理模式的关键。社会组织是参与城中村治理的主体力量之一，鼓励和支持社会组织参与城中村治理，激发社会活力，有助于完善内部治理机制。

村社自组织指村居民自发成立、自主发展、自行运作，具有一定规模的社会组织。村社自组织已经成为城市基层主要治理力量。不需要外部指令的强制，社区成员通过面对面协商，取得共识，消除分歧，解决冲突，增进信任，合作治理社区公共事务的过程，并使社区逐步进入自我维系状态。① 只有形成有效的社会管理内生机制，才能实现农村社会

---

① 陈伟东："社区自组织的要素与价值"，《江汉论坛》2004 年第 3 期。

的长期稳定。城中村及其回迁社区的自组织相比传统农村要丰富得多。这些自组织往往与村社产业、习俗、公共事务等相关，比如城中村的房屋出租协会、招待所协会、红白事理事会、村（居）民议事会等社会组织。区街政府通过与社区各利益相关方以协商的方式共同解决城市基层管理中的有关问题，实现对不同类型城中村的有效管理，最大限度地增进公共利益。各村成立的"房屋出租协会"，就是基于城中村居民房租经济的地位和现实需要，其主要职能是对房客入住情况进行摸底调查，调解房东与房客之间的矛盾纠纷。如吉祥村的房屋出租协会是由村委组织的一个管理机构，因吉祥村村民的主要收入来源是房屋出租，因此能管理好房屋出租遇到的各种问题，也就保障了村民收入的稳定性。房屋出租协会由5个村委会干部兼职进行管理，主要职能是协调房主与房客之间的关系，并进行"星户评比"，增强房主与房客间的和谐程度。近几年，因这种以房管人模式的实施，房客与房主间矛盾极少。吉祥村共有101家招待所，主要是外来人口承包经营，几乎没有村民自己直接经营的。招待所协会是由村招待所自发组织的一个机构，协会成员共有11人，全部是义务工作。招待所协会的职能是协调招待所与公安部门之间的关系，指导招待所合法、规范、自主经营。红白事理事会，顾名思义是专门负责村里喜事、丧事的组织机构。村党支部书记是会长，其他村干部是其组成人员。主要做的事情是，村里一旦有喜事或丧事，村里领导必须全部到位。以丧事为例，红白理事会所要承担的事务有：组织承办丧事，联系殡葬事宜，聘请厨师、设宴招待乡亲（饭菜标准是十菜一汤），安排接待人员（男性5个，女性15个），支付人员工资并发放1000元的丧葬补贴。

吉祥村还有一些组织，如老年大学、老年自乐班、书画社、铜器社、秧歌队等。这些组织基本上属于融合型组织，村民和流动人口都可参与其中。

社会组织参与社会管理，目标在于通过一定的机制建设，使社会组织与政府达到良性互动，并由此促进政府和社会组织双方的能力发展。自组织系统自发或自主地消除分歧和化解冲突，从无序走向有序，是城市基层治理中内部自我协调解决社区成员之间的利益分歧和利益冲突的方式。面对城中村社会管理种种问题，自组织成为"一种最自然、成本低而收益高的人类关系协调机制"① 大力培育发展各类经济合作组织、社会服务类组织、文化娱乐组织和志愿者组织，提高群众的组织化程度。通过嵌入、引导、吸纳、参与等方式，使城中村自组织成为政府与自治组织有机结合的新渠道。

（七）强化驻村制的政社衔接功能

驻村干部由解放初期的农村"工作队"和20世纪七八十年代的干部"蹲点"演变而成。我国自20世纪80年代中期设立乡镇基层政权组织以来，乡镇干部包村制度作为党和国家开展农村工作的一项主要制度得以确立，并沿袭至今。包村干部在农村政治生活中一直发挥着作用，这是我国制度体系中最能体现群众路线的一种有效制度。目前绝大多数农村地区的事情都有细碎性、临时性、突发性、阶段性、复杂性等特点，这都需乡镇（街道办事处）干部与群众打成一片，真正深入了解民情才能及时有效地解决，否则，有些问题越积越深。② 尤其是城中村，农民与集体，农民与农民之间关系越来越分散疏远了，驻村干部的下派无疑是在弥合取消农业税后政府与农村社会的疏远，成为政府获得农村社会各种信息的可靠渠道，也是政府（街道办事处）与农民沟通链接的重要方式。驻村干部通过上表下达，将党和政府的农村政策加以贯彻执行，同时可及时反映农村的实际情况，尤其是稳定情况。这种制度安排和工作方式有利于区街政府与村委会，政府与村干部两者之间的交流与合作，是基层政权与乡村社会的重要衔接环节。通过他们能更有效地监督和推动农村工作，发挥上令下行的作用。驻村制是走群众路线治理思想的技术化、制度化和常规化运用，不仅体现与村居民打成一片，建立和谐官民关系的治理理念，更是克服官僚主义痼疾的制度安排。国家试图通过驻村制在干部与村民之间、国家与村庄之间建立一种常规化互动机制，从而实现村民对国家和国家干部的高度信任与认同，进而实现国家对村庄的有效治理。③

---

① 俞可平：《治理与善治》，社会科学文献出版社2000年版，第58—59页。
② 陈柏峰："后税费时代的乡村治理"，《文化纵横》2012年第5期。
③ 欧阳静："从'驻村'到'坐班'：农村基层治理方式变迁"，《中国社会科学报》2011年8月16日第12版。

总而言之，在当前城中村各类公共问题涌现并日趋复杂的背景下，任何单一的社会治理模式，都很难达到社会总体治理的预期功效，城中村管理是以政府管理与协调、非政府组织为中介、基层自治为基础以及公众广泛参与的互动过程。只有各主体职能清晰，内容合理，才能在治理行为上协同合作，进而达成多元共识、平等参与和责任分担等协商民主状态，从根本上解决主体结构失衡、功能模糊、关系失调等问题。多重治理主体之间不是垂直的隶属关系，更多的是一种互动合作关系。城中村权力主体间的这种互动关系模式，不仅是国家与社会关系变迁的一种表现形式，同时也作为一个能动的因子催生着城中村社区的秩序。[1]

三 创新管理与自治有机结合实现方式

地方政府管理与村民自治应当是在共同的目标价值引领之下所进行的管理和自治，在政府管理与村民自治之间客观上存在着内在的衔接契机和互动需求，但需要构建实现衔接互动的制度平台和机制保障。当我们深入考察地方政府与城中村的关系时，就会发现双方都有建立有效衔接和良性互动的现实需求和客观基础，只是缺乏体制和机制上的对接平台，从而制约了基层政府管理与村民自治理想关系的建立。地方政府与自治组织的"互动机制"，是以双方实现和谐善治的共同利益为目的，以双方现有的、潜在的能力和条件为基础，有利于各自的力量整合与彼此改变的舆论、观念、政策、体制及微观运行机制的总和。城中村治理体系现代化就是公共权力运行的制度化和规范化。十八届三中全会提出坚持综合治理方式，城中村治理就要从行政为主的单一方式向多种手段综合运用转变，以制度手段和法律手段为主，辅之以行政的、经济的、情感的等手段，加强街村两级的联系。

（一）制度衔接

政府指导和村民自治是对立的统一，政府管理的目的何在？用什么方式管理？也就是说，基层政府介入村民自治的关键是要适度，这个"度"就是法律法规规章制度，村民自治同样要适度，而这个"度"最终

---

[1] 蔡禾、卢俊秀："制度变迁背景下的社区权力与秩序——基于广州市一个城中村的研究"，《广东社会科学》2007年第6期。

还是政策和法律法规。政府对农村的管理不能强行"楔入",村民自治对政府管理也不能拒绝排斥。双方应在法律框架下和制度平台上实现衔接互动。"制度问题带有根本性、全局性、稳定性和长期性",① 只有把乡村关系真正纳入制度化的轨道,使行政管理与村民自治在制度规范上有机衔接起来,才能实现乡村关系彻底地由行政支配型向民主合作型的转变。

1. 畅通诉求表达机制

实行民主科学决策、加大依法公开行政、拓宽民意表达和民情反映渠道。如在信访中表现突出的征地拆迁补偿问题,首先,应建立群众参与程度较高的房屋拆迁安置补偿方案决策机制。在安置补偿方案的形成过程中,吸收和听取各类被拆迁人的利益表达,充分听取各方意见,以利于保障方案决策的科学性和执行无障碍;其次,应建立畅通有序的对话和谈判机制。利用信访信息员制度和党员、村民代表接待制度,使村民拥有正规、有效、通畅的利益诉求和实现渠道。要不断健全村社区村居民大会、村居民代表大会,通过社区访谈室、党员信访接待站、个性化调解室、"两代表一委员"社情民意工作室、民情恳谈室、村居民论坛、村社区微博等载体,进一步畅通村社居民诉求渠道,引导村社居民充分行使民主决策、民主管理、民主监督的权利,推进社区自治工作的制度化、规范化。作为村民自治组织,要站在集体立场与政府谈判,切实维护集体和村民利益,不能损公肥私,更不能贪污、挪用村集体财物,侵害农民合法权益。

2. 健全群众权益保障机制

征地、拆迁谈判中或纠纷解决过程中,由于相对方存在重大利益冲突,往往会相持不下,陷入僵局,甚至导致谈判彻底失败。故应在城中村改造和回迁安置民主决策过程中引入公示、听证、论证、座谈、协商表决等社会参与机制,规范村(居)务公开制度,切实推行干部述职述廉制度和干部问责制度。在村民自治中充分保障全体民众的知情权、参与权、表达权和监督权,引导村民依法直接行使民主权利,管理基层公共事务和公益事业,实现自我管理、自我服务、自我教育、自我监督。凡是与群众切身利益密切相关、影响面广或容易引发社会不稳定的重大

---

① 《邓小平文选》(第二卷),人民出版社 1983 年版,第 333 页。

决策事项，都要充分听取群众意见，对大多数群众不理解、不支持的政策事项缓出台或不出台，防止因决策不当而损害群众利益。政府在安置问题、村转居问题，村两委会在征地补偿款分配、集体财务处置等方面都可以借鉴国外的一些做法，如委托社会中介机构（律师事务所等）或志愿者介入，以中立的立场进行协调，实现利益平衡，化解矛盾纠纷，提高工作效率。要强化村务公开，村干部自觉接受民众监督和评议，以群众满意率作为评判基层政府和村干部工作成效的重要标准。在拆迁方案制定、安置纠纷解决、村务决策等可以适当引入听证会制度，公开、公平地协商对话，有利于达成共识和理性地解决问题，使村民的知情权、利益表达权等在良性互动中得以实现。

3. 建立利益协调机制

城中村改造的最大障碍是利益冲突问题。由于拆迁安置中多重利益交集，利益诉求多样，利益关系复杂，致使各类矛盾叠加。特别是回迁安置阶段要将整个拆迁安置工作的最终结果直接展现，各利益主体的希望与现实，承诺与兑付，合同与履行、过去与未来都全部交集于此。在此期间，任何一个环节的瑕疵，都会导致被拆迁人将前期的不满、眼前的问题与今后的担忧串联起来、集中爆发；如果处置不当，必将激化矛盾，引发不稳定事件。纵观近几年各地的回迁安置工作和矛盾，都足以引起我们的高度重视和认真反思。建立利益协调机制，平衡各方利益，着力维护处于弱势地位的失地农民权益是城中村治理成败的关键。

4. 完善协商民主机制

协商民主在很大程度上适应了城中村治理中实现政府与村居民良性互动的要求，同时也为城市基层治理提供了有效的利益整合机制、公共参与机制和协商沟通机制，是城中村政府管理和基层群众自治衔接互动的最佳结合点。城中村村居民通过协商民主的正式或非正式的渠道，包括村居民议事制度、乡规民约评理会、信访听证会，村居委会组织的各种评议活动、民意调查、领导接待日、政协委员人大代表进村社等渠道进行政策建议与利益表达，甚至更多地把民主协商制度引入村居民大会、村居民代表大会和村民小组，使之成为村民更广泛地参与村庄事务的公众论坛。借助民主恳谈、听证会、村民代表会议等形式，以协商民主促进乡村治理,让广大农民在参与中学习参与,在民主中学习民主。[1] 城中村治理与协商民主成为促进基层政权与基层自治组织良性互动的桥梁和纽带。"只要它秉承客观公正的立场,让双方理性而透明地交流,合理协调双方的利益,它就可以把双方从对抗变成对话,这一点已经被许多正反两方面的事实所证明。"[2]

实践协商民主,关键在于制度建设,通过制度明确协商民主参与主体的相关问题,规范协商民主的内容和程序。有了制度,有了规则,大家按照规则办事,平等协商才能够实现,协商结果才能够有效。在城中村这样一个流动性不断增强的社会里,靠所谓熟人社会里才能产生的温情脉脉的社区伦理来提升治理效果,显然是缘木求鱼。现代城市社会是一个是讲"理"不讲"情"的社会,现代社会中的信任是一种"系统性信任",它依赖于一整套的法律、制度。听证会、议事会、评理会等交流沟通的平台必须有相关的制度保证。议事会与评理会的代表性问题、具体的协商活动程序、参与者的选择、协商内容的确定、协商的效力问题,以及什么时间协商、在哪里协商、协商以后怎么办等环节都需要通过制度建设加以认定和规范。通过制度化的手段和方式构建公共协商的制度和程序,减少动员性、号召性的痕迹,增强农民的自治能力,才能使真正的基层民主实践成为可能。首先,在协商时间上做文章。协商时间的确定对协商的时效性有着重要影响。党的十八大提出"把政治协商纳入决策程序,坚持协商于决策之前和决策之中,增强民主协商时效性",与城中村民众切身利益密切相关的重大公共事务应当在决策之前和决策之中协商,切实提高协商民主的质量和效益。其次,在协商渠道上求拓展。除了现有的协商民主渠道外,拓展专题议政会面对面协商、网络协商、论坛协商、意见征询、民意调查等新途径。实施中尤其要重视协商意见的报送和处理环节。最后,在协商路径上求突破。要充分利用电视电话系统、信息网络、广播电视等现代化技术手段,以快捷的方式方法,快速传递协商信息,争取最佳效果。

---

[1] 陈剩勇:"村民自治何去何从",《学术界》2009 年第 1 期。
[2] 唐绍洪、刘屹:"在基层治理中实现社会秩序'动态稳定'的协商民主路径",《社会主义研究》2009 年第 1 期。

（二）法治化衔接

当前，城中村村民自治最大困境就是基层政府与村民委员会之间指导与协助关系的处理，即基层政府如何指导村民委员会工作以及村民委员会如何协助基层政府工作。依法行政与依法自治是处理双方关系的基本准则，也就是运用法治思维和法治方式处理二者的关系。在乡村关系变化以后，政府和城中村由过去的上下级行政从属关系变成了独立法人间的法律平等关系，区街再也不能干涉属于村民自治的法定权利。政府指导必须是依法指导，必须在法律规定的框架内指导，运用法律手段管理城中村事务是强化管理与自治相结合的首要选择。城中村治理尤其需要强调和重视法治的治理价值。

1. 依法确立街道与村社的指导与被指导关系

街道办事处的指导职能早在1954年颁布的《城市街道办事处组织条例》就已明确规定，村居委会工作是群众自治性工作，办事处与村居委会是指导关系，而不是领导关系。乡镇（街道办事处）政府管理与村民自治的良性互动的状态就是指乡镇政府的管理能在乡村政治、经济、社会、文化等方面切实给予指导、支持、帮助和服务，但不干预依法属于村民自治范围的事项；而村民委员会依照《中华人民共和国村民委员会组织法》开展村民自治活动，办理本村的公共事务和公益事业，调解民间纠纷，协助维护治安，向人民政府反映村民意见、要求和提出建议等，实现社区的自我管理和自我发展。与此同时，要积极协助基层政府开展工作。必须从法律上理清理顺街道办事处与城中村村委会和社区居委会之间的关系，实行政社分开，保障村居委会的自治性，建立政府与村社的互动合作关系。在法律明确界定之下，依法办事，用法律约束自己的行为，用法治思维和方式思考和解决问题尤为重要。

2. 规范村民自治与政府管理的行为边界

政府行政管理与基层群众自治的有效衔接和良性互动，亟须在法律法规上体现和固化。实现村民自治，就是要完善《村组法》，规范村民自治权利和政府依法行政的边界。一是要在现有的法律制度中明确政务与村务。有利于避免基层政府把政务强压给村社来执行，加重村社的负担，同时也有利于避免基层政府直接干预村社对村务的管理和执行。① 必须依据相应的法律制度对行政管理和村民自治加以规范，明确哪些属于正常的政府行为，哪些属于不合理的干预；凡属于村民群众能够自己办理的事情，就应当放手让群众按照自治的方式去办，并随着社会的发展不断扩大其自治范围。要规范基层政府对村民自治组织的指导方式，帮助的内容和时限，规范村民自治协助基层政府工作的方式、内容以及工作经费保障。加快建立委托管理和购买服务制度，明确界定哪些服务可以"购买"，如何购买？如何保证双方的平等权益？村民自治既要维护村民的合法权益，又必须接受正常的行政管理，通过界定各自行为边界，使基层政府行政管理与村民自治有机地衔接起来。

3. 切实保障村民的知情权、决策权和监督权

健全城中村村民议事制度、民主管理制度和村务公开制度，确保各项工作管理办事有章法、行为决策有准则。特别是围绕村拆迁安置、经济体制改革等村民关心的大事，积极引导村民参与公开和民主管理，为村民行使知情权、参与权、监督权提供制度性保障。比如，Y区出台的关于农村工作的《关于农村集体财物分配若干问题的规定》《农村财务管理办法》《农村干部管理办法》《农村财务"村账街管"制度》等规章制度，使农村管理工作有章可循，有法可依，明确了基层干部的职责、权利、义务及应该遵循的工作规范，减少了矛盾和争议，积极引导农民群众依法办事，引导村委会和农民群众通过法律渠道来处理农村事务。这样，政府和农民有了共同的行为准则，在法律的框架内互相约束，既约束农民行为，也约束政府行为。另外，坚持推行农村党支部领导下的两委会联席会议制度和"一会两课"制度、农村财务管理双签制、农村干部廉政谈话制、农村干部年度考核制，有利于村民"三权"的实现。

4. 统一城中村改造拆迁补偿立法

城中村改造立法工作远比实践落后得多，致使拆迁补偿工作要么规定原则笼统缺乏可操作性，要么存在法律盲区无法可依，要么规定不科学不合理而在实践中难以实施。尤为严重的是，我国至今仍无统一的农

---

① 李金龙、柳泊："论村民自治与乡政管理关系的重构——基于理论、制度与运行相结合的视角"，《江汉论坛》2011年第8期。

村集体土地上房屋征收拆迁法规，城中村改造立法更是屈指可数，导致实践中各地主要依靠地方性政策和法规支撑，缺乏国家层面的政策法规的指导和规范。地方政策和法规往往与国家立法相抵触，地方政府正是以此规避和消解国家立法。如果放任地方政府（开发区）规避和消解国家法律政策，必然会对国家法的统一性和权威性造成破坏。目前，城中村改造正从省会城市向中小城市推进，亟待通过统一的法律加以规范调整。长久地搁置问题必然积累矛盾、加剧矛盾，如同"小产权房"问题一样。事实上，经过十多年的探索和实践，地方立法实践已为国家制定统一的法律积累了丰富的规范资源。应当以此为契机，制定高位阶的法律，对地方立法和政府行为加以规制。

5. 用法治思维和法治方式思考和解决城中村信访问题

拆迁安置涉及许多法律问题，既有行政法律关系，又有民事法律关系。法律关系性质不同则适用法律、处置程序、责任主体都不同。实践中，政府和开发商权责不明，政府和市场关系不清，行政法律关系和民事法律关系混淆，致使政府该管的不管，应管的不依法管理，不该管的大包大揽，不该担责的无辜埋单。

我们在城中村信访问题调查中发现：信访或非正常访的诱因是错综复杂的，既有政策法规制定层面的问题，也有政策法律执行层面的问题；既有司法不公、行政不作为的问题，也有行政乱作为的问题；既有职能部门职责不清、条块分割、协调不够的问题，也有相互推诿不负责任的问题；既有立场不同认识分歧的问题，也有恶意缠访谋求不正当利益的问题；既有历史遗留的老问题，也有改革发展中发生的新问题，还有些是在社会转型中人们对市场经济缺乏正确认识以及对市场风险预测与承受能力不足的问题。以上因素都可能诱发信访或非正常访的发生，所以大量发生信访乃至非正常访并不足为奇。任何社会都会有矛盾纠纷，问题是我们必须要有一种进行社会管理的科学态度和技术。总以一种惯常的政治思维去思考和解决问题，即简单的压制或稳控，而不是运用法治思维和法治方式解决问题，其矛盾自然会掩盖并集聚起来，总有爆发的一天。纵观各类令政府头痛不已的非正常访或群体性事件，无不出于政策法律自身的问题或滥用公权以及社会矛盾的长期积累、积压。如果不致力于政策法律自身的完善和公权力的治理，维稳就不可能步入常态，而只能是"压制—积累—爆发—再压制"的恶性循环。① 所以,运用法治思维和方式思考和解决城中村改造信访问题才是根本之策、长久之计。

(三) 民主化衔接

十八届三中全会对"发展基层民主"提出了新要求,畅通民主渠道,健全基层选举、议事、公开、述职、问责等机制。开展形式多样的基层民主协商,推进基层协商制度化。建立健全居民、村民监督机制,促进群众在城乡社区治理、基层公共事务和公益事业中依法自我管理、自我服务、自我教育、自我监督。摆脱城中村治理困局的出路在于树立现代乡村治理理念,转换传统管理方式,构建乡村协商型管理方式。

1. 还权于民

要做好行政权和自治权的衔接工作,必须赋权于村民,坚持民主,充分发挥人民群众的自我、自主治理能力。放权还权的关键在于政府,因为"构成对未来民主化村级治理主要挑战和障碍的因素不在乡村关系而在乡镇本身,乡镇必须为民主化的村级治理创造宽松的环境"②。江苏太仓市出台的《关于建立政府行政管理与基层群众自治互动衔接机制的意见》就明确提出,"凡属村(居)自治性的管理工作,放手让村(居)委会自主管理","政府部门行政职责范围的工作任务,不得随意下达到村(居)委会"。为了厘清权力边界,太仓市政府还为此专门成立了"清理办",对政府延伸至村居的项目进行全面清理,并实施准入制度,对没有法律法规依据的,明确要求不得由基层自治组织承担,并正式确定了清理和废止与村居签订的行政责任书,改签为"委托管理"或"购买服务"协议书。③ 政府从"大包大揽"到"放权于民",通过还权于民增强了社会自治功能,扩大了基层群众自治范围。

2. 引导农民

农民享有经济上、法律上的独立性,特别是城中村村民大部分忙于

---

① 陈晓莉:"信访维稳工作的现实困境与出路——基于基层调研的分析",《云南行政学院学报》2011 年第 5 期。

② 贺雪峰:"民主化进程中的乡村关系",《河北师范大学学报》(哲学社会科学版) 2001 年 1 期。

③ "基层自治现'太仓模式':政府从'大包大揽'到'放权于民'",《法制日报》2009 年 10 月 19 日。

生计，很难在村社治理方面投入必要的时间和精力。在此情况下，如果缺乏政府和村级组织有效的组织、教育和领导，仅靠农民自身自发的行为，很难在民主自治中取得长期、稳定的绩效。如在生活预留地的管理与处置问题上一定要发挥政府和村集体组织教育引导功能，在许多村民看来，最合理的办法是把集体财产平均分掉，另一些村民认为"卖与不卖都有风险，究竟是卖了好，还是不卖好，谁也说不清"。一些村子，今天有一帮人去上访要求卖地，明天又会有一帮人也去上访，坚决反对卖地。西付村的村干部力主联合开发，反对将土地一次性转让，并获得大部分村民代表的支持，58个村民代表中有53人签字同意联合开发，村三委会一致同意走联合开发的路子。东付村40个村民代表，仅有两人反对搞联合开发，村干部通过给村民具体算账，比较分析一次性卖地与联合开发的利弊得失，规劝村民走联合开发长远受益的路子，最终获得村民的支持。实践证明"让农民参与开发、分享利益"既贯彻了公平公正公开的原则、保护了大多数农民的现实利益，又克服了"分光用光"的错误倾向，实现了农村集体资产的保值、增值，保护了村民长远利益。

3. 组织农民

农民的分散性原子化问题一直困扰着农村的公共治理，如何将农民组织起来，也在理论制度和机制的不同层面进行着探索。Y区的做法很有借鉴意义。

首先是多开会。主要指村组一级要多开会。目前在开会上存在两方面的问题，一方面是乡镇以上的党政组织会太多，文山会海泛滥成灾；另一方面村组一级则是会荒，很多农村一年半载不开会。有的城中村1966年以来就没有召开过村民大会，干部往往借口群众太忙开不起来，实际上村民愿意开也开得起来，群众认为村干部不干净，不敢面对群众。因为不开会，群众对村务不了解，干部和群众缺乏沟通和交流，长此以往，矛盾就会积累、甚至激化。Y区委针对农村一年半载不开会，群众与干部之间没有面对面沟通的渠道，由此造成"误会"和矛盾积累、激化，甚至办了好事群众还有意见的问题，明确要求把多开会作为农村基层工作的基本方法，并且形成制度：村两委会联席会每季度一次，党支部向党员报告工作半年一次，坚持"三会一课"（总支委员会、支部大会、党小组会、党课）制度，村民代表会议每季度一次，村民会议半年一次，与村民利益相关的大事必须通过村民代表会议或村民会议决定。办事处也实行每月"一会两课"（一次村干部例会、给村干部上科技课和政策课）制度。通过开会，把法律、制度和党的政策交给群众，讲清发展任务和面临的困难，与群众共同商量解决办法，使他们由过去的事后明白变成事前知道，由被动参与转为主动参与，既调动了村民当家做主的积极性，又减少了盲目性。比如村务公开，光上墙公开不行，还必须通过开会的形式，把村务、财务公开。给群众办好事同样也要多开会，把干部的想法交给群众，把事情给大家解释清楚，让群众认可，减少工作阻力。我们在调研中发现，在城中村和村改居的决策、预留地的处置问题上，干部的说法与村民的说法很不一致，甚至分歧很大。村民干部的态度比较靠近政府和体制，但村民代表往往表现出"被同意"的无奈。我们认为，民主决策不是上会念文件，不是宣布决定，不是只针对村干部、村民代表和党员。这些人思想通了还不够，或者这些人出于种种原因在会议上同意了，但在思想上，在会后仍有不同意见，很容易与普通村民的意见契合，形成一种抵制力量。城中村变迁改革中的每项决策都是重大的村务活动，涉及每个村民的切身利益，必须坚持村民自主决定，由村民代表大会决定村改居方案中的每项决议，并经三分之二以上的村民代表通过决定。贺雪峰教授认为，群众工作方法的一个重要方面是不断地开会。通过开会，让所有利益相关者都参与到及有权利参与事关自己利益的充分讨论，在实践中，多多采用如倾听和开会一类既有群众观点又有群众工作方法的具体举措，群众路线教育才能落到实处，国家治理和地方治理才会更加有效。当前城中村拆迁安置中存在的严重问题是关起门来少数干部解决问题，而不是通过群众公开讨论达成共识来解决问题，结果就是群众越来越不信任干部，矛盾和对立也越来越大。公开议事，充分议事，而不是关起门来私下个别解决问题，只要让群众充分发表意见，群众中那些极端的不合理的意见，就可能越来越没有市场。让有理的少数变成多数，让无理的多数变成少数，让问题清晰化，要求明晰化，并在此过程中将情绪变成理智，让正气压倒邪气。如此，就有了充分讨论及由此形成的共识，民主越充分，集中越简单,执行越容易。这大概是村级治理中组织村民开会的必然逻辑。①。多开会还要多宣传,把党的政策、法律、制度交给群众,把真理交给群众,取得群众对政府工作的理解支持,有利于还干部一个清白,给群众一个明白。特别要加强对村务、财务的公开宣传,做到家喻户晓、人人皆知。

最后,建立和规范城中村社会组织,使之成为向政府和社会表达经济诉求和参与政治对话的利益团体。政府在街道办事处一级,成立残疾人协会、宠物协会、红白理事会、社区物业管理协会、平安志愿者协会等协会组织,通过发挥民间草根协会的群众自治组织作用,有效化解社区各类矛盾,确保社区的安全稳定。在农村和社区,政府推动、协助建立与发展各类民间组织,比如"老年人协会""村民文艺队""村民活动室"等,让农民自己管理自己,以自己的力量解决自己的问题,这其实应该是乡村改造与建设的根本。制度性推动各村社建立信访听证会、乡规民约评议会,并将此纳入村民自我教育、自我管理、自我化解矛盾的机制之中。培育社会组织,实际上就是实现村社居民组织化,就是把农民组织起来,提高村社居民组织化程度,推动政府职能转变和降低治理成本,最终重构基层社会。

(四)情感化衔接

在基层政府管理与村民自治组织、村民自治组织与村民之间的互动中,利用人情、面子等本土性文化资源的操作形式是最为频繁的。随着乡村利益共同体的逐渐解体,基层政府面向农村社会开展各项工作愈加困难。市区政府压得紧,村委会不配合,街道办事处干部无法依靠原有工作资源和思维方式完成任务,不得不采取各种变通的手段和方法。"乡镇干部不能再依靠原来的控制手段,而是越来越诉诸人情和面子等非正式的手段来驾驭村干部。"②街道办事处乡镇感慨现在工作太难搞,做农村工作和农民打交道主要是个方法问题,解决问题的手段基本上靠人情面子。人缘人情成为干群之间的一种关联纽带。正如费孝通先生所言:

---

① 贺雪峰:"组织群众开会",《决策》2013年第10期。
② 战晓华:"村民自治与居民自治中政府与自治组织关系比较",《辽宁行政学院学报》2012年第10期。

"乡土社会的信用并不是对契约的重视,而是发生于对一种行为的规矩熟悉到不假思索时的可靠性。"①

基层工作一靠制度,二靠人情。光有制度不行,光有人情也不行。上级干部可以用制度管理下级干部,但基层干部不可能只拿制度和村干部以及农民说话,那样,什么事也办不成了。在农村有制度没有人情办不好事,有时没有制度有人情却可以办好事。这是因为在撤村建居前的城中村是熟人或半熟人社会,人情、面子、信任、规则是主要的行为原则;家族、宗族、邻里等传统关系仍然起着主导作用。换言之,城中村的社会关系网络基本是在原有的基础上演化而来的,很难在短时间内被改变。由于传统社会关系存续,人情化的管理方式在城中村社区非但没有过时,反而有很强的生命力,较之城市社区仍要浓烈得多。周雪光认为,基层政府组织在政策执行过程中的非正式行为具有范围广、程度深、表现公开、运作坚韧的特点②。感情亲疏远近成为目前衡量乡村关系配合的尺度。

调研中,街道办事处干部都会认为干好农村工作仅有农村工作经验还不行,还必须熟悉村干部,必须进行感情投入,否则就完不成任务。个人之间的情感交往在一定程度上仍渗透于街道办事处与村社的工作交往和管理之中。尤其是在基层政府退出乡村事务,且失去有效制约手段的今天,靠个人感情维系来推动工作的情况更加普遍,感情好什么事情都好商量,感情不对路该办的事情也难办。街干部和村上的书记主任以及部分村民交朋友,平时交成了朋友,他们就会在工作中主动配合,有了难事就容易化解。"到农民家里你要随和,随便聊,有时就在家里吃饭。处得好了,走时,你只要给他说,这事(工作任务)你可得弄好啊",他们就会说"你放心,给你搁不下"。事就成了。对于乡村干部来说,相互"给面子"显然是极其重要的,否则,事情就不好办了。陈柏峰认为,无论是村干部还是乡镇干部,人情和感情在他们的工作中都占有相当重要的地位。通过在日常生活和人情交往中积累感情,他们才能在作为公共事务的工作中如鱼得水。人情是联结私人性的生活和公共性

---

① 费孝通:《乡土中国》,北京大学出版社 1998 版,第 10 页。
② 周雪光:"基层政府间的'共谋现象'",《社会学研究》2008 年第 6 期。

的工作的纽带,是化公为私机制中的核心要素。[①] 感情的深浅、面子的大小共同决定了关照义务的强弱。碰到村干部家有红白事,街道办事处乡镇干部要到村干部家中"走动",甚至主动帮忙安排,让村干部在村庄中有面子,从而对街道办事处乡镇干部心怀感激,通过私人交往和个人感情是乡村干部之间的沟通的重要方式,也是处理乡政与村治的重要方法。"几乎每一个乡镇干部都会承认,完成上级政府下达的各项工作指标,如果没有相互的人际关系支持,行政工作将遇到很大的阻力。"[②] 人情法则对于政府和村社衔接行为有着十分重要的作用。[③] 这种情感连带的治理方式,在一定程度上实现了干群双方的合作与双赢。

尽管在很多情况下,人情化管理符合城中村治理的特殊环境的需要,但同时它也会带来一些问题,陈柏峰认为这种"感情运作"方式并不符合现代国家政权的理想和要求。的确如此,人情化管理方式最大的问题就是人治色彩浓厚,治理效果有赖于村干部个人的能力和品质。要实现乡村良性互动基层政府在实现国家意志和政策实施时必须在方式上进行调整。由感情运作走向法律替代,把一些具有长远意义、战略意义并且内容相对稳定的政府职能,转化为法律权利和义务,依赖于一整套的法律、制度相互勾连。

四 推动村社组织治理能力现代化建设

村社承担了应由政府部门或街道办事处承担的行政性职能和应通过市场化运作由社区社会组织承担的专业化职能,以及应由社区居委会、社区居民和社区单位共同完成的自治性职能,[④] 这些职能的履行无疑需要村社居民具有足够的自主治理的能力。还权于民对政府的依法行政能力提出了新要求,同时也对村、居委会负责人的能力水平提出了新要求。

---

① 陈柏峰:"乡村干部的人情与工作",《中国农业大学学报》(社会科学版)2009年第2期。

② 祝灵君:《授权与治理——乡镇政治过程与政治秩序》,中国社会科学出版社2008年版,第205页。

③ 基层干部主动建构人情关系,实现个人关系的公共伸展,将硬权力软化为浓厚的人情味。这意味着一方面公共关系依靠个人交往而扩展,另一方面工作关系的配合程度依赖个人关系的程度而变化(张静,2007)。

④ 郭莹、吴爱民:"我国城市居民自治分析",《四川行政学院学报》2012年第6期。

政府管理与村社自治有机结合的基础是社会主体的自主性和能力建设，提高村社自组织能力是互动的关键。所谓社区自组织能力，是指社区共同体不需要外部力量的强制性干预，自身就可以自我整合、自我协调、自我维系，进而实现社区公共生活有序化的能力。① 主要包括社区自治能力、协商能力、公共事务执行能力和资源整合能力的提高。

（一）依法自治能力

村民自治的本质就是由村民自己管理本村事务。它是一种广大村民群众广泛参与村庄公共事务的直接民主形式，是农村基层的群众自治。② "农民通过村民委员会实行自治，包含两重含义：其一是参与影响执掌村域公共权力的村委会活动；其二是将村民委员会作为一个不同于县乡等地方行政区域的地域性自治平台，是不同县乡地方行政体的村庄自治体。在这其中，农民通过各种组织开展自治活动。"③ 自治活动的理想，不应当仅仅局限于控制权竞争方面，应将目标放到确立新的公共治理原则，并基于这些原则，在治理和被治理之间，建设一种新的制度化关系。这种新型的关系便是基层农民的民主能力建设。④ 可见，自治能力也是为村（居）民服务的能力，而这些能力的有无，大小直接影响着村民自治的质量和效率。城中村治理的一个重要特征就是他治很强，自治能力不足。

1. 大力发展集体经济，提高村民自治的承载能力

随着城镇化的不断推进，城中村承受着不同于城市和农村的文教体卫、治安管理、社会保障以及生产生活方式等压力。社会基础设施的建设和完善是推进城中村治理中政府协同的重要保障，包括社会福利设施、文化教育设施、医疗卫生设施、商业服务设施等。⑤ 城中村流动人口、征地拆迁、环境污染、食品安全等治理问题层出不穷，实现各项管理服务的全天候、全方位和全覆盖，保障原住民和农村流动人口共享基本的公

---

① 杨贵华："社区自组织能力及其指标体系"，《社会主义研究》2009年第1期。
② 卢福营："村民自治：跨越'干部支配型'阶段"，《资料通讯》2004年第2期。
③ 徐勇："村民自治的成长：行政放权与社会发育——20世纪90年代后期以来中国村民自治发展进程的反思"，《华中师范大学学报》（人文社会科学版）2005年第2期。
④ 牛秋实："新型农村社区基层民主能力建设的路径"，《求实》2014年第1期。
⑤ 肖湘雄、傅宅国："城乡接合部治理中社会协同保障机制研究——以湖南省湘潭市城乡接合部为例"，《湘潭大学学报》（哲学社会科学版）2012年第5期。

共服务，政府和村社需要有雄厚的经济基础。同样，经济是村治运作的基础和支撑，村民自治组织要为村民群众提供公共服务和公共福利，必须具备相应的经济实力。要搞好村民自治，首先必须大力发展农村集体经济，这才能从根本上解决村委会服务功能弱化问题，从而增强村委会的服务功能和村民自治的吸引力、凝聚力，减少村委会工作的难度。因为村集体经济是村委会可以掌握和提取利用的经济资源，尤其是在取消农业税之后，雄厚强大的集体经济资源可以使城中村通过民主的办法来抵制上级过多的提取和不合理干涉，也可以通过民主方式选择好的村干部，来改善村庄治理，提高村庄公共物品的供给能力，减少对政府的依赖。用村民自己的话讲，就是"指亲亲靠邻邻，不如自己多勤勤"，他们还是认为一切事情总归还是要靠自己，不能单靠政府。事实上，凡是集体经济强大的村庄，村民自治也风生水起，有声有色，而集体经济不足或空壳的村庄，村民自治几近瘫痪。

比如西安市明星城中村和平村在实现了村集体经济的稳定增值和发展壮大后，公共服务能力也逐年提升。从1997年开始，除年终福利分红外，村上先后为村民实行"四免六补"：免农业税费、农业用电费、有线电视入网费、小学生杂费，集体按月发放村民养老金、独生子女优待金、大学生奖学金、村民旅游补助金、节日福利补助金、幼儿入托补助金。在这里，村民都可享受到水电、绿化保洁、治安巡逻等专业化的服务。对考上大学的本村学生一次性奖励1000—3000元。并用制度约束和补助激励相结合的办法，实现了村级典章中关于"全村初中毕业生必须继续就读深造"的规定。近年来发放奖学金的总数过10万元。和平村的文化建设也同样富有成效，每年"三八"节举办妇女演讲活动；村办报纸《和平园》有声有色；腰鼓队、舞蹈队、秧歌队、百人合唱团等数十个文艺演出队伍活跃在城乡之间，村民可以根据自己的喜好选择参与，各得其乐。村上累计投资数千万元兴建幼儿园、小学、中学，盖起了文化活动中心，新建了农贸市场。老年人想学习有老年大学，年轻人长技能有图书阅览室。优美的人居环境，人人尽享，家家得益。

西安市碑林区西何家村自主改造，回迁后形成的西何社区由西何社区党支部、西何社区居委会和西何集团三个机构组成。西何村完成改造后，由改造前拥有集体资产 6 亿元到改造后实现西何集团及四家全资子公司，一家四星级酒店在内的实有集体资产 12 亿元的规模，位列全市农村集体经济第一位。在改造前，西何居民收入渠道单一，集体年分红只有不到 4000 元，到改造后实现社区居民人均拥有住房面积 100 平方米、商铺 65 平方米，集体年分红超过 1 万元。西何社区平均家庭各项收入约 15 万元，收入得到大幅提升，同时社区还为所有村民缴纳了养老和医疗保险，并对 18—50 周岁的居民统一培训，在集体企业中安排就业。① 合理引导广大村民正确的理财观，形成良好的消费观，使大家在富裕起来后能够更好地生活。西何社区居民提出"要想富裕靠集体，要当大款靠自己"。对有业不就、寻衅滋事者在村规民约和社区典章中应有相关惩罚措施，在年终分红上应予以扣减。但是这样做的前提是村集体经济强大。西何社区党支部要求 18—50 岁的村民必须全部上岗，没有工作的可由集团和社区提供工作，不愿工作的必须参加每天社区组织的理论学习，否则不得参与分红。

可见，经济发展强大了，公共服务扩大了，村庄凝聚力就提升了，村民关心和参与公共事务的动力也有了，参加的机会多了，能力自然逐步提高了。

2. 探索村居民自治的有效实现形式

村（居）民自治，不是抽象的概念，更不是神秘莫测的政治。自治应是一种常态化的民主生活方式。因此，探索不同条件下村（居）民自治有效实现方式才是基层民主自治的正途。邓大才的研究发现很有启发意义，社区以下的单元最适合自治，而且，以项目、活动、平台为载体的自治，以趣缘、业缘、奉献利益为引导的自治是比较有效的自治方式。② 例如，将城中村及其回迁社区公共空间进行分区，由村居民自愿认领，承担卫生、养护等责任。认养绿地的，就要看护好绿地里的花草生长，还要维护周边卫生。划分公共空间，让居民成为村社真正的治

---

① 倪楠、白永秀："中心城区城中村拆迁改造研究——基于西安市西何家村改造实效分析"，《人文杂志》2013 年第 8 期。
② 王怡波、雷宇："'墙上的自治'走入百姓家——厦门兴旺社区居民自治样本调查"，《中国青年报》，2014 年 7 月 15 日。

理者,这不仅遏制了行政资源过度介入替民做主,更关键的是充分调动了村居民参与社区治理的内生力量,"这样的居民就不仅仅是政府治理的被动受益者,同时也是社会生活共同主体的参与者,居民自治得以落地"。①

武昌区中南路街涂家岭社区开始在城乡接合部实施自治管理"院落行动",有效推动了社区居民自治工作的开展。涂家岭社区率先建起"居民议事厅",积极开展听民意、摸民情、解民忧活动,努力把矛盾在社区化解,逐步摸索出一条社区民主管理的新路子,做到了社区事务大家评、社区管理大家议、社区决策大家定。江西南昌东湖区在所有社区探索建立的楼栋庭院自治理事会,增强了居民的自治意识,形成了居民自治、社区服务、物业管理"三方联动"的社区管理模式。2012年6月成都市民政局出台《关于加强社区居民院落自治的指导意见》,全面推进社区居民自治工作延伸到院落,院落居民可以通过自治参与院落管理。2014年西安市碑林区柏树林街道办事处成立社区"居民自管小组","自觉自愿、共治共享",是社区治理多元化、网络化、精细化的体现。以上探索都是基层社会治理创新的有益尝试,回应了社会治理创新体系中基层社会治理创新的村社居民自治、社区治理制度重塑与社区组织重构的深层挑战。②

3. 培育公民参与自治的意识和能力

社区自治的主要标志有,第一,自行选举;第二,自行管理社区事务;第三,自行管理社区财务;第四,社区居民主动参与公共事务。③ 从政府与社会关系而言就是要回归人民本位,让人民群众以主体身份参与到社会治理中去,实现自我治理,这是治理能力现代化的突破点。社区自治能力的提高离不开社区居民的广泛参与。社区居民在对自身权利、义务和追求目标理性认识基础上的自愿、自主的参与,是建立政府、社会、市场三者之间良性互动关系的前提和基础,是完善三者之间良性互

---

① 王怡波、雷宇:"'墙上的自治'走入百姓家——厦门兴旺社区居民自治样本调查",《中国青年报》2014年7月15日。

② "专家眼中的'居民自管小组'",《西安日报》2014年7月16日。

③ 董小燕:《公共领域与城市社区自治》,社会科学文献出版社2010年版,第59页。

动关系的动力和保证。所以，社区治理应打破村干部一统社区的局面，大量吸收社区居民参与，培育村居民的自治意识和能力。"只有构筑多元参与的治理模式，才能满足多元性社会的要求，并促进个人有效融入公共生活，提高城市社会凝聚程度，避免社会认同危机。"[1] 使村改居社区居民的思想观念、生活方式和行为方式逐步融入都市，村改居社区发展成为管理规范、功能齐全、民主自治、公正法治、稳定和谐的城市成熟社区，最终实现城乡融合一体化发展。

（二）公共事务执行能力

执行能力就是贯彻履行工作任务的能力。村级组织公共事务的执行力强弱直接关系到政府政策措施的落实和乡村治理的实效，关系到群众的切身利益能否得到保障，关系到城中村和谐善治。要提高村级组织执行力，必须从政府和村社两方面着手。

首先，基层政府要强化对村级组织的组织管理、教育引导和服务协调功能，积极探索新方法新途径，提高村社干部管理水平和执行能力。要建章立制，加强村干部规范化管理。规范村干部任免报告制度，完善村级后备干部培养制度，完善民主生活会制度，坚持村干部离任审计制度，建立村社干部读书日制度，由街道办事处干部到所包的村社与参与集体学习。针对城中村和村改居社区发展不同阶段和不同情况，对不同类型村的村社干部进行分类指导和分类管理。要建立科学考评制度。逐步取消一些与经济发展、大局稳定关联不大的考评项目，设置一些符合农村工作实际的考核评价措施，规范对农村基层干部的管理。对不同阶段出现的突出问题及时开展专题教育培训，强化村干部廉洁从政意识，不断提高村干部规范化管理的水平。

其次，城中村村社组织必须加强自身建设，强化责任落实，转变工作作风，提升执行力。城中村干部作风的好坏，决定了他们在群众心目中的地位，决定了他们执行力的强弱。第一，要强化学习教育，切实提高村干部政策理论水平，增强执行本领。第二，提高服务能力，真正把工作着重点转移到村社公共服务、社区的人口管理和境卫生管理等社会

---

[1] 郁建兴、冯涛："城市化进程中的地方政府治理转型：一个新的分析框架"，《社会科学》2011年第11期。

公共事业管理上来。"作为乡村治理的基本制度——村民自治要走向社区建设,与社区管理统一起来①。无论是未改造的城中村还是改造完成的村转居社区,都需要通过提高社区自治能力,增加社区自治的公共服务能力和提供公共产品的意愿,改善城郊社区的公共服务水平。②从关注民生和强化服务入手,为民办好实事,取得村民的认同和支持。第三,从加强民主决策、民主管理和民主监督入手,强化制度管理,转变工作作风,加强村务公开,扩大村民参与,提高工作的透明度,赢得村居民的信任,是提升工作执行力的有效措施。

(三) 民主协商能力

协商民主要求的能力主要是获取、处理与议题相关的知识和信息的能力,表达、辩护自身观点的表达能力、逻辑思维能力和论证能力。在参与城中村事务协商过程中,大部分城中村居民表现出一定的参与热情,但参与时,往往由于自身的文化水平,参与公共事务的知识与技能的掌握,利益表达、沟通协调、合作协商谈判的能力所限,造成公众愿意参与却不知道该怎么参与的尴尬。因此,必须从以下几方面入手提高村居民政治参与的素质、技巧和能力:首先,强调政务村务公开,信息便民查询、政策公开透明。其次,开展多种形式的教育培训,引导村民准确把握协商民主理论的精神实质、基本内涵和程序步骤,让村民获得更多学习和实践的机会,成为有足够的协商民主知识和能力的农民。第三,要尊重和保护农民的民主权利,让农民在自我管理、自我服务、自我教育、自我约束中增强法治意识、大局意识。从城中村居民的需求和根本利益出发,最大限度创造条件让居民参与协商,保障城中村居民的知情权、参与权、咨询权、评议权等权利。在涉及村民重大利益问题上,既要吸收村民的参与,还要聘请专家介入,弥补农民文化知识不足、参与能力有限的缺陷,以维护村民合法利益。尽可能消除官民之间由于社会和经济等不平等因素造成的协商能力的不平等,实现基层政府管理和群众自治的良性互动。

---

① 陆益龙:"新型城镇化与乡村治理模式的变革",《人民论坛》2013年第9期。
② 王河江:"城郊社区自治能力对社区公共服务水平的影响研究",《中国社会科学院研究生院学报》2010年第3期。

(四) 资源整合能力

城中村和村改居社区治理目标的实现，既需要外部力量的指导和支持，更需要提升内部的自治能力和实效。在城中村社会治理实践中，各种治理力量相继进入，呈现碎片化状态，缺乏有效整合，影响城中村社区治理绩效。城市化加速背景下村转居社区建设的深入推进对社区资源的整合提出了更高的要求。村社能否有效地整合资源，不仅直接关系到村社与政府的关系能否理顺，关系到村改居社区转型是否顺畅，而且关系到城中村建设和村转居社区的发展能否长久持续。为此，村社组织需要提升资源整合能力，对村社内部资源进行整合优化，充分调动各方资源，形成村社治理资源的联动与共享。

村社资源是一个具体社区能够掌握、支配和动员的各种现实的社会资源。[1] 城中村社区资源主要包括人力资源、物质资源和组织资源等。村社不同主体所拥有的各类资源整合在一起，使之成为村社发展的强大推动力和动员力。村社资源整合的实质是治理主体政治经济利益诉求的整合，就是通过各社会组织之间利益关系的协调，将利益体系的冲突性因素转变为建设性因素，避免利益矛盾的激化和利益冲突的发生。

村社最大的人力资源就是村社全体居民，而党员群体是可贵的政治资源。首先要善于调动党员在推进社区建设进程中发挥先锋模范作用。其次要善于调动居民的积极性，结合居民找爱好特长，通过公共利益与公共需求来调动居民参与社区工作的积极性。社会管理的最终责任主体是公民个人，每个公民为自己负责，也为社会负责，这样才能形成以村民自治与社区自治为基础的社会治理。[2] 农民到居民，既是身份的转变，更是社会角色的转变，因此，城中村村民也要主动学习、领悟和扮演城市居民的社会角色。村民既有权利对社区建设与管理提出要求，又要为社区的建设与管理尽自己的义务。村改居社区许多居民拒缴物业费和房屋公共维修基金，甚至连卫生费也不缴；还有的到处乱扔垃圾、饲养牲

---

[1] 李立纲、谷禾："城市居民社区资源共享研究"，《云南社会科学》2001年第5期。

[2] 丁元竹："创新社会管理怎样实现社会的自我服务与治理"，《北京日报》2011年7月11日。

畜，迷信和黄赌毒等非法活动也不同程度地进入小区。① 我们认为，每个人应该承担起他对他人，对家庭，对社会，对社区的责任。准备和乐于接受他未经历过的新的生活经验、新的思想观念、新的行为方式，城中村居民自身主动与城市社群建立良好的互动关系，逐渐胜任各自扮演的角色，并且从价值观念、生活方式和行为模式等方面自觉完成从农民到市民的再社会化。建立融合性组织，构建流动人口参与治理机制。村社区普遍组建和谐促进会或者和谐共建理事会、新居民联谊会、新居民综治小组、巡逻队、调解小组、志愿者服务队等融合性组织，促进本、外地居民的融合，消解内部矛盾，维持良好的治安环境，促进和谐居民关系的形成。

物质资源主要包括村社资金和设施两大类，物质资源是村社最为重要的资源，是社区建设的物质基础和前提保障。目前，城中村社区基础设施薄弱，村改居社区物业经费来源少、收费标准低，村居民抵制物业收费，社区物业管理运作难以为继。村转居社区组织和原村民在社区建设经费来源方面存在"两个依赖"：一是过于依赖集体经济组织；二是过于依赖原征地拆迁安置单位。这种依赖导致社区党组织的核心领导地位和经济组织产生矛盾冲突，物业与社区、物业与经济实体之间产生利益冲突，自治组织作用难以充分发挥，不利于社区社会管理创新。应当建立以政府财政投入为主，社会组织、驻地单位、企业和个人捐助、社区组织争取有偿服务、政策优惠和项目支持等多种形式相结合的多渠道筹资机制，利益相关方共同参与公共产品供给、满足村社成员公共需求，确保社区建设顺利推进。

组织资源主要指社区范围内的各种社区组织和驻社区单位。比如，村社区居委会、业委会、物业公司和非营利组织等都属于社区组织资源，驻社区单位主要包括党政机关、企事业单位和社会团队等。城中村及其回迁社区利益诉求多元化，矛盾纠纷增多，城中村农民自组织是政府对城中村有效管理的重要组织途径。如红白理事会、村民代表理事会、老年协会、夕阳红村民议事小组、计划生育协会、矛盾纠纷调解委员会、治保委员会、道德评议委员会、乡规民约评理会、信访听证会等群众性

---

① "村改居小区退化成农村式小区"，厦门网，http：//www.xmnn.cn，2008-02-28。

自治组织。其中"老人协会"是城中村一个重要的本土性资源,西安几乎所有的城中村都有老人协会,对于村居委会来说,老人协会最了解村社,最有群众基础,具有很强的社区动员能力。这些村居民自组织不仅是村民广泛地参与村社事务的公众论坛,而且日益成为政府和农民之间的桥梁和纽带。村居民通过多种正式或非正式的渠道,参加各种组织、参与公共评议,进行自我教育和自我管理。自组织系统自发或自主地消除分歧和化解冲突,从无序走向有序,是城市基层治理中内部自我协调解决社区成员之间的利益分歧和利益冲突的方式。面对城中村社会管理种种问题,自组织成为"一种最自然、成本低而收益高的人类关系协调机制"[1]。

  总之,城中村是村落城市化整个链条上的重要一环,它终将彻底融入城市社会。城中村转型发展过程中的治理现代化,是当今中国社会所特有的一个问题,也是政治社会学领域值得研究的新课题。实现城中村政府管理与村社自治有机结合良性发展。不仅可以有力地推进新型城镇化进程,还可以为国家治理体系和治理能力现代化提供发展动力。因此,我们还需要不懈地努力,力图探索出一条切实可行的治理改革之路。

---

[1] 俞可平:《治理与善治》,社会科学文献出版社2000年版,第58—59页。

主要参考文献

（一）著作

［美］罗伯特·普特南：《使民主运转起来》，王列、赖海榕译，江西人民出版社2001年版。

［美］杜赞奇：《文化、权力与国家》（中译本），王福明译，江苏人民出版社1995年版。

［美］埃莉诺·奥斯特罗姆：《制度激励与可持续发展》，毛寿龙译，上海三联书店2000年版。

［美］迈克尔·麦金尼斯：《多中心治理体制与地方公共经济》，毛寿龙等译，上海三联书店2000年版。

［美］E. S. 萨瓦斯：《与公共部门的伙伴关系》，周志忍译，中国人民大学出版社2002年版。

［美］米格代尔：《社会中的国家》，江苏人民出版社2013年版。

［美］弗郎西斯·福山：《信任——社会美德与创造经济繁荣》，彭志华译，海南出版社2001年版。

俞可平：《治理与善治》，社会科学文献出版社2000年版。

俞可平：《中国公民社会的兴起与治理的变迁》，社会科学文献出版社2002年版。

李培林：《村落的终结——羊城村的故事》，商务出版社2004年版。

李培林：《农民的终结》，社会科学文献出版社2005年版。

徐勇：《乡村治理与中国政治》，中国社会科学出版社2003年版。

徐勇、陈伟东等：《中国城市社区自治》，武汉出版社2002年版。

徐勇、贺东航：《城乡社区自治实务》，湖北科学技术出版社2008年版。

蓝宇蕴：《都市里的村庄——一个"新村社共体"的实地研究》，三联书店2005年版。
于洪生：《城郊村：城市化背景下的村务管理调研》，社会科学文献出版社2005年版。
金太军：《乡村关系与村民自治》，广东人民出版社2002年版。
贺雪峰：《乡村治理的社会基础》，中国社会科学出版社2003年版。
祝灵君：《授权与治理：乡（镇）政治过程与政治秩序》，中国社会科学出版社2008年版。
费孝通：《乡土中国生育制度》，北京大学出版社1998年版。
孙立平：《守卫底线：转型社会生活的基础秩序》，社会科学文献出版社2007年版。
于洪生：《城郊村：城市化背景下的村务管理调研》，社会科学文献出版社2005年版。
谢志岿：《村落向城市社区的转型：制度、政策与中国城市化进程中城中村问题研究》，中国社会科学出版社2005年版。
何增科：《基层民主和地方治理创新》，中央编译出版社2004年版。
孙柏英：《当代地方治理——面向21世纪的挑战》，中国人民大学出版社2004年版。
陈伟东：《社区自治：自组织网络与制度设置》，中国社会科学出版社2004年版。
邓伟志：《创新社会管理体制》，上海社会科学出版社2008年版。
丁元竹：《走向社会共同体》，中国友谊出版公司2010年版。
何艳玲：《都市街区中的国家和社会：乐街调查》，社会科学文献出版社2007年版。
何增科：《中国社会管理体制改革路线图》，国家行政学院出版社2009年版。
施雪华：《政府权能理论》，浙江人民出版社1998年版。
江立华等：《中国城市社区福利》，社会科学文献出版社2008年版。
王敬尧：《参与式治理：中国社区建设实证研究》，中国社会科学出版社2006年版。
王巍：《社区治理结构变迁中的国家与社会》，中国社会科学出版社2009

年版。

张静：《基层政权——乡村制度诸问题》，浙江人民出版社 2000 年版。

梁莹：《基层政治信任与社区自治组织的成长——遥远的草根民主》，中国社会科学出版社 2010 年版。

梁莹：《公民自治精神与现代政治知识的成长》，南京社会科学出版社 2008 年版。

编写组：《创新社会管理"珠海经验"》，广东人民出版社 2011 年版。

姚一民：《城中村的管治问题研究——以广州为例》，中央编译出版社 2008 年版。

尹冬华：《从管理到治理——中国地分治理现状》，中央编译出版社 2006 年版。

剧锦文：《转轨过程中乡镇政府的角色与行为》，中国社会科学出版社 2010 年版。

李书磊等：《雁塔乡村治理》，中共中央党校出版社 2008 年版。

杜万坤：《2010 年西安高新区发展难点研究》，西北大学出版社 2010 年版。

董小燕：《公共领域与城市社区治理》，社会科学文献出版社 2010 年版。

姚永玲：《北京市城乡接合部管理研究》，中国人民大学出版社 2010 年版。

桂勇．邻里空间：《城市基层的行动、组织与互动》，上海世纪出版集团 2008 年版。

王新、蔡文云：《城中村何去何存？》，中国市场出版社 2010 年版。

毛光烈：《宁坡社会建设研究》，人民出版社 2009 年版。

徐汉国：《中国城乡基层组织体系重构研究》，知识产权出版社 2010 年版。

轩明飞：《村居改制：城市化背景下的制度变迁——以济南市前屯改制为个案》，社会科学文献出版社 2008 年版。

毛寿龙：《政治社会学》，中国社会科学出版社 2001 年版。

徐永祥：《社区发展论》，华东理工大学出版社 2001 年版。

陈晓莉：《新时期乡村治理主体及其行为关系研究》，中国社会科学出版社 2013 年版。

陈晓莉：《政治文明视域中的农民政治参与》，中国社会科学出版社 2007 年版。

洪世健：《大都市治理：理论演进与运作模式》，东南大学出版社 2009 年版。

陈家刚：《协商民主与当代中国政治》，中国人民大学出版社 2009 年版。

（二）论文

李培林："巨变：村落的终结——都市里的村庄研究"，《中国社会科学》2002 年第 1 期。

蓝宇蕴："城中村：村落终结的最后一环"，《中国社会科学院研究生学报》2001 年第 6 期。

赵秀玲："城中村治理的困局及其跨越"，《山东师范大学学报》（人文社会科学版）2011 年第 5 期。

田毅鹏："城市化与'村落终结'"，《吉林大学学报》（社会科学学报）2011 年第 2 期。

文军："农民市民化"，《开放时代》2009 年第 8 期。

陈映芳："征地农民市民化——上海市的调查"，《华东师范大学学报》（哲学社会科学版）2003 年第 3 期。

毛丹、王燕锋："J 市农民为什么不愿做市民——城郊农民的安全经济学"，《社会学研究》2006 年第 6 期。

程又中、张勇："城乡基层治理：使之走出困境的政府责任"，《社会主义研究》2009 年第 4 期。

涂晓芳、汪双凤："社会资本视域下的社区居民参与研究"，《政治学研究》2008 年第 3 期。

李志刚等："快速城市化下'转型社区'的社区转型研究"，《城市发展研究》2007 年第 5 期。

赵树凯："乡村关系：在控制中脱节——10 省（区）20 乡镇调查"，《华中师范大学学报》2005 年第 5 期。

刘杰："城乡接合部'村落终结'的难题"，《人文杂志》2012 年第 1 期。

陈伟东："武汉市江汉区社区建设的目标模式、特点及可行性"，《城市发展研究》2001 年第 1 期。

陈振明："政府社会管理职能的界定"，《东南学术》2005 年第 4 期。

陈伟东："中国城市社区自治——一条中国化道路"，《北京行政学院学报》2004 年第 1 期。

孙柏瑛："公民参与的类型及其适用性分析"，《中国人民大学学报》2005 年第 5 期。

陈晓莉："村改居社区及其问题：对城中村城市化进程的反思与改革"，《兰州学刊》2014 年第 3 期。

陈晓莉："新型城镇化发展中村改居社区治理变革"，《求实》2013 年第 5 期。

陈晓莉："从隔离走向融合：城中村青年社群问题研究"，《中国青年研究》2012 年第 7 期。

陈晓莉、白晨："回迁安置社区社会管理创新的语境与思路"，《学习与实践》2012 年第 4 期。

陈晓莉："城中村治理中基层政府管理与村民自治关系探究"，《社会主义研究》2010 年第 5 期。

白呈明："城中村改造中征地拆迁的法律规制——以西安市城中村改造中征地拆迁为例"，《理论探索》2012 年第 6 期。

程同顺、巧利芬："温岭民主恳谈的意义及局限"，《重庆社会主义学院学报》2014 年第 2 期。

姜晓萍："国家治理现代化进程中的社会治理体制创新"，《中国行政管理》2014 年第 2 期。

谢志担、曹景钧："低制度化治理与非正式制度：对国家治理体系与能为现代化一个难题的考察"，《国外社会科学》2014 年第 5 期。

李增元："'社区化治理'：我国农村基层治理的现代转型"，《人文杂志》2014 年第 8 期。

陆益龙："渐型城镇化与乡村治理模式的变革"，《人民论坛》2013 年第 26 期。

陈家建："中国农村治理研究的理论变迁"，《江汉论坛》2015 年第 1 期。

高红、黄恒学："新型城镇化视阈下公共服务治理模式研究"，《中国行政管理》2015 年第 7 期。

韦诸霞、汪大海："我国城镇化进程中社会治理的公共性困境与重建"，《中州学刊》2015 年第 4 期。

陈光金等："新型城镇化与社会治理"，《学术研究》2014 年第 12 期。

姜晓萍："国家治理现代化进程中的化会治理体制创新"，《中国行政管理》2014 年第 2 期。

郎秀云："当代中国乡—村关系研究"，博士学位论文，复旦大学，2004 年。

郭相宏："失范与重构——转型期乡村关系法治化研究"，博士学位论文，西南政法大学，2008 年。

段续柱："国家权力与自治权力的互构与博弈——转型中国乡村社会权力关系研究"，博士学位论文，吉林大学，2010 年。

周新宏："城中村问题：形成、存续与改造的经济学分析"，硕士学位论文，复旦大学，2007 年。

李意："边缘治理：城郊村社区的公共组织结构与职能——以 T 村社区为个案"，硕士学位论文，浙江师范大学，2008 年。

王志强："村级民主选举的乡镇政府介入——以浙江省金东区赤松镇第八届村委会选举为个案"，硕士学位论文，浙江师范大学，2009 年。

申鲁菁："合作治理视阈下的农村社区公共服务结构转型研究"，硕士学位论文，华中师范大学，2016 年。

后　　记

　　奉献在读者面前的这本书是我所主持完成的国家社会科学基金项目《城中村治理中的地方政府管理与村民自治衔接互动研究》的最终研究成果。本书是我从事乡村治理研究的第三部专著。感谢中国社会科学出版社喻苗老师的鼎力相助，使本书顺利面世。

　　我从小在农村长大，对农村的生活有着特殊的体验，对农民有着特殊的情感。这种情感完全基于我的根还在农村，我的骨子里还是个"农民"的缘故。我从2003年开始关注和研究农民农村问题，十多年来一直沿着这条充满艰辛的乡村治理实证研究之路砥砺前行，不敢稍有懈怠。至此，书出三部，计百万余字。每出一书就是一次"炼狱"。然而，这本书让我倾注的精力和心血应该是最大的。因为，我已进入了"年事在增高，身体在下行"的年龄段了。在繁重的教学工作之余，我几乎利用了所有的寒暑假和周末进行调研和写作，多少风风雨雨，多少日日夜夜，在整个调研和写作过程中的艰辛与不堪、痛苦与煎熬，冷暖只有自知。如今，我像一位老农一样，面对着劳动果实，细细品味着多年劳作的辛苦与欢乐。我深知，调研和写作就像种地，要想有个好的收成，就要用心、尽心和精心地耕作，我就是用这股子种地的精神完成了这本书。需要说明的是，本课题繁重的调研工作都由我自己独立进行，本书的全部研究和写作也都由我本人完成，所以，本书的一切错误和疏漏都将由我个人承担完全责任。

　　这一课题研究工作就要划上句号了，在这里，我要真诚地感谢在我调研、写作、出版过程中给予我热情支持和无私帮助的人们。我首先要感谢生活在陕北老家的亲人，正是他们经常在电话里的"村庄故事"激发我产生了许多调研和写作的"灵感"；感谢质朴而智慧的所有我访谈过的乡（镇）、街办、村（社）干部和普通村（居）民；感谢课题组的钟海、张艳娥副教授；感谢影响和滋养我研究的所有文献作者；感谢资助本书出版的我的工作单位西安财经学院。

最后我要感谢我的家人，年迈的母亲不忍心我的辛苦劳累，经常拖着病痛的双腿从老家赶来照料我的生活；感谢我的丈夫白呈明教授，在共同走过的这些日子里，先生以其善良、宽容和担当，给予了我最多的关怀、支持与鼓励！我的儿子是我的骄傲，也是我奋力前行的最大动力！他们体谅我把整个身心投入到教学、科研和服务社会的工作之中而忽视了对他们的爱。我想把这本书献给他们，我爱和爱我的人们！

陈晓莉

2018 年 3 月 18 日